中央ユーラシア史研究入門

小松久男
Komatsu Hisao

荒川正晴
Arakawa Masaharu

岡 洋樹
Oka Hiroki

編

山川出版社

まえがき

　本書は、これから中央ユーラシア史の研究に取り組みたいと考えている人、さらには中央ユーラシア史研究のいまを知りたいという人のために書かれている。ここでいう中央ユーラシアとは、既刊の『中央ユーラシア史』(新版世界各国史4、山川出版社、2000年)で取り上げた地域を基本にしているが、中央ユーラシア世界の広がりと研究の進展状況を考慮して、ロシア帝国内のヴォルガ・ウラル地方やコーカサスという地域のほか、露清関係や清朝に関する章や節を新たに加えることにした。これによって中央ユーラシア史のほぼ全体をカバーすることができたと考えている。

　中央ユーラシア史は、まさに広大で悠久の歴史空間をなしており、研究のテーマもまた無数にして多様である。そこで、本書では最初に総説をおき、それに続いて時代と地域の別にしたがって解説する全9章の構成をとることにした。ただし、中央ユーラシア史を考えるときには、つねに同時代の相互関係さらには全体への目配りが大切である。特定の章や節にかぎらず、時代や地域の別を超えて読まれることをお勧めしたい。また、各章に配置されたコラムは、さまざまな角度からこれからの研究に資することを目的にしている。本文とは趣を異にしたこちらにも注目いただければ幸いである。

　日本の内外をとわず、最近の中央ユーラシア史研究の進展は著しく、専門分化もまた急速に進んでいる。これには1991年のソ連解体にともなう研究環境の変化が大きな役割をはたした。ソ連からの独立や自立をはたした国々では、それまでのイデオロギー的な制約がとかれ、史料の公開が進められる一方、海外の研究者にも第一次史料へのアクセスや現地調査、共同研究の可能性が開かれたからである。こうした研究の進展にともなって、中央ユーラシアはバランスのとれた世界史像を描くためには欠かすことのできない地域であることがますます明らかになってきた。また、ソ連解体

後の中央ユーラシアでは新たな地域秩序の編成やアイデンティティの形成が進行している。こうした現代の動向を理解，分析する上でも歴史の知見は重要である。

　本書は構想からおよそ5年をかけてようやく刊行の運びとなった。巨大な中央ユーラシア史を相手にすれば，これくらいの時間はかかると言えるかもしれないが，当初の予定からは大きく遅れることとなった。早くに原稿を提出してくださった方々には編者としてお詫びを申し上げたい。付録の作成にあたっては，本文の執筆者以外にも下記の方々にご協力をいただいた。年表(野田仁)，系図(赤坂恒明)，文法書・辞書(赤木崇敏，秋山徹，荻原裕敏，齊藤茂雄，坂井弘紀，旗手瞳，松井太，吉田豊)，オンライン情報(赤木崇敏，松井太)。ここに記して感謝を申し上げたい。

　中央ユーラシア史の研究ではさまざまな言語で書かれた史料を読み込むことが求められる。多言語の習得はたしかに試練である。しかし，多言語の史料に取り組むことは，異なった立場や視点から歴史を読み解くことにつながり，これは中央ユーラシア史研究の魅力の一つともいえる。本書を手がかりとして中央ユーラシア史研究の大海に乗り出す人が増え，豊かな成果が生まれることを心から期待したい。

　　2018年3月16日

　　　　　　　　　　　　　　　　　　　　　　　　　　　　編　者

目　次

第Ⅰ部 ──────────────────── 3
　総　説　　　　　　　　　　　　　　　　　　　小松久男　4

　第1章　騎馬遊牧民の誕生と発展
　　　　　──スキタイ時代から突厥・ウイグルまで　林　俊雄　17

　第2章　オアシス都市の発展──古代〜前モンゴル期　33
　　1　東トルキスタン　　　　　　　　　　　　荒川正晴　35
　　2　西トルキスタン　　　　　　　　　　　　稲葉　穣　53

　第3章　遼・金・西夏の時代　　　　　　　　　武田和哉　71
　　1　遼（キタイ・契丹）　　　　　　　　　　　　　　72
　　2　金（ジュシェン・女真）　　　　　　　　　　　　79
　　3　西夏（タングート・党項）　　　　　　　　　　　84

　第4章　モンゴル帝国の成立と展開　　宇野伸浩・松田孝一　89

　第5章　ポスト・モンゴル期　　　　　　　　　　　　111
　　1　チャガタイ・ウルスからティムール朝へ　久保一之　112
　　2　ウズベク諸ハン国とカザフ　　　　　　　木村　暁　124
　　3　元朝北遷からリグデン・ハーンまで　　　井上　治　143

　第6章　チベット，モンゴル，満洲に広がる
　　　　　仏教世界の成立と展開　　　　　　　石濱裕美子　152

　第7章　露清関係の展開と中央ユーラシア　　　柳澤　明　168

第8章　清朝から現代へ　　　　　　　　　　　　　　　　　178
　1　中央ユーラシア国家としての清朝　　　　　　　杉山清彦　179
　2　清代以後のモンゴル　　　　　　　　　　　　　岡　洋樹　187
　3　清代以後の新疆　　　　　　　　　　　　　　　小沼孝博　199

第9章　帝政ロシア・ソ連時代およびソ連解体後　　　　　215
　1　ロシアと中央ユーラシア草原　　　　　　　　　濱本真実　216
　2　ヴォルガ・ウラル地方　　　　　　　　　　　　長縄宣博　221
　3　中央アジア――カザフ草原とトルキスタン　　　宇山智彦　229
　4　コーカサス　　　　　　　　　　　　　　　　　前田弘毅　251

◆コラム
1	古代テュルク帝国を問い直す	鈴木宏節	25
2	騎馬遊牧民	吉田順一	29
3	ウイグルの定住化	梅村　坦	39
4	オアシスについて	堀　　直	41
5	マニ教絵画資料	吉田　豊	47
6	サマルカンド出土「外国使節の間」の壁画	影山悦子	58
7	中央ユーラシアのイスラーム化とテュルク化	濱田正美	67
8	西夏の出土文字資料	佐藤貴保	85
9	海域世界のモンゴル	向　正樹	96
10	ジュチか，それともジョチか	赤坂恒明	104
11	中央アジア古文書研究セミナー	堀川　徹	134
12	モンゴル史研究とモンゴル年代記	森川哲雄	148
13	吐蕃	岩尾一史	156
14	カザフをめぐる露清関係	野田　仁	171
15	モンゴルの外邦図	二木博史	197
16	大谷探検隊の活動と外務省外交記録	白須淨眞	204
17	「中央ユーラシア」の境界	中見立夫	208
18	著述家ムハンマド・サーディク・カシュガリー	澤田　稔	211
19	タタール人汎イスラーム主義者と日本	小松久男	225

20 「ソ連時代」という歴史的経験　　　　　　　　塩川伸明　240

第Ⅱ部 ———————————————————————— 259
　第1章　中央ユーラシア史全般に関する参考文献　　260
　第2章　各章に関する参考文献　　265

◆付　録
　　年表　　383
　　系図　　391
　　文法書と辞書　　395
　　史資料の閲覧・検索に有益なサイト　　409

中央ユーラシア史研究入門

第Ⅰ部

総　説

中央ユーラシアとは

　中央ユーラシア Central Eurasia という言葉は，近年日本でもかなり広く使われるようになった。すでにおなじみの読者も多いことだろう。しかし，「中央ユーラシア史」というタイトルを掲げている以上，まず中央ユーラシアとはどこを指すのかを説明しておくことにしよう。この「中央ユーラシア」という言葉をはじめて用いたのは，ハンガリー系の文献学者デニス・サイナーであり，彼の著作『中央ユーラシア研究入門』[Sinor 1963]は，ウラル・アルタイ系諸民族の居住する広大な空間を中央ユーラシアと表現し，その文献学・歴史学研究への導入を目的として書かれていた。この中央ユーラシアは，おおまかにいえば，西は東ヨーロッパから東は東北アジアまで，北は北氷洋から南はコーカサス山脈，ヒンドゥークシュ山脈，パミール高原，クンルン山脈，そして中国華北で南に流れを変える黄河の線にいたるまでの，じつに広大な空間を指している。ただし，彼のいう中央ユーラシアとは，はっきりとした地理的な概念というよりは，むしろ言語をもとにした文化的な概念であった。さらに，この言葉はただちに普及したわけではなく，彼の著作の英語簡略版は「中央ユーラシア」ではなく，旧来の「内陸アジア Inner Asia」をタイトルにしている。

　これに対して，本書を含めて日本で用いる「中央ユーラシア」には，とりわけ歴史の面ではるかに積極的な意味が込められている。まさにユーラシア大陸の中央部を横断するこの広大な歴史空間は，古代のオリエント，インド，中国のような文明世界と比べると，これらを侵す蛮族の故地，あるいは語るべきところの少ない周縁部とみなされてきたことがある。しかし，歴史をあらゆる固定観念から離れ，今の国境線も一度は取り払ってとらえようとするとき，あるいは歴史のなかに動きに富んだ連関を見出そう

とするとき、この中央ユーラシアほど魅力的な地域はおそらくないだろう。例えば、モンゴル高原とその周辺部はテュルク、キタイ(契丹)、モンゴルなど活力に満ちた集団の揺籃の地であった。これらの集団が世界史の動因ともいうべき役割をはたしたことを想起すれば、この地域の重要性が理解されるに違いない。

本書で用いる「中央ユーラシア」は、サイナーの概念にそのまま従っているわけではない。本書の「中央ユーラシア」は、まず地理的にいえば、西ではほぼ黒海北岸のクリミア半島からヴォルガ・ウラル地方、コーカサスまで、東では大興安嶺東部の平原から黄河の屈曲部に連なるラインまで、北では南シベリアの森林地帯まで、南では西部のイスラーム文化圏と対をなすチベット仏教世界の重要性を考えて、チベット高原を含め、西南ではイラン東北部とアフガニスタン北部(ヒンドゥークシュ山脈以北)までにいたる地域を指している。これは、まさにユーラシア大陸の中央部を横断する広大な空間にほかならない。

研究史の展開

中央ユーラシアという言葉を使うかどうかは別として、日本におけるこの地域の歴史研究は長い伝統をもっている。それは、例えばユネスコ東アジア研究センター編『日本における中央アジア研究文献目録 1879年-1987年3月』(同編 1988-89年)をみれば明らかである。最初期の例としては、サンクト・ペテルブルクでの勤務を終えて、1880年にロシア領トルキスタン、ついでシベリア・モンゴルを踏査して帰国した外交官、西徳二郎(1847-1912)をあげることができる。彼は日本で最初の中央アジア地域研究の成果というべき『中亜細亜紀事』[西 1886]の著者でもある。20世紀初頭には大谷探検隊が新疆で仏教遺跡の調査をおこなっている。そして中央アジア史を開拓した白鳥庫吉(1865-1942)が、東京大学の東洋史学科の創設にかかわっていたことからもわかるように、この分野の研究は東洋史研究の成立・展開と軌を一にしていたといえる[中見 2006]。それは西域史、塞外史、中央アジア史、北アジア史、内陸アジア史など、さまざまな名前で呼ばれたが、その特徴の1つはかつての日本の知的伝統に支えられ

て漢文史料を駆使するところにあった。古代中央アジアの歴史地理研究に多大の貢献をした松田壽男(1903-82)は、この系譜を代表する研究者といえるだろう。もう1つは、白鳥に師事した羽田亨(1882-1955)や松田らが、早くから漢文史料にとどまらず現地語史料の活用を重視して優れた成果を生んだことである。

こうした研究と並んで注目されるのは、1930年代から日本の大陸に対する政治・軍事的な関心や動機にそって現地事情の調査・研究が進展したことである。いわゆる満蒙からソ連中央アジアにいたる地域への関心は、当時の大陸政策やアジア主義と不可分の関係にあった。さまざまな地域で現地調査がおこなわれたり、ロシア・ソ連東洋学の成果が早くから紹介されたのはそのためである。後者の例としては、ウラヂミルツォフ[1936]、バルトリド[1939]、ヤクボススキー／グレコフ[1942]などをあげることができる。しかし、こうした潮流は敗戦によってとだえ、戦後の研究者は政治からは独立した、実証的な学術研究を志向することになった。

1960年代にはいると、漢文史料にとどまらず、テュルク語、ペルシア語、モンゴル語、チベット語、満洲語(マンジュ語)、さらには消滅した古代の諸語など、現地の諸言語で書かれた史料を自在に活用する開拓的な研究者が登場した。例えば、山田信夫(1920-87)は、古代ウイグル語の契約文書などが史料として使えることを実証し、護雅夫(1921-96)は、突厥碑文を用いて古代テュルク民族史研究に大きな成果をおさめるとともに、世界史におけるテュルク系諸民族の重要性を指摘した。また、本田実信(1923-99)は漢文およびペルシア語史料の精読からモンゴル帝国史研究の基礎を築き、佐口透(1916-2006)は、世界的にも未解明であったポスト・モンゴル期の東トルキスタン、新疆の歴史に照明をあてた。岡田英弘(1931-2017)は、モンゴル帝国以後の内陸アジア史研究にすぐれた業績をあげ、とりわけ世界史におけるモンゴル帝国の重要性を強調した。さらに、間野英二(1939-)は、チャガタイ語・ペルシア語などの史料を駆使してティムール朝をはじめとするイスラーム期中央アジアの歴史研究を開拓した。

彼らは、遊牧民による国家の形成と発展(遊牧国家論)、中国など隣接する定住民地域との相互関係を解明するとともに、いわゆるシルクロードを

介してユーラシアの東西を結んだソグド商人に象徴されるように，通商と文化交流のダイナミズムに着目した。総じて，彼らの研究は対象とする広大な地域を自立した歴史世界ととらえ，伝統的な中華思想では蛮族「夷狄(てき)」として蔑視されてきた北方遊牧民の歴史的な役割を正当に評価することに貢献した。それは，中国史を内陸アジア史の観点から見直すことにも繋がった。この世代の研究者が残した遺産のなかには，日本アルタイ学会，通称「野尻湖クリルタイ」として知られる研究集会をあげることもできる。これは「中央ユーラシア史」に関心をもつ研究者や学生が夏季，野尻湖に参集し，専門分野や所属，年齢の別を問わず報告に耳を傾け，自由に意見を交換する場として，すでに半世紀を超える交流の歴史を有している。

こうした研究の潮流は，つぎの世代の研究者に引き継がれ，いまや多彩な領域で進展をみせている。これには，1970年代に始まった日本におけるイスラーム史研究の進展や1980年代後半から，ロシア・スラヴ世界のなかに広がるアジア地域を媒介として始まった，スラヴ・ロシア史研究と中央アジア史研究との共同も寄与していた。共同という面についていえば，とくに中央ユーラシア史の場合，考古学や言語学，文化人類学など隣接する学問領域との共同あるいは相互乗入れが，研究の進展に大きく寄与してきたことを忘れてはならない。近年の研究動向とこれからの展望を知るには，2010年11月内陸アジア史学会50周年記念公開シンポジウムにおける諸報告をまとめた『内陸アジア史研究』26号（2011年）の特集が参考になり，さらに最新の動向の整理としては野田[2017]が役に立つ。

日本の学界に中央ユーラシアという言葉が定着するのは，以上のような研究の蓄積をへたのちのことであり，サイナーの用法を受け入れたというよりは，研究史の展開のなかで生まれたというべきだろう。その兆しは，すでに1975年に関西方面の若手研究者によって「若手ユーラシア研究会」が結成されたことにあらわれているが，書名などに幅広く用いられるようになるのは1990年代からのことである。例としては，「民族の世界史」シリーズの1巻として刊行された『中央ユーラシアの世界』[護・岡田編1990]，「岩波講座世界歴史」の1巻として，9世紀から16世紀にいたるモンゴル帝国前後の時代の重要テーマを取り上げた『中央ユーラシアの統

合』[杉山正明ほか編 1997]，「世界各国史」シリーズの1巻としての通史『中央ユーラシア史』[小松編 2000]，イスラーム化した中央ユーラシア西部を対象とする『中央ユーラシアを知る事典』[小松ほか編 2005]，自然環境と人間社会との関係性を多面的に考察した『中央ユーラシア環境史』全4巻[窪田監修 2012]などをあげることができる。ちなみに「中央ユーラシア史」は，現行の科学研究費補助金でも人文学・史学の細目「アジア史・アフリカ史」のキーワードの1つとなっている。中央ユーラシアという地域概念については杉山清彦[2016]が詳細に検討しているのでぜひ参照されたい。

　振り返ってみれば，1990年代とはソ連の解体(1991年)が，ユーラシアの全域に激変をもたらした時期である。歴史研究についていえば，ウズベキスタン，カザフスタン，タタルスタンなどの民族共和国やモンゴルで，ソ連史学の制約から脱した歴史の見直しやナショナル・ヒストリーの構築が進み，外部の研究者もまた，各国の所蔵する史料へのアクセスや現地調査の実施，現地の研究者との共同研究が可能になるという研究環境の劇的な変化に支えられて，新たな構想のもとに研究に着手することになった。ソ連の解体によって出現した諸国の歴史を大きな世界史の構図のなかにおきなおすためには，新しい地域概念が必要であった。中央ユーラシアという言葉が定着した背景には，こうした時代の変化もあったと考えられる。現代の地域研究も含めて中央ユーラシア研究というタームは，海外でも定着しており，例えば北米では2000年に国際的な学会 Central Eurasian Studies Society (CESS)が創設され，以来各地で年次大会が開催されている。

世界史における中央ユーラシア

　それでは，中央ユーラシアという地域概念を用いることの有効性はどこにあるのだろうか。それは，現在の視点から世界史を見たときに，この地域が大きな役割をはたしたことに関係している。このことについて，本書の構成に従ってほぼ時代順にみていくことにしよう。

　まず確認できるのは，中央ユーラシアははるか古代に始まる騎馬遊牧民の活発な活動の舞台となったことである。スキタイ，匈奴，アランなどは，

ほぼ共通の騎馬遊牧民文化を基層として各地に勢力をふるい，広域にわたる交流や移動をおこないながら国家形成の主体となった。のちの突厥，ウイグル，キタイ，モンゴルなども含めて，彼ら騎馬遊牧民の卓越した軍事力は，火器が軍事力の中心となるまで，長きにわたって政治権力を樹立する基盤となった。左右両翼の国家編成や十進法による軍団編成，君主に忠実な家産的臣下(これに関する卓見として[護 1952a；1952b]がある)などは，いずれにも共通する特徴である。彼らの政権は，古代から明代にいたるまでの中国史のみならず，ユーラシア史の動向を左右する力を有していた(第1章)。ただし，遊牧民の国家においても定住民との相互関係は，経済，技術，統治機構などさまざまな面で不可欠のものであった。最近の研究では遊牧民の地域と定住農耕民の地域とが接する農牧接壌地帯の重要性が指摘されているが(第1章)，この農牧接壌地帯はまさに中央ユーラシアの東西に見出すことができる。この地帯を越えてさらに南方の華北に進出した遼や西アジアに進出したテュルクの諸王朝は，定住民社会を統治する機構をつくりだしたことで共通しているといえるだろう。遊牧民の場合，自らの言語による文字史料を残すことは少なかったとはいえ，考古学は遊牧民の社会や文化に新しい知見を提供しつづけており，最近ではモンゴル帝国に関する白石[2006；2017]などが注目される。近年モンゴルでは突厥碑文があいついで発見されていることも興味深い。また，近代に採録された口承の英雄叙事詩は，遊牧民の記憶や価値観を今に伝えている[坂井 2012]。ある研究は，古代のスキタイ人の慣行がロシア文学の古典『イーゴリ軍記』に痕跡を残していることを指摘しているが[城田 1987]，こうした継承関係もまた興味がつきない。

　騎馬遊牧民と並ぶ中央ユーラシア史の主人公は，南部オアシス地域の定住民であった(第2章)。彼らは農業に加えて商業・手工業にしたがい，豊かな経済力を基盤としてオアシスごとに都市を形成した。これらのオアシス都市はときに異民族の侵入や強大な政権，すなわち遊牧国家や漢・唐などの帝国の支配を経験しながらも旺盛な生命力を発揮した。機能的な経済組織をそなえたオアシス社会は，多彩な宗教文化を発展させる場ともなった。オアシス民のなかでも，ソグド人はユーラシアの東西を結ぶ通商や文

化交流にとどまらず,すでに北魏の末期から華北に来住してコロニーを形成し,のちの安史の乱にもみられるように中国の政治と軍事,社会の面でも重要な役割を演じていたことが明らかになっている。これは中国史を中央ユーラシア規模で考えることの大切さを示すものである。一方,ソグド人の故地は7世紀末以降,アラブ・ムスリム軍の侵攻にさらされ,サマルカンドやブハラに代表されるオアシス地域ではイスラーム化が進展する。アラビア語でマー・ワラー・アンナフルと呼ばれるようになったこの地域は,地理的にみればイスラーム帝国すなわちアッバース朝の辺境に位置づけられることになった。しかし,預言者ムハンマドの言行録を各地で収集し,これに厳密な検証を加えて『真正集』を編んだ9世紀の学者ブハーリー(810-870)に象徴されるように,マー・ワラー・アンナフル出身の学者たちのイスラーム文明への貢献は驚くほどである。それはイスラームの教義をはじめ,法学,哲学,神学,アラビア語文法学など,幅広い分野におよんでおり,この地域はマドラサのような教育システムやイスラーム神秘主義(スーフィズム)の出現の舞台ともなった。こうしたことの背景には,古くから周辺諸地域の文化要素を吸収・蓄積してきたこの地域の文化的ポテンシャルの高さがあったと考えられている(第2章第2節)。西アジアの中核地域まで進出したテュルクも含めて,イスラーム文明史を理解するには,中央ユーラシア史からアプローチすることも必要だろう。

10世紀に唐の世界帝国的な秩序が解体すると,中央ユーラシア東部にはさまざまな勢力が自立し,相互に覇を競うようになった。宋の西北から北部にかけて台頭した遼(キタイ),金(ジュシェン),西夏(タングート)の諸政権はその代表的な存在であり,遼と金は華北の重要な地域を領有して経済的な基盤を強化した(第3章第1節・第2節)。ツングース系の金に倒された遼の勢力の一部が西方の中央アジアに逃れて樹立した西遼(カラキタイ,1132-1211)は,まもなくユーラシアを制覇するモンゴル帝国の先駆けの役割をはたしたともいえる[杉山正明 2005]。これらの中央ユーラシアに自生した諸国家は,自らの軍事・社会組織を維持しながら,独自の文書行政によって漢人をはじめとする農耕定住民を安定的に支配したという意味で,のちの大元ウルス(元)や清朝と並んで中央ユーラシア型国家と呼ばれる。

モンゴル帝国が，それに先行したいくつもの遊牧国家のパターンを継承するとともに，独創的な新機軸を導入することによってユーラシアをはじめて統合し，世界史の画期をなしたことはすでによく知られている。モンゴル帝国については，近年日本をはじめ世界各国で精緻な研究が進んでおり，定評あるケンブリッジ歴史シリーズでもまもなく複数巻が刊行されると聞く。モンゴル帝国期については本書の第4章で扱う。「この時代に，ユーラシア大陸規模でヒト・資源・文化の移動が起きたことは事実であるが，帝国の支配者集団には，モンゴル人とともに多くの中国人・イラン人などが参加していたのであり，遊牧民を含む多民族集団としての遊牧国家に注目すべきであろう」(109頁)という指摘は重要である。広く文化の面でも，世界初となるアフロ・ユーラシア地図の作製やイル・ハン朝期のラシードゥッディーンらによる同じくはじめての世界史の執筆は注目に値する。同時代人のイングランドの哲学者ロジャー・ベーコンは，自らモンゴル帝国を旅したルブルクから情報を得て［アブー＝ルゴド 2014：1巻 202頁］，モンゴルの成功の秘訣を「科学分野における驚異的な事績」に求めている［フィンドリー 2017：175］。モンゴル帝国期に達成された科学技術の水準とその応用もまた特筆されてよいだろう。モンゴル帝国前後の中央ユーラシアの動向は，さまざまなエスニック集団の移動や再編を促し，やがてロシアが形成されてくる西北ユーラシアの歴史空間にも大きな影響を与えた［小澤・長縄編 2016］。

ポスト・モンゴル期の眺望
　ティムールの築いた帝国はモンゴル帝国の再興にはいたらなかったとはいえ，チンギス家とティムール家両者の血を引くバーブルが，インドに進んでムガル帝国の基礎を築いたことは重要である。さらに，中央ユーラシアの西部についていえば，ティムール帝国期に成立したテュルク・モンゴル的要素とイラン・イスラーム的な要素との結合，王家による文芸保護のもとで育まれたペルシア語・チャガタイ語のバイリンガル文化，さらにはナクシュバンディー教団の政治・社会的な影響力の確立などは，後続の時代に深い刻印を残すことになった。帝国の解体後，中国から北方の草原地

帯に退いたモンゴルも，15～16世紀には一時的な統合を繰り返し実現して明と対峙したように，その勢力はなお衰えてはいなかった。17世紀の後半，ガルダンのときに強勢を誇ったジュンガルは，草原の遊牧民地域を統合したのみならず，パミールをはさむ南部のオアシス地域も支配下におさめ，拡大する清朝の前に立ちはだかったことはよく知られている。ジュンガルは，中央ユーラシアにおける国際関係の中心に位置していたのである。モンゴル帝国の解体後も，中央ユーラシアをめぐる通商は，ルートや商品を変えながら持続性を発揮していた。このように第5章で扱うポスト・モンゴル期もまた動態に満ちている。

　帝国とは別に中央ユーラシア史の展開において注目されるのは，ここに普及したさまざまな宗教のダイナミズムである。古代の遊牧民の信仰は一般にシャマニズムであったと推定されているが，中央ユーラシアは，やがてキリスト教やマニ教，仏教，そののちにはイスラームの東漸の舞台となった。7世紀末アラブの大征服がもたらしたイスラームの活力は旺盛であり，8世紀以降オアシス地域のソグド人をはじめとして，しだいに草原地域のテュルク系遊牧集団もイスラームに改宗していくことになる。モンゴル帝国期には少なからぬムスリムが中華世界に移り住み，現代の回族に代表される中国イスラームの基盤をつくった。ホータンやトゥルファンのオアシスに根をおろしていた仏教は15世紀末までにイスラームによって駆逐されるにいたる。しかし，チベット高原に成熟したチベット仏教は，この西から東へと進むイスラーム化の波を乗り越えるかのように，北方のモンゴル人やマンジュ（満洲）人のあいだに浸透してチベット仏教世界を形成していった。それは清朝の政治と文化にも深くかかわっていた。チベット仏教を篤く信仰した乾隆帝が，かつてクビライとパクパが実現した「仏教徒による政治」の継承者を自認したことは第6章で指摘されているとおりである。16世紀後半以降，中央ユーラシアの宗教は，東のチベット仏教と西のイスラームとに二分されることになる。このような宗教のダイナミズムは，政治権力や社会，文化のあり方とも関連していくつもの興味深いテーマを提供している。

　モンゴル帝国とティムール朝が解体したのち，中央ユーラシア西部すな

わちイスラーム化した地域では，その内部から帝国建設をめざすマクロポリティクスは生まれず，大小さまざまの分権的勢力が競い合うミクロポリティクスの時代が到来し［フィンドリー 2017］，やがて周縁化と民族的なアイデンティティの形成という2つのプロセスが進行した。その一方で1552年モスクワ大公イヴァン4世がジョチ・ウルスの継承国家の1つ，カザン・ハン国を打倒して以来，ロシアはシベリア，コーカサス，カザフ草原そして19世紀の後半には中央アジア南部のオアシス地域を征服することになる。ロシア帝国の南と東に向けての拡大とは，ほとんど中央ユーラシアの併合に等しかったといえる。一方，中央ユーラシアの東縁に位置するマンチュリアでマンジュ人が建てた清朝は，17世紀にモンゴル諸集団を制圧すると，やがてチベットを支配下におき，18世紀半ばには強敵のジュンガルを倒すとともにタリム盆地のオアシス地域を征服する。このように，中央ユーラシアは東西の帝国によって二分され，その周縁と化すことになった。これは第7章で扱う露清関係の進展と表裏の関係にある。

近代世界への参入と現代

しかし，周縁化されたとはいえ，現代に繋がる諸民族の配置が定まるのは，まさにこの時代であった。そして，彼らの社会や動きに着目することによって，2つの帝国それぞれの特徴がみえてくることもある。概していえば，マンチュリアに生まれた清朝は，中国本土とは異なって，モンゴル，チベット，テュルク系ムスリム地域に対してはゆるやかな統治をおこない，多元的な統治の構造を維持した。清朝が中央ユーラシア型国家の特徴を備えていたことは第8章第1節で解説されている。モンゴルや新疆への統制が強化されるのは，アヘン戦争以後，清朝自体が危機に瀕して以後のことである。これに対して，ロシアは，統治下の諸集団に個別に対応しながら統制力を発揮し，帝国の統合を維持した。その中央アジア統治は，農民の入植と棉花栽培に象徴されるように，まさに帝国主義の時代の植民地統治にほかならなかった。ロシアの対中央ユーラシア政策には，英露間の覇権争奪，いわゆるグレートゲームの一環という面もあった。この時代の中央ユーラシアには，このような国際関係の力学が色濃く反映されている。中

央ユーラシアの諸民族は両帝国の統治下で近代を迎えることになるが、20世紀にはいって帝国の体制が動揺し、辛亥革命(1911年)とロシア革命(1917年)によってついに崩壊するなかで、民族的なアイデンティティを彫琢し、独立や自治を求める運動を展開した。これはいわゆる「長い20世紀」における帝国的秩序の動揺と民族運動の台頭の時期、これと軌を一にする動きであったといえるだろう。

　辛亥革命とロシア革命という20世紀の大変動のただなかで中央ユーラシアの各地に民族運動が出現したことは、この時代の特徴ともいえる。しかし、その道筋は苦難に満ちたものであり、いずれの地域も最終的には新たな帝国的秩序ともいえるソヴィエト連邦あるいは中華人民共和国の社会主義体制下に組み込まれることになった。外モンゴルは2つの革命をへて独立を達成したとはいえ、内モンゴルとの統合はならず、ソ連の衛星国という地位に甘んじなければならなかった。なお、モンゴル現代史は、満洲国の建設やノモンハン事変(ハルハ河戦争)が例証するとおり、日本の現代史を理解するうえでも重要な研究領域である。内モンゴル、チベット、新疆の諸民族は、中国内で自治区の地位を与えられたが、文化大革命の悲劇をへたあとも、中央からの統制は強化され、漢族や漢語の存在感は高まる一方である。こうした状況下での民族的なアイデンティティのゆくえが注目される。ソ連に組み込まれた諸民族は、連邦構成共和国、自治共和国、自治州などの枠組のなかで急速な現代化を経験したが、それは光と影の両面をあわせもっていた。生産力の増大と人口の増加、法的な平等の確立と教育の普及が正の面を代表するとすれば、革命を支えた民族知識人の絶滅に等しい粛清、おびただしい犠牲をともなった農業の集団化と遊牧民の定住化、換言すれば遊牧という歴史的な生産様式の終焉、異論を許さぬ共産党の一党独裁は負の面を明示している。しかし、現代の中央アジア諸国の枠組がソ連時代に形成された事実に変わりはない。1991年のソ連の解体は、「長い20世紀」と「短い20世紀」のともに終りを象徴する事件であった。独立をはたした国と国民は、ほとんど準備もないままにグローバル化した世界に参入することになったが、ソ連時代の遺産は今も脈々と受け継がれている。こうした意味でもソ連時代の研究は重要な課題といえる(以上に

ついては，第9章)。

　最後に，環境についてふれておこう。20世紀の後半には草原の劣化やアラル海消滅の危機，セミパラチンスク核実験による汚染など，深刻な環境破壊が進んだ。いま，全世界的な開発と環境の問題をめぐっては国連の「持続可能な開発目標 SDGs」計画が進行しているが，中央ユーラシア現代史の知見は，こうしたグローバルな問題を考えるうえでも欠かすことはできない。さらにいえば，悠久の歴史をとおして過酷な自然環境のなかで連綿としてさまざまな社会を営んできた中央ユーラシアの経験は，広く環境と人類の関係を考えるために多くの示唆を与えてくれるに違いない。この点では窪田監修のシリーズ[2012]が参考になる。

これからの研究に向けて

　以上，世界史を考えるうえで中央ユーラシアという地域概念を用いることの有効性について述べてきた。しかし，すべての人が世界史の構想から中央ユーラシア史に関心をもつわけではない。むしろ個別の集団や地域，時代，テーマに関心をいだいて研究にはいる人のほうが多いかもしれない。実際，史料の有無は別として，魅力的なテーマには限りがないほどである。ただし，その場合でも比較や連関の観点から中央ユーラシア史全体に目配りをすることは大切である。それは研究の細分化を乗り越えるばかりでなく，発展性のあるテーマを見出すうえで有効なはずである。どのようなテーマを扱うにせよ，時間軸と空間の両面からみていくと，新しい発見に恵まれることだろう。

　もう1つ指摘しておきたいのは，中央ユーラシア史を考えるときには，先にもふれたように，現在の国境線に過度にとらわれないことである。ここでは長い歴史をとおして，今の私たちが想像する以上に，ヒトやモノ，情報は広大な空間のなかで活発に動き，交換され，伝達されてきた。集団や国家の形成もじつに動きに富んでいた。これに対して，ソ連から独立した中央ユーラシア諸国では，現代のそれぞれの国家の枠組にそって歴史を解釈・説明する国民史観，ナショナル・ヒストリーの傾向が強い。これは新しく独立した国家が国民統合を実現するうえで当然のことといえる。し

かし,現在の国境線ができたのは20世紀のことであり,これをもとに悠久の過去を解釈・裁断することには無理があるといわねばならない。私たちにできることは,今の国境線を一度取り払って歴史像を再構成することだろう。それは現代の国家を相対化してとらえることにも寄与するに違いない。

　本書は,これから中央ユーラシア史を学ぼうとする人のために編まれている。以下の各章を読まれればわかるとおり,これまでの研究史を振り返れば相当の蓄積があり,とりわけソ連解体による研究環境の激変を受けて,日本の内外を問わず研究は活性化しているといえる。それにもかかわらず,未知のことはあまりにも多い,これは事実である。本書を手がかりとして,斬新なテーマを発見し,それにふさわしい手法で中央ユーラシア史を開拓していただきたい。

小松久男

第1章

騎馬遊牧民の誕生と発展 スキタイ時代から突厥・ウイグルまで

　1990年代にソ連が解体し，中国が改革開放政策を掲げて以来，中央ユーラシアには西側の研究者も比較的自由に立ち入ることができるようになった。その恩恵をもっともよく受けている研究分野は考古学であろう。独立した中央アジア諸国やモンゴル，ロシア領南シベリア，中国新疆ウイグル自治区には世界各国から研究者や調査団（ただし現地との合同）がはいり，成果をあげている。本章では著しい進展をみせている考古学研究と，従来の基本資料となっている文献を使った研究，そしてオルホン碑文などの出土資料による研究を取り上げる。このうち考古学の情報をまとめた書もあるがやや古い［藤川編 1999］。最新の研究動向については以下の2編がある［林 2011a；Hayashi 2011（後者のほうが詳しい）］。文献史料からまとめた概説書には，やや古いが護雅夫の労作がある［護 1997b］。また『史記』匈奴列伝以降の正史北狄伝の翻訳もある［内田ほか訳注 1971-73］。訳註もあり便利であるが，訳註には精粗があり誤訳もあるので，注意が必要。

スキタイ時代とそれ以前

　騎馬遊牧民集団がいつ頃ユーラシアの草原にあらわれたかという問題については，さまざまな議論がある。一方では，前4000〜前3000年頃からユーラシア草原西部にいた印欧語族の祖先にあたる人びとが騎馬軍団を組織して各地に遠征をおこなったとする説［Anthony 2007；Kohl 2007］と，指導者のもとに統率された騎馬遊牧民が一定の社会組織を永続させるようになるのは，前1000年以降のこととする説がある［Khazanov 1984；Drews 2004］。
　この問題は，馬の家畜化の起源，騎乗の開始，金属製の馬具と武器の発達などの点を考慮して検討しなければならない。しかしいずれにしても

種々の条件が整って,「王」と呼んでもいいような権力者が部族集団をまとめあげ,階層的な社会体制が出現するようになるのは,前1000年前後のことであろう。それをモンゴルで確認したのは,日本やアメリカなどの調査団である[Takahama et al. 2006；Allard et al. 2006]。それらの調査によると,前13/12～前9世紀頃モンゴルでは葬儀に1700頭以上の馬(ただし馬具を装着していない)を殺し,大規模古墳を造営させるほどの権力者があらわれていたと判断できる[林 2014b]。しかしこれらの大古墳を造営した人間集団とその後のスキタイとの関係はまだ不明である。

「スキタイ」とは本来ギリシア文献にでてくるコーカサスと黒海北方,すなわち中央ユーラシア草原の西部にいた騎馬遊牧民の総称だが,その文化は草原地帯の西から東まで広く分布している。その起源について1980年代頃までは南ロシアとする説が主流であり,ヘロドトスが語るようにスキタイは東方からきたとする説は少数派であった。しかし近年はその東方説が有力視されている[林 2007；2012]。そのきっかけとなったトゥバのアルジャン1号墳は,推定復元すると直径110m,高さ3～4mの扁平な積石塚で,中央の木槨墓室(もっかく)に男女一対の遺骸(王と王妃か)とその周りに15体の男性の遺骸(殉死者),さらに馬具を装着した160頭の馬の遺骸が発見された[加藤九祚 1976]。年代は放射性炭素測定法により前9世紀とされ,スキタイ系大古墳のなかではもっとも古い。この古墳を含め,スキタイ直前の先スキタイ期,それに続く前期スキタイ時代の年代については,やや古くする説と新しくする説とのあいだで論争があり,中期と後期の黒海北岸・北コーカサスのスキタイ古墳の編年についてはアレクセエフの編年がもっとも注目される[Alekseev 2004；雪嶋 2008]。草原地帯における文化の流れが先スキタイ時代から中国北部を含む東方起源であったことは,高濱秀が一連の研究で明らかにしている[東京国立博物館編 1997；高濱 2000]。スキタイ時代の黒海北岸には城塞集落も存在した[雪嶋 2008]。これはもともと黒海北岸にいた定住農耕民の集落と思われるが,一部のスキタイが定着化しつつあったことを示すものかもしれない。

スキタイ文化を代表する古墳とそこから出土する武器・馬具・装飾美術(いわゆるスキタイの三要素)などの資料は,近年大幅に増えつつある。大型

古墳はほとんどすべて盗掘されているものだが，盗掘者の目を逃れて生き残った古墳がごくまれに発見される。その1つが，2001年に発掘されたトゥバのアルジャン2号墳である。ここからは総重量20kgの金製品が発見された。年代は前7世紀末とされている［Čugunov et al. 2010；林 2014b］。

　スキタイの名は，動物を巧みに表現した金銀器で美術史上に有名である。それは，彼らが西アジアに滞在していたときに刺激を受けて誕生したとする説があったが，これも草原地帯東部に起源があることがわかってきた。しかし後期(前5～前4世紀)になると，スキタイ美術にはギリシアやペルシアの影響が大きくみられ，その影響は黒海北岸だけでなく，中央アジアやアルタイ方面にまでおよんできた。黒海北岸からアルタイにギリシア美術が伝わった道こそ，シルクロードの草原ルートだった。またペルシア美術がアルタイまで達する道は，前半がオアシスルート，後半が草原ルートにあたる。スキタイ美術を総合的にみられるカタログ的書籍もあるが，やや古い［ピオトロフスキーほか 1981；Piotrovsky 1986］。世界各地で開かれる展覧会のカタログがそれを埋める役割をはたすであろう［林 2011b；Menghin et al., eds. 2007］。先スキタイ時代から東方では匈奴・鮮卑，西方ではフン時代まで草原地帯で流布した鍑(釜の一種)については，包括的な研究がでた［草原考古研究会編 2011］。

　前4世紀頃に造営されたアルタイのパジリク古墳群からは，そのほかに中国からもたらされた絹織物や鏡も出土している。いわゆるシルクロードは漢の張騫によって前2世紀末に開かれたと，一般にいわれている。しかしそれより200～300年も前に，アルタイの人びとはギリシア，ペルシア，さらに中国とも交流していたのである［林 2007］。

匈奴時代

　匈奴に関する基本的な史料は『史記』と『漢書』であるが，列伝と編年からなる資料集もある［林幹編 1988］。『史記』によると，秦が中国を統一した頃(前3世紀末)，中国の北方には東から西へ東胡，匈奴，月氏の順で3者が鼎立していたが，そのなかでは東胡と月氏が強盛であり，匈奴はやや影が薄い存在であった。匈奴で名の知られている最古の単于(匈奴の首

長の称号)は頭曼(とうまん)というが,その息子の冒頓(ぼくとつ)が父を殺害して単于となったのは前209年のことであった。その後冒頓は瞬く間に東胡を併合し,月氏を西方に後退させて東は大興安嶺から西は天山山脈の南北までを支配するようになった。

月氏の領域を『史記』は今日の甘粛(かんしゅく)あたりとみなすが,もっと広く西はタリム盆地,北はアルタイ山脈にまで達していたらしい。前4世紀頃にアルタイで豪華な副葬品の墓を残したスキタイ系のパジリク(パズルク)文化の人びとを月氏とみなす榎一雄の説もある[護編 1970;Enoki 1998]。月氏は匈奴に2回(あるいは3回)敗北しながらも主力はかなりの勢力を保って西走し,大夏＝グレコ・バクトリア王国(今日のウズベキスタン南部からアフガニスタンにあったギリシア系王朝)を征服したらしい。移動したのちの月氏を中国史料は大月氏,東に残った月氏を小月氏と呼ぶ。このできごとは同時代のギリシア・ローマ史料(ストラボンなど)も伝えており,それによればスキタイ系のトハラ人などが征服したという。そうすると大月氏はスキタイ系かということになる[小谷 2010]。いずれにしてもこれは東西の史料が一致して伝える世界史上最初のできごとということになる。大月氏はその後(おそらく後1世紀中頃〜後半),配下の族長,貴霜(クシャーン)氏に乗っ取られる。この貴霜を大月氏が征服する前から大夏にいた一族とする説もあるが,もともと大月氏に属していた部族であろう[小谷 2010]。ちょうどクシャーン朝に代わった頃の王族のものと思われる埋葬遺跡ティリャ・テペが,北アフガニスタンで発見されている[Sarianidi 1985;サリアニディ 1988;Hiebert & Cambon 2008;九州国立博物館ほか編 2016]。この遺跡からは,ギリシア・ローマ的モティーフにインドやイランの要素が融合したもの,騎馬遊牧民のスキタイやサルマタイに特徴的な装飾品,さらには中国の鏡も出土している。このことはまさしくシルクロードの草原ルートに加えて,オアシスルートも活発に機能し始めていたことを物語っている。

月氏を駆逐した冒頓がつぎに矛先を向けたのは,楚の項羽(こうう)を倒して漢帝国を創設した直後の中国であった。前200年の冬,40万騎ともいわれる大軍を率いた冒頓は,今日の山西省北部に侵入した。それに対し,漢の高祖

劉邦(在位前202〜前195)も自ら32万の兵(多くは歩兵)の先頭に立って進軍したが，匈奴のおびき出し作戦に引っかかり，劉邦の先陣だけ突出して，匈奴軍に包囲されてしまった。絶体絶命の危機に陥った劉邦は，単于に同行してきていた閼氏(単于の妻の称号)に贈り物をして歓心をかい，閼氏から単于に撤収を助言してもらった。冒頓の側にも，匈奴に寝返った漢人部隊と連絡がつかないなどの不安材料があり，結局両雄の対決は匈奴軍やや優勢のまま終結した。

　その後両者のあいだで和親条約が締結されたが，その中身は漢にとって相当厳しいものとなった。漢は匈奴に毎年一定数量の真綿，絹織物，酒，米，食物を献上し，兄弟となるというものであった。また劉氏一族の娘を公主(皇帝の娘，つまり皇女)に仕立てて，冒頓の閼氏の１人として送り込んだ。その結果，匈奴の侵入略奪は少し減ったものの，完全にやんだわけではなかった。騎馬遊牧民の侵入というと金銀財宝が目当てであるかのように思われがちだが，『史記』や『漢書』などをみる限り，彼らの略奪の対象はつねに人間と家畜であった。その数も半端ではない。何千人，何千頭という単位であった。また，中国領内で困窮した人びとが長城を越えて匈奴領内に逃亡することもあった。長城付近の住民の多くが農民であったことは間違いない。とすれば，彼らは匈奴領内で農耕に従事させられていたと考えるのが自然であろう[護 1997a；林 1983a]。実際に現在のモンゴル国北部とその北のロシア領ブリヤート共和国との国境付近には，15基の匈奴時代の壕と土塁で囲まれた集落址が発見されている。その住民に関しては，上記の漢人略取と集落址出土品に漢由来のものが多いことから漢出身者と考えられるが[潘 2007；Kradin 2010；林 2013]，定着化した匈奴とみなす説もある[Davydova 1968；Wright et al. 2009；Waugh 2010]。

　匈奴の国家構造・社会制度についてはさまざまな解釈があるが，それらを沢田勲がまとめている[沢田 2015a]。軍事組織には単于を筆頭に，後継者となる左賢王とそれにつぐ右賢王以下24人の長がおり，その下に千・百・十人長がいた。このようなピラミッド型の軍事組織が社会構成にまでおよんでいたかどうかは議論の分かれるところであり[加藤謙一 1998]，国家組織が未成熟な首長国に近いという説[山田 1989]，部族連合国家と

する説[護 1992a],階級社会に移行する途中の国家形成期の段階とする説[沢田 2015],軍事民主制「帝国」説[加藤謙一 1998],徴税・徴兵制度などさまざまな基準から「国家」と呼べる段階に達していたとする説[林 2007]などがある。匈奴と漢との国家関係については以下の研究も重要である[籾山 1999;堀 2006;札奇斯欽(ジャグチド) 1973;Jagchid & Symons 1989;Barfield 1989;Di Cosmo 2002]。

匈奴の美術はほぼ同時代の西方のサルマタイ美術と共通するところが大きいが,同時に中国からの影響も強かった[高濱 2000]。早稲田大学と新疆考古研究所の合同調査団が発掘したトゥルファン近郊の遺跡からは,匈奴・サルマタイ・中国,さらには前述のティリャ・テペとの関係を示す金製品が出土している[岡内 2007;林 2014a]。

匈奴の祭祀などの文化についてはやや古いが江上の研究があり[江上 1999],代表的な王侯墓とその出土品については,梅原[1960]とドルジスレン[1988-90]がある。王侯墓については近年外国隊による発掘が急増している[Brosseder 2009;Polos'mak et al. 2011;林 2014b]。しかしそれらはすべて前1世紀後半から後1世紀にかけてのもので,匈奴の全盛期にあたる前2世紀の王侯墓は発見されていない。今後の調査が期待される。

冒頓のときに確立した漢との関係は,武帝(在位前141〜前87)が即位するにおよんで変わり始める。前代の比較的平穏な時期に蓄えられた財力と軍事力を背景に,武帝が防御から攻撃に方針を転換したのである。張騫の派遣は実を結ばなかったが,前129年以降,積極的に匈奴に攻撃をしかけた。情勢は一進一退であったが徐々に漢軍が優勢となり,前119年には単于が一時行方不明になるほどの打撃を与えるほどになった。もちろんときには漢軍が苦戦し,将軍の李陵(りりょう)(その苦悩と悲劇は中島敦によって文学作品となった)が匈奴に投降するというようなこともあったが[護 1992a],戦局の趨勢は明らかであった。

前56年頃には5人の単于が並び立つという分裂状態に陥ったが,そのなかで勝ち残った郅支(しっし)単于(兄)と呼韓邪(こかんや)単于(弟)とのあいだで決戦がおこなわれ,郅支が勝利をおさめた。敗れた呼韓邪は前51年に自ら漢の宣帝(在位前74〜前49)に拝謁を求め,藩臣と称した。一方,郅支は西方と北方に勢

力を集中し，本拠を北西方のイェニセイ川上流域の堅昆に移したため，郅支の率いるグループを西匈奴，呼韓邪のグループを東匈奴と呼ぶことがある。

呼韓邪が勢力を回復し，漢と共同作戦をとるのではないかと恐れた郅支は，西へ移動して康居と同盟を結んだ。しかし郅支はしだいに尊大となり，康居を軽んじるようになった。彼は天山北麓のタラス川のほとりに2年がかりで城を築き，周辺諸国に貢納を要求して反発をかい始めた。その機をみて漢の西域都護は西域出身の兵を集めて郅支の城を攻め，単于以下，閼氏や太子など多くを殺害し，ここに西匈奴はその短い存在を終えた（前36年）。

一方，呼韓邪単于は漢との関係を深め，前33年には漢から王昭君をもらって閼氏とし，両国の関係は順調だった。暗雲が漂い出したのは，王莽が実権を握った頃からである。王莽は匈奴を蛮族視し，また完全に従属国化することを企んだ。反発した匈奴は，西域諸国をも巻き込んで王莽政権に対抗した。王莽が混乱のなかで殺害され（後23年），後漢もまだ政権が安定していなかったこともあって，匈奴はしだいに強盛となったが，この最後の黄金期も長くは続かなかった。またしても後継者争いが起こり，それに蝗による害も加わり，匈奴は分裂の危機に陥った。独立を志向する蒲奴単于に対して，後漢との和親を求めるグループは呼韓邪単于の孫をかついで再び呼韓邪と名乗らせて対抗した（48年）。前者を北匈奴，後者を南匈奴と称する。このあと，南匈奴は中国との関わりをさらに深めていき，一方，北匈奴は他部族から攻撃を受けて西走し，後2世紀中頃に天山北方にいたことを示す記事を最後に中国の史書からその姿を消す［内田 1975b］。この北匈奴の一部が西遷してヨーロッパのフンになったかどうかについては賛否両論があるが，護が両論を要領よくまとめている［護編 1970］。最近では部分的肯定説を林が展開している［草原考古研究会編 2011］。

鮮卑・高車・柔然時代

匈奴の衰退ののち，モンゴル高原で覇を唱えたのは鮮卑である。鮮卑に関する主要史料は『後漢書』『三国志』の鮮卑伝であるが，両書の成立過

程が複雑であることを念頭においておかねばならない。鮮卑などに関する中国の研究を網羅した集成もある[孫・藺編 2010]。

鮮卑は烏桓とともに東胡の後裔といわれ,大興安嶺南部からモンゴル高原南部に住んでいたが,匈奴の盛時にはその支配下にあった。後1世紀末頃西進して北匈奴の余衆を吸収したが,個々の部族はばらばらの状態にあった。ところが2世紀中頃に檀石槐という英傑があらわれると,瞬く間に鮮卑諸部族を統一し,往時の匈奴に匹敵する勢力を誇るにいたった。檀石槐は150年代後半から170年代にかけてしばしば中国北辺に侵入し,官吏や人民を殺害したり略取したりした。この頃中国は後漢末の混乱期にあり,経済的困窮者や政治的亡命者が漢から鮮卑に逃亡する例も多かった。密貿易もさかんにおこなわれ,武器になる良質の鉄を鮮卑が多く保有するようになった。これらの流入が鮮卑の発展に寄与したことは疑いない。

鮮卑が残したと思われる遺跡は,中国領内では比較的多く見つかっているが[宿 1977],モンゴル領内では調査が不十分のためか,極めて少ない[大谷 2011]。

鮮卑の歴史は,長城の北にいたときよりも4世紀にはいって長城以南に移動して中国的王朝を建ててからのほうが,文献史料が多いゆえに研究も多い[内田 1975a;船木 1989;川本 1998;佐川 2007]。特筆すべきは,1980年に大興安嶺東北部の嘎仙洞で発見された漢字碑文である。従来,可汗号は柔然が5世紀初めに使用したのが最初と考えられてきたが,この碑文の解読の結果,2～3世紀に鮮卑系諸族が可汗(可寒)号を使用していた可能性がでてきた[町田 1984]。

3世紀半ば以降モンゴル高原で鮮卑の勢力が弱まったのち,高車と柔然が勢力を競い合うようになった。高車と柔然に関するおもな文献史料は,『魏書』『北史』であるが,南朝の文献にも若干の言及があり,柔然の史料を集めた資料集もある[中国科学院歴史研究所史料編纂組編 1962]。しかし高車・柔然が残したと認められる考古学的遺跡は1つも見つかっていない。

高車は高車丁零,すなわち高い車を用いる丁零(テュルク=トルコ系)の略称で,狄歴とか勅勒とも呼ばれる[護 1997b]。これらはいずれもテュル

コラム1 │ 古代テュルク帝国を問い直す

　テュルク・モンゴル系遊牧民の国家構造やその特徴については，おもに匈奴とモンゴル帝国をモデルに輪郭が描かれてきた。すなわち，リーダーとの人的紐帯が基盤となる部族の連合体，整然と編成される軍政一致の左右両翼体制，騎兵の供出単位が十進法にそって積み上げられていく階層的な組織体系，などが基本的な構成原理とされ，自余の遊牧国家の理解に資してきた。

　それに加えてモンゴル帝国では，ケシクという恩顧関係を契機として君主に従侍した側近集団も分析対象となった。騎馬の機動力・軍事力によって急激な膨張をなす遊牧国家では，支配領域の拡大にともない君主の政策を実現していくスタッフを外部から絶えず補充しなくてはならない。あるいは麾下の部族集団を繋ぎ止め，王権の求心力を維持する仕組を必要とする。ケシクとは，有力者の子弟や新参者に君主を警護させる親衛隊であるとともに，君主のすぐそばで帝国の支配者にふさわしい人材を養成し，王権の支配を内外に浸透拡張させていく制度でもあった。

　かかる側近集団の存在は，テュルク・モンゴル系遊牧民をさまざまな形態で取り込んだ近世帝国においても観察される。マンジュ帝国(清朝)のヒヤ，サファヴィー朝のコルチやゴラーム，オスマン帝国のカプクルなどである。重要な点は，近世帝国の国家構造にも遊牧国家との類似点を抽出できたことである。

　ここで時代を遡り，古代テュルク帝国の突厥をみると，タルカン，ブイルク，シャダピト，クルカプチンなどが，カガン(君主)に近侍していた。とくにタルカンは柔然やウイグルなど前後する他の遊牧国家でも散見される。しかしながら，それぞれの遊牧国家における役割についてはほぼ手つかずのままである。

　ここ20年，この古代テュルク帝国を復元する史料環境は，新出の漢文石刻が増加し，テュルクが自らの言葉と文字を刻んだ突厥碑文へのアクセスもたやすくなったことで，好転した。またテュルク遊牧民のかけがえなきパートナーであるソグド人の残した銘文解析も飛躍的に進展した。そして，同時代の軍事集団として知られる，ソグディアナの傭兵チャーカルやイスラーム世界のグラームの分析も無視できない。テュルク帝国に先んじ，あるいは同時代に存立した，鮮卑・拓跋国家の北魏や北朝諸政権，隋・唐といった中国王朝についても，皇帝の近侍集団や禁軍の編成原理を再考察しようとする気運がある。

　中央ユーラシア史を貫く国家構造の原理や王権の展開を追求する観点から，古代テュルク帝国の問直しが希求されるゆえんである。　　　　　　　鈴木宏節

クを漢字で表記したものと考えられ、華北を支配した北朝政権でも軍事的に重要な地位を占め、また文化的にも漢人漢語世界に影響を与えた［小川 1959；吉田愛 2005］。『魏書』によれば、その祖先は匈奴の単于の娘と雄狼が交わって生まれたという。この一種の狼祖伝説は、突厥(とっけつ)にもみられる（ただし男女が逆であるが）。

柔然の支配下にあった高車は5世紀末にモンゴル高原から天山北方に移動して独立した。その首長は490年にソグド人商人を使者として北魏に派遣し、柔然との対決姿勢を明確にした。ソグド人の重用はその後のテュルク系遊牧国家に引き継がれていく。

柔然は蠕蠕(ぜんぜん)，芮芮(ぜいぜい)，茹茹(じょじょ)とも呼ばれるが、それらがどのような原音を映したものかについては諸説があるものの、明確ではない。4世紀初めには鮮卑の拓跋(たくばつ)部（のちの北魏）に服属していたが、5世紀初めに北魏の支配を逃れてモンゴル高原で独立した。柔然もまた匈奴と同様に中国人を略取して農耕に従事させていたと思われる［林 1983b］。『梁書』によれば柔然は丁零に対抗するために城を築いたというが、まだ発見されていない。柔然の言語はモンゴル系という説があるが確証はない。6世紀後半にヨーロッパに侵入したアヴァルを柔然とみなす説があるが［内田 1975a；Kollautz & Miyakawa 1970］、これも確証はない。

突厥・ウイグル時代

柔然を倒してそれよりも広大な領域を支配したのがテュルク系の突厥（テュルクの漢字音写）である。突厥はもともと柔然の支配下にあったが、その首長土門(どもん)は同じくテュルク系の鉄勒(てつろく)を破って併合し、その勢いを駆って552年には柔然を滅ぼし自ら可汗となった。土門は阿史那(あしな)氏の出身で、以後この氏族が可汗位を独占し、その妻である可敦(かとん)は阿史徳(あしとく)氏が輩出した。突厥については多くの文献史料があるが、それらをまとめた岑仲勉(しんちゅうべん)・呉玉貴(ごぎょくき)の集成は重要である［岑 1958；呉 2009］。

突厥は当初から絹馬交易を重視し、商業・外交に長けたソグド人を重用した。突厥は当初自らの文字をもたず、581年に死去した他鉢可汗(タトパル)のために立てられた紀功碑（ブグト碑）はソグド文字ソグド語で記された［吉田・

森安 1999]。突厥は，中央アジア西部を支配していたエフタル（テュルク系［松田 1986］かイラン系［榎 1992］）に対抗するため西方のササン朝ペルシアと同盟を結び，エフタルを挟撃して滅ぼした（560〜563年）。突厥はソグド人を団長とする使節団をササン朝ペルシアに派遣し，絹をペルシア経由でビザンツに売ろうとしたが，ササン朝に妨害されたため，カスピ海北方・黒海経由で直接コンスタンティノープルに使者を派遣し（568年），販路を確保した。以後，数次にわたって両国のあいだに使節の往復がおこなわれた［内藤 1988］。突厥からウイグルまで含めたテュルクとソグドさらに唐との関係については近年研究が増えている［石見 1998；森安 2007；森安編 2011；荒川 2010；森部 2010；吉田 2011；森部編 2014］。

　ビザンツの使者を応接したのは突厥西部の実力者ディザブロス（イステミ〈室点蜜〉可汗，576頃没）で，突厥全体の大可汗ではなかった。突厥は当初から東西に分かれる傾向をみせていたが，583年頃ついに分裂した。東突厥は隋末唐初の混乱期に多くの中国人を抱え込み，また中国国内の群雄（唐を建国した李淵もその1人）と手を結んで一時中国を凌ぐ勢いをみせたが，結局630年に唐の軍門にくだった。西突厥は620年代に中央アジアからアフガニスタン北部にまで影響力をおよぼしたが，657〜658年には唐に屈した。

　唐は服属した北方諸族に対し部族の構造はそのままに個々の族長を監督することにした。このような支配を羈縻支配（羈＝たづな，縻＝鼻づなで馬・牛を操るような間接的支配）という。なかでも突厥の羈縻支配については，多くの研究の蓄積があり［岩佐 1936；石見 1998など］，近年では中国本土から出土する漢文墓誌を利用した研究が盛んになっている［鈴木 2005；齊藤 2009；2011；2015］。また中国本土以外でも，羈縻支配の末期に唐から任命されたテュルク系僕固氏（678没）の漢文墓誌が2009年にモンゴル北部の墳墓で発見され，2011年には近くで唐風の壁画墓も発見された［東 2013；石見 2014］。だがその末期には反唐機運が高まり，682年頃に阿史那一門の骨咄禄（クトゥルグ）が独立をはたした。これ以降を第二突厥とか突厥第二可汗国と呼ぶ。

　初代と2代目のカプガン可汗（黙啜，在位691〜716）はしばしば唐の北辺に侵入し，人間や家畜を略奪した。カプガンは696年に唐（このときは武周

政権)に対して陰山山脈東南部の肥沃な地帯と唐に服属していた部族民，種子，農具を要求した。唐は土地の割譲は認めなかったが，突厥の兵勢を恐れてその他の要求は受け入れざるをえなかった。突厥もまたその領内で中国人などに農耕をおこなわせていたようだ。その後もカプガンは陰山南方を占領する構えをみせていたが，その余裕はなかった。遊牧国家が中国本土の一部を領有することは，契丹(遼)が燕雲十六州を確保する200年余りのちに現実となる。これに対し，3代目のビルゲ可汗(黙棘連，在位716〜734)は方針を転換して自ら侵入することはやめ，もっぱら交易を拡大することに努めた。これは遊牧国家がとるべき2つの対中国政策を象徴的に示している。ビルゲはさらに都市や寺院を建立する計画をもっていたが，伝統的遊牧戦士的気風を具えた老重臣トニュクク(暾欲谷)に反対され，断念した。このビルゲの新方針は，744年に突厥に取って代わったウイグル可汗国によって実現される[林 1985]。

　第二突厥では，これまでの遊牧国家にみられない大きな文化的進歩があった。それは独自の文字の創造である。これは突厥文字とか，最初に発見された石碑の近くを流れる川の名をとってオルホン文字などと呼ばれる。約40字からなる表音文字で，その起源については諸説があり[護 1992c]，まだ確定していない。なおモンゴル高原の突厥・ウイグル碑文のほかに，天山・イェニセイ河流域でも断片的な突厥文字銘文が発見されている。銘文の多くは断片的だが，今後の研究がまたれる[Aydın et al. 2013；Nevskaya/Erdal 2015]

　ビルゲ可汗の死後建てられた石碑には，1面に漢文で唐の玄宗が与えた哀悼文，ほかの3面に突厥文字でビルゲ自身の言葉が刻まれているが，両者の内容はまったく異なり，後者は突厥の興亡史と唐から独立して団結すべきことを説いている。ビルゲ可汗，その弟キョル・テギン(内容は兄の碑文とほぼ同じ)，トニュククの主要3碑文は日本語訳があるが[小野川 1943]，その後の研究を反映した新訳の登場が期待される。その他の突厥とウイグル可汗国の主要碑文の訳は，以下の報告にある[森安／オチル編 1999；大澤ほか 2009；森安ほか 2009]。これらの碑文を読むために必要な古テュルク語の辞書はクローソンのものが最高であるが，それなりの知識

コラム2 | 騎馬遊牧民

　騎馬遊牧民とは，遊牧，狩猟，交通，戦争などに馬の機動力を活用してきた中央ユーラシアのステップの民をいう。

　馬はそこにおいて広く飼われ，夏秋に牧草で十分に太らせたうえで，一定期間空腹状態にして体を引き締まらせると，穀物を食わせた農耕国家の軍馬なみの体力となり，冬季に多くおこなわれた戦争・狩猟に力を発揮した。羊は毛がゲルを覆うフェルトの材料となり，毛皮が衣服に使われ，また肉が好まれるため，馬同様広く飼われてきた。山羊も山岳地帯を中心に広く飼われてきた。一方牛はおもに森林ステップや純ステップで，駱駝はおもに砂漠性ステップや砂漠で，馬・羊・山羊とともに飼育されてきた。牧民は騎乗することで放牧・管理する家畜数を格段に増やすことができた。

　遊牧の要諦は家畜を夏秋は涼しい牧地で太らせ，冬春は日当りがよく寒風を防ぐ場所の多い牧地（ほぼ毎年同じ場所）で青草が生える夏までもちこたえさせることである。川や泉のない草原には井戸を掘って夏秋の牧地として使えるように努めた（冬春は雪が水の代用となる）。雪害や旱魃が起こると，食う草のある牧地に家畜を避難させて被害を避けた。

　牧民が使う牧地は，一般的に部族や氏族などの集団間あるいは集団内で種々の事情に基づいて使用することが了解されている場所とみなければならない。そしてそこには必ず冬春と夏秋の牧地や四季の牧地が含まれ，牧民はそのあいだを移動する。遊牧は家畜任せの牧畜ではない。そうみえる状態があっても，それはなんらかの事情による一時的なものとみてよい。

　騎馬遊牧民は，広大な草原に少ない人口で暮してきたが，容易に移動できる生活態勢と馬の卓越した機動力が地域と地域，人と人の繋がりを容易・迅速にしたから，強い指導者があらわれると急速に部族・氏族などがまとまり，強い騎馬遊牧民国家が誕生した。匈奴，突厥，モンゴルの国はその代表的存在である。これらの国家は，隣接する農耕地域の物産を得る交易を望み，それがうまくいかないと侵入・略奪をし，ときに大挙移動をして世界史の動因となった。豊富な馬，巧みな騎馬術，巻狩りで鍛えた規律ある集団行動に農耕国家の軍隊が対抗するのは難しかった。この関係の逆転はロシアと接していたモンゴル系国家が15世紀末にはじめて経験し，以後騎馬遊牧民の勢力は中央ユーラシア全域で徐々に弱体化した。

吉田順一

がないと使いこなせない[Clauson 1972]。また文法書としては，トルコ共和国のテキンが作成したものが代表的である[Tekin 1968]。これらの碑文を使った歴史学的研究としては以下のものがある[護 1967；1992b；片山 1984；1992；大澤 1996；2007；2010；鈴木 2006；2008a；2008b；2009；2010；2011；2013]。とりわけ近年においては，現地調査を踏まえた碑文の読み直しが進められ，王権や国家体制などの諸問題について研究が深められている。なお突厥の可汗クラスの墓廟遺跡の調査研究は，1991年以前はソ連など社会主義国の研究者によっておこなわれていたが[Voitov 1996；Jisl 1997]，それ以降は日本・トルコなども参入している[大澤 1999；林 2005；Bahar 2009]。

ビルゲ可汗が734年に没すると突厥の国内では内紛が続き，さらに鉄勒諸部のウイグルなどが突厥を攻めた結果，ついに744年にウイグルの首長が可汗となった。鉄勒諸部のなかには9つの部族が連合体をなしているものがあった。それはテュルク語の碑文などでトクズ・オグズ(トクズは九を意味するがオグズの意味は未確定)，中国史料で九姓鉄勒(のちに九姓回鶻(かいこつ)と呼ばれ，そのうちの１つがウイグル(廻紇(かいこつ)，回鶻)であった[片山 1981]。突厥を倒して最終的に覇権を握ったのはトクズ・オグズであったので，この国をトクズ・オグズ国と呼ぶこともあるが[山田 1985]，当初，可汗を出したのはウイグル部族の中核をなす薬羅葛(ヤグラカル)氏であったので，一般にはウイグル可汗国(東ウイグル)と呼ばれる。

ウイグルに関する文献史料は中国史料がおもなものであるが，『旧唐書』と『新唐書』の回鶻伝を比較しながら豊富な註釈を付けて英訳したマッケラスの研究がまず参照されるべきだろう[Mackerras 1978]。また網羅的な編年体史料集もある[馮・呉編 1992]。

２代目の葛勒(かつろく)可汗(磨延啜(モユンチョル)，在位747～759)はとくに北方と西方に征服活動を進め，各地に突厥文字で石碑を建てた。碑文には征服活動のほかに，バイ・バリク(漢文史料では富貴城)という都城を建設したことも記されている。ウイグルの都城については，中国やイスラームの史料[Minorsky 1948]も記している。首都のオルド・バリク(オルドは可汗のいる所を意味し，現在の遺跡名はハル・バルガス)は，２代目から３代目のブグ(牟羽(ぼうう))可汗(在

位759〜779)にかけて建設されたと思われる。城郭址は東西に長い長方形（約420×335m)で，城壁は7m前後の高さで残っている。城内からは宮殿と思われる遺構と，唐代に典型的な蓮華文の軒丸瓦（のきまるかわら）が発見されており，中国人職人の関与が想定される。2000年以来ドイツ考古学研究所が，近くにあるモンゴル帝国の都カラコルムとともに発掘している[Hüttel et al. 2011]。ウイグル可汗の夏の宮殿と思われるロシア領トゥバのポル・バジン遺跡[林 1976]はロシア隊が発掘している[Arzhantseva et al. 2011]。

ウイグルは遊牧国家としてははじめて草原に本格的な都市を建設したばかりでなく，統治機構の整備，体系的宗教であるマニ教の導入など（遊牧国家時代のマニ教史の問題点と研究の新展開については，森安[2015：536-537]に詳しい），それまでの遊牧国家にはなかった新機軸を打ち出したが，これを山田信夫は「文明化」と表現した[山田 1989]。ウイグル可汗国の登場を草原遊牧国家史の画期とみなす立場は早くも村上正二にみられ[村上 1951]，護に受け継がれている[護ほか 1974]。またウイグルは唐と絹馬交易を大規模におこなったが，それが示す意味については以下の論文がある[林 1992；齋藤 1999]。中央アジアに食指を伸ばしてきた吐蕃（とばん）とウイグルとの抗争，およびその抗争が中央アジアの広域な地域に影響を及ぼしたことについては，森安などの研究がある[森安 1977；1979；Yoshida 2009；岩尾 2014]。

840年，ウイグル国内で内紛が起こり，そのうちの1派に誘われて北方のキルギス（黠戛斯（かつかつし））が大軍を送って12代目の可汗を殺害し，ここにウイグル可汗国は滅亡した。これまで遊牧国家が滅びると，敗れた側は勝者に吸収されるか西方の草原に逃れるか，中国領内に逃げ込んだ。ウイグルでも一部に中国北辺に南遷する動きがみられた[中島 1983；山田 1986；Drompp 2005]が，多くは河西（現甘粛省）や天山南北のオアシス地帯に移住して新たな国家をつくった。これは，彼らがモンゴル高原にいたときにすでに「定住文明的」生活に親しんでいたからであろう。

近年の研究動向として，こうした突厥やウイグルを含め，中国北辺に移り住んだテュルク系遊牧民の活動が多くの注目を集めているが，その背景として農耕世界と遊牧世界の境界地帯の重要性が認識されてきたことがあ

る［石見 1999；妹尾 1999, 2001；森安 2007；Skaff 2012］。とりわけ，騎馬軍事力を中国に提供する場となっていた同地域を，唐などがいかに実効的に支配していたかについて活発に研究が進められている［村井 2003；2015；山下 2011；森部 2010；2013；齊藤 2016］。

　また，9・10世紀になってくると，テュルク系遊牧民の西方移動が活発化するとともに，遊牧国家の統治形態も，ステップ地域を保持したまま南の定住農耕地を支配する形に広く移行してゆくが，こうした新たな支配のあり方を「中央ユーラシア型国家」という観点で捉えることが試みられている（第2章第1節を参照）。匈奴以降の遊牧国家の歴史に発展はあったのかという問題は日本では最近あまり話題にならないが，「中国征服王朝」説とともにもっと研究されてしかるべき分野であろう［森川 1981；森安 2002；2007；林 2006］。

林　俊雄

第2章

オアシス都市の発展 古代〜前モンゴル期

　東南アジア大陸部からインド北部へと延びる大山岳帯(崑崙山脈,ヒマラヤ山脈,カラコルム山脈)は,パキスタン北部からアフガニスタン東部,タジキスタン東部で北に湾曲し,キルギスをへて天山山脈へとU字を描くように続いている。この湾曲部がいわゆるパミール高原であり,中央アジアはおおよそここで東と西に隔てられてきた。この地域は,現在,おもにトルコ系の人びとが住んでいることから,東・西トルキスタンとも呼ばれる。

　また,ここはユーラシアのなかでも極度に乾燥しており,天山山脈とシル川を結んだ東西の線(ほぼ北緯43度線)より南には,大砂漠が横たわっている。そのほとんどは砂漠でしかないが,ところどころに高山からの雪解け水によってできた河川にそって,緑の帯が延びている。これがいわゆるオアシスである。

　ここにいうオアシスとは,大小さまざまな規模はあるものの,「砂漠における可耕地の広がり」とまずは理解することができる。そして,この「可耕地の広がり」のなかに,村や町と呼べる集落が少なくとも1つあり,大きな規模のオアシスでは城壁をともなった都市が存在している。また「可耕地の広がり」の周辺には,草地や沼沢地が続くことが多く,その外側に砂漠が広がっている[Lattimore 1950:165-166]。

　オアシス社会や国家とは,このような「砂漠における可耕地の広がり」およびその周辺地を生活基盤とする社会や,それがつくる国家のことである。そのことから明らかなように,この社会や国家を支える経済基盤として,まずは農業と牧畜業があった。

　しかし,砂漠のなかに浮かぶオアシスは,多くはそこにそそぎ込まれる水には限りがある。なかには豊かな水量を誇る大河川をかかえるオアシスもあるが,その多くは耕地や草地を増やそうにもおのずから限界があり,

農牧業以外に生きる糧を求めざるをえない人びとを生むことになる。オアシス社会や国家に，商人や手工業者など多くの非農牧民が存在し，交易というものが早くより発達していたことが容易に想像できよう。

ただし，こうしたオアシスと交易の関係については，日本ではいわゆる「シルクロード交易」に対する議論と切り離して考えることはできない［堀 1995］（コラム 4「オアシスについて」も参照）。この議論というのは，ブームに乗って数多く出版されたシルクロード関係の一般向け書籍の内容が，「シルクロード」という語の曖昧さとともに，その主要舞台である中央アジア地域をあたかもたんなる通過点にしかすぎないように印象づけるものが多かったことから，そうした中央アジアに対する歴史叙述のあり方に対して疑義を提示したことから始まった。また「シルクロード交易」の盛衰と中央アジア地域の興亡を関係づける見方を否定し，当該地域を構成する基本的な枠組は，あくまでも草原の遊牧とオアシスの農牧を基盤とする 2 つの社会であり，両者の共生関係こそが重要であるとした［間野 1977；1978］。

そもそも日本においては，近代以前の世界史（ユーラシア史）を遊牧民と農耕民との南北対立として描いた白鳥庫吉（くらきち）以来の捉え方と，南北関係にとどまらず東西の関係（東西交渉）を重視する松田壽男（ひさお）以来の捉え方があるが［森安 1995：25］，先の提言は後者を強く批判するものでもあった。これにはまた，オアシス民の関心や彼らの経済の主体的な拠り所は，「シルクロード交易」ではなく農業に求められるのではないか，という二項対立的な問いかけが含まれていた。

ただ，これについては，すぐさま大きな反論を呼ぶことになり［護（もり） 1978a；1978b；内藤 1978］，その後もこの問題について議論が継続している［森安 1995：11-12；2004：5-7；2007：72-86；2015：序文；間野 2008］が，「シルクロード」という語については，明確に定義したうえであれば，研究上の有効な概念になりうることが認められつつある［吉田 2012；森部 2017］。

今後の議論においては，「シルクロード交易」をたんに東西交易と同義と解する見方や，農牧業と交易を独立的に並べてその重要性を単純に比較し，性質の異なる両者の連関性や相互作用を無視するような議論を止揚さ

せる必要がある。

　また「シルクロード交易」といっても，それはオアシス地域を中心に考えればよいわけではない。草原の遊牧民がオアシス民と共生関係を構築するなかで彼らがオアシス都市を取り込んで，どのような交易を展開させていたのか具体的に明らかにしていくことが重要であろう。オアシス社会や国家の経済をトータルに理解するうえでも，今後，中央アジア地域で展開された交易の性格について本格的に検討していくことが求められている。

1│東トルキスタン

タリム盆地周辺のオアシス都市

　本節では，天山山脈と崑崙山脈にはさまれたタリム盆地(中国新疆ウイグル自治区の南疆，東トルキスタン南部)のオアシス地域を対象として取り上げる。同盆地の周縁部には，多くのオアシスが点在するが，なかでも規模の大きなオアシスには，その中心部に大きな都市が築かれている。掲載の地図にみえる，クチャ，カシュガル，コータンなどのオアシス都市がそれである。かつては，これらの都市を中心に，オアシス国家が建てられていた。

　またこうしたオアシス都市や国家を繋いで交通・交易のルートが形成されたが［江上 1986；188-205］，それは東西方向のみならず，天山北方の草原地域やタリム盆地の南方方面にも延びていた［森安 2007：64-68］。

　さらに当該地域に拠るオアシス国家は，つねに南北・東方に勃興する周辺の強大な政治権力(天山・崑崙山脈を境にして遊牧国家と，河西地域を通じて中華の王朝国家)の支配を意識せざるをえず，ときにこれらとの二重・三重外交を強いられた［嶋崎 1977；Zhang 1996；王素 2000］。なお本節全体を補う概論として梅村［2000］があり，併せて参照されたい。

研究に向けた基礎文献

　東西トルキスタンにおけるオアシス国家の規模や住民，政治・社会・文化については，榎［1971］，Litvinsky et al., eds.［1996］に要領よく解説され

東トルキスタン

ており,さらにソグディアナの政治・社会・経済や文化・宗教に関しては,吉田[1999],曽布川・吉田編[2011]が適切な概説を提供している。また近年の研究状況を踏まえ各オアシスをまとめて概述した Hansen[2012]は便利である。

本節で扱うタリム盆地周辺のオアシス国家に関しては,東方の中国と隣接していることから漢籍史料にその情報が多く伝えられており,それが研究に活用されてきた。とくに日本や中国では漢籍史料を縦横に利用できる学問的な環境や伝統があることから,豊富な研究が積み重ねられている。この点,こうした漢籍史料がほぼ使えなくなる西トルキスタンについて,日本や中国で研究が著しく少なくなるのと対照的である。

こうした漢籍史料や研究史について概観するには,古いものではあるが今でも『東洋史料集成』(第7編 中央アジア,Ⅳ トルキスタンの「史料」)と『アジア歴史研究入門4 内陸アジア・西アジア』(Ⅱ トルキスタンの資料解説)および森安[1980]が有益である。関係する漢籍史料について解説をつけて紹介するだけでなく,一部の史料の訳註や漢籍以外の史料(イスラー

ム史料など)も掲載している。このほか『アジアの歴史と文化8　中央アジア史』の概論および『東西文明の交流』(全6巻の1・2・3巻)の末尾に掲載されている文献解題も，当該地域の研究を始めようとする者には大変に有用である。

　また当該分野の研究を「西域史」と呼ぶことがかつては多く，漢籍史料に拠って，中国の「西域」経営(支配)[曽 1936；伊瀬 1955など]や歴史地理学的な研究[松田 1956；長澤 1979；山本 1989など]がおこなわれてきたことが，特色の1つとなっていた。ただ「西域」が，意味として中央アジア地域(狭義では東トルキスタン)とかさなるとはいえ[羽田亨 1931；羽田明 1969]，あくまでも中国からみた「西域」でしかない。このことから，現在ではこの呼称を積極的に用いることはなくなった。

　ただ前掲の松田[1956]は，漢籍史料を中心にしながらも，視点を中央アジア地域にすえた名著でもあり，草原とオアシスの地域を区切る天山山脈が有する歴史的な意味を明らかにしている。

　他方で，当該地域に対しては，乾燥したオアシスの諸遺跡や墳墓から多くの紙文書が出土し，列強の探検隊がそれを獲得したことから，早くよりヨーロッパを中心にそれを駆使した研究がなされてきた。とくに現地で使用されていた言語と文字による胡語(ウイグル語・トカラ語・チベット語・コータン語など)文書が漢文文書とともに多く発見されており，これを活用した研究が積極的に進められている。なかでもウイグル語文書は，漢文文書と並ぶ一大文書史料群となっており，多くの研究が蓄積されている。ウイグル語資料の解説や研究動向について，Matsui[2009]がある。このほか，胡語文書としてどのようなものが残されているのかは，前掲『アジア歴史研究入門』のほか Harmatta, ed.[1979](トルコ語やトカラ語などを除外)，森安[1980]などで紹介・解説している。

　なお漢文文書については，トゥルファンと敦煌，さらには最近ではコータン出土のものが主要な史料群を構成している(コータン出土文書とその研究については，張広達・栄[1993]参照)。このうちトゥルファン・敦煌文書については，これまで文書を利用してどのような研究が進められてきたか，工具書の存在とともに確認できる『吐魯番・敦煌出土漢文文書研究文献目

録』(東洋文庫, 1990)がある。またトゥルファン文書に関しては,王素[1997]と陳[2002]が出ており,個々の文書を時代順に配列するとともに,それがどのような研究論文に引用されているのか容易に把握できるようになっている。

こうした現地出土の史料と周辺の世界に残された編纂史料とは,史料としての性格が異なるので,うまく両者が補完するようなかたちで研究に利用するのが理想である。この点,森安[2015]は,ウイグル語・漢語だけでなく,チベット語の文書や漢籍史料を駆使して得られた研究結果を集成した論文集で,この分野の必読の書である。

このほか,現地に残されている資料としては,文書だけではない。貨幣を含めた考古学的な資料や美術史的なビジュアル資料もあり,それらを加えて研究が進められている。貨幣については Harmatta, ed.[1979]・Thierry[1997]・Wang[2004]を参照。このほかトゥルファンの考古資料に関する白須[2012]やコータン寺院址の壁画内容を分析した栄[2003]などがある。

また最近では,史料・報告書・研究書などについて電子データが活用されている(国立情報学研究所－ディジタル・シルクロード・プロジェクト『東洋文庫所蔵』貴重書デジタルアーカイブ http://dsr.nii.ac.jp/toyobunko/icons.html.ja)。

時代区分

東トルキスタンにおけるオアシスの歴史をとらえるにあたり,当該地域がつねに外に開けている四通八達の地域であることから,地域内のみを対象とせずに,広く周辺の動向を考え,より大きな歴史の流れのなかに位置づけていくのが有効であろう。とりわけ東方に連なる河西・華北地域との関係は密接で,本節においてもそれらの地域を含めてふれることになる。

東トルキスタンのオアシス都市は,考古的な資料を除けば,その動きが史料上にみえてくるのはようやく紀元前後のことなので,以下,紀元前後よりモンゴル帝国期以前に時代を絞って,その歴史を広くユーラシア全体の動向のなかに位置づけながら概観し,あわせて当該地域に関する研究の状況を紹介していきたい。

ここでは便宜的につぎに掲げるように,3期に分けて述べていく。

コラム3｜ウイグルの定住化

　ウイグルは，中央ユーラシアの草原地帯における遊牧可汗国時代とオアシス地帯の定住王国時代とを実現し，この両地帯を関連づけて俯瞰する必要性を，われわれに示している。

　定住化の契機は，ウイグル遊牧社会内に胚胎していた。早くも8世紀後半，遊牧地の中心，オルホン川近くの地にオルド・バリク（宮城）が建設され，第3代の牟羽可汗（卜古罕）が住まいしたという。セレンゲ河畔のバイ・バリク（富貴城）とともに，建設や利用にはソグド人や漢人の関与があったが，こうした草原都市にユーラシア各地から商人が集まって市を開き，富や農作物が蓄積されたであろう。遊牧ウイグルは都市機能の有益性を知っていたのである。

　だが840年，ウイグル遊牧可汗国は崩壊し，牧民集団を率いる支配層は離散した。そのなかで，8世紀末にはすでにウイグルの勢力圏にはいっていた天山山脈方面へ移動した集団が，天山ウイグル王国（西ウイグル王国：聖天可汗大廻鶻国，大福大回鶻国を名乗る）を立ち上げた。遊牧社会の伝統を保ったことは，可汗称号を継承したこと，天山北麓の夏向き都城・ビシュバリク（北廷）と，南麓の冬向き都城・高昌を運営したこと，また13世紀にいたるまで北麓の草原に騎馬軍事力を養っていたことから明らかだが，一方，南側のトゥルファン盆地をはじめとするオアシス都市・農村群を支配下に入れ，やがて定住ウイグル農民も出現する。都市は金属職人をかかえ，綿布を通貨とする市場をもち，五穀や棉花・果実の実り豊かな農村に囲まれた。ゾロアスター教などペルシア文化，キリスト教も残っていた。トゥルファン盆地を中心として，先住トカラ人や漢人が伝承してきた仏教が，ソグド語によるマニ教を信奉していた支配層に浸透し，漢字文化も織り込んだ多彩で複合的な定住型のウイグル文化が育まれていった。

　ウイグル文字，ウイグル語によって大量の仏教経典が書き残され，公文書，民間の契約書もつくられた。11～14世紀のウイグル農民はムギ，キビ，ゴマ，ブドウ，棉花などを栽培し，灌漑農地は売買され，消費財は貸し借りされた。地主もいれば奴隷身分の者もいた。家系の借財記録をつくる人，仏教徒たるべく漢字を練習する人，すべては12世紀のカラキタイによる間接支配に続いて，13世紀にモンゴル帝国に組み込まれ，ウイグル王は可汗を名乗れなくなったが，権威はなお存続した。定住ウイグル一般民は，そうした権力の構造を認識できるほどに高度な識字・情報社会を築いていた。　　　　　　　　　　梅村　坦

Ⅰ 古代帝国およびその崩壊期のオアシス都市(1〜4世紀)
Ⅱ 帝国再生期のオアシス都市(5〜8世紀)
Ⅲ 「中央ユーラシア型国家」形成期のオアシス都市(9〜12世紀)

この時代区分は，基本的には当時の世界史(ユーラシア史)の動向を踏まえたものである[大阪大学歴史教育研究会編 2014]。Ⅰでいう古代帝国とはユーラシア東西の漢帝国とローマ帝国，そして中央に成立したクシャーン朝を指す。またⅡの帝国再生とは，Ⅰの諸帝国の崩壊後に再び帝国により統一に向かったことを指し，ユーラシア東半部にあってはトルコ系遊牧帝国と唐帝国のことを指している。さらにⅢは唐帝国の崩壊後に迎えた変動期であり，モンゴル帝国の成立を準備した期間でもある。

オアシス国家の政治・社会・宗教

紀元前後の頃，タリム盆地周辺には「三十六国」とも「五十五国」とも形容されるほどの，数多くのオアシス国家が分立していた。その後，それらはほぼ5つ余りのオアシス国家(高昌国[トゥルファン]・焉耆国[カラシャール]・亀茲国[クチャ]・疏勒国[カシュガル]・于闐国[コータン]・鄯善国[ロプノール南西方面])に統合されていったと考えられる[山田 1985:124-126；江上 1986:226-233；Zhang 1996]。そのため当該地域のオアシス国家は，基本的には一都市一国家ではなく，多くは王の居城となったオアシス都市を中心として，周辺に点在する大小のオアシスをその支配下においた。そして，最高統治者たる王のもとに，それぞれ固有の統治組織が設けられ，それによって領内に点在するオアシスを統治していた[Zhang 1996ほか]。なお王位はおおむね世襲されていたが，オアシスの諸国家を束ねる政治組織は成立しなかった。

これに対してソグディアナ(西トルキスタン)にあるオアシス国家は，トップリーダーたる王もしくは領主は，必ずしも世襲的な君主ではなく，大富豪の代表者という性格が強かった。そしてサマルカンドを中心に，オアシス国家同士が，ゆるやかに結びつき，オアシス国家連合を形成していた。そのため，サマルカンドのトップリーダーは，「ソグド王(にして)サマルカンドの領主」と呼ばれた[吉田 1999:45-47；2011]。

コラム4 │ オアシスについて

　オアシスを中央ユーラシア理解のキーワードとし，それをめぐる諸現象に精緻な論議が展開されているのは，日本での研究の特色の1つである。

　これには，オアシスが日本にはなく，理念的に珍重する雰囲気が背景にある。同じように湿潤な離島の自己の単線系の歴史体験とは対極的な，乾燥・大陸・多文化系の中央ユーラシアの歴史に，憧憬の心情をもつ文化の伝統もあった。だから日本とは歴史関係の希薄な場所にもかかわらず，世界的にみて日本の当該研究の層は厚い。

　そこでまず論じられたのは，砂漠に点在するオアシスを海洋に浮かぶ島に喩えて，中央ユーラシアのオアシスは遠洋航海を支える港に相当するとする，遠距離交易を主とし，その盛衰をもって地域の興亡を論ずる，のちにシルクロード史観と呼ばれる見解であった。けれども，この地域の歴史の専門研究者は，そこに共存する移動牧畜民（遊牧）にも注目をしており，これを正確に評価する先駆的な歴史像も，遊牧に対する潜在的な被害者意識や偏見・差別感情のない日本では提示されていた。

　第二次世界大戦後の大陸国策から解放された日本の中央ユーラシア研究は，現地史料の重視や人類学などの周辺諸学の吸収とともに，史的唯物論の影響のもとで，大きく発展した。その特長は，ここに1つの歴史世界を想定し，その本質を遊牧とオアシス農耕の二種の社会の関係（生物学の「共棲」概念を援用）に基づく地域発展史として説明する傾向が強いことである。「草原とオアシス」が彼の地の歴史の展開の主旋律と整理されるわけである。そこで明らかになったオアシスの具体像，つまり城壁をもつ都市と周りの耕地，それらを結びつける灌漑・排水の水路と往来・交易の道路の網状分布，そしてそのうえに成立した政治・経済・宗教などの社会組織については，清代ヤルカンドの事例が提出されている［堀 2005］。今後，自由な現地調査による移動・婚姻などの人的関係の解明の深化などが期待される。

　ただし遊牧が衰退し，海洋路線がオアシス交易網を圧倒するようになると，中央ユーラシアは周辺諸帝国の辺境としての姿しか描けない。けれどもわれわれ日本の研究者は，この地の現代を正当化するための地域の国史的創造に無理をする必要はあるまい。それ以前の遊牧にもオアシスにも，環境適合的で早熟な合理的文明体系が存在した。それが偉大な人類遺産の1つとして，さらに考究・掲示する価値は十分にあるのだから。　　　　　　　　　　　　　　　堀　直

これらオアシス国家の人口規模としては，この頃で数万のサイズが標準であり，最大でも10万を大きく超えることはない。居住する農牧民・商人・手工業者の比率はつまびらかではないが，社会構成の特徴として，全人口に占める兵士の比率は高かったといわれる[榎 1971]。ただし，この兵士がもっぱら戦闘を担う職業軍人的な存在であったかどうかはわかっていない。

　またこれらのオアシス国家では一般に仏教が篤く信奉されており，高昌国・焉耆国・亀茲国・于闐国などでは，僧侶が数千人の規模で存在したとみられる。ただし高昌国の例で，町田[2002]が明らかにしているように，僧侶といっても俗人とほとんど変わりないようなものであった可能性は高い。

　さらにはタリム盆地北縁の亀茲国が基盤としたクチャ・オアシスは，「小乗仏教」の一派である説一切有部派の拠点となり，これに対してタリム盆地南縁のコータン・オアシス（于闐国）は，大乗仏教の拠点となっていた。中国仏教と関係が深かったのは後者であり，仏典の東方伝播にとっても，コータンは大きな拠点となっていた。こうした東トルキスタンにおける仏教の受容とその後の展開については，橘堂[2010]に概観されている。

タリム盆地南縁のオアシスの状況（第Ⅰ期）

　第Ⅰ期における当該地域のオアシス国家は，その初期には古代帝国が並び立つ時代環境のなかで建国していたといえる。すなわち，1世紀頃のユーラシア世界の東西端には，漢帝国とローマ帝国が並び立っていた。さらにユーラシア中央部，今のアム川南方で勃興し，インドに進出していくクシャーン朝が，ローマ帝国や漢帝国との中継交易で栄えていくのも，ちょうどこの頃からのことである。

　タリム盆地のオアシスに対しては，漢帝国が西域都護を配置し支配をおよぼしていたが，盆地の北辺には匈奴が進出し，南辺には2世紀の漢帝国の支配撤退後にクシャーン朝が勢力をおよぼしていた。ただいずれの勢力も間接的な支配にとどまっており，オアシス各国は実質的には独立した状態にあり，独自の文化を形成していた[cf. Narain 1990]。

こうした時期に，クシャーン朝と漢帝国のあいだに建つコータン・オアシス周辺において，シノ・カロシュティー銭と呼ばれる銅銭が鋳造されていることは注目される。この銅銭については，片面にクシャーン朝で公用文字として用いていたカロシュティー文字が刻まれ，別面には漢字で重量に関する銘文が刻まれていた[榎 1960;小谷 1999]。

またコータンの東方には，楼蘭・鄯善王国が建国していた。概説書として，ヘルマン[1963]・長澤[1963]があり，その研究史については，伊藤[2017]に詳しい。

この国では，またカロシュティー文字とガンダリー語が公用語・文字として使用されていた。タリム盆地南縁のオアシスが，漢帝国の撤退後に，クシャーン朝の強い影響下におかれていたことを示していよう[吉田 2015]。

なおカロシュティー文書は，まとまった量の資料が残されており，これらを利用して鄯善王国の政治・社会・経済面の研究が進められている[Burrow 1940;伊藤 1983;林 1988;孟凡人 1995;長澤 1996;市川 2001;山本 1999;2002;2006a;2006b;赤松 2001;2005;籾山 2001ほか]。

古代帝国崩壊以降の状況(第Ⅰ期)

3世紀頃になると，ユーラシア全域で遊牧民・牧畜民が農耕定住地帯への大規模な移動を開始し，大きな変動を各地域にもたらした。東トルキスタンのオアシス都市も，周辺に存在した帝国が消滅し，その政治的な圧力を受けることがなくなった。

この時期におけるオアシスの動向は，その詳細は不明ながらも，前掲の鄯善王国と，トゥルファンの高昌郡に関しては例外的に研究が進められている[王素 1998ほか]。ちょうど書写材料も，出土状況から4世紀前半から紙が用いられるようになったことがわかる[冨谷 2003]。なかでも最初期に属す紙文書として，以下の2つがとくに注目され研究がおこなわれている。

1つは，楼蘭王国の滅亡後，ロブノール周辺におかれた西域長史府の作成にかかる「李柏文書」であり(研究史は[伊藤 2002]，関係論著は[片山

1988]に詳しい),もう1つは河西地域の西端である敦煌オアシスの郊外で発見されたソグド語史料である[吉田・荒川 2009]。この時期は中国内地が「五胡十六国」と呼ばれる分裂期であり,これらの史料はこの頃の東トルキスタンとその周辺地域の動向について貴重な情報を提供してくれている。とくに後者からは,こうした時期にあってもソグド人が困難な状況のなか,交易活動を維持していたことがうかがえる。

遊牧政権による帝国再生期の状況(第Ⅱ期)

先にみたように,ユーラシア地域は遊牧民の移動を契機に政治的にも社会的にも大きく変動していったが,それが5世紀を迎えるとようやく再編に向けて動き始めることになる。この時期,東トルキスタンの周辺ではパミール高原以西にはエフタルが,モンゴル高原には柔然が,また青海方面には吐谷渾が,そして華北には鮮卑の北魏が活動を活発化させていた。そうした状況のなか,トゥルファン・オアシスは,それらの使節を迎え入れ,諸勢力の結節点として機能していた[栄 2007;荒川 2014ほか]。

続く6世紀にも,テュルク系の遊牧国家である突厥が興り,エフタルをササン朝ペルシアと挟撃して破ると,その勢力は,東はモンゴリアから西はソグディアナを越えて,現アフガニスタン地域にまで拡大した。やがて突厥は東西に分かれ,当地のオアシス諸国は西突厥の支配下におかれた[内藤 1988;Sinor 1990]。5世紀より続く,こうした遊牧勢力の台頭は,ソグド人を遊牧世界に誘導することになった。

またこの時期は,東トルキスタンでも交易が活発化した。その具体的な状況については,トゥルファン文書に基づく荒川[2010]の研究がある。それによれば,交易が活性化した背景には,突厥などのように強力な遊牧政治権力がステップ地域に勃興すると,可汗と各オアシス国王との支配―従属関係のもと両者が共生的な関係を構築していたことがあった。遊牧国家は,可汗をはじめとする自らの領地・領民を有する遊牧集団の連合体であるが,ソグド人らはそうした遊牧諸集団のリーダーたちと提携するかたちで,キャラヴァン隊を諸外国やオアシス都市などに送り込み,積極的に交易活動を進めたのである。

こうした状況のなか，国家・集団レヴェルで頻繁に「やりとり」される使節団が，砂漠・草原を比較的安全に移動する手段を日常的に提供していたのである。このことは，個々の商人レヴェルでの交易活動を誘引しながら，遠隔地間の交易と域内諸地点間での中・小規模の交易を重層的に展開させた。

また，この時期に関してもトゥルファン・オアシスから多くの文書が発見されており，同地に建国した高昌国の王統や国家の諸制度などについて出土文書を駆使した厖大な研究が日本と中国で積み重ねられている［嶋崎 1977；王素 1998；2000；宋 2003；孟憲実 2004ほか］。これは高昌国が漢文化を保持する人びとを主体としたオアシス国家であることから，漢文文書の出土が圧倒的に多くなることも，日本や中国で研究が深まった大きな要因であろう。

唐帝国支配期の状況（第Ⅱ期）

やがて7世紀に唐帝国が成立すると，この遊牧勢力とソグド人との提携に楔（くさび）を打ち込むように軍隊を中央アジアに駐留させ，財政を傾けて同地域をその勢力下においた。ただしトゥルファンを除いて，オアシス諸国家は独立をそのまま保持した。またソグド人のホームグラウンドである西トルキスタンのオアシス国家も唐の間接支配をこうむるようになった（58頁コラム7「サマルカンド出土「外国使節の間」の壁画」参照）。そのためソグド人の交易活動は，ほぼ唐帝国の管理下におかれることになった。

キャラヴァン隊の編成についても，唐によってコントロールされ，その交易商品についても，唐の軍事支配を確保するために，それまでにはなかった動きもみられるようになった。例えば，特定のオアシスを中心として屯田（とんでん）開拓を積極的に進め，そこで生まれた余剰穀物を，商人を通じて周辺のオアシスに流通するように仕組んでいる［荒川 2011］。

また7世紀初めまで，ユーラシア東部の広域にわたる交易は，ほぼソグド人に独占されていたといってよいが，唐の支配時代には，漢人の商人がソグド商人と並んで中央アジア地域に進出してくるようになった。唐は，こうした商人たちの往来を利用して，毎年，当時，貨幣としても流通して

いた絹布を大量に軍需物資として運搬させたが，それはそれまで完全に西アジアの銀貨が流通する経済圏に含まれていた東トルキスタンを，唐の絹や銅銭が流通する経済圏に転換させることに繋がった[荒川 2010]。

また唐支配下のオアシスの動向については，トゥルファンおよびコータンやクチャのオアシスの状況が詳しく追究されている。

トゥルファンは唐の直轄州府である西州都督府が，コータンには唐の間接支配の羈縻(きび)州である毗謝(びしゃ)都督府が設置されたが，それぞれの行政面の動向が出土文書より浮彫りにされている。西州都督府に関する文書および研究については，陳[2002]に詳しい。またコータンについては，漢文文書だけでなく，現地の言語であるコータン語で作成された公私の文書群があり，最近でも数多くの出土文書の発見が続いている。なかには両語により書かれたバイリンガルな文書も出ており，コータン・オアシスに建国した于闐国の唐代における統治状況について，現地の王国と唐の権力との関係が明らかにされつつある[吉田 2006;Duan 2008;段 2010;張広達・栄 1993;栄・朱 2013]。なおコータン地区からは，近年発見された一群の写本のなかに，8世紀後半～9世紀初め頃に書かれたとみられるユダヤ・ペルシア語の手紙があるが[張湛・時 2008;吉田 2017]，これはソグド人でユダヤ教徒によるものであった可能性が高い。また唐帝国のあとにチベット(吐蕃(と)(ばん))がコータンを支配したが，それについてはTakeuchi[1998;2009]がある。

このほか出土資料を用いた研究としては，これまで停滞していたクチャ出土のトカラ文書の研究が近年とくに進展しており，仏典や世俗文書を使って亀茲国の仏教やオアシス統治の一端について徐々に明らかになってきている[Pinault 1987;Ching & Ogihara 2010;Ogihara 2011;Ching 2011;慶 2012;2017ほか]。さらにコータン語に近い東イラン語に分類されるトゥムシュク語についても研究が進められている[荻原・慶 2012]。

また唐帝国のほかにも，オアシス国家の支配・掌握を狙うチベット(吐蕃)やトルコ系の遊牧国家(西突厥・突騎施(とっきし))が存在するが，吐蕃の動向については森安[1984]およびBeckwith[1987]や王小甫[1992]などの研究に詳しい。

コラム5 | マニ教絵画資料

　マニ教はメソポタミアに生まれたマニ(216-274/276)が唱道した宗教で、キリスト教をベースにしたグノーシスの宗教に分類される。しかしマニは普遍宗教をめざし、ゾロアスター教の二元論を取り込み、教会組織を整備してさかんに布教をおこなった。マニは布教の方略として絵図を用いることと翻訳を推奨したが、翻訳に際しては布教先の文化や宗教に用語や神格の名称を巧みに適応させたため、折衷宗教の様相を呈することになった。シルクロード地域にも伝播し、中国への公伝は694年であった。ウイグルの第3代牟羽可汗(ぼううかがん)(在位759-779)は763年に洛陽でマニ教僧侶に遭遇しマニ教に改宗したとされる。以降11世紀初めの西ウイグル国で仏教に取って代わられるまで、マニ教はウイグルの国教であった。

　やがて世界各地でマニ教の信仰は絶え、マニ教文献や絵画は伝存しないが、20世紀になって敦煌(とんこう)・トゥルファンおよびエジプトでマニ教文献が発掘された。そしてトゥルファン出土の文献には極彩色のミニアチュールの断片が残されていた。マニ教教会の遺跡からは壁画や幡(ばん)も見つかり、往時のマニ教絵画の一端を知ることができる。これらはおおむね西ウイグル国時代、10世紀前後の資料だと考えられている。中国では会昌(841-846年)の法難でマニ教も弾圧され、僧侶胡禄(ころく)が福建に逃れ信仰を広めたが、のちに福建から浙江まで伝わり南宋時代には多数の信者がいた。当時は明教と呼ばれ、信者は喫菜事魔(きっさいじま)の徒として厳しく弾圧され秘密結社化した。方臘の乱(ほうろう)(1120-21年)はマニ教徒によるものとされている。当時の温州のマニ教徒が保持していた経典や絵画についての記録もある。マルコ・ポーロも福州でマニ教徒に会い、彼らの経典や絵画に言及する。元朝期にはキリスト教の一種として管理された。

　近年日本で中国の江南で制作されたと考えられるマニ教の掛け軸が10点確認された。1点はマニ教の宇宙観を絵画化したもので、マニ教の教義を非常に精確に絵画化しており、中国風ではあるがマニに遡るマニ教絵画の伝統がよく保存されている。死後の運命を描いた絵もあり、イラストを使って教義を解説するマニ以来の伝統が残っていたことも確認された。マニ像やマニ教のイエス像、マニの誕生や布教の様子を描いた絵もある。寧波画(ねいは)の様式で描かれていて元朝期頃の作品とされる。日本には仏教画としてもたらされたものらしい。なお福建では著しく土着化していたが、20世紀初頭までマニ教の信仰が残っていた。

吉田　豊

ソグド人の東方進出(第Ⅰ・Ⅱ期)

　国際商人として名高いソグド商人が,ソグディアナを離れ,遠く東方世界に向けて交易活動を開始したのは,1世紀に遡る。おそらくはクシャーン朝下のインド人やバクトリア人とともにソグド人たちも,それと一緒になってか,もしくは先導されるかたちで東方に来ていたことが推測される[吉田 1997]。

　そしてソグド商人たちの国際交易が活発に進められると,それにともない彼らは東トルキスタン以東に移住していった。やがてのちにそれはコロニーの形成に繋がり,とくに第Ⅱ期以降,それらを拠点にして東方交易の活動を本格化させていった[羽田明 1971;栄 1999;2014]。また彼らの長期におよぶ往来や移住が,政治・軍事・経済・社会・文化の全般にわたって,東トルキスタン以東の世界に大きなインパクトを与えつづけたのである。

　こうしたソグド人に関する日本における研究の整理や研究課題については,森安[2011]に詳しくまとめられている。このほか de la Vassière [2005]は,ソグド人の東西におよぶ活動全般について網羅的に研究しており,その東方活動についても幅広く検討している。また荒川[2003],森部編[2014]も,東方世界におけるソグド人の活動についてさまざまなテーマからアプローチするにあたり入門的な役割をはたすものとなる。

　なおソグド人はゾロアスター教(イラン本土のそれとは異なる地方的変種)をおもに信仰していたが,彼らの東方への進出と仏教の東伝時期はほぼ一致しており,やがて彼らも移住先で仏教を信仰するようになった[吉田 2011;中田 2016]。そのためにソグド語の仏典は漢語仏典からの翻訳となっている。このソグド語の仏典については,吉田[2015]に詳しい解説がある。

　ただし,当時ソグド人(粟特 sughdhīk)とみなされていた人びとは,ソグディアナに点在するオアシス諸国出身の人びとを指すと考えられがちであるが,実際にはバクトリア語を話すバクトリア人が,ソグド語の名前を名乗っていることも少なくない(東方のバクトリア人については,[福島 2017]がある)。さらには,ソグディアナ以外の地域出身のソグド人が多く含まれている。例えば,天山北方やモンゴリアの草原地域には,遊牧民の世界

にソグド人の集落が点在しているが,そこの出身者などはその例である。もっとも有名なのは安禄山(あんろくざん)であろう[森部 2013ほか]。近年では,こうしたソグド人を「ソグド系突厥」と総称し,彼らが唐後半期から五代・宋初の歴史展開にはたした積極的な役割について種々検討されている[森部 2010;森部編 2014]。また近年,中国で続々と発見されている漢文墓誌にはソグド人の墓誌も多く含まれ,その訳註とそれに基づく考察が進められている[石見編 2016;福島 2017]。とくに彼らソグド人の経済面だけではなく,軍事面における活動の諸相を浮かび上がらせている[山下 2005;2012]。

中央ユーラシア型国家の時代(第Ⅲ期)

唐帝国の支配とともに失われたオアシス諸国の交通・交易管理権は,8世紀後半に始まる唐の東トルキスタンからの撤退とともに復活したとみられるが,このとき,ソグディアナは,この地に支配をおよぼしたイスラーム勢力のなかに呑み込まれていた。

ソグド本国の商人の東方への交易が,イスラーム圏に組み入れられたことによって衰退したという見方があるが[家島(やじま) 1991],このことはただちに陸上経由による東西交易そのものが衰退したことを意味するものでは決してない。実際には松田[1971]で見通しているように,イスラーム圏と,天山北方からモンゴルにいたるステップルートとの連携が始まっていたとみるべきである。イスラーム資料には,9世紀の頃,天山北方のステップに駅の施設がおかれていたことが報告されている[森安 1979:216-218]。ステップルートが交易路として脈動していたのである。

こうした情勢にともなって,新たなオアシス国家が9世紀末に天山の東端部にできあがった。すなわち,9世紀半ばに遊牧国家のウイグルが崩壊して,その支配部族が四散するなか,西方へ移動した一派を支配層とした西ウイグル王国である。天山北方におけるステップ地域の重要な拠点を抑えつつ,トゥルファンなどのタリム盆地北辺のオアシスを支配していた。この国家については,概論として梅村[2000]があり,また豊富なウイグル語文書や漢籍・イスラーム史料などを利用して,この国の政治・経済・文

化・宗教の諸方面に関する検討が深められている [安部 1955；羽田亨 1957；Gabain 1973；山田 1993；梅村 1977a；1977b；森安 1991；2015；田 2006 など]。

　このテュルク遊牧民であるウイグルの移動は，ウイグル人の定住化を進めるとともに，当該地域がテュルク化し，現在のトルキスタンとなっていく契機となった。[山田 1971；梅村 1999；2000など参照]

　またじつはこうしたウイグルの動きは，東トルキスタンだけの問題ではなく，中央ユーラシア全体におよんで起こっている現象であった。つまり中央ユーラシア各地に草原地帯に軸足をおいたまま南方の定着民の世界をも支配した国家が一様に生まれてきたのである。この国家の特徴として，その本来の遊牧勢力としての個性を失わず騎馬軍団による軍事力を維持したこと，そして支配する対象に合わせて柔軟で効率的な支配をおこなったことがあげられる。そしてこれらをまとめて「中央ユーラシア型国家」と呼ぶことが，近年，提唱されている [森安 2007]。11〜12世紀に東トルキスタンに勢力をおよぼしたカラハン朝やカラキタイ（西遼）なども，このなかにはいろう。両者ともに，それぞれ当該地域の歴史展開において重要な勢力である（カラハン朝については間野 [1999]，カラキタイについては本書総説に指摘がある）。関係資料も少ないが，カラハン朝については，著名な『クタドゥグ・ビリグ』や『ディーワーン・ルガート・アットゥルク（テュルク諸語集成）』などのテュルク語資料 [Dankoff & Kelly 1982-85；Dankoff 1983] があるほか，東トルキスタンからはコインや文書などの諸資料が出土している [黄文弼 1958：pp. 110-112ほか。間野 1984を参照]。ただし，研究自体はなお極めて手薄な状態である。まずはカラキタイについては，杉山 [2005]；Golden [1990]；Franke [1990] を，カラハン朝については，史料や研究状況を含めてPritsak [1981]，魏良弢 [1986]，間野 [1984；1999；2004]，Golden [1990] を参照するのが良い。

　また天山北方のステップルートを通じて西方との交易をさかんにおこなっていたとみられる遼(きったん)（契丹）も，燕雲十六州(えんうん)など華北定住地への支配を進めている。ただし定住地といっても，この地域は生業としての遊牧と農業がかさなりあう地帯であり，近年こうした農牧接壌地帯がはたしてきた歴

史的な意義について議論が深められている[石見 1999；妹尾 1999；2001；森安 2007；Skaff 2012など]。

こうした遊牧民の動向の背景として，この時点で彼らが，定住地を支配するに必要なさまざまな政治・経済・文化的装置を備え始めていたことがあろう。とくに東トルキスタンにおいては，唐帝国の支配をへて，それらの装置を獲得した部分は大きい。遊牧民の部落にも配された唐の羈縻州府に，書記官をおき，文書行政を徹底させたこと，またステップルートにまで，駅館などの唐の交通施設を配備させたことなどは，遊牧民にとって重要な統治技術と接したことになろう。

当該期の経済状況（第Ⅲ期）

他方，先にも述べた唐帝国の軍事支配のもとで，貨幣たる絹布が西北方の周縁地に大量かつ恒常的に流出したことが，東トルキスタンの経済を刺激するとともに，その地を中国内地と経済的に同化もしくは連動させた[荒川 2010]。このことは，遊牧民に交易の重視と定住地支配への姿勢を強くとらせることになったとみられる。

これまで，律令制を継受した東アジアの諸国などを念頭におきながら，唐帝国の崩壊が周辺世界の国家形成を促したことは，しばしば指摘されてきたが，経済の面においても周辺世界の自立的な動きが促進された。つまりは，唐帝国の交通・交易管理の実質的な崩壊は，中国の周辺域一帯におよんで，交易活動を隆盛に導いたと理解すべきものであろう。

こうした状況のなか，これまで国際交易に活躍したソグド人が，その姿を消していくかにみえるが，じつのところ，この時代においてもソグド人の活動は認められ，彼らの東トルキスタンから東方世界（華北・モンゴリアなど）に広がる交易ネットワークが，時代に応じてなおも生きていたと考えられる。やがて，こうしたソグド商人の後継者としてウイグル商人が登場し，13世紀のモンゴル帝国時代を迎えることになる[森安 1997]。

東トルキスタンのオアシスにおける経済状況にしても，これに呼応するように，7・8世紀で銀や絹が流通した時代は終焉を迎えたものの，モンゴル帝国期には再び銀が登場してくるようになるのである[森安 2004]。

仏教信仰とイスラームの伝播(第Ⅲ期)

この時期はまた,宗教面でも大きな画期を迎えていた。まず,タリム盆地東方地域のトゥルファンには,先にも述べたように西ウイグル国が建国されたが,この国では10世紀まで遊牧国家時代に引き続いてマニ教を信奉していた。当時のマニ教徒の手紙文書が出土しており,その解読研究が進んでいる[新疆吐魯番地区文物局・柳洪亮編 2000;森安・吉田 2000]。それが11世紀を過ぎるとしだいに仏教に信仰をシフトさせていった[森安 1991;2015]。

他方で,西方からはこの時期,イスラームが伝播してきた。当該地域のイスラーム化については,間野1999;濱田2000などを参照するのが良いが,仏教伝播のうえでも大きな役割を演じてきたコータンに関してはイスラームの伝播と敦煌の仏教石窟に封蔵されてきた文書との関係が議論されている[栄・朱 2013ほか]。この敦煌より発見された文書は,敦煌オアシスの政治・社会・文化について明らかにする[榎編 1980;池田編 1980;栄 1996;2012;池田 2003;岩尾 2003;赤木 2013;馮 2013ほか多数]とともに,9〜10世紀における中央アジアの状況についても多くの情報を提供している。例えば敦煌王である帰義軍節度使と姻戚関係にあったコータン国の王統や年号問題など,多彩な研究が活発におこなわれている[吉田 2006:76-78;赤木 2013;栄・朱 2013など]。またトゥルファン(西ウイグル王国)も敦煌との政治・外交や宗教(仏教)面における関係などが詳しく追究されている[森安 1987;2000;栄 1996:351-397など]。そして,このトゥルファンが,次第にイスラーム化する東トルキスタンの最東端にあって,16世紀になるまで仏教の信仰を保持していたのである。

なお,タリム盆地が中国に隣接する位置にあることは,現代にいたるまで,この地域の歴史動向に大きな影響をおよぼしている。例えば,唐帝国の支配のもとで,オアシス国家と交易は大きく変質し,経済的には中国と一体化もしくはその大きな影響を受けるにいたっている。このことは,東トルキスタンのオアシスの歴史をみる際には,当地が中央ユーラシア世界の東方部に位置することから,東アジア世界との重なりを同時に考える必要があることを示している。

荒川正晴

2 | 西トルキスタン

ソグディアナからガンダーラまで

　本節ではパミール高原以西の中央アジアと，カラコルム山脈から西へ分岐しイラン高原へと繋がるヒンドゥークシュ山脈の南北を対象地域として扱う（これらの地域の生態環境的共通性については［三田 2013］参照）。この地域を特徴づけるのは中央アジアに地理的境界線を与える山岳地帯とそこから流出する河川である。カラコルム，パミール高原からはアム川とシル川が西北へと流れ，カラクム，キジルクム両砂漠を貫流してアラル海へとそそぐ。この2つの大河のあいだ，ザラフシャーン川流域に成立したオアシスの連なりをソグディアナ（ソグド）と呼ぶ。一方同じくカラコルムおよびヒンドゥークシュから南と東に向かって流れ出た諸河川はインダス川に合流し，インド洋へとそそいでいる。重要な支流の1つであるカーブル川の中流域は古くからガンダーラと呼ばれた。本節が対象とするのは，これらの河川によって潤されるオアシス，シル川北方に広がる草原地帯，アム川下流域に広がる砂漠地帯，および険しい山岳地帯が混在する地域であり，そこは歴史的に都市民，農耕民，草原の遊牧民，山岳民がモザイク状に混じり合い，接触してきた場であった。

研究史の概要

　この地域にかかわる研究状況は前イスラーム時代とイスラーム時代では随分と異なる。古代から7世紀までの間については，おもに東西の叙述資料（漢語，ギリシア語，ラテン語文献）に基づいて研究がおこなわれてきた。一方初期イスラーム時代のおもな資料はアラビア語，ペルシア語叙述資料であって，ムスリムの登場からモンゴルの征服までの期間に関していえば，W・バルトリドの名著［Barthold 1928］が現在でも第一に参照すべきものとなっており，主要な叙述資料もそこでほぼ網羅されている。ちなみに初期イスラーム時代に関する年代記資料については近年翻訳が進み，主要なものはほぼすべて英語あるいは日本語で参照できるようになった（バラーズリーの『諸国征服史』の邦訳［バラーズリー 2012-14］，タバリーの『諸預言者

と諸王の歴史』の英訳[Yarshater, ed. 1985-99]，ナルシャヒーの『ブハラ史』の英訳[Frye 1954]，ガルディーズィーの『歴史の飾り』およびバイハキーの『マスウード時代史』の英訳[Bosworth tr. 2011；Bosworth & Ashtiany 2011]など）。

その後，現地で作成された種々の文書群が発見され，それらを活用できる地域・時代については精密な研究が進展した（後述）。一方考古学調査はとくに20世紀にはいってから精力的におこなわれたが，中央アジア（西トルキスタン）は旧ソ連によって，アフガニスタン，北西インドはフランス，イタリア，イギリスなどによって調査された。

研究史，研究動向については前節で言及されている『東洋史料集成』『アジア歴史研究入門4　内陸アジア・西アジア』『アジアの歴史と文化8　中央アジア史』などが，この地域についてもやはりいまだに有用である。また1990年代以降の研究については稲葉[2011]にいくらかの言及があるが，とくに『内陸アジア言語の研究』30号（2015年）には，わが国のみならず世界のソグド語・ソグド史研究を牽引してきた吉田豊の著作目録が掲載されており，それはそのままわが国における前イスラーム時代西トルキスタン研究の歩みを示すものとなっている。またユネスコの『中央アジア文明史』シリーズ（全7巻）の1巻から4巻[Dani & Masson, eds. 1992；Harmatta et al., eds. 1994；Litvinsky et al., eds. 1996；Asimov & Bosworth, eds. 1998；Bosworth & Asimov, eds. 2000]は，旧ソ連の研究者による貴重な寄稿が多く必読の文献である。さらに中央アジア，アフガニスタン考古学に関しては加藤[1997；2013]，樋口[2003]，ルトヴェラゼ[2011]，Bendezu-Sarmiento ed.[2013]なども参照する必要がある。

時代区分

最初に断っておかねばならないのは，本節の構成が，前節で設定された時代区分とぴたりと合致してはいないという点である。それは第一に，本節が対象にする地域が前4世紀にアレクサンドロス大王の征服のおよんだ東限にあたり，それゆえに紀元前の状況がある程度わかること，また7世紀に始まるイスラーム教徒の大征服によりパミール以西は東トルキスタン

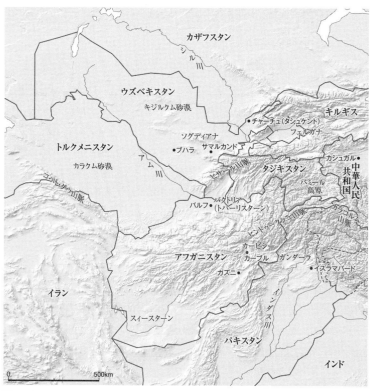

西トルキスタン

よりも少し早く変化の時代を迎えたことに拠る。さらに研究状況の面でも，オアシス都市圏の研究が進んでいるソグディアナを別として，アム川両岸やヒンドゥークシュ南麓，北西インドにかけては都市圏単位の調査や研究が十分におこなわれているとはいいがたい。従来の研究で意識されてきたのは，どちらかといえばアーリア人の移動に始まる部族集団の定住都市世界への侵入（南下あるいは西進）とその後の広域帝国の形成，さらにそれが再び部族集団の圧力で崩壊するという，繰り返し観察されるパターンのほうであろう。そこで以下，古代からモンゴルの征服までを大きく４つの時期に区分し，その間の西トルキスタンから北西インド歴史状況について述

べ，その過程のなかで都市がどのような状況にあったのかを検討することとする。

イラン文化とインド文化

20世紀末以降注目されているのが，前2千年紀におけるアーリア人のインドへの移動がこの地域を経由したという説で，とくにコペト・ダウ山脈からアフガニスタン北部にかけて残るBMAC (Bactria Margiana Archaeological Complex)文化と呼ばれる共通の特徴をもった遺跡群が，アーリア人の移動とかかわっていたのではないかと考えられている[後藤 2013]。一方，古代インド語と同祖の言語を話した人びとが建てたアケメネス朝ペルシアで造られた古代ペルシア語碑文には，ソグド(Suguda)，バクトリア(Bāxtrish)，ガンダーラ(Gadara)，アレイア(Haraiva，現在のヘラート近辺)，アラコシア(Harauvatish，現在のカンダハール近辺)などの地名が言及され，これらの地域がアケメネス朝の統治のもとにあったらしいことがわかるが，それ以上の詳細は不明であった。しかし近年「発見」された前4世紀のアラム語文書は，バクトリアにアケメネス朝のサトラップ(総督)がおかれ，そこからソグディアナが統括されていたことを示している[Naveh & Shaked 2012]。

アレクサンドロスとアレクサンドリア

前4世紀，マケドニアから東方へ向けて大征服を敢行したアレクサンドロスは，ソグド，バクトリア，ガンダーラなどにおいて諸都市国家を征服した(アレクサンドロスの中央アジア遠征については，アッリアノスによる遠征記[アッリアノス 1996]などの一次資料の翻訳がある。ルトヴェラゼ[2006]も参照)。ただしアム川以北では敵対する部族民との戦いが長引き，最終的には和議を結んで撤退せざるをえなかった。それまでの大王の戦果を参照するに，これらの地域における部族民の軍事的プレゼンスの高さは際立つ。

大王は征服した各地域の要地にアレクサンドリアと名づけた都市をおいた。中央アジアから北西インドにかけての地域では，「マルギアナのアレクサンドリア(メルヴ／マルゥ)」「アリアナ(アレイア)のアレクサンドリア(ヘラート)」「ドランギアナのアレクサンドリア／プロフタスィア(ファ

ラ?)」「サカステネのアレクサンドリア(ザランジュ?)」「アラコシアのアレクサンドリア(カンダハール)」「カウカソスのアレクサンドリア(カーピシー／ベグラーム)」「最果てのアレクサンドリア(ホジェンド)」「ブケファラ・アレクサンドリア(ジェラムあるいはジャラールプール)」といった都市が建設(あるいは改名)されたという[アッリアノス 1996;Fraser 1996]。それらの都市にはギリシア人の植民もおこなわれ、活発な交易活動が営まれたらしく、1960年代からフランス考古学調査団の発掘調査がおこなわれてきたアフガニスタン北部のアイ・ハヌム遺跡からその様子の一端をうかがい知ることができる。プトレマイオスの記す「オクサスのアレクサンドリア」([プトレマイオス 1986:109]参照)ではないかとされるアイ・ハヌムは前4世紀末に建てられたもので、完全にギリシア風のプランをもち、ギリシアの神々の神像が祀られるギリシア都市であった[Bernard et al. 1973-2013;前田 1992]。

遊牧部族勢力の侵入

ソグディアナからガンダーラにかけての地域は、東方あるいは北方からの遊牧勢力の侵入に絶えずさらされつづけてきたという特徴をもっている。記録に残るそのもっとも古い事例は前2世紀に遡る。すでに前3世紀、バクトリアにいたギリシア人勢力が自立し(バクトリア王国)、その後ヒンドゥークシュ山脈の南側にも進出してカーブル川流域を支配していた。一方北側はおおよそヒサール、ザラフシャーン、トルキスタン山脈にいたるアム川右岸が支配地域だったとおぼしい。

このバクトリアのギリシア人の国を崩壊に導いたのが、前2世紀中葉北方から侵攻した部族民であったと考えられている(アイ・ハヌム遺跡の滅亡もこのできごとと関連づけられている)。ギリシア語、ラテン語資料によればこの部族民はサカ族、とくにそのなかのトカロイ族であったとされるが、ほぼ同時期に東方から大月氏と呼ばれる集団が、強大化した匈奴に追い出されるように西遷し、イリ、フェルガナ(大宛)、ソグディアナをへてバクトリアにはいったことが漢語資料から知られる[桑原 1933]。この両者の関係、つまり西方資料にサカと呼ばれる者たちと大月氏が同一なのか別物

なのかについてはさまざまな議論があるが，よくわかっていない［Marquart 1901；小谷 1999］。サカの一部はその後パルティアと争いながらアフガニスタン南部に移動し，さらに北西インド，西インドへと進出して，いわゆるサカ・パフラヴァと呼ばれる王国を建てたとされる［白鳥 1917-19］。

　また漢語資料には，前２世紀に匈奴に服属していた集団として烏孫の名がみえる。かつて月氏に圧迫されていた烏孫は，匈奴の勢力を後ろ盾に，イリ方面に逃れていた月氏を襲いこれを放逐した。烏孫はそこにおいてソグディアナの北にいた別の部族康居と争ったが，康居は分裂した匈奴の兵

コラム6 ｜ サマルカンド出土「外国使節の間」の壁画

　ソグディアナの歴史は，漢文文献やイスラーム文献，現地で発見されたソグド語文書などおもに文献資料をもとに研究されているが，サマルカンドやペンジケントなどの都城址で発見された壁画などの図像資料も，ソグディアナの宗教や風俗，ときには歴史について貴重な情報を与えてくれる。

　1965年春にサマルカンドのアフラシアブ遺跡の中心部で，四方が極彩色の壁画（７世紀半ば）で飾られた広間（11m×11m）が発見された。東側の入り口からはいると正面の壁（西壁）には，繭玉や絹糸を持つ中国使節や，頭に羽根飾りをつけた朝鮮使節の姿が確認される。使節たちは画面中央上部へと進んでいるが，壁面上部は破壊されているためだれのもとに向かっているのかわからない。外国使節を出迎えているのは長髪のテュルク人である。正面の壁に記された16行のソグド語銘文にはヴァルフマーンという実在のサマルカンド王の名前が言及される。この王は漢文史料では拂呼縵と表記され，西突厥滅亡後の658年に唐の高宗によって康居（ソグディアナ）都督に任命されたことが知られる。左壁（南壁）は象や馬，駱駝に乗った男女の行列をあらわす。口を白い布で覆ったゾロアスター教の神官の存在は，行列が宗教的な性格のものであることを示唆する。右壁（北壁）には小舟に乗る女性の一団と猛獣を退治する騎士たちが描かれ，服装や髪型から中国の男女であることが知られる。前壁（東壁）についてはインドとの関係が指摘されている。

　最近の研究では，この壁画はヴァルフマーン王のプロパガンダであり，

力を引き込み烏孫を撃退した。康居勢力はその後もソグディアナ近辺にあって中国王朝に朝貢していたらしい。この康居という名称が，のちにサマルカンドの中国名として登場する「康国」のもとになった［吉田 2011：18］。

クシャーン朝

バクトリアを支配した大月氏のもとには，少なくとも5人の翕侯（ヤブグ）がいたことが漢籍に記録されている。この5人のうち貴霜翕侯と呼ばれるものが丘就卻（クジュラ・カドフィセース）の時代に強大化し，バクトリ

王が外国使節の表敬を受ける様子〔西壁〕，先王のための儀式を主宰する様子〔南壁〕，そして王を都督に任命した唐〔北壁〕を表現することで，王位の正統性を主張しているという解釈が有力である。また，漢文史料によれば，サマルカンドの西のクシャーニヤ（何国）では，中国，インド，突厥，ペルシア，ビザンツなどの諸王を描いた建物があり，クシャーニヤの王は毎朝そこに参詣していた。サマルカンドの壁画は，世界の諸王にヴァルフマーン王を加えた図であるとする見方もある。一方で，外国使節を迎えているのがテュルク人であることから，正面の壁画の中心人物はヴァルフマーンではなく西突厥の可汗であるとする研究者もいる。

サマルカンドの壁画は，今もソグディアナの歴史研究に問題を提起し，活発な議論を促している。　　　　　　　　　　　　　　　　　影山悦子

サマルカンド出土の壁画　正面の壁の中央上部にはヴァルフマーン王が描かれていたと考えるF・グルネによる復元案，灰色部分は復元。

アを制圧して建てたのがクシャーン朝であった。クシャーン朝が大月氏の同族であるのか，大月氏に征服されたバクトリア土着の勢力に由来するのかという点についても前世紀に議論があったが，明確な結論はでていない［羽田 1930；桑原 1933；榎 1950；Thiery 2005；Grenet 2007］。

　クシャーン朝は1世紀頃から北西インドへの進出を開始し，カニシカ（在位128～151。いわゆるカニシカ年代に関する近年の議論については［Falk 2001；2004；Schindel 2011］参照）の時代にはペシャーワルに拠点をおいて中インドのマトゥラーにまでおよぶ広大な領域を支配した。この王朝の繁栄は，ヒンドゥークシュ北側，バグラーン平原の北西にあるゾロアスター教の大神殿址スルフ・コタル，およびヒンドゥークシュ南側のベグラーム大都城址（カーピシー）からもうかがい知ることができる［Hackin & Hackin 1939；Hackin et al. 1954；Ghirshman 1946；Schlumberger et al. 1983-90］。一方アム川以北に関しては，ギリシア人の国と同様，ソグディアナにはその支配はおよばなかったと考えられている［吉田 2011：21］。

キダーラとエフタル／アルハン

　クシャーン朝はその後弱体化し，3世紀前半には新興のササン朝によってバクトリアを奪われ，インドにおいても支配下諸勢力の反乱によって崩壊した。ササン朝はバクトリア方面にクシャーン・シャーと呼ばれる総督をおいたが，ササン朝の王族がこれに任じられる場合もあった。4世紀になると，中央ユーラシアは新たな民族移動の時代を迎えたとされる。とくにアルタイ山脈方面から西へと大量に移動してきた諸部族は，さまざまなかたちでその後の数世紀間，ソグディアナからガンダーラにかけての地域の政治体制に大きな影響を与えた。

　最初に勢力をもったのはキダーラと呼ばれる集団であった。彼らはクシャーン朝の後継者と称しつつ，一方でフーナの王でもあると名乗っているが［ur-Rahman et al. 2006］，新来の部族集団が，都市を征服し，既存の政治的伝統に自分たちを接続しつつ，部族集団としてのアイデンティティも顕示しようとするというあり方をそこに看取することができる。

　キダーラを倒したのはエフタルと呼ばれる集団であった。これまで，5

世紀から6世紀にエフタルがソグディアナからガンダーラまでを統治した時代があり，インドにおいてグプタ朝と争い，その崩壊をもたらしたフーナと呼ばれる勢力もこのエフタルであったとされてきたが，近年進展のめざましい貨幣研究の成果から，インドに侵入していた集団はヒンドゥークシュ北側のエフタルとは異なる者たちで，彼らの発行した貨幣の銘文からアルハンと呼ぶべき存在であるとの主張がなされている[Göbl 1967; Alram 1996; Pfisterer 2013; Vondrovec 2014]。そもそもこのような勢力は部族集団というよりは政体ととらえるべきで，集団の動向と部族的アイデンティティを同一視することには慎重であるべきとの指摘もある[La Vaissière 2005a]。

ヒンドゥークシュ北側のエフタルは6世紀半ばに阿史那氏率いる新興の突厥によって攻略され，バクトリア地域はテュルク系部族の支配のもとにはいった[桑山 1990：145ff.]。しかし実際にはバクトリアからソグディアナにかけての地域は，いくつかの都市国家規模の政権が突厥の宗主権のもと分立している状況にあった。7世紀前半に同地を旅した玄奘が「覩貨邏」は27の国に分かれていると記しているのはそれを指しているのだろう。一方考古学的にも4世紀の大移動の影響でソグディアナやバクトリアの諸都市は衰退し，都市の規模も縮小したことが指摘されてきたが，それも程なく回復に向かったらしい[Grenet 1996; 岩井 2013]。キダーラ，エフタル／アルハンといった勢力による支配が逆にその保護下にある都市の経済活動を促進したのか，いわゆるソグド商人たちの活動も活発化する（吉田豊はこのような状況を「エフタルの平和」と呼んでいる[吉田 2011：24-25]）。

バクトリア語資料

19世紀以来，東西の叙述資料をフレームとして組み立てられてきた，ある意味シンプルな歴史記述が，前記のような詳細で彩られるようになった大きなきっかけは，現地語で記された文書資料の発見であったが，次項で紹介するソグド語文書と並んで重要なのが，1990年代に世に出たいわゆるバクトリア語世俗文書である[Sims-Williams 2000-12]。4世紀から8世紀という年代枠に属するこれらの文書群は，おもにヒンドゥークシュ山脈の

北麓に近いローブ(現ルーイ)において作成されたと考えられるが,この地域内における徴税や係争のあり方,エフタルやテュルク,あるいはムスリムによる支配が彼らにどのような負荷をおよぼしたのかなど,叙述資料にはあらわれない地方行政のリアルな姿を浮き彫りにした[宮本 2012；吉田 2013]。先に述べたエフタル集団の政治的なあり方に関する近年の新しい研究もこの文書の出現によってもたらされたものである。

ところで,ここでバクトリアと呼ぶのはアム川をはさんで南北に広がる地域である。考古学的な分析によれば,7世紀までこの地域では一定の共通した文化要素がみられるが,それがムスリムの到来とともに徐々にアム川の南北で差異が生じてきたという[岩井 2004]。アム川以南ヒンドゥークシュ以北の地域はその後イスラーム時代になってトハーリスターンという地名で知られるようになる。一方北側の地域はチャガーニヤーン,フッタラーン,クバーディヤーンなど,小規模勢力ごとに呼び名を与えられた。さらに山の北側は,ブハラとサマルカンド,チャーチュ(タシュケント)などの都市国家が分立し,イスラーム時代以前にはそれらを統括するソグドの王,という地位もあった。これらを含め,イスラーム時代の地理書ではアム川以北を「マー・ワラー・アンナフル」(川向こうの地)と総称する。

ソグディアナとムスリム

ムスリムの最初の征服の波がアム川以北を襲うのは7世紀末のことであった。1930年代にザラフシャーン川上流ムグ山から発見されたソグド語文書[Фрейман et al. 1962-63]は,ペンジケントの王ディーワーシュティーチを一方の当事者とする書簡を含むが,これによってムスリムの攻勢に対して現地の集団がどのように対応したのかという,それまでアラビア語資料と漢語資料によっておおまかに想定されていた状況が,具体的な証拠とともに議論されるようになった[Grenet & de la Vaissière 2002；吉田 2011]。

これと密接な関係をもって重要なのは,前世紀におけるペンジケント遺跡の発掘調査である[Marshak 2002]。「中央アジアのポンペイ」とも呼ばれるペンジケント遺跡は,ソグド人の都市がそのまま発掘された極めて貴重なもので,そこで発見されたさまざまな遺構は東西交易で活躍したソグ

ド商人の活動のあり方を示している［影山 2011］。東方におけるソグド人の活動については前節に詳しいが，パミール以西におけるソグド人の商業活動も西はビザンツから南はインドにまでおよぶ広範なものであった［La Vaissière 2005b］。このような商人たちの活発な活動とともに，ゾロアスター教やマニ教が東方に伝播したことも知られている。

マー・ワラー・アンナフルにおけるアラブ・ムスリムの征服活動についてはバラーズリーやタバリーの年代記（前述）などに記述がみえる。8世紀初頭，ブハラ，サマルカンドといった中心都市を攻略したのはクタイバ・ブン・ムスリムであったが，彼はブハラにモスクを建立し，ブハラの市民の家にアラブ兵を寄宿させて同地のイスラーム化を進めようとした［間野 1977：113ff.；2004：74］（中央アジアのイスラーム化については［濱田 2008］も参照）。これに対して，ソグドの王たちが唐に送った援助要請使節，あるいは吐火羅（トハーリスターン）の突厥葉護(ヤブグ)の弟の上奏文などが中国側の資料に残っている［桑山編 1992：147-150］。715年にクタイバが新カリフ，スライマーンに叛旗を翻して粛清されたのち，アラブ・ムスリムは，テュルギシュ（突騎施）の軍事的拡大によっていったん後退をよぎなくされたが，730年代後半ウマイヤ朝は再びアム川以北の失地を回復する。しかしすでにその頃ウマイヤ朝打倒運動がホラーサーンにおいて胎動し始めていた。

アッバース革命からタラス河畔の戦いへ

747年，アッバース家のマウラー（庇護民）であったアブー・ムスリムは，メルヴにおいてウマイヤ朝打倒の兵をあげた。アッバース家の軍隊は瞬く間にウマイヤ朝東方領域を席巻し，ウマイヤ朝最後のカリフ，マルワーン2世はエジプトで捕らえられ殺害された（751年）。ウマイヤ朝を打倒したこの軍勢には，アッバース家の支持者だけでなくさまざまな反ウマイヤ勢力（シーア派，ゾロアスター教徒，ホッラム教徒など）が含まれていた。アッバース朝国家の実質的建設者であった第2代カリフ，マンスールは，これらかつてともに戦った勢力を順次排除し，アッバース家の権力を確立していった（マンスール時代の歴史については［高野(こうの) 2014］参照）。そのことは当然アッバース家に対する反乱を呼び招き，早くも751年ブハラにおいて反ア

ッバース朝の反乱が起きる。これにすばやく対応したのは東方総督としてメルヴに駐屯していたアブー・ムスリムであった。彼はただちに将軍ズィヤード・ブン・サーリフをブハラに派遣し反乱を鎮圧した。ズィヤードはそのままブハラにとどまった。

　ちょうど同じ頃フェルガナの領主とチャーチュの王のあいだに紛争が起こり、フェルガナ王はかねてより関係の深かった唐に援助を求めた。これに応じて将軍高仙芝率いる唐軍はチャーチュにいたり、同地の王を捕らえ長安に送った。チャーチュ王の息子はこれに対して近隣の諸都市国家の王たちを説いて唐の軍勢と戦うよう求めたが、それに応じたのがブハラにいたズィヤード軍であった。東進するアッバース朝軍とこれを警戒する唐軍はタラス河畔において戦いにおよび、唐軍が壊滅的敗北を喫した[Gibb 1923；前嶋 1959]。その直後に起きた安史の乱のため、唐が直接中央アジアに再進出することはなく、アッバース朝の東トルキスタン方面への進出も、754年にアブー・ムスリムがマンスールによって捕らえられ殺害されたこと、およびそれに引き続いて生じた数多の反乱への対応のため沙汰止みとなった。なお、以上の経緯を含むサーマーン朝にいたるまでのソグディアナの歴史については、最近Y・カレーフによるアフラシアブ（旧サマルカンド）発掘調査の成果をも統合した包括的な研究が出版された[Karev 2015]。

バクトリアとカーブル

　かつてのバクトリア、すなわちアフガニスタン北部およびアム川北岸の地域においてはアラブ・ムスリムの支配が徐々に浸透していった。1990年代に「発見」されたアラビア語文書は、770年代にバーミヤーンの北方マドルの地にアッバース朝の総督がおかれ、周辺の土着の王侯からの貢納金・税金がそこへおさめられていた様を明らかにした[Khan 2008]。一方ヒンドゥークシュの南側では、玄奘がこの地を訪れた7世紀前半、東部アフガニスタンからガンダーラまでの地域を支配していたのは、カーピシー（現在のベグラーム遺跡）に都をおく王国であった。665年頃南方スィースターンから北上してきたアラブ・ムスリム軍はカーブルを征服したが、ほぼ

1年後この街を奪回したのはアラビア語資料にカーブルシャーと呼ばれる勢力で、これはもともとカーピシー王に仕えていたテュルク系ハラジュ族の支配者であった。カーブルシャーはその後カーピシー王の領土をそのまま接収したが、王家の相続争いのゆえに王子の1人が南下し、ガズニで自立して国を建てた。この新しい国の王はアラビア語資料にルトビール（rtbyl）と呼ばれているが、おそらくテュルク語などにみえる称号イルテベル（iltäber）の転訛したかたちであろう［稲葉 2004a］。

アッバース朝の政治的分裂

811年、アッバース朝のカリフ位をめぐって、アミーンとマームーンのあいだで内戦が起きる。この争いに勝ったマームーンは第7代カリフとしてバグダードにはいったが、彼の軍の主力はホラーサーンにとどまり、将軍ターヒルのもと、いわゆるターヒル朝を形成した（821年）。ターヒル朝はしかしながら基本的にはアッバース朝の臣下であるという立場を守り、ホラーサーン総督として東方の統治にあたった。このターヒル朝のもとから新たな勢力として登場するのが、サッファール朝とサーマーン朝である。サッファール朝はアフガニスタン南部、スィースターンのアイヤール出身のヤアクーブが建てた政権で、860年代以降活発な征服戦争を展開し領土を拡大した。一方サーマーン朝はイラン系ディフカーン（地主）であったサーマーン・ホダーの家系で、819年、アッバース朝（実際はターヒル朝）からマー・ワラー・アンナフルおよびヘラートの統治を委託された。ブハラに都を移したイスマーイールは、900年、ヤアクーブの跡を継いだアムル率いるサッファール朝の軍と衝突し、これを打ち破ってマー・ワラー・アンナフルおよびホラーサーンの支配権を得た。

軍事政権とジハード

サッファール朝、サーマーン朝に共通していたのは、彼らがアッバース朝の政治体制とは異なる背景から登場した地方軍事政権であったという点である。実質的な独立勢力を築いた彼らは、自らの統治のイスラーム的正統性を確保するために、積極的に異教徒へのジハード（聖戦）を敢行した。

すなわち前者は東部アフガニスタンのガズニ,カーブルを征服し,同地域をムスリムの支配下に組み入れ,後者はシル川以東のテュルク系遊牧部族に対するジハードを積極的におこなって,一部の部族民のイスラーム化を促したのである[Paul 1996; Tor 2007]。

サーマーン朝の影響下でイスラーム化したテュルク系カラハン朝は東方からサーマーン朝領を蚕食し,やがて10世紀末にはこれを滅ぼすにいたった。一方ホラーサーンにおけるサーマーン朝の支配は地方勢力や有力軍人の抗争のなかで崩壊したが,その混乱のなかから登場し,東部アフガニスタンで自立して,11世紀初めに巨大な帝国を築いたのがガズナ朝であった。ガズナ朝もジハード政策を継承し,おもに北西インドへ向けての遠征を繰り返した。結果としてインダス右岸までの地域においてまずムスリムの支配が確立した(ガズナ朝については[Bosworth 1973; 1977]参照)。一方アム川以北に関してはカラハン朝の影響力が強く,ガズナ朝はこれと領土条約を締結した。サマルカンドを支配したカラハン朝の分家が営んだとおぼしき宮殿址が近年発掘され,そこからは鮮やかな彩色が施された武人の壁画が発見されている[Karev 2005]。なお11世紀後半,ユースフ・ハーッス・ハージブがカシュガルにおいて著した『クタドゥグ・ビリグ』は,テュルク語を用いて書かれた君主のための教訓と忠告の書であり,11世紀に同種の作品を多く生み出したペルシア・イスラーム的文化と,テュルクの言語文化の融合の最初期の実例といってよい[菅原 2014]。

イスラーム世界の東方フロンティア

さて11世紀以降,ソグディアナからガンダーラにかけての地域では,ガズナ朝を破ったセルジューク朝,ゴール朝,ホラズム・シャー朝といった軍事政権がつぎつぎと支配権を握った。それらの統治のもと,社会自体のイスラーム化は徐々に進展していったと考えられる[稲葉 2011: 60]。先に述べたように,9世紀以降の地方政権の活動の結果,イスラーム世界のフロンティアは中央アジアや南アジアへ向けて徐々に拡大し,その拡大の前線近辺においては,ムスリムの支配は受け入れつつも独自の生活文化・政治経済体制などもある程度維持するという境界領域が出現した。このよう

コラム7 ｜ 中央ユーラシアのイスラーム化とテュルク化

　中央ユーラシアの住民がテュルク語とイスラーム信仰を受け入れた結果，受容された言語と宗教の側も変容をこうむった。

　まず言語についてみてみよう。元来のテュルク語は，同じく膠着語である日本語同様，関係代名詞と従属接続詞をもたなかった。しかし，もともとイラン系諸言語を母語としていた人びとがこの言語の使用に参入すると，おそらくは彼らのイニシアティヴによってテュルク語の疑問代名詞 kim が関係代名詞・接続詞として用いられるようになった。kim の音韻がイラン系諸語の関係代名詞・従属接続詞 ki に類似していることもこの流用の一因であったと思われる。ウイグル語マニ教文献において，kim が関係代名詞として用いられているのがその最古の例である。テュルク語がアラビア文字で表記される段階になると，kim とペルシア語起源の ki は並んで用いられ，従属節を含む文章が自在に記されるようになった。14世紀初頭の作品であるラブグーズィーの『預言者たちの物語』の悪魔がカインにアベルの殺害を教唆する場面から一例をあげよう。

　Habïl qurbānï anïng üčün qabūl qïlïndï ki Mavlā *'azza wa ǧalla* ḥażratïnda anïng *'izzäti ū qurbï bar*. 逐語訳すれば，「アベルの犠牲はその (anïng) ゆえに嘉納された，すなわち (ki) 主，彼は全能にして尊厳である (アラビア語)，の御許に彼の名誉と親近がある (ゆえに)」となる。またアラビア語の挿入句を含むこの文章に含まれるテュルク語の語彙は，名詞に後続する接尾辞を除けば，anïng, üčün, qïlïndï, bar, すなわち指示代名詞，後置詞，動詞，存在をあらわす賓辞のみであり，名詞はすべてアラビア語からの，また接続詞 ki, ū はペルシア語からの借用である。

　一方，宗教に関しては，受容した側からの影響は言語の場合ほど明確ではない。しかし，例えば，マートゥリーディー派の神学者たちが，最後の審判に際して神への執成しの権能（シャファーア）をもつ者の範疇を，ムハンマド唯一人から預言者たち全般へ，さらには聖者たちにまで拡大したように，イスラームが中央ユーラシアにおいて独自の展開を遂げたことは十分に検証される。中央ユーラシアのテュルク化とイスラーム化は，受容した者たちのイニシアティヴによる言語と宗教の変容の起点でもあった [濱田 2008]。

濱田正美

な地域をM・G・S・ホジソンは Islamicate (Islamic ではない) と形容した。一方これらの政権は，その担い手がイラン系であれテュルク系であれ，基本的にペルシア文化を受け入れペルシア語を用いていた。そのような国家・社会を Persianate (Persian ではない) と形容したのもホジソンであり [Hodgson 1974]，前近代のホラーサーンから西トルキスタン，北西インドにいたる地域をこのような視点から考えようとする研究も数多くあらわれている [森本編 2009 ; Peacock & Tor, eds. 2015]。

　この地域のフロンティア性は，文化面でも顕著にあらわれている。総説にも説かれるように，ブハーリーやティルミズィーといった初期の重要なハディース学者たち，イブン・スィーナー，ファーラービーやビールーニーのような，大哲学者・大科学者がイスラーム化してまもない西トルキスタンからあらわれたのは，古来より西アジア，南アジア，東アジアの諸文化要素を吸収し消化してきた同地域の文化的ポテンシャルの高さを示している [濱田 2000 : 158-162 ; Starr 2013]。

　もう一点，この時期の西トルキスタンがユーラシア大陸の歴史に対してはたした大きな役割として近年再び注目されているのが，いわゆる軍事奴隷や傭兵を東西に供給したという点である。9世紀以降イスラーム世界で急速に使用が広まるテュルク系軍事奴隷については多くの研究があるが [清水 2005]，同種の人材は名前は異なるものの中国方面にも流入していたとおぼしい [La Vaissière 2007 ; Inaba 2010 ; 森部 2010 ; 2013]。これら中央アジアと所縁をもつ勢力は，アッバース朝以後の歴史を左右し，また中国における軍事政権の興亡の原動力となるなど，ユーラシアの歴史に大きな影響を与えた。

12世紀以前の諸都市

　西トルキスタンから北西インドにかけての諸都市は，イスラーム時代以前から異なる文化世界・歴史世界のフロンティアに位置していたが，ムスリムによる支配の到来はそのような都市のあり方になんらかの影響をおよぼしたのだろうか。

　ソグディアナ西部，ブハラにおいてはムスリムの支配は早くから受け入

れられていたが，東部ではムスリムに対する抵抗も強く，サマルカンドからの住民の大量逃散，ペンジケントの焼失などの激変が生じたといわれる［吉田 2011:28-30］。最初期のムスリムによるソグディアナ支配の詳細は残念ながら不明であるが，10世紀以降に著されたアラビア語地理書などは，サマルカンドやブハラの街がおおいに繁栄している様を伝えている。前述のタラス河畔の戦いの際に捕虜となった中国兵のなかに紙漉き職人がおり，そこから紙の製法が西アジアに伝わったという逸話は有名で，サマルカンドには早くに製紙工場がつくられ，西アジアに良質の紙を供給したとの記録も残っている（ただし製紙法自体はそれ以前から伝わっていたという伝承もあり，かつ中央アジアにおいては8世紀より前に紙の製造がおこなわれていた可能性も指摘されている［稲葉 2004b:215-216；吉田 2011:35］）。また同じく前述の軍事奴隷はサーマーン朝治下マー・ワラー・アンナフルで取引され西アジアへと輸出されたが，このような交易活動のあり方は，この地域が東トルキスタンやその向こう側の中国とのさまざまな相互交流の窓口としておおいに機能していたことの証といえよう。

　一方，やや遅れて9世紀以降にイスラーム化が始まったヒンドゥークシュ山脈の南側では，地域の中核都市が転移するという事態が生じた。古代以来東部アフガニスタンでは，カーピシーとカーブルの二都市が，ガンダーラやパンジャーブと関係を保ちつつ地域の中核都市の座を交互に占めてきたが，10世紀半ばガズナ朝が成立すると，都のガズニは東部アフガニスタンのみならず東方イスラーム世界の中心地として大発展した。カーブルはガズニの陰に隠れ，カーピシーのほうは衰退して小村となってしまった。その後モンゴル時代にはガズニも衰退し，ティムール朝期にようやくカーブルが再び地域の中核都市として発展するようになる。17世紀初頭バーブルが訪れたとき，カーブルはインドと中央アジアの交易の結節点としておおいに賑わい，一方ガズニのほうは，「ガズナ朝の君主たちはなぜここに都をおいたのだろうか」，とバーブルがいぶかしむような街となってしまっていた［間野訳註 2014-15：第2巻，61-62］。このような中核都市の変遷の背後に，この地域の経済活動に占める商業交易の重要性を想定することができるかもしれない［稲葉 2013］。

なおバクトリアにおいては，ムスリムによる征服が政治的中心としてのバルフの地位を復活させたといえよう。É・ド・ラ・ヴェスィエールは，玄奘が同地を訪れた7世紀以降ムスリム軍が駐屯する8世紀初頭まで，この街と周辺のオアシスは同地にあった仏教寺院ナウ・バハールの寺領で，世俗の支配者がいなかったとし，7世紀にバルフが政治的に顕著な役割をはたしていないようにみえるのはそのためであると推定する[La Vaissière 2010]。しかしながら8世紀初頭，クタイバ・ブン・ムスリムがマー・ワラー・アンナフル征服のための橋頭堡(きょうとうほ)としてバルフに一軍を駐留させ，その後突騎施の強大化に対抗するためにホラーサーン総督府が一時バルフに移されるなど，バルフは東方イスラーム世界の中心都市の1つとして栄えることとなった。イスラーム時代初期のバルフとその近隣の歴史的宗教的景観に関しては，13世紀に書かれた地方史『バルフの美徳』に基づく研究[Azad 2013]が最近出版されている。

　以上の3つの地域における諸都市はイスラーム時代になっても(あるいはイスラーム時代になってよりいっそう)，フロンティアに位置するという条件を生かしつつ政治的経済的に重要でありつづけたといえるだろう。ソグディアナは紙生産や奴隷交易にみえるような，草原地帯およびその向こう側の中国との接点として，ヒンドゥークシュ山脈南麓はインドと中央アジア，西アジアの接点としての重要性を失うことはなかった。またバクトリア(トハーリスターン)の経済活動，とくに境域交易についても，近年，東部の険しい山岳地帯におけるチベット商人とムスリム商人の活発な交易活動に関する研究がおこなわれている[Denwood 2008;2009; Akasoy et al., eds. 2011]。

稲葉　穣

第3章

遼・金・西夏の時代

　本章では，唐滅亡後からモンゴル帝国(元朝)により東部ユーラシア地域が1つの国家の治下に再統一されるまでの間について，とくに内陸アジア史の視点から遼・金・西夏とその時代について概観する。

　ここで扱う「遼」は，契丹(本来の集団名であるキタイの漢字音写)人が主導して建設した国家であり，国号についても契丹を使用していた時期がある(以下「遼」と略称する)。また「金」は女真(同様にジュシェンの漢字音写)人が主導して，さらに「西夏」は党項(同様にタングートの漢字音写)人が主導して，それぞれ建設した国家である。しかし，いずれの治下にも多くの漢人がおり，遼・金では過半数の人口を占めていたとする見解もある。

　この分野(とくに遼と金)の研究は，戦前期の日本の大陸進出と大きな関係がある。すなわち，日本が第二次世界大戦以前に中国東北部に進出した経過のなかで多くの研究者が現地を踏み，調査研究に従事した。その成果は戦前から戦後にかけて公刊されている。これら研究者は，戦後は日本国内の大学などで1970年代頃まで研究活動を継続した。

　しかし，その後は東洋学における研究志向がほかの時代・分野に遷移したこともあり，この分野の研究に従事する研究者は一時期僅少な状態となる。他方，中国では1980年代後半期以降の改革開放政策などによる経済発展があり，その影響によるさまざまな社会変化のなかで建設工事や盗掘への行政対応などの機会により新たな考古学的知見がもたらされ，研究者も増加して今日にいたっている。

　このように，とくに遼・金時代に関する研究は，1970年代頃までの研究と1990年代以降の研究では，学問的背景や利用した史資料などに隔たりがある点にまず注意したい。そのうえで，従来の研究で取り残された課題が今なお山積している点も忘れてはならない。

なお，本章では紙幅の都合もあり，主要な研究や重要な調査報告などがあって，かつ初学者にも比較的アプローチしやすい日本と中国の研究を中心に紹介する。

遼・金・西夏の時代

かつて，K. A. Wittfogel と馮家昇は遼・金および元・清を「征服王朝」とし，異民族が漢民族および漢地を征服し統治した王朝とみなして，その類型化と比較を通じた分析を試みた[Wittfogel・馮 1949]。戦後日本においても，この研究に触発されて征服王朝という用語を用いた研究者が出現したが[藤枝 1948;愛宕 1969;田村 1964;1971;竺沙 1977ほか]，Wittfogelらが示した認識や立場と一致しているとはいいがたい。

王朝ごとに類型化して分析した点において断代史的見地にとらわれたままとする批判や，中華社会を征服したとみなす点で中華中心主義的歴史観の延長との批判などがあるが，それらはおおむね首肯すべきであろう。例えば遼(契丹)については，版図こそ小規模であったが約220年間存続し，中華諸王朝と比較しても長期に継続した政権であった。この背景には，習俗・文化の異なる契丹人と漢人が比較的調和性のある国家・社会を成立させていた点があろう。

つまり，征服者たる遊牧民族と被征服者たる農耕民族の対峙というステレオタイプの視点，あるいはほかの時代・分野で観察される事象をそのまま持ち込み敷衍をめざすような手法の研究では，この時代・地域で起きた複雑な歴史経過の理解にはいたれないことはすでに明白である。今後は，未解明の課題への取組や冷静な分析の積重ねという基礎的作業を通じて，その歴史的特質を明らかにしていく必要がある。

1 | 遼(キタイ・契丹)

20世紀以前の研究史概要

20世紀以前における研究史・工具書の総括は，既出のものに譲り[杉山 1997;遠藤 2000;古松 2005;森安 2006;飯山 2010;古松 2016]，近年の主

要な研究と関連性のあるものを中心に概観する。

　遼は建国してしばらくのちには燕雲十六州の割譲を受け，生産様式・習俗・社会制度などが異なる契丹人と漢人を一政権下で統治する必要に迫られた結果，北面官・南面官と称する独特の官制を組織したことは歴史上著名である。この官制や法制に関する研究[津田 1918;島田 1954;1978]や，部族制度や婚姻制度に関する研究は多くの蓄積がある[橋口 1939;愛宕 1954;島田 1952;武田 1989ほか]。また，北アジア遊牧民である契丹人の習俗に関しては，史実にみえる儀礼を手がかりにした分析がある[島田 1979ほか]。諸問題を論究した島田正郎は，遼を中華王朝ではなく北アジア世界の遊牧国家として位置づけるべきとの見解を提示したが[島田 1997]，中華か否かという二者択一的な視座という点では限界があろう。

　遼代に隆盛した仏教に関しても多くの研究がなされた[野上 1953;谷井 1993;竺沙 2000など]。多民族国家である遼において，社会的な紐帯として仏教がはたした役割は非常に大きい。教義的には密教の系譜を引いており，禅宗が重きを占めた北宋とは異なった様相であったことが明らかにされた[竺沙 2000]。

　考古学分野では20世紀初頭以降に多くの調査が実施され，各成果が刊行された[鳥居 1928;1936;1937;鳥居ほか 1932;関野・竹島 1934-35;竹島 1944;三宅俊成 1944;田村・小林 1952-53;島田 1956;金 1993;李 2009ほか]。その際に作成された実測図版や踏査記録はおおむね精緻であり，今日もなお有用である。また，出土した石刻資料は伝世史料の『遼史』などの内容を補う価値があり，数度の集成がおこなわれた[羅福成 1933;羅福頤 1937a;1937b;陳 1982ほか]。1980年代以降はさらに多くの石刻資料が発見されており，詳細は後段にて述べる。

唐代以前の契丹

　契丹が本拠としたシラムレン川流域は，新石器時代より重層的な農耕文化が確認されていて，紀元前より中原と交渉をもつ王権が幾度となく成立してきた地域であり，地政学的にみても重要な地域である[武田 2010]。

　契丹の名は，北魏時代には史書にみえ，6世紀に編纂された『魏書』で

ははじめて立伝されていて、朴実なる習俗の様相を伝える[内田・田村 1971]。唐代には契丹人は羈縻(きび)政策による統治支配下にはいり、君長は松漠(しょうばく)都督として遇された[田村 1964]。武后期の反乱や安史の乱をへて、唐朝からなかば独立した王権を形成した[杉山 2005;森安 2007;森部 2013]。9世紀後半には君長制度の定着にともない勢力が増大し、周辺の奚(けい)や室韋(しつい)などを服属させて強大化した。これは、のちの耶律阿保機(やりつあぼき)による遼建国の下地ともなっていく。これら唐代の動向は、新旧唐書などの伝世史料に伝えられる内容であるが、近年になって契丹人君長関係者の墓誌が発見され[葛 2003;森部 2016]、それを踏まえた首長系譜の研究も提示された[森部 2015]。また『遼史』や『契丹国志』にある遼成立以前の記事に関する出典の検討などがおこなわれている[吉本 2011;2012]。

遼の成立

唐末に勢力を増大した契丹人は、9世紀末以降に耶律阿保機(太祖)が出現して君長権の整備をおこなった[島田 1952;田村 1964]。当時の君長制度は鮮卑(せんぴ)の制度に似た交代制とされるが、漢人ブレーンにも支えられた太祖がそれを打破し、世襲の君長制へと変革した[杉山 2005]。建国後も、太祖は旧渤海国域の統治を着実に進めつつ[澤本 2008a;2008b]、周辺諸民族や後梁の討伐を繰り返し、遼の政権を確固たるものとした。次代の太宗も後唐・後晋への攻勢を強め、936年には燕雲十六州(こうりょう)の割譲を受け、946年には後晋の都・汴(べん)を陥落させたが、その帰途に逝去した(947年)。

遼初期の政治体制には不明な点が多い。『遼史』太祖・太宗本紀には、ごく限られた職官名しかみえず、政権の要職に配されているのは皇族や姻族(国舅(こっきゅう)族)集団の構成員と、阿保機により信任・登用された少数の漢人であった。部族制度の色彩が濃く、太祖が出自した迭剌(てつら)部の強大な勢力を背景とした政権といえる[島田 1952;武田 1989;杉山 2005]。

太宗期に燕雲十六州の割譲を得たことで、官制や統治制度は大きく変化した。建国当初から領域内には少なからず漢人や渤海(ぼっかい)人の定住民がおり、五京と称する都城や州県城を中心に居住した。しかし割譲以降は、各地に点在する定住民の統治から、面的な領域単位での統治制度の整備が必要と

なり，その次代の世宗のときに採用された北南枢密使制度や中華的官制を包含した北南二重(元)官制の整備へと繋がっていく[武田 2001；2009]。また，他地域でも時代の経過とともに，行政区画の変更や州県の追加設置がなされていたこともわかっている[高井 2007]。

部族と政治制度

契丹人の部族制度に関しては，当初八個の部と称する集団の存在が知られ，時代がくだるにつれ再編成などされてその数は増した。この八部については，民族学で定義するところでの氏族的集団か部族的集団なのか，さらに婚姻規制の単位集団であったか否かなどに関して論争がなされたが結論はでていない[愛宕 1954；島田 1979；武田 1989]。

さらに，史料上では当時の契丹人に耶律・蕭(しょう)の二姓しかみえない問題に関して，民族学的成果を援用した独特の見解[愛宕 1954]も提示された。しかし，元来契丹人に中華的な姓はなく，唐の羈縻支配の経過のなかで，ほかの周辺諸民族同様に契丹人の支配階層も中華的構成員たる体裁を整えるために姓を名乗ったのであり，その様相を『遼史』などの記述が平叙的にとらえた結果と理解すべきである[武田 2010]。ただし，姓をもたぬ民族が新たに姓を立てて名乗ることは，姓が制度的に導入されたことを意味し[武田 1994]，その背景には本来あるべき出自集団の名称などが潜んでいる可能性がある点には留意しておきたい。

また，オルド(斡魯朶)と称する宮衛制度が存在し，のちのモンゴル帝国にも同名の制度が存在する。遼の場合，各皇帝に属する宮が設置され職能集団が配属され，経営は所属する州県の賦役などにより維持された[島田 1952；田村 1964]。設置の経緯上，皇帝に奉仕する私的集団とされてきたが，州県統治とも関連性があることが指摘された[高井 2002]。

契丹人の官職任用に関しては，出自により任ずる職位が定められるなどの部族社会的な規則が存在することを島田正郎が指摘し，「世選制」と名づけた[島田 1978]。島田は，契丹固有の北面官の顕官任用の状況・傾向の調査をもとに帰納的手法により一定の成果をあげたが，北面官制全体の歴史的変化の把握までは提示にいたっていない。

契丹人・漢人の宰執などの顕官への任用様相は，時代とともに変化した[武田 2013]。聖宗期には貢挙（こうきょ）が開始され，制度的な官吏登用制度が整備された[高井 2013]。さらに後半期には，最高官である北・南院枢密使の職位を契丹人が独占した。他方で漢人は北面官制で遊牧民統治を担当する南府宰相でたびたび登用されつづけている[武田 2009]。漢人の顕官への登用が継続されたのは，人口では契丹人を凌駕し[韓茂莉 2006]，経済や手工業面での貢献度が高かった漢人社会に対する一定の配慮であろう。

澶淵の盟約と国際関係

1004年に北宋と澶淵（せんえん）の盟約が締結され，以後は和平関係が維持された[田村 1964]。本来は皇帝およびそれをいただく国家は天下に並立しえない論理であるが，現実的に和平条約を締結せざるをえない状態となった際に，双方を「北朝」・「南朝」と称し合い，皇帝同士を親族的関係に擬するなどのさまざまな名目上の妥協や工夫がはかられた。この交渉経過にはそれ以前の国際関係が下地になっている点があり，巨視的にみれば唐代のウイグル崩壊以降続いた中国北方地域での分裂と混乱状態が，これにより落着したとみなしうる[毛利 2006；2008；2013a]。

盟約内容は，北宋には歳幣（さいへい）の負担を強いるもので，その後の交渉でその額は増加したが，北宋の財政に占める負担としては軽微であり[日野 1984]，むしろこれと引き換えに軍事力で優勢な遼とのあいだに和平を実現した点で，以後の経済的繁栄に寄与したとみるべきである。他方，遼は定期的収入を得たが，その大半は権場（かくじょう）交易での奢侈品購入などの決済にあてられて北宋へ還流した[井上 1996]。物質的にも通貨的にも北宋に依存した状況となったが[日野 1984]，遼も中華世界と中央アジアを結ぶ中継貿易では利益をあげていたという[畑地 1974]。結果的に，この盟約により双方は弱点を補うことができ，相互依存の関係が形成された[毛利 2008]。

発効後は，定期的に国信使を交換し外交儀礼や諸活動が展開された。双方が和平に依存する様相が深まるにつれて国信使の役割は重視され，儀礼の場や内容・手法等の整備も進展した[古松 2014；毛利 2013b；2013c；

2015；2016]。当時のこうした国際関係については，以後に東部ユーラシア世界で生じた多国間（契丹・北宋・高麗・西夏・ウイグル・カラハン朝など）での外交においても前例として踏襲されたことが明らかとなり，古松崇志はこうした複数の国家が理念的にも実際上も共存できる仕組と秩序を「澶淵体制」と名づけた［古松 2007；2013]。

仏教の保護と繁栄

遼成立前後より仏教が伝来し，皇帝も信心してこれを保護した。後半期にいたると，皇帝の興宗・道宗・天祚帝は宿営地や慶州（皇帝陵の奉陵邑）にも僧を帯同し，日常生活のなかで崇仏に励む様相にあった。皇帝は菩薩戒を受け，それが国家権力の権威発揚にも影響をおよぼした［谷井 1993；古松 2006；藤原 2015]。かかる過程のなかで，各地に仏塔・寺院が建設され，慶州や上京臨潢府・中京大定府・南京析津府などの五京などでは仏教活動の拠点寺院がおかれ，多くの僧侶が活動して繁栄した［野上 1953；藤原 2010a；2015]。

隋以来続いてきた房山石経の継承や大蔵経の彫造（契丹版）などもおこなわれた。1970年代以降に，当時の契丹版大蔵経［山西省文物局ほか 1991]や陀羅尼経文などが発見され［徳ほか 1994]，重要な史資料が追加された結果，しだいに詳細が明らかになりつつある。これらの新出資料から当時の教相などを分析した竺沙雅章は，遼の仏教こそが唐代の長安以来の仏教をもっともよく継承し，それを東アジアの他国に伝える役割をはたしたと主張する［竺沙 2000]。また近年では，日本仏教史研究の分野からも関心が寄せられている［上川 2012；横内 2008]。

考古学上の新知見

1980年代以降の中国やモンゴル国では考古学的発見があいつぎ，従来の研究成果に修正を促す内容も数多い。また日本人研究者らによる現地遺跡踏査活動などもなされている。それらの成果は公表されているが，おおむね陵墓・城郭・集落・仏塔などの各遺跡調査と研究［董 2004；2006；2008；2013；高橋学而 1987；1999；内蒙古文物考古研究所ほか 2002；白石 2001；

2008;京都大学大学院文学研究科編 2005;2006;2011;武田編 2006;臼杵／エンフトゥル 2009;正司／エンフトル編 2012-15ほか]，出土文物に関する研究[弓場ほか 1988;張 2011;町田編 2008；藤原 2009;2013;臼杵 2012;沙 2007;彭 2013;劉 2016ほか]，墓誌や経幢(きょうどう)(多角形の石柱に経文を刻んだもの)などの出土文字資料の録文研究[向 1995;王ほか 2002;蓋 2007;向ほか 2010;吉池ほか編 2016ほか]に大別されよう。

　大きなトピックとしては，現在のモンゴル国と中国に位置するチンギス・ハン長城が，遼代の構築物と確認されたことである[白石 2001]。結果として，遼は北方遊牧民により成立した国家でありながらも，歴代中華王朝や後代の金と同様に，北辺防備に注意をはらう状況にあった点が明確となった。遼の国家像に関する極めて興味深い一面である。

　また，近年では中国においていくつかの国際学会が開催され，重要成果や研究が発表されている[董・陳 2016;中国遼金史学会 1987-；魏・呂 2014]。なお，中国では現在でも陸続と調査報告が発表されており，『文物』『考古』ほかの学術雑誌に掲載されたり，単行本として刊行されている。膨大多岐にわたるため，詳細は割愛する。

小　結

　北方遊牧民であった契丹人が唐治下で勢力を蓄え，やがて遼を建設し，燕雲十六州の編入と定住民統治を実施しつつ，多民族統治に効果的な官制を創出し，澶淵の盟約をへて外交交渉を主導しながら，中華の思想・制度・文化をしだいに取り込んで変貌していくという歴史的過程には，まさに東アジア史研究において大きな問題であった中華社会と周辺民族社会との接触・交渉に関するひとつの縮図が見て取れる。

　近年明らかになってきた点は，諸般の面で唐の伝統をもっとも継承したのは，五代諸国や北宋ではなく，遼であったという点である[杉山 2005;竺沙 2000ほか]。また，遼代に創出・施行された地方統治制度は，後続する金や元にも継承された。結果的に遼自らが変質・変貌を遂げたことにより，中華的な制度・文化がおよぶ範囲を北方地域へと拡大せしめる役割をはたしたと評価できよう[武田 2010]。

遼代史研究は多くの研究蓄積があるが，史料上の制約に加えて，一時期に研究者が僅少になった経緯もあり，先学がなした論争・疑問などの諸課題には再検討されていないものが多い。また，遼滅亡後に一部勢力が西方で樹立した西遼(カラキタイ)についてはほとんど研究が進展していない。他方で，近年の考古資料の追加などの新展開もあり，新視座からの研究の可能性を見出しうる状況ともなってきている。このほかに，言語学的分野でも契丹文字関係でいくつかの成果が提出されているが，紙幅の都合もあり本稿では割愛する。

2｜金(ジュシェン・女真)

研究史

前節同様に，20世紀以前における研究史・工具書の総括は，既出のものに譲る[杉山 1997；森田 2006；飯山 2010；古松 2016]。以下では近年の動向を中心に概観する。

金建国の中核となった女真(女直。以下「女真」と略記)人は，ツングース系の民族で，唐代以前には東北アジアに居住した靺鞨の系譜を引いているとされる。また，後代にこの地域から興起して清を立てるマンジュ(満洲)人はその後裔である。彼らは半農半猟の生活を営み，漁撈にも携わるなど，契丹やモンゴルとは生産様式・習俗は異なる。

日本における金研究も遼研究と似た傾向があり，戦前の大陸進出にともないマンチュリア地域の関心が高まるとともに，いわゆる満蒙史研究を志す研究者がでて，現地での調査成果なども踏まえた諸研究が発表された[池内 1933；1937；1951；鳥山 1935；園田 1933；関野・竹島 1934-35；竹島 1944など]。戦後は，国内の大学で研究活動を継続した研究者らにより，1970年代頃までに各成果が公刊された[田村 1971ほか]。

特筆すべきものとして，三上次男と外山軍治の研究があげられる[三上 1970, 72, 73；外山 1964]。三上の研究は，金代の女真人の部族制や猛安・謀克などの社会組織，そして金の中央官制を体系的に分析した。外山の研究は，金と宋・西夏との外交交渉や金が統治した華北地域の様相に主眼を

おいたものである。双方とも今日もなお大きな影響を与える研究であるが,『金史』などの伝世史料に多く依拠している点では共通している。

これらに続く研究成果も提出されており,2000年以降はとくに考古学的成果を中心とした研究の高まりがみられる。以下,分野ごとにそれらの動向を述べる。

女真の興起と金の成立

金成立以前の女真人はおもに遼の東京道管内に居住していた。女真人は,過去に族内を統一して政権を成立させたことはなく,内部はさまざまな部から構成されていて一様ではなかった。遼治下の時期には,遼の支配や物質文化になじんでいた集団は係遼籍女真または熟女真,遼の直接支配のおよばない地域において素朴かつ伝統的な生活習俗を維持した集団は生女真とそれぞれ呼ばれ,区別されていた。このうち,金建国の中核となった按出虎水完顔部は生女真に属する。現在の黒龍江省付近にいて,11世紀後半頃よりしだいに周辺部族を従えて勢力を増加した[三上 1972;高井 2004]。

遼は女真人に対し,鷹狩で珍重された猛禽類・海東青鶻の献上をしばしば命じた。そのたびかさなる誅求さもあって,遼に対する不満が募ったとされる[三上 1972]。12世紀初頭に按出虎水完顔部の首長となった阿骨打(のちの太祖)が1114年に挙兵し,緒戦の寧江州で勝利を得た。この戦いは女真側にとっては試金石となる戦いであったが,これ以降は遼がしだいに不利となり,1125年には天祚帝が捕らえられて遼は滅亡した。

部族と政治制度

女真の部族制に関しては,前掲の三上による詳細な分析と考察が存在する。それを受けて,その後さらに異なる視点からの検討分析がなされ,いくつかの研究が提出されている。封号の実態を通じて金代女真人の部族制を分析した研究[松浦 1978]や,完顔氏と他氏族間の婚姻実態から政権構造の解明をめざした研究[増井 1984;藤原 2004],史書の開国伝説に関する記事の分析からその背景にある阿骨打政権の政治的要請を探った研究[古松 2003]などがあり,三上が論及できなかった新事実の解明や知見を

提示した。しかしながら，対象範囲・分量ともに三上の研究を凌駕する総合的研究は出現していない。

猛安・謀克に関しても三上の研究の影響は大きい。猛安・謀克は女真人の伝統に裏打ちされた社会組織であり，金代政権の大きな基盤でもあったことから，研究のさらなる進展が待たれる。近年では，華北に移住した猛安・謀克の女真人の動向について，地方志や新出の碑刻史料を利用して徙民政策失敗と社会組織崩壊の様相を指摘した研究がある［飯山 2005a］。

政治制度については，2000年以降に官制に関する論文が発表されており，金代から元代までを視野に入れて華北地域の地方官制や士人層の実態を考察した研究［飯山 2003；2004；2005b；2007］，碑刻史料を利用して節度使・防禦使の任用実態を分析した研究［藤原 2000］，金末から元代にかけての地方官制について勧農の観点から分析した研究［井黒 2001；2009］，金代の後半期における行省の実態の分析を通じて，後代の元の行省との比較検討をおこなった研究［高橋弘臣 1991］などがある。

社会・経済・外交・宗教

金代の華北地域社会の諸相については，従来の研究を踏まえたうえで，近年は異なる視座からの体系的な研究成果があいついで公刊されている。科挙（かきょ）と士人層の動向を注視しつつ社会情勢を分析した研究［飯山 2011］と農業と水利に視座をおきつつ公権力の様相を分析した研究［井黒 2013］であり，新出の碑刻史料を活用して金から元への政権交代時期における社会の諸相を探るという点で，双方ともに重要な研究成果である。

経済面では，とくに通貨関係で研究の進展がある。金代は主として華北地域での経済活動の伸長などを背景に貨幣不足の事態が生じたが，それを解決する手段として大型の貨幣をつくって高額貨幣として流通させる方法と，貨幣の代わりに紙幣（交鈔（こうしょう））を発行して流通させる方法が講じられた。貨幣については，とくに考古学的見地から貨幣の種類や保管・取扱いの実態などを分析した研究［三宅俊彦 2005a］があり，交鈔については発行の主体やその背景にある軍事費増加の視点から，金末から元代にかけての経済的混乱などを観察した研究［高橋弘臣 2000］がある。このほか，金朝治下

の契丹人・渤海人の動向については前述の外山による研究があり[外山 1964]，近年では金朝内の軍事組織内でも存在感を有していた契丹系軍団の動向に関する研究[松井 2003]や，契丹・奚人の姓の標記変化に関する研究[吉野 2014]がある。

外交分野については，前述の外山が遼末から金初にかけての燕京(えんけい)をめぐる角逐や華北の本格統治にいたるまでの過程で，宋との緩衝地帯として漢人による傀儡(かいらい)国家を樹立させつつ外交交渉や講和をおこなった経過などについて詳論したが[外山 1964]，近年では西夏の影響を考慮した視座から再検討もなされた[西尾 2000；2005]。また，ユーラシア東方の国際関係の視座からとらえ直す研究[井黒 2010；2013；豊島 2014]もあり，注目される。

宗教分野では，まず仏教については戦後に出た研究[野上 1953；外山 1964]以降にも，複数の研究が提示され[藤島 1984；今井 1983ほか]，近年では金代の首都における仏教の様相を探究した研究[藤原 2010b]があり，碑刻資料を用いて寺院間の統摂関係や庇護者たる金朝宗室や漢人有力者の役割などについて論じた一連の研究[桂華 1983；1985；1988；2000；2013]が目を引く。また道教分野では，近年では全真教の教義内容などに関する研究[松下 2000；2004；2007；2014；2016]も提出されている。

金代においては，遼代同様に宗教が民族・集団間の垣根を越えて社会的紐帯として社会の安定に寄与したことは重要である。現在の研究は個別の宗派内の範囲にとどまっているが，金代を通じて宗教全体がおよぼした社会的影響や宗派間の交渉を含め，社会史的視座からあらためてとらえなおす必要があるだろう。

考古学的成果

近年進展が著しいのは考古学的成果であり，とくに女真人の本拠地であるマンチュリアを対象とした領域である。その背景には，ソ連崩壊以降に沿海州での調査が可能となった点や，中国の社会の変化・発展などにともなう出土資料の追加などがあげられよう。

とくに，金上京会寧府故城の皇城部分は計画的な発掘調査が実施されており，新たな知見がもたらされている[趙 2016]。

遺跡に関しては，とくに臼杵勲らによる沿海州地域での金代城郭の調査と研究は大きな進展であり，城郭間のネットワークや各役割に関する考察なども提示した［臼杵ほか 2008；2010；臼杵 2009；2015；中澤 2012；高橋学而 1984］。また，墓葬に関する立地・構造についての研究もある［中澤 2012］。また出土文物については，土器・金属器などを分類・編年して総合的に検討した研究［中澤 2012］に加え，金代遺跡から大量に出土する遺物である銅印・銅鏡に関する研究も提示され［高橋学而 1998；枡本 2001］，金代女真人の在地社会の様相が物質的観点から明らかにされつつある。出土文字資料についても，墓誌・碑刻などを中心に蓄積がなされた［国家図書館善本金石組編 2012ほか］。ただ，金の皇族・有力貴族の墓誌出土例がやや少ないため，系譜や事績に関する研究はあまり進展していない。

今後の課題としては，現在の中国とロシアの双方の国内に分断されている女真関係の遺跡・出土文物資料評価の平準化と総合的な検討，そして金代女真文化が周辺社会に与えた影響の評価などが必要になるであろう。

小　結

国家樹立の経験がなかった女真人が遼の統治下から興起し，結果として短期間のうちに金を建国し，遼が統治した漢地よりもかなり広い華北地域の統治までも達成した背景には，女真人社会のもつ特質に加えて，治下の契丹人・漢人などの巧みな登用などの要因があった。しかしながら，こうした急速な変化は当然にして政治制度や社会にかなりの変化をもたらす原因となった。華北地域に移住した際には，元来農耕を生産手段の1つとしていた女真人は農耕地帯での生活環境にひとまず適応した。しかし，素朴な部族的社会から重層的かつ複雑で人口的にも圧倒的多数の漢人社会に飛び込んだことにより，やがては没落者が続出した。金代後半には，これら女真人に対する救恤(きゅうじゅつ)政策や女真文化の復興政策がとられたものの［三上 1970, 72, 73］，女真人の基盤であった社会組織はすでに崩壊しており，奏効しなかった。

金代社会の諸相とその歴史的変化は，遼のそれとは異なる経緯・要因・作用などにより生じている。かつて唱えられた征服王朝論およびそれに対

する反論のいずれにおいても，基本的には国家・王朝ごとの類型化の手法により遼と金の差異の説明をしている。しかし，いずれの立場も金の社会に存在する特殊性や地域性などを掘り下げて究明するのではなく，歴史的事象の考察と比較に主眼をおいた政治・制度中心の視点から脱却できていない。

近年提出されつつある諸研究は，こうした旧来の枠組を乗り越える可能性を有している。さらに女真人の部族や政治制度に関する研究は，新出史資料を踏まえて諸先学の研究の再検討をすべき段階にきていると認識する。

3│西夏(タングート・党項)

研究史

日本における西夏研究は，遼・金代史のように近代日本が歩んだ歴史経過のなかで研究対象としての関心が高まったのとは異なり，本格的な研究が提出されるのは戦後になってからである。版図も小規模であり，正史が編纂されなかった点もあって，存在の認知がやや薄い点はいなめないが，遼・金・北宋などの国家群の狭間にありながらも200年近く存続したことには注目すべきであり［森安 2006］，その背景や要因を探究する意義は高い。ここでも，戦前の研究史・工具書の総括は，既出のものに譲り［荒川・佐藤 2003；森安 2006］，以下は戦後の研究動向から概観する。

西夏に関する史料は，各種の伝世史料にみえる記事を19世紀以降に編纂した各種の史料集成［呉 1826；韓蔭成編 2000など］と，近代以降の各探検隊や研究機関による調査で見つかり将来された出土文字史料(漢字・西夏文字)が重きを占めている。西夏文字については，『番漢合時掌中珠』という対訳単語集を利用しつつ，わが国の西田龍雄が解読に成功したことは有名であるが［西田 1964-66］，これにより西夏文字史料の利用も可能となり，現在までに多くの西夏語研究や史料集成研究がなされた［西田 1997；松澤 1988, 92, 96；1990, 94, 2005, 08；長田 1997；2006；荒川 1997；2014；小高 1999；2000；聶 2009；松井 2012；杜・波編 2014；史 2015ほか］。

こうした恩恵を歴史研究も徐々に受け始めているが，1970年代までの体

コラム8 西夏の出土文字資料

自国史を編纂しなかった西夏に関する歴史研究では，従来の宋・遼・金など周辺国の記述に基づいた研究に加え，内モンゴルのカラホトや甘粛省敦煌など，西夏時代の遺跡から発見された資料を利用する動きが近年みられる。

出土文字資料はロシア・イギリス・フランス・中国・日本が所蔵している[俄羅斯科学院東方研究所聖彼得堡分所ほか編 1996（継続中）；西北第二民族学院ほか編 2005-10；西北第二民族学院ほか編 2007；寧夏大学西夏学研究中心ほか編 2005；武・荒川編 2011]。点数はロシア所蔵のものが群を抜いている。大半が12世紀後半以降のものであり，西夏

「勅燃馬牌」という意味の文字が彫られた，西夏時代に早馬に乗る使者が携行した通行証（パイザ） 中国国家博物館所蔵

文仏典が多く，ほかに法令集，官文書，契約文書，戸籍・帳簿類，辞書類などがある。仏典の言語学的見地からの研究[西田 1997；荒川 2014]に加え，法令集『天盛禁令』の翻訳[Кычанов 1987-89；史ほか 2000]，法令集で定められている諸制度の中華王朝との相違点やモンゴルとの類似点を指摘する研究[島田 2003；杜 2005；佐藤 2007b；2014]があらわれる一方，文書類は難解な草書体西夏文で書かれており，漢文・ウイグル文文書の書式との類似性を指摘した契約文書の研究[松澤（野村） 1979；松澤 2010；2014]や，裁判文書[松澤 2002]，西夏時代末期の窮状を伝える文書[佐藤 2007a；2015]や戸籍・帳簿類の解読[杜・史 2012；孫ほか 2012]がおこなわれている。

金石史料は少ない。史料的価値のある石碑は甘粛省武威と張掖に各1基現存するのみだが，張掖の石碑からは河西回廊における多民族・多宗教社会の様相が明らかになった[佐藤ほか 2007]。また，日本・中国に西夏文の官印が収蔵されており，官印の大小が官庁の階級の上下によって決められていたことが現物や出土文書に押されている印影などから判明した[佐藤 2013]。このほか，寺院遺跡には西夏時代の巡礼者や供養人の銘文が残されている[史 1988；羅編 2006；松井・荒川編 2017]。

このように，西夏の出土文字資料にはジャンルや時代，地域に偏りがあるという難点があるが，地道な解読作業を通じて，周辺国の記述では言及されることのない国内の実情に迫ろうとする研究が進められている。　　　　　佐藤貴保

系的な専論はごくわずかであった[岡崎 1972]。1980年代以降は，中国国内で大量の出土資料が発見・報告されるようになり，さまざまな分野に関する研究が提示されるようになった。

党項の興起と西夏の成立

　党項(タングート)人はチベット系の民族で，唐代には羈縻支配下にはいり，首長は国姓を与えられて李姓を名乗った。東西交易路を押さえる要衝の地に拠ったことも幸いし，安史の乱以降も藩鎮として勢力を保持し，唐滅亡後は遼・五代・北宋各政権などのあいだで勢力維持に努めた[長澤 1963；岡崎 1972；岩崎 2003；2008, 09]。

　11世紀にいたり，北宋の支配下より独立して建国したのち，しばしば遼と協同して北宋に対抗してその西北地域を侵略し，1044年の慶暦の和約では遼と同様に歳幣を受ける立場となった[金 2000；杉山 2005]。このあとは遼に従属するものの，遼・北宋があいついで滅亡した際には金とも連携して版図の拡大に成功した。しかし，その後は金とも戦争状態となり，最終的には13世紀にはいり，モンゴル帝国により滅ぼされることとなる。

政治制度・法制・外交・経済・宗教・社会

　政治制度と法制の面では，西夏の官制は基本的に蕃漢二元の構造になっており[杉山 2005]，近年では官制や軍制に関する各種の検討がなされた[佐藤 2007；小野 2008；2010]。それらが依拠する『天盛禁令』をはじめとする法制史料についても，条文の検討を中心に一定の進展をみた[島田 2003；佐藤 2009；藤本 2010；大西 2015]。西夏の法典には細部にわたる規定が備えられていて[佐藤 2009]，体系的な内容になってはいるものの，本質的には中華王朝の法典とは性質が異なるとの指摘もあり[島田 2003]，法制の実効性に関する研究なども含めて，今後の深化が期待される。

　外交・経済の分野では，交易が大きな経済的基盤であった西夏は，ときに緊張・対立などの関係にあった遼・金・宋とも交易の維持をはかり，これらの国へ遣わす朝貢使節には私的交易の権限を付与していたことや，西方のウイグルとも接点をもち中継貿易で存在感を示したことが判明してお

り[岡崎 1972;佐藤 2004;2006]，その仕組や特質が浮彫りになりつつある。

　宗教に関しては，西夏では仏教が隆盛し西夏語による仏典が数多く印行され，遼・金と同じく大蔵経も刊行している。文献に関する詳細は，前述の研究史にて示した諸研究を参照されたい。西夏語仏典の内容については，漢語からの翻訳とチベット語からの翻訳の二系統の存在が明らかにされたが[西田 1997]，漢語のなかには遼由来の仏典が存在するとの指摘もある[竺沙 2003]。一方で社会の様相に関しては，社会制度や通婚や民間信仰に関する研究[岡崎 1972;クチャーノフ 1976]があるものの，未解明な点が多い。このほか，出版に関する研究がある[牛 2004;史 2004]。

考古学的成果

　出土文字資料に関しては，前の研究史の項で示した諸研究もあわせて参照されたい。傾向としては，1990年代頃より遺跡・文物に関する調査報告・研究があいついで刊行されている。

　遺跡については，西夏王陵を中心として仏塔・石窟など仏教関係の遺跡に関する成果があがっている[寧夏文物考古研究所ほか 1995;寧夏回族自治区文物管理委員会 1995;牛 2007;寧夏文物考古研究所・銀川西夏陵区管理所 2007;2013ほか]。なお，西夏王陵は，地上に特異な形状の墳丘をもつ陵墓が多く，遼や金の皇族・貴族の陵墓が中華と同じく地下式を採用していたのに比べ，やや様相を異にする。また文物についても，貨幣や陶磁・官印など出土量がまとまって存するものについては，集成研究が提示されている[楊 2007;杭 2010;佐藤 2013]。

　今後もこの分野での新たな知見・成果は報告されていくであろうが，他地域から搬入された文物，あるいは他地域にもたらされた西夏の文物とその範囲などの把握が可能となれば，西夏の基盤であった交易圏の復原研究における物証となりえよう。

小　結

　西夏の台頭は，遼・金および宋側にとっては国際関係上の事態の複雑化を意味する。かつての遼・北宋間の一対一のような外交の枠組から多国間

交渉の環境へと変化し，いわゆる澶淵体制の様相にいたるうえでは大きな契機となった。

かかる環境下において，軍事行動だけでなく，外交や交易などの複数のチャンネルを含めた高度かつ複雑な政治判断に基づく成熟した国際交渉の手法が定着していったと理解できる。大国の狭間で西夏が比較的長期にわたり存続しえたのは，このような時代的背景があったことと無関係ではあるまい。

しかし，西夏の政治・社会・文化の全般において未解明な課題は依然として多く存在している。そうしたなかで，今もなお膨大な西夏語史料が発現しつつあり，将来的にこれらの史資料や考古資料の利活用により，研究が進展する可能性がある。

本章のまとめ──課題と展望

この分野の研究では，かつての征服王朝論やその反論などの立場から，断代史的研究視座への問題提起が多くなされてきたにもかかわらず，じつは今もなお断代史の枠組から脱却できているとはいいがたい面がある。とくに1980年代以降では，多くの学問分野において，研究内容がより精緻となった反面，対象が細分化していく傾向が指摘されてきた。それゆえに，その傾向が強まったことで，結果的にはかかる細分化の問題が認識されつつも，各研究の最前線では依然として断代史的な枠組を突破できずにいる事態となっていよう。

他方で，21世紀にはいり遼・金・西夏およびその隣接時代・分野の研究者が集い議論する場（遼金西夏史研究会など）が設けられ，おおむね5〜17世紀頃までのあいだの北東アジア地域の歴史展開に関心をもつ歴史・考古・言語・宗教・文学などの分野の若手・中堅を主体とする研究者が専門分野の垣根を越えて数多く参加し，共同成果物［荒川ほか編 2008〜2010；2013］も公表されている。こうした点は今後の研究展開に繋がる契機になるものとして期待したい。

武田和哉

第4章 モンゴル帝国の成立と展開

　1206年にチンギス・カン(ハン)がモンゴル高原の遊牧部族・遊牧国家を統一して建国したモンゴル帝国は，13世紀末までに元朝(大元ウルス)，イル・ハン国(フレグ・ウルス)，ジョチ・ウルス，チャガタイ・ウルスのゆるい連合体にかたちを変えながら，東は朝鮮半島から西は東欧までユーラシア大陸を横断する空前の大領域に発展し，東・西アジアの農耕地帯と諸都市を支配下に入れ，陸上と海上のネットワークを結びつけ，ユーラシア規模の交流を生み出した。ユーラシア各地域に大きな影響を与えたこのモンゴル帝国を抜きに世界史を語ることは難しい。地球規模のグローバリゼーションが急速に進む現在，グローバル・ヒストリーあるいは真の世界史の構築が歴史学の大きな課題といわれており，モンゴル帝国を世界史に適切に位置づけることが，欧米でも日本でも求められている。

研究動向

　欧米では，この20年間にモンゴル帝国研究が急速に発展し，展覧会やシンポジウムの開催，図録や論文集の出版が続いている。従来のように，イル・ハン国，元朝など各地域のモンゴル政権の研究にとどまるのではなく，モンゴル帝国を全体として把握し，世界史に位置づける研究が増加している。また，遊牧国家の農耕文明地帯への侵略・破壊から生じる負のイメージを払拭し，モンゴル帝国の制度的遺産・文化的遺産などプラスの側面を再評価するなど，遊牧民の歴史的役割の再評価も始まっている。そのなかで，モンゴルがさまざまな分野において東西文明間の文化的交流を促進したとする Allsen[2001]は，画期的な研究として欧米での評価が高い。Biran[2013]は，このような欧米の研究動向を簡潔にまとめており，Biran[2015a;2015b]は欧米の最新の研究成果を盛り込み，モンゴル帝国の全体

像を示している。Morgan［2004；2006］も少し前の研究動向ではあるが役に立つ。

　しかし，この欧米の動向は，日本において欧米より早くから杉山正明が提唱したことと軌を一にする。杉山［1992］など1990年代からの一連の著作は，モンゴル帝国の各ウルス間の関係と政治史を分析して，元朝の大カアンを中心とするモンゴル帝国全体のゆるやかな連帯があったこと，遊牧民の侵略による破壊は一部にとどまり，巨大帝国の出現がユーラシア規模の商業の発展と都市文化・文字文化の隆盛をもたらし，「パクス・モンゴリカ」（モンゴルの平和）といえるユーラシア規模の繁栄が出現したこと，大航海時代に先んじてグローバル化が進展した時代として「モンゴル時代」と称する世界史上の時代区分を設定することができることを提唱し［杉山 1992；1995a；1997a；1997b；2005；2008］，研究動向もそのようなコンセプトに基づき研究の展望を示している［杉山 1991b；1996；1997c；2000；2004；Sugiyama 1996］。

　モンゴル帝国の研究は，10種類以上の言語（漢語，モンゴル語，アラビア語，ペルシア語，ウイグル語，チベット語，シリア語，ラテン語，イタリア語，古フランス語，ロシア語など）で残された史料に取り組まなくてはならず，欧米，西アジア，日本を含む東アジアのどの研究者にとっても言語の壁は厚い。現在，欧米学界のリーダーである M. Biran も東西の文献を扱える研究者はまだ少数であると述べている［Biran 2013：1023］。その点では，漢語史料へのアプローチが容易であり，西アジア諸言語の習得機会が増えイスラーム史料へのアプローチも容易になった日本人研究者は，欧米研究者より有利な立場にある。日本では，本田実信がペルシア語史料によるモンゴル帝国研究の基礎を築き，その集大成が本田［1991］である。1980年代頃から，漢語史料とペルシア語史料を扱うことができる日本人研究者が増え，今にいたるまでオリジナリティのある研究成果が生まれてきた。日本の若い研究者がこの分野の研究をスタートするためには，自分の強みとなる言語史料を少なくとも1～2種類，できれば2～3種類をもつことが必要である。また，漢語とペルシア語のように東西文明にまたがる言語史料を分析できることは，モンゴル帝国の全体像を把握するうえで有利である。

複数の言語史料を駆使することによって、モンゴル帝国の広大な領域に展開したモンゴル支配の普遍的側面を解明することは、研究の1つの醍醐味である。帝国各地での十進法的人的組織「テュメン」の施行を解明した川本[2000;2013]、モンケ時代に帝国各地の属領で人口調査・貨幣発行・徴税という一連の政策がセットでつぎつぎと施行された事情を示したAllsen[1987]などがその例であろう。また、杉山[1982b]は、『集史』などのペルシア語史料を利用することにより、漢語史料から知られるクビライ政権の成立事情をより鮮明にすることを可能にした。

これまでに刊行されたモンゴル帝国関係の論文集はつぎのとおりである。杉山ほか編[1997]、窪田編[2010;2012]、松田・オチル編[2013]、杉山編[2014]、白石編[2015]、Raby & Fitzherbert, eds.[1996]、Amitai-Preiss & Biran, eds.[2004]、Sneath, ed.[2006]、Komaroff, ed.[2006]、Di Cosmo et al., eds.[2009]、Akasoy et al., eds.[2013]、Hillenbrand et al., eds.[2013]、Durand-Guédy, ed.[2013]、Pfeiffer, ed.[2014b]、Amitai-Preiss & Biran, eds.[2015]、De Nicola & Melville, eds.[2016]。

チンギス・カンとモンゴル帝国の出現

1190年代半ば以前の帝国建設の過程は、「十三翼の戦い」の勝敗など謎が多い。1195年頃ケレイト王国のオン・カンと同盟を結び台頭したテムジンは、ケレイト王国とナイマン王国を倒し、1206年にチンギス・カンとして即位し建国した。その後、金国遠征、中央アジア遠征、西夏遠征とあいつぐ遠征ののち、1227年に西夏遠征途上で病没した。

小林[1960]、アンビス[1974]など初期のチンギス・カン研究は、『元朝秘史』に全面的に基づいていた。しかし、吉田[1968]が『元朝秘史』の史料としての信憑性に疑問を呈したことにより、『集史』『元史』『聖武親征録』に基づく研究に大きく変わり、今なお厳密な史料批判が必要とされている[吉田 1968;1993;1996;2009a;2009b;2011]。欧米や中国では『元朝秘史』に無批判に依拠した研究が多く、チンギス・カンの誤ったイメージが信じられている[宇野 2009]。『集史』『元史』『聖武親征録』を重視する立場から書かれた研究に岡田[1981;1986;1992;2010]がある。帝国成立以後

については，杉山[1992；1997a]が，金国遠征と西アジア遠征について独自の分析を加えた概説である。

　岡田[1981；2010]は，1202年まではあくまでケレイト王国のオン・カンによる統一事業であり，1203年のオン・カンとチンギス・カンの決裂が，モンゴル帝国建国に繋がったことをはじめて指摘した。Togan[1998]もケレイトを重視する立場から書かれている。松田[2015]は，金朝と西遼の国際関係にオン・カンとチンギス・カンを位置づけ，帝国成立の過程を新しい視点で分析し，村岡[2015b]はイスラーム商人の役割を重視した。

　帝国建国時に95の千戸が組織され，チンギス・カンの死去時には129千戸に増えた。そのうち28千戸はチンギス・カンの諸子・諸弟に分配され，諸子・諸弟はモンゴル高原の東西に遊牧領地を保有し，モンゴル高原中央の中央ウルス，大興安嶺（だいこうあんれい）地方の東方諸弟3ウルス，アルタイ山脈地方の西方諸子3ウルスの7ウルスから国家が構成された[杉山 1978]。

　チンギス・カンのヤサ（ジャサグ）については，かつてヤサの史料とされたマクリージー『地誌』が否定されたことにより[Ayalon 1971-73]，ヤサの実在性が疑われたこともあったが[Morgan 1986；2005]，現在では，チンギス・カンが発行した命令が晩年に集成され，オゴデイ即位時に再発行され，成文法ではあるが体系立った法典ではなかったとされている[Ratchnevsky 1974；1991；Rachewiltz 1993；宇野 2002b]。ヤサの内容については，『高麗史』にみられる「我太祖成吉思皇帝制度」（『元史』208，高麗伝「太祖法制」）などの記事によってもその内容が議論されている[Henthorn 1963；Allsen 1987；森平 2011；2013；松田 2015]。チョクト[2010]は，ジャサグ，ヨスン，ビリグ，ジャルリグなどの用語を分析し，罰則をともなうことがヤサの本質だとする独自の解釈をとる。

　欧米で定評があるチンギス・カン伝はRatchnevsky[1983]であり，その英訳Ratchnevsky[1991]は今でも価値がある。最近では，Biranがイスラーム史料を積極的に使って質の高いチンギス・カン伝を書き[Biran 2007]，Allsen[1994]，Lane[2004]，Dunnell[2010]も出版された。モンゴル帝国の宮廷については宇野[1988]がある。白石典之のアウラガのチンギス・カン宮殿跡発掘は世界的評価を得ており，そのチンギス・カン研究は独自の

価値がある[白石 2001;2002;2006;Shiraishi 2009;Shiraishi & Tsogtbaatar 2009]。モンゴルの親族構造については福島[1985]，チンギス・カン家の姻戚関係については，宇野[1993;1999;2008]，森平[2013]がある。

オゴデイ・カアンと帝国統治の確立

　チンギス・カンの後を三男のオゴデイ（在位1229～41）が継いだ。オゴデイの業績として全帝国を結ぶ駅伝網の整備，首都カラコルムの建設，河南，ルーシなどへの領域拡大および征服地支配体制の確立があげられる。駅伝は支配に必須の使節移動や税物輸送の手段で，漢地～首都間の駅伝維持と食糧供給については宇野[1990]にまとめられており，駅伝制度全体は，松田[2000]，党[2006]が取り扱っている。カラコルムについては，モンケの宮廷を訪問したルブルクの記録があり[Jackson 1990]，Boyle[1972]はオゴデイ・カアンがカラコルムとその南北一帯を季節巡行した状況を復元している。また1949年にキセリョフによるカラコルムの発掘[Киселев et al. 1965;村上 1975]がおこなわれた。また白石はカラコルムの遺蹟保存のための調査を実施して，文献記録と総合した成果をまとめた[白石 2002]。その後モンゴルとドイツによる発掘調査も進んでいる[Pohl et al. 2012]。

　オゴデイは，帝国辺境の征服や鎮戍に，帝国全土から徴兵した「新軍」を派遣した。新軍は，漢籍で「探馬赤」（タンマチ），ペルシア語史料でtamā（タマー）と記され，鎮戍地方で有力軍団となった[海老澤 1966;志茂 1980;松田 1987;1992;堤 1992;川本 2013:101-117]。タンマチの研究史は松田[1996]に整理され，漢地（旧金朝領）の探馬赤関連石刻の分析も続いている[池内 2002;陳高華 2002;村岡 2010;2011;飯山 2011:397-419;牛根 2012;松田 2012]。

　帝国の領土は遊牧領地とカン～カアンが直轄する農耕・都市地域の征服地（以下「属領地」）という2つの要素があった。モンゴル高原中央のチンギス・カン自身の遊牧領地はチンギス・カンの死後末子トルイが相続し[松田 1988;1994]，アルタイ山脈方面に配置された3人の子どものそれぞれの遊牧領地はチンギス・カン時代の西方活動で西へ拡大し，チャガタイ家の遊牧領地はイリ渓谷のアルマリクを中心とし[佐口 1942a]，オゴデイ家

の遊牧領地はジュンガル盆地のエミルとコバクをはじめとして盆地各地に展開していた［村岡 1992；川本 2013：74-76］。ジョチ家の遊牧領地もウラル山脈方面までのキプチャク草原に拡大していたが，当主バトゥを総司令官とするルーシと東ヨーロッパ遠征の結果，遊牧領地はドニエプル川からドナウ川下流域まで広がり［赤坂 2005：135］，バトゥはヴォルガ川下流のサライを新首都とした。

　属領地の1つ，漢地では諸王侯に「分地」「分民」が配分され，それらは古くから「投下領」の名で研究されてきた［松田 2013］。分地の所在地や内部構造など近年多数の研究があり［松田 1978；2010a；2010b；杉山1993；村岡 2001；李 2007；川本 2013：153-160］，研究史は舩田［2014b］に整理されている。諸王侯は，分地にダルガチ（長官）をおき，燕京のカアンの直轄機関（「燕京行台尚書省」）に利益代表（ジャルグチ＝断事官）を参画させた［前田 1945（1973：197，注26）；牧野 1966；海老澤 1972；四日市 2002b］。西方の属領地であるイランのホラーサーンでも同様の機関が設立されており［本田 1967］，マー・ワラー・アンナフルではヤラワジが同様の機関の長で，徴税を担当した。彼を継いだその子マスード・ベク［前田 1945（1973：152）；加藤 1999：8, 24-25］は後述のタラス会盟の時期にもその地位にあった。ジャルグチの権能に関しては四日市［2005］に的確にまとめられており，また遊牧領地と属領地を含めモンゴル支配の構造について四日市［2007b］にその図式が示されている。

モンケ・カアンの治世と帝国の拡大

　オゴデイの死後，グユクの短い治世（1246～48年）をはさんで10年間，帝国の拡大はほぼ停止した。グユク没後，トルイ家長男モンケ（在位1251～59）がジョチ家のバトゥの支援を受けて強引に即位し，次弟クビライを中国方面，三弟フレグをイラン方面へ派遣し，帝国をトルイ家の帝国に再編した。クビライは雲南の大理国を征服し［松田 1980b］，フレグはアッバース朝などを征服した。フレグ軍は1260年アイン・ジャールートの戦いで，マムルーク朝軍に敗れ，モンゴルのシリア方面での拡大は停止したが，同時期ルーム・セルジューク朝に対する支配を確立した［井谷 1980a；1980b；

1989]。モンケ自身は南宋征服に乗り出したが，1259年に四川で死去した。モンケの政策について Allsen[1987]は帝国全土を視野に検討し，強力な中央集権の復活と軍事資源の移動に成功したと評価し，中村淳[2008]はアッシリア教会総大主教，都僧省の少林寺長老への2聖旨から帝国の宗教政策の本質を描き出している。漢地からイラン遠征中のフレグのもとへ使節として往復した常徳(じょうとく)とその旅行に関しては宮[2010a]に詳しい。

元朝(大元ウルス)の漢地・江南

モンケの死後，次弟クビライが末弟アリク・ブケとの後継争いを制して政権を確立した[杉山 1982b]。クビライは漢語の国号「大元」を採用したが，新国号のあり方についてはなお見解の一致をみていない[杉山 1995a：144；2004：14；舩田 2004：106-107]。クビライは，中都東北に新首都，大都を建設し，即位前の遊牧領地の拠点，開平に建設した上都とのあいだを季節巡行した[杉山 1984；1999]。大都のほか，大都南城となった中都(カンバリク)に関して渡辺[1999；2012]が詳述している。

クビライの即位当時の軍事力については，池内[1984]や堤[1989]の分析がある。また元代華北のモンゴル軍団長の南宋征服，江南支配での重要性を堤[1992]が明らかにし，牧野[2012：942-1063]もモンゴル軍団の動向を検討している。それらの軍団長の諸家系は，南宋征服後の軍事的栄達機会の消滅とともに儒学教養・科挙(かきょ)に栄達の活路を見出す現象もみられた[櫻井 2009；飯山 2011]。元朝軍制について Hsiao[1978]が『元史』兵志の訳註とともに論じており，屯田(とんでん)制度を矢澤[2004]が検討している。

元朝では華北と内モンゴルを中書省がおさめ，その他を行省が統治したが，その一方でクビライは皇太子チンキムを中央に，北平王ノムガンをモンゴル高原に[松田 1983]，安西王マンガラを西部に[松田 1979；杉山 1984：500；井黒 2013：252-273；飯山 2011；牛根 2007]封建して領域をクビライ帝国として再編した。杉山[1995b]はこの「三大王国」を「大元ウルス」の基本型とし，成宗テムル(在位1294～1307)以後に顕在化する政争の枠組となることを示した。チンキムとノムガンのあいだには在世中からすでに次代の大カアン位をめぐる確執があった[櫻井・姚 2012]。元の江南

支配については,前田[1945]および堤一昭の一連の卓越した研究[堤 1996;1998;2000a;2000b]がある。

元朝は紅巾の乱で混乱に陥り,1368年,明軍の北伐を受け,順帝トゴン・テムルは大都を脱出しモンゴル高原に逃奔した。北奔したいわゆる「北元」は1388年に天元帝トグス・テムルがアリク・ブケ家の末裔イェスデルに殺害されて以後,オイラト族の支援を受けたアリク・ブケ家,元朝の子孫,オゴデイ家のあいだの三つ巴の抗争の時代や明軍の侵攻をへてオ

コラム9 │ 海域世界のモンゴル

モンゴル帝国は,草原の遊牧民とオアシス商業民の結びつきや軍事力による交易ルート掌握を特徴とする遊牧帝国や中央ユーラシア型国家の系譜のなかに位置づけられよう。一方,第5代クビライは,海外へ大規模な洋上艦隊を派遣するなど,海上帝国への道を進みつつあった。しかしそこには中央ユーラシア的なものとの連続性もみられた。

モンゴルと海域世界の関わりについてはつぎのような認識が定着しつつある。つまり,クビライ政権による中国統一によってユーラシアを循環する陸と海の交通網が繋がった,クビライの南方出兵は通商勧誘のデモンストレーションであった,クビライ政権は陸地の占領ではなく海域支配をめざした,モンゴルの勢力拡大の背景にはムスリム商業網があった,といったものである[アブー゠ルゴド 2001;杉山 2010]。そこには,遊牧民と商業民との結合,遊牧民の軍事力による交易ルート掌握といった中央ユーラシア的特徴がみられる。

また,モンゴル時代の東アジア海域は,開放性を基調とし,多様な「外来者」が往来し各地にコミュニティを形成,そのネットワークが海域交流の基盤をなした[森平ほか 2013b]。「外来者」の具体例として,旧ホラズム・シャー朝出身者があげられる。彼らは中国沿海部の都市に地方官として赴任し,官・商の二面性をもつ地域エリート層を形成した。そして地方統治機関である行省に赴任してきたモンゴル軍団長と結託し,対外経略や貿易振興に積極的に貢献した。これらの軍団長は名門の出ではないが親衛隊(ケシク)出身で,クビライとの個人的結びつき(カアン゠ケシクテン関

イラトのエセンの時代にいたる[Honda 1958]。

モンゴル治下では，法規制の根源は大カアンや皇后，諸王，帝師などの口頭の命令で，それを文章化した命令文(それぞれ漢語では聖旨，懿旨，令旨，法旨という)が対外国書，政治文書，布告などとして発せられた。それらは文書や石刻などとして多数残され，蔡編[1955]，Tumurtogoo[2006；2010]などで集成され，命令文研究は1つのジャンルを形成している。小野浩は，帝国全土の諸言語で書き残された命令文の冒頭定型句に関する検

係)を拠り所とする。彼らは軍事力を背景に近海に私的勢力をふるう一方，カアンの忠実なエージェントという面もあわせもつ[向 2013]。このようにモンゴルの沿海地域・海外貿易支配には遊牧国家特有のさまざまなネットワークが働いていた。

　国際商業の基軸通貨であった銀は皇帝から王侯へ下賜され，さらに特権商人(オルトク)に貸し付けられたりしたが，遠距離交易を通じてユーラシアを東から西へ流れたともいう。クビライの紙幣制度の実施によって中国の銅銭が海外へ大量に拡散したことも指摘される[黒田 2014]。水中考古学や出土陶磁の調査も盛んであり，この時代の物質面の海域交流については新たな成果が期待される[四日市編 2008]。

　海域世界の側からみて，モンゴルの衝撃はどの程度のものだったのか。かつてジョルジュ・セデスが提起した，モンゴルの侵略を一要因とする古代勢力衰退にともなうタイ系諸国家の勃興(タイの世紀)というテーゼは見直しが進んでいる[飯島 2001]。クビライ政権の各属国に国王の親朝，人質，貢納，軍事協力などを要求する強硬路線は相手国の激しい抵抗を受け，クビライ以後には従来型の交易中心の関係に転換していく[桃木 1990]。モンゴルの対外関係については古典的研究があるものの[池内 1931；山本 1950；丹羽 1953；桑田 1993]，近年，日元関係史や同時代の陳朝大越，高麗，マラッカ海峡周辺の研究が大幅に刷新されている[榎本 2007；森平ほか 2013b；桃木 2011；深見 2004]。こうした周囲からの視点も含め，さまざまな角度から海域世界におけるモンゴル・インパクトをとらえなおすことが必要だろう。

向　正樹

討をおこない[小野 1993;1997;2015:79-83]，ジョチ家と元朝の命令文に共通する「戒め」の表現にも注目する[小野 2012]。モンゴル語命令文は松川[1995]にまとめられており，その書式はクビライ以後定型化されたとして「大元ウルス書式」と命名されている[中村淳・松川 1993;松川 1995]。漢語訳の高官任命命令文については堤[2003]が分類し，書式を分析している。翻訳漢語「蒙文直訳体」はクビライ時代に定型化が進められ，より生硬な翻訳体が生まれた[高橋文治 2011:3-29]。定型化以前のものは「前期直訳体」とも命名され[杉山 2004:22]，過渡的形態の存在も指摘されている[舩田 2007;2009]。蒙文直訳体の研究史は舩田[2007]が整理し，また蒙文直訳体や吏牘体(りとく)の独特の文章・文体の理解のための工具書などの参考文献は舩田[1999]に解説されている。チベット語の命令文研究に関しては中村淳[2005]に詳しい。

　モンゴルの支配を補佐したムスリムとウイグル人(102～103頁参照)のうち，ムスリムに関しては中田[1997]に研究史がまとめられ，行財政，経済での活動は松田[1995]があり，宗教活動については磯貝・矢島[2007]で検討されている。また医学・薬学，天文学などの元朝への伝播でも貢献したことが知られる[宋 2000;羽田亨一(はねだ) 1995;宮 2010b;山田 1980]。

元朝時代のモンゴル高原

　元朝時代のモンゴル高原の通史は，元朝とそれに反対するオゴデイ家のカイドゥを中心とする諸ウルスとの抗争期および抗争収束後の2時期に区分される。1271年クビライはその子ノムガンの率いるモンケ家，アリク・ブケ家などの諸王軍をチャガタイ家の本拠アルマリクに進駐させたが，進駐軍は「シリギ(モンケの長男)の乱」(1276～82年)により崩壊した[村岡 1985]。クビライは新軍を派遣して反乱に対処し，「宣威軍城」を建設し[堀江 1995;村岡 2013a]，カラコルムを守った。ジョチ家に抑留されていたノムガンは1282年かそれまでに帰還したが，モンケ，アリク・ブケ両家諸王はカイドゥ陣営に合流しており，抗争は激化した。モンゴル高原東部のチンギス・カンの諸弟，東方三王家のウルスでは，1287年その盟主オッチギン家のナヤンの乱が起きた[堀江 1982;1985;1990]。乱鎮圧に出動し

たクビライ軍の構成や乱の意義は吉野［2008；2009］が論じている。

　1292年ノムガンの死後，クビライは孫のカマラを晋王として封建し，また孫のテムルをアルタイに派遣して守備させた。テムル（在位1294～1307）の即位後もアルタイ方面での戦闘は続き，1299年，甥のカイシャンがチンカイ地区で駐屯した［大葉 1982；松田 1982；村岡 2007］。1301年のカイドゥの死で抗争が終結した。その間モンケ，アリク・ブケ両家諸王が1296年，1306年にあいついで大量の人口をともなって元朝へ帰順し［松田 1983；1988］，元朝はカラコルムに行政機関として，1303年に和林兵馬司，1306年に和林行省（のちに嶺北行省）を設けた［村岡 2015a；Dardess 1972-73］。帰順後のモンケ家諸王の動静は村岡［2013b］が検討している。

　1315年，カイシャンの子コシラが政争で父の旧駐屯地アルタイに逃奔し［杉山 1995b；松井 2007］，のちに天暦の乱期（1328～29年）にカラコルム北方に戻り即位したが，大都への南下途上急死する事件があり，元朝の権力闘争の波動がモンゴル高原にもおよんだ。ただカラコルムは14世紀を通じて市域が拡大し［白石 2002：224-228］，1340年代以後に寺廟などの修築が多数知られ繁栄していたと判断される［松田 2010c；松田／オチル編 2013］。

モンゴル時代の高麗

　モンゴルは朝鮮半島の高麗（918～1392年）へ1218年以来6回の侵入を繰り返し，高麗は1232年首都を開城から江華島に遷し抵抗を続けたが，1259年王太子の倎を服属表明のためモンケのもとへ送った。しかし途上，モンケ急死の報に接した王太子はクビライに入覲し，以後元朝歴代大カアンに服属する。高麗とモンゴルとの関係は「侵入期」と「服属期」通算約1世紀半にわたった。高麗・モンゴル関係について，内藤［1931］，岡田［1959］，森平［2011］が全般を解説している。また山口［1957；1972］，松田［1992］がモンゴル軍の侵入を再構成，Henthorn［1963］が侵入期を取り上げて論じ，烏雲高娃［2012］はモンゴルの侵入，元朝と高麗王室の通婚，モンゴル語通訳事情を検討する。また森平［2013］は高麗王および高麗王室にかかわる制度・慣例上の事項を論じており，ウイグルなどモンゴル帝国傘下の諸勢力との比較も視野に入れ，モンゴルから元朝の支配システムの実態を知るう

えで確実な事例を提示している。モンゴルの高麗への要求として「内属国は，人質を入れ，兵を助け，食糧を送り，駅伝を設け，戸籍を提出し，ダルガチをおく」という6項目のヤサ[Henthorn 1963: 194]があるが，これに「君長の出頭」(『元史』209，安南伝)を加えた7項目[Allsen 1987: 114; 森平 2013: 404-412]は，帝国拡大の人材，資源確保の重要基本政策であり，帝国の発展はこの基本政策を念頭においておかねばならない。元末，済州島を元帝が避難所として整備しようとしたことは岡田[1958]によって詳らかにされている。朝鮮王朝初期，1402年成立の『混一疆理歴代国都之図』は元朝中国でつくられた2種の地図をもとに作成された世界図で，同図の地理情報は，モンゴル帝国史の理解に資するところ大である。宮[2007]，渡邊編[2014]は同図の成立事情と内容の分析である。

モンゴル時代のチベット

モンゴル時代のチベット史については，中央チベット通史の復元およびモンゴルとチベット仏教との結びつきが主要テーマである。通史では，Tucci[1949, 1]の第1部にモンゴルとその支配を支えたサキャ派との最初の接触から14世紀のパグモドゥ派の台頭によるモンゴル支配の終焉までの通史がある。また，Petech[1990]，乙坂[1989; 1990]がクビライとサキャ派との結合，そのもとでの中央チベット統治の全体像を取り扱っている。

モンゴルのチベット征服活動は，オゴデイ時代，その次男コデンによる中央チベットへの軍隊派遣が最初で，サキャ寺の僧院長サキャ・パンディタと甥のパクパとチャクナドルジェ兄弟がコデン宮廷へ出頭した[Tucci 1949, 1: 9; 岡田 1962: 94-96]。チベットでは寺院と俗人諸侯が結合した社会勢力が宗派を形成し，サキャ寺はその1つにすぎず，サキャ・パンディタのモンゴルへの服属の呼びかけにディグン派など他派は応じなかった[Tucci 1949, 1: 10-12; 稲葉 1965: 93-97]。

モンケ時代に中央チベットは征服されて13万戸(モンゴル語 tümen，チベット語でチコル khri skor)に組織され，27の駅伝が設立された[Tucci 1949, 1: 12-14; Szerb 1980: 270-271; 佐藤 1986: 90-93; 沈 1995; 川本 2000: 52-54]。中央チベット(ウー，ツァン地方など)のほか，北方のカム，ドメー地域を

含めた行政区分と駅伝設置については沈[2003]で検討されている。モンケや諸王は別々の宗派と「施主-帰依処(ヨンチョ yon mchod)」関係をもったとされているが，実際はモンゴル諸王への分地分民の読み替えにすぎない[Wylie 1977:108；陳慶英・史為民 1985:5-6；中村淳 1997:122；陳慶英 1992:48-55；陳得志 2005:290-292]。

クビライは即位後パクパを「国師」とするとともに，パクパを長とするチベットと仏教徒の管理機関，「総制院」(のちの「宣政院」)を設立した[稲葉 1965:105-107；藤島 1967;1973]。またチベットにチャクナドルジェを白蘭王(はくらん)として送り，その死後はサキャ派の長，シャーキャサンポを中央チベットの行政長官(ポンチェン dpon chen)とした[Wylie 1977:123;1984:395；Petech 1990:19-20；陳得芝 2005:289]。1274年にサキャ派の内訌，1285〜90年にディグン派の暴動が起きた[Petech 1980b:197-198；乙坂 1986:59-65；Petech 1990:22-31；中村淳 1997:124-129]が，その後もサキャ派を通じたモンゴル支配が続き[Tucci 1949, 1:22-23；乙坂 1986:72；Petech 1990:85-137]，チベットの領主が入朝して歴代大カアンから領地を安堵された状況が知られる[山本 2011]。

元朝とチベット仏教との結びつきについては，中村淳[2010]にその研究指針が示されている。パクパ文字の制定，パクパの「帝師」への昇号や権威づけ[稲葉 1965；中村淳 1999b;2010；Petech 1990:36-43]，大都のチベット式仏塔，玉座の「白傘蓋(はくさんがい)」，崇天門の「金輪」，太廟での仏事，大護国仁王寺などのチベット寺が政権・首都を彩ったこと，クビライがチベット仏教世界の理想的帝王とされたことがこれまで検討されている[石濱 1994;2001;2002；中村淳 1993;1999a;2013]。歴代帝師の伝記については，野上[1978]がある。成宗テムル以後，チベット仏教への過度な信仰がみられ[村岡 1996]，下賜品や寺院収入の輸送のための過剰な駅伝利用もめだつ[山本 2008]。ただ，元朝政権と結びついたチベット仏教の弊害についてはこれを過大視すべきではないとする見解もある[Franke 1981]。

チャガタイ・ウルス

アルタイ山脈以西のジュンガル盆地，東西トルキスタン，甘粛(かんしゅく)地方に

関してはオゴデイ家、チャガタイ家諸王の活動、東部天山に王国を保持したウイグルの動向および元朝のそれらへの関わりが研究対象となっている。

オゴデイ家カイドゥ、チャガタイ家バラク、ジョチ家モンケ・テムルは、1269年のタラス会盟で属領地の税収をクビライの承認なく配分した[村岡 1988]。これに対しクビライはアルマリクにノムガンルを進駐させて圧力をかけた(96頁「元朝時代のモンゴル高原」を参照)。しかし、シリギの乱でその圧力が消滅し、1282～83年頃「カイドゥ王国」が成立した[村岡 1985；1988；Biran 1997]。カイドゥはチャガタイ家のドゥア(在位1283～1306)らと連携して元朝と対立を続けた。カイドゥが1301年に没すると、ドゥアは一転して元朝と和解、東西トルキスタンの属領地の支配を承認され、「チャガタイ・ハン国」が成立し[加藤 1978]、1320年代ドゥアの子のケベクの時代(1318～26年)に政治的に安定をみた[加藤 1982]。この間1300～10年代に「チャガタイ・ハン国」と元朝軍団の対峙状況があり、それに関しては『オルジェイト史』を分析した杉山[1987]に詳しい。赤坂[2009]は同時期とそれ以後のアルタイ～ウイグリスタン～甘粛のチャガタイ家の諸勢力や元朝の動静を再構成した。1340年代にパミール高原を境として、遊牧的伝統を守る東チャガタイ・ハン国(モグーリスタン・ハン国)と、定住派の西チャガタイ・ハン国(たんにチャガタイ・ハン国)とに分裂し、1361年に東のトグルク・テムルが一時再統一したが、やがてティムール帝国の成立にいたった[間野 1977：154-155]。

チャガタイ・ハン国の通史に関しては、Barthold [1962a；1962b；1977]、植村[1941-42]、劉[2006]などがあり、14世紀前半のマー・ワラー・アンナフルの研究史は、加藤[1999：104, 注13]に概観されている。加藤[1999：73-143]はブハラのワクフ(寄進財産)文書[Чехович 1965；Арэндс et al. 1979]の紹介および社会経済的分析である。ジャマール・カルシー Jamāl al-Qarshī の『スラーハ辞典補編 Mulhaqāt al-surāh』は Бартольд [1898]以来注目されてきた現地史料であり[Barthold 1977：50-51]、華涛[1986-87]はその解説と漢訳、Вохидов & Аминов [2005]は註釈、テクストおよびロシア語訳である。マスード・ベクの時代の貨幣史料は Давидович [1972]で分析されている。

東部天山のウイグリスタン,タリム盆地のモンゴル時代の動向については佐口[1943;1944]が取り扱う。また,ウイグル文書の分析により,梅村[1977a;1977b]はモンゴル支配下ウイグリスタンの権力階層の再構成を試み,梅村[1987]は慣習に基づく相互扶助関係を述べた。松井太はウイグル農民の税,徭役制度[松井 1998],仏教教団への寄進[松井 2004],ドゥア時代のウイグリスタン支配の状況を明らかにした[松井 2008a]。森安孝夫は14世紀初頭～中葉の河西におけるウイグル国人の広汎な活動を,敦煌のウイグル語文書により復元[森安 1983],大都～江南～河西～東部天山を結ぶウイグル人の強い結びつきが存在することを示し,「ウイグル＝コネクション」と名づけた[森安 1988]。また松井[2008b]は敦煌のモンゴル語文書から14世紀後半以後のチャガタイ・ハン国と河西のチャガタイ家間の友好関係,ウイグル人チベット仏教徒が両者の庇護下で東部天山から河西さらには華北にまで活動したことを指摘し,中村健太郎[2009]はウイグル語仏典奥書記載のイドゥククト(高昌王)の分析を通じてウイグル＝コネクションの具体相を示した。

　甘粛におけるオゴデイ家コデンやチャガタイ家カバン,チュベイ兄弟の子孫たちの動向については杉山[1982a;1983;1990b;1991a]の検討があり,さらに赤坂[2007]がカバン,チュベイ,トク・テムル三兄弟の王統について検討を加えている。陰山地方のオングト王家については,周清澍の一連の研究[周 2001:48-184]があり,また,陝西・甘粛の地方勢力,オングト族汪世顕一門の動向については牛根[2001]で検討されている。

イル・ハン国(フレグ・ウルス)

　イル・ハン国は,フレグの西アジア遠征軍が結果的にイランにとどまり,それ以前からイランに駐留していたタンマチ軍などのモンゴル勢力を取り込み形成されたモンゴル政権であり,モンゴル帝国内の他のウルスとやや異なる建国の経緯をもつ。トルコ・モンゴル系の支配者が統治する国家あるいはその軍事力を政権の基盤とする国家がイランに興亡したことに基づき,羽田正[1993]は「東方イスラーム世界」という概念を提唱した。トルコ・モンゴル系国家の都市に焦点をあてた論文集として Durand-Guédy, ed. [2013]があり,本田[1987]はその先駆的研究である。従来のイスラーム史では,イル・ハン国時代はアッバース朝滅亡後の暗黒時代として否定的にとらえられていたが,最近では,オスマン朝,ムガル朝,サファヴィー朝という大国が成立する近世の繁栄にいたる長いプロセスが開始した時代とする見方が有力である[Pfeiffer 2014b, 1-6]。近年の重要なテーマとして,イル・ハン国初期政治史,イスラーム国教化,ラシードゥッディーンの文化事業と著作,美術・建築・科学などの文化史,イル・ハン国の遊牧国家的特徴などがあげられる。研究動向としては,渡部[2008],高木[2011]がある。本田[1991]は,レヴェルの高い実証研究であり,まず参照すべき基本文献である。ドーソン[1968-76]もまだ参照する価値がある。

コラム10 │ ジュチか,それともジョチか

モンゴル帝国の西北部に位置するいわゆる「キプチャク汗(ハン)国」または「金帳汗(ハン)国」は,最近の日本の研究では「ジョチ・ウルス」と呼ばれることが多い。チンギス・カンの長男ジュチ(ジョチ)の国という意味である。彼の名は,モンゴル帝国期の漢字音写モンゴル語史料『モンゴル秘史』(元朝秘史)から復元された中世モンゴル語では「ジョチ joči」であるが,現代モンゴル語では,中国領モンゴルでの文語表記は「ジュチ jüči」,モンゴル国では「ズチ Зүчи(Züči)」である。ハルハ方言に基づくモンゴル国のモンゴル語子音「z」は,モンゴル文語の子音「j」に対応するが,母音「o」が「ü」となったのは,発音の歴史的変化によるものではないようだ。

すなわち,モンゴル帝国期のペルシア語史料『集史』などでは,彼の名はアラビア文字で「ジューチー jūjī, jūčī」と表記されている(もともとアラビア文字に「č」を表記する文字はなく「j」で転写されたが,のちにペルシア語のために「č」の文字が創られた)。アラビア文字には,母音を表記するための文字が ā, ī, ū の3つの長母音しかないので,モンゴル語・テュルク語の o, ö, u, ü はアラビア文字ではすべて「ū」となる。そのため,チンギス・カンの一族に関する知識をもっぱらペルシア語史料を通じて知ったヨーロッパ人研究者たちは,彼の名を「ジュチ」(Dschudschi, Djoutchi, Juchi, Джучи(juči)など)と表記した。日本語「ジュチ」も,ヨーロッパにお

初期政治史については、Lane［2003］、岩武［2001］、髙木［2009；2014］、川本［2010；2013］があり、イル・ハン国成立に関する『集史』の記述の信憑性が焦点の1つである。

ガザンのイスラーム改宗と国教化は、すでにイスラーム化していたモンゴル軍とモンゴル・アミールの支持を得るために追認したと考えられており、スーフィズムの影響が大きいとされる［Melville 1990a；Amitai-Preiss 1996；1999；矢島 1998；2000；Pfeiffer 1999；2006；岩武 2000；DeWeese 2009］。

イル・ハン国の遊牧国家的側面については、移動する宮廷、モンゴル・アミール勢力、ケシク制度（宮廷の警護・家政担当者の輪番制）、遊牧的官職などを取り上げた研究として、本田［1976；1982］、志茂［1995；2013］、

ける表記に基づく。「ジュチ」が現代モンゴル語に、いわば「逆輸入」された際、モンゴル語の母音「i」は中性母音であるが母音調和の原則において、「i」が含まれる単語は女性母音に親和性があるため、「u」は女性母音「ü」で表記されて「jüči」となるにいたった、と考えられる。

つまり、モンゴル民族において、ジュチの名は、直接的にはおそらくロシアの東洋学研究による学術成果を経由して新たに導入されたものであり、歴史的連続性のうえで断絶があるということができよう。ちなみに、20世紀にいたるまでジュチの子孫が貴族の地位にあったカザフ民族のあいだでは、彼の名は歴史的連続性をもって今日に伝えられたが、子音「č」が「š」に転換し、また、母音調和により「i」が「ï」となったため、現代カザフ語では「ジョシュ Жошы(jošï)」に変化している。

さて、政権名ないし国家名の「ジョチ・ウルス」は、一見モンゴル語の用語であるかのようであるが、じつは日本語である。ペルシア語の「ジュチのウルス ulūs-i jūči」に基づきヨーロッパ方面で確立した学術用語が日本に輸入されて「ジュチ・ウルス」と片仮名表記され、さらに人名部分を、中世モンゴル語「ジョチ」に置き換えたものであり、モンゴル帝国期のモンゴル語に基づいた用語ではない。このことを十分に認識したうえで「ジョチ・ウルス」という用語を用いている人は、幾人いるのであろうか。

赤坂恒明

Melville[1990b；2006]，Masuya[2002]がある。インシャー術（文書・書簡作成術）指南書の研究として渡部[2002；2003]，それを利用したイル・ハン国の徴税制度研究として渡部[2015]がある。

ラシードゥッディーンの文化事業と著作については，日本では，本田[1991]，岩武[1994；1995；1997]，宇野[2003；2006]があるが，欧米ではEss[1981]，Krawulsky[2011]がある。近年の研究は，ラシードゥッディーンの政策や文化事業に加えて，彼の作品（『集史』や神学著作）さえも，イランにおけるモンゴル支配の正当性を表明し確保するためであったことに注目する[宇野 2002a；Pfeiffer 2013；Kamola 2013；Azzouna 2014]。大塚[2014]は『集史』の「諸民族志」がカーシャーニー『歴史精髄』の写しであったことを論証した衝撃的論文である。シンポジウムの成果として，宮廷や文化史に焦点をあてた論文集 Raby & Fitzherbert, eds.[1996]，Komaroff, ed.[2006]，ラシードゥッディーンに関する論文集 Akasoy et al., eds.[2013]，首都タブリーズをめぐる論文集 Pfeiffer, ed.[2014b]があり，いずれも重要な研究成果である。Pfeiffer[2014a]はガザンによるダールッスィヤーダ建造とシーア派の関係を分析した興味深い研究であるが，岩武[1992]の研究はそれに先行する。

ジョチ・ウルス

モンゴル帝国建国当初に，ジョチがモンゴル高原アルタイ地方に遊牧領地を得たのが，ジョチ・ウルスの成立と考えられており[杉山 1978]，1236〜41年のバトゥの征西によりロシア草原に領土が拡大しバトゥ・ウルスが成立した。赤坂[1992；2000]は，ジョチ・ウルスの構造は，当初は3ウルス体制（バトゥ中央ウルス，オルダ左翼ウルス，タングト右翼ウルス）であり，14世紀に左翼・右翼2ウルス体制になったとする。川口・長峰[2013]は，ジョチ・ウルスの名称，ウルスの構造，「白帳」「青帳」の混乱について問題を整理しており，ウルスの構造については，当初から左翼・右翼2ウルス体制であったとする。

14世紀になるとオルダ・ウルスでオルダ家が断絶し，バトゥ・ウルスも14世紀後半に大混乱に陥り，ハン位がバトゥ家からシバン家，トカ・テム

ル家へと移った。その混乱に終止符を打ち，ティムールの援助を得てジョチ・ウルスを再統一したのがトカ・テムル家のトクタミシュである。しかし，アゼルバイジャンをめぐってティムールと対立し，ティムールの本拠地マー・ワラー・アンナフルを攻撃したことからその反撃を受けて敗北し，再びジョチ・ウルスは混乱に陥った[川口 1997；2008]。欧米の研究では，Vásáry[2009]が最新の研究成果も取り入れた簡潔な政治史である。

赤坂[2000；2004；2005]は，「ウズベク」がイスラーム化以後のジョチ・ウルスの総称であること，15世紀以降の「金帳汗国」の継承国家もジョチ・ウルスと認識されたことを論証し，ジョチ・ウルスの系譜について網羅的に検証した。ベルケとウズベクの治世に進展したバトゥ・ウルスのイスラーム化については，DeWeese[1994；2009]の詳細な分析があり，北川[1997]もある。川口・長峰編[2008]は，ジョチ・ウルス史に関するチャガタイ語史料『チンギス・ナーマ』の優れた校訂テクスト・訳註である。それの史料的性格・価値については議論がある[赤坂 2005：105-119；2011：96-101；川口・長峰 2013：41-46]。

ジョチ・ウルス史のもう1つの焦点は，モンゴルとルーシ諸公との関係，とくにモンゴルとモスクワ大公との関係である。モンゴル帝国がロシアに大きな影響を与えたとし，ロシア帝国はモンゴル帝国の継承国家であるとする立場[岡田 1992：219；2013：234-235；宮脇 1996]と，モンゴル帝国のさまざまな要素がロシアに吸収されはしたが，ロシアはジョチ・ウルスの純粋な継承国家ではなく，モスクワ大公がそのような立場をとったのは，草原地帯に領土を拡大するための戦略にすぎなかったとする立場がある[濱本 2009：3-8；ハルパリン 2008：147-171]。栗生沢[2007]は，ロシア人研究者の両方の立場を詳しく紹介したうえで，継承国家とする立場を批判した。

商業・物流・貨幣システム

アブー＝ルゴド[2001]は，13世紀のユーラシア大陸で発生した世界システムを分析し，ウォーラーステインが提唱する16世紀の世界システムとは異なり，単一の覇権ではなく複数の共存する中核勢力が存在したこと，多様な経済システムと文化システムが共存したことを動態的に明らかにした。

この時代の経済や商業を研究する際に一読する必要があるが,実証研究は今後に委ねられている部分もある。四日市[2011]は,この時代の商業と流通に関する研究動向と最新の概説であり,人の移動と交流にとって,モンゴル覇権下の「委託・庇護関係」が重要であったとする。

オルトクは,モンゴルのカアンや王族から資本と特権を付与されて交易をおこない,その収益を出資者と折半するという商業形態,あるいはそれをおこなう商人を意味する。テュルク語に語源があり,モンゴル帝国初期のオルトク商人にはウイグル商人がかなりいたとされ,貨幣体系などモンゴル帝国の商業の基礎はウイグル商業文化によって築かれていた[森安 1997;2004a]。チンギス・カンの西アジア遠征以後,ムスリムのオルトク商人が増加し,オゴデイはモンゴル宮廷に絹織物などの西アジア産商品を集めるためにこの商業形態を利用した[宇野 1989]。元朝ではオルトクを専門に管轄する「泉府司」「行泉府司」がおかれ,元朝の海上貿易政策の拠点となった。四日市康博は「中賣寶貨」を手がかりに南海交易活動におけるオルトク商人と元朝の関係を解明した[四日市 2000;2002a;2006a;2006b;2007a]。元朝の南宋征服の歴史的意義の1つは,内陸の商業ネットワークと南宋が開発した海上ネットワークをリンクさせ,ユーラシア規模の交通・通商・物流の陸海ネットワークを実現したことにある[杉山 1995a]。向[2013]は,南宋征服後のモンゴル海上戦力の組織化と変容の過程を明らかにした。家島[2006]は,インド洋から地中海にいたる海域で活躍したムスリム商人のネットワークと物流を明らかにし,元朝を訪れたカーリミー商人,キーシュやホルムズを拠点とするムスリム商人の馬交易について詳細に分析した。

銀の流通については,黒田[1999;2003]は,モンゴル帝国で地域間決済通貨として銀が使用され,ユーラシア全体で銀の流通量が増したが,各地域経済にとっては過剰な地域間兌換性をもたらし,制御できないままモンゴル帝国とともに崩壊したとする。銀流通の東西の流れは双方向であるが,南宋が元の支配下にはいった1279年頃にロンドンで銀の流通量が増加したのは,南宋から接収された大量の銀が,東から西へ銀の流れを生じさせた可能性を指摘している[黒田 2003;Kuroda 2009]。モンゴル帝国時代にア

ラビア半島のアデンでインド商人が中国銀で馬を購入していることは,西方へ流出した中国銀の存在を裏づける[家島 2006:578; Yokkaichi 2009]。元は通貨政策として紙幣(鈔)を選択した。元の紙幣は元来兌換準備がなかったが,紙幣の価値下落に対処するために,たびたび新紙幣を発行するだけでなく,銅銭を鋳造し紙幣と銅銭をリンクすることによって紙幣の価値を保証しようとした。一方,民間の価値計算は一貫して中統鈔を基準としており,中統鈔の半分の価値をもつ貨幣が民間で鋳造され,中統鈔と歴代旧銭をリンクする民間ルールが生まれたことさえあった[宮澤 2007:268-292]。イル・ハン国の貨幣については,Kolbas[2010]がある。13～14世紀の地中海商業,ヴェネツィアの貨幣体系については齋藤[2002],ペゴロッティ『商業実務』,黒海商業については齋藤[2013]が詳しく役に立つ。黒海商業については Ciocîltan[2012]も出版された。

東西交流・文化史

近年,モンゴル帝国の東西交流,文化史の研究が急速に進んだのは,T. Allsen の影響が大きい。Allsen[1997; 2001]は画期的な研究として欧米で受け入れられ,それに刺激されて展覧会が企画され,図録が出版された(台湾故宮博物院 2001; Metropolitan Museum of Art & Komaroff & Carboni 2002; Kunst- und Ausstellungshalle der Bundesrepublik Deutschland, ed. 2005)。四日市[2008a; 2011]は,モンゴル帝国時代のヒト・モノ・文化の移動と交流についての最新の研究動向と文献目録である。

Allsen[1997]は,ナスィージ織などのイスラーム高級絹織物について,モンゴル宮廷での人気,商品としての流通,賜与品への利用,それを材料とする宮廷衣装(ジスン服),ムスリム職人の東方への移住と生産を論じ,モンゴルが絹織物という奢侈品に価値を見出したからこそ,それがユーラシア大陸を流通し,東西間の文化的交流が引き起こされたとする。Allsen[1996; 2001]は,その議論を,歴史編纂・地図編纂・農学・料理・医学・天文学・印刷技術に拡大し,モンゴルの基準によって選ばれた文明の文化的要素が帝国文化となり,ユーラシア大陸にヒト・資源・商品・思想・技術の循環が生じた結果,東西文明間,とくにイル・ハン国と元朝の文化的

交流が促進されたと論じた。Allsen [2009] は，そのエッセンスをまとめ，遊牧民は文化的交流の媒介者として東西文明の文化交流を促進し，モンゴル帝国はユーラシア大陸の文化的情報センターとして機能したとする。総論としては興味深いが，遊牧民を再評価するために，彼らのはたした役割を重視しすぎているように思う。この時代に，ユーラシア大陸規模でヒト・資源・文化の移動が起きたことは事実であるが，帝国の支配者集団には，モンゴル人とともに多くの中国人・イラン人などが参加していたのであり，遊牧民を含む多民族集団としての遊牧国家に注目すべきであろう。モンゴル帝国に導入された文明社会のさまざまな要素は，モンゴルの文化的基準によって選ばれたというより，国家の経営に必要とされたからこそ導入されたのではないか。Biran [2015a; 2015b] はモンゴル帝国についての優れた概説であるが，基本的な発想を Allsen に依拠している。

　Allsen 説の是非はともかく，多くの文化史の研究成果が生まれた。元朝の出版文化については，宮 [2006; 2007] が他の追随を許さぬ高いレヴェルの研究成果であり，天文学・暦学の東西交流については，イル・ハン天文表を分析した Isahaya [2013] があり，イル・ハン国の美術・工芸については Kadoi [2009]，桝屋 [2014]，Ward, ed. [2014] がある。海上ルートの文化交流，商品流通については，四日市 [2008b] が近年の成果である。Takahashi [2005] は，シリア語文献の研究者として著名な高橋英海によるバルヘブラエウスの生涯と作品に関する解説を含む詳細な文献目録であり，日本語では高橋英海 [2001] がある。オングト族出身のラッバン・サウマーとマール・ヤフバッラーハー 3 世については，杉山 [2008: 240-267]，Rossabi [1992] の解説が役に立つ。モンゴル帝国と西欧の関係，使節の往来，外交文書の特徴については，海老澤 [1979; 1987; 1990a; 1990b]，Jackson [2005] が詳しい。マルコ・ポーロとイブン・バットゥータについては，待望の充実した訳註が刊行され [高田 2013; 家島訳註 1996-2002]，簡潔ながら特色のある伝記が出版された [海老澤 2015; 家島 2013]。

宇野伸浩・松田孝一

第 5 章

ポスト・モンゴル期

　本章では中央ユーラシアを統合したモンゴル帝国が解体して，各地にさまざまな勢力が自立し，やがて西からのロシア帝国と東からの清朝の拡大によって，中央ユーラシアが両帝国の周縁と化すまでの時代を取り上げる。

　第1節は，中央ユーラシア西部地域，すなわちイスラーム化した中央アジアに興隆したティムール朝期に関する研究動向を解説する。チャガタイ・ウルスの分裂のなかから頭角をあらわしたティムールは，テュルク・モンゴル的な伝統とイラン・イスラーム的な文化を結合させた帝国を中央アジアからイランに広がる領域に築いたことで知られる。

　第2節は，ジョチ・ウルスの解体と再編のなかから生まれたカザフ・ハン国と，ティムール朝に代わって中央アジア南部オアシス地域の覇権を握ったウズベク・諸ハン国の時代，同時代の東トルキスタン，そして19世紀半ば以降ロシアの保護国となったブハラ・アミール国とヒヴァ・ハン国に関する研究動向を扱う。先行するティムール朝期と並んで，ソ連解体後の研究の進展には目を見張るものがある。

　第3節は，モンゴルを中心とする中央ユーラシア東部地域に関する研究動向を解説する。具体的には，1368年に元朝のドゴン・テムル・ハーンが明軍の攻撃を避けて大都からモンゴル高原に脱出してから，エセン・ハーンやアルタン・ハーンらによる統合の試みをへて，1635年にリグデン・ハーンの遺児が後金(のちの清)のホンタイジに降伏するまでの時代が対象となる。

　モンゴル帝国以後も中央ユーラシア史は動態に富んでおり，この間に西部のイスラーム圏と東部のチベット仏教圏の領域，そして現代に繋がる諸民族の配置がほぼ定まることになる。こうした意味でも重要な時代である。

小松久男

1 | チャガタイ・ウルスからティムール朝へ

ここではティムール (Timūr/Tīmūr/Temür, 1336~1405) およびティムール朝 (1370~1507年) について解説する。したがって、地域的にはティムールとその子孫が活動した西アジアを含み、時代的にはティムール朝成立以前のチャガタイ・ウルスを含むが、チャガタイ・ウルスなる語は、ティムール朝国家の遊牧テュルク・モンゴル系支配階級にも適用され、王朝末期まで用いられつづけた。なお、本節で言及される文献は、先行する類書の内容 [間野 1984;本田 1984;小松 1991;羽田 1991;久保 1995;渡部 2008] を踏まえ、そこに取り上げられていないものが主となる。また、史料については、本書の方針に基づいて日本語訳と英語訳のみ取り上げることとする。

かつて碩学バルトリド [小松 2001] が「ティムールによって築かれた帝国は、テュルク・モンゴル的国家体制・軍事制度の諸要素と、おもにイランの、ムスリム文化の諸要素の独自の結合を提示している」といい [Barthold 1958]、間野 [1977a] は「ティムールの成功の中に、中央アジアの遊牧文化とオアシス文化の類いまれなる結合を見る」ことができると述べた。最近では Subtelny [2007] がティムール朝史にウェーバーの概念を適用し、テュルク・モンゴル的家産国家からイラン・イスラーム的官僚国家への移行という見方を示した。いずれにせよ、ティムールとその子孫が築いた国家および当時の社会については、テュルク・モンゴル的な諸要素とイラン・イスラーム的な諸要素、および両者の連関を念頭において考察する必要がある。

通史および通時的研究

チャガタイ・ウルスからティムール朝史を概観するには Barthold [1958; 1962] および Roemer [1986a;1986b] を読み継ぐのが基本であり、平易に記した間野 [1977a:第5章] も有用である。これらを踏まえた久保 [1999] は簡便さ、堀川 [2000] はモンゴル帝国史をあわせた点に特色があり、Manz [2009]、Dale [2009]、Subtelny [2010] は欧米学界最新の概説である。また Mukminova [1999] には手工業、間野・堀川編 [2004:第11~14節] には文化

の概観がみられ，川口［2014］は概説の域を超え，ティムール朝中期までの研究上の諸問題に詳しい。さらに Haidar［2004］は14～16世紀の中央アジア史を概観している。

ティムール朝全期にかかわる問題では，Woods［1990a］が系譜史料に基づいてティムール朝王族を整理し，同じ系譜史料に基づき Ando［1992］が歴代主要君主麾下の有力アミール（ベグ）層を分析した。間野［1977b；2001：第3部第5章］は，先駆的に，特定の有力アミール家成員のティムール朝全期における地位・活動を明らかにし，川口［2007：第1～2章，9章］はティムール家とチンギス・カン家の関係を探究するとともに，本人もしくは先祖が元奴隷という有力アミールの存在と活動をつまびらかに考察した。また間野［2005］は，広い視野から当時のテュルク・モンゴル系の人びとの君臣儀礼の一端を明らかにした。一方，久保［2014a］はチンギス・カン期に遡る近臣（近衛兵）集団とアミール位の関係および「譜代の隷臣」の制度の残存，久保［2016］はイラン・イスラーム的なマザーリム法廷とヤルグ法廷（モンゴル法廷）の混在などを明らかにした。またモンゴル時代から続く十二支使用に関する研究もある［Melville 1994；諫早 2008］。社会・経済状況の概観は Fragner［1986］によって示され，モンゴル時代から続く中国との活発な交流に関しては，すでに Watanabe［1975］が『明實錄』にみられるティムール朝から明への朝貢記録を明らかにしていたが，Kauz［2005］が双方向的交流の本格的な研究成果を発表した。最近，駅伝制に関する研究も発表された［早川 2015］。

それでは，以下，本節で扱うべき時代・事象について，つぎの5つに分類して概観する。それは，(1)チャガタイ・ウルスにおけるティムールの台頭（ティムール誕生前後からティムール朝成立当初〈14世紀前半～1370年代〉），(2)ティムールの征服活動と帝国の創設（ティムール帝国形成期〈1380年代～ティムール没〉），(3)シャー・ルフとウルグ・ベグ（シャー・ルフ治世〈1409～47年〉とその前後），(4)アブー・サイードおよびその子孫によるサマルカンド政権（アブー・サイード治世〈1451～69年〉とその子孫によるサマルカンド政権〈1469～1500年〉），そして，(5)スルターン・フサイン（フサイン・バイカラ）のヘラート政権（スルターン・フサインとその息子たちによるヘラート政権

⟨1469〜1507年⟩)の5つである。

チャガタイ・ウルスにおけるティムールの台頭

　13世紀末反クビライ(トルイ裔)諸勢力によって中央ユーラシアに形成された カイドゥ(オゴデイ裔)の王国は，14世紀初頭に瓦解してチャガタイ・ウルスに併合され，以後この地域にはチャガタイ裔のハンが君臨した。これをもってチャガタイ・ハン国の「独立」あるいは「成立」と呼ぶことができる[加藤 1999a：第1章]。当初オゴデイ裔やチャガタイ裔が本格的に進出しなかったオアシス定住地帯マー・ワラー・アンナフルでは，貨幣経済やワクフ運営(寄進財産と寄進対象施設の管理・運営)にみられたように，モンゴル軍の侵攻による混乱から，徐々に立ち直った[Давидович 1972；加藤 1999a：第2章]。

　モンゴル支配階級は徐々にオアシス地帯へ進出して定住民文化になじみ[Biran 2013]，1333年有名なアラブ人旅行家イブン・バットゥータが訪れたときのチャガタイ・ハン国君主タルマシリンはイスラーム教徒であったが[Biran 2002]，その一方でタルマシリンの甥は熱心な仏教徒で，ウイグルの仏教知識人を重んじたという。やがてムスリム定住民文化への馴染みを深める集団と伝統的な遊牧民文化に執着する集団とのあいだに亀裂が生じ，1340年代，チャガタイ・ウルスは，定住地帯のチャガタイ・ウルス(西チャガタイ・ハン国)と草原地帯のモグール・ウルス(東チャガタイ・ハン国)に分裂し，これを構成するテュルク・モンゴル系の人びとは，それぞれチャガタイ(人)，モグール(人)と名乗った。

　オアシス定住地帯にはチャガタイ諸部族が割拠したが，西北インド駐留モンゴル軍に起源をもつカラウナスなる集団[Aubin 1969；志茂 1995：第1部第1章]の指導者カザガンが，1346年傀儡のハンをいただく政権を打ち立てた[Manz 1989：Ch. 2]。1361〜62年モグール軍の侵攻によりチャガタイ・ハン国はいったん再統一されるが，このとき台頭したのがチャガタイ人武将ティムールである。ティムールは反モグールに転じてカザガンの孫フサインと結び，1364年に傀儡のハンをいただく両頭政権を樹立するが，やがてフサインと敵対してこれを討ち，1370年マー・ワラー・アンナフル

に単独政権を樹立した[Manz 1989: Ch. 3]。

　ティムールは最有力アミールの立場でオゴデイ裔のハンをいただき、チャガタイ裔の女性と婚姻してキュレゲン(駙馬=ハン家の娘婿)を称した。チンギス・カン家の権威は揺るぎなかったが、当時のモグール・ウルスですら、チンギス・カン家に属さない部将がハンを称し権勢をふるった例がある[Kim 1999]。なお、チャガタイ・ウルス史の概観は、加藤[1999b]やManz[2010]によって示されているが、不明な点も多く、王統すら研究対象である[川本 2012]。またモグール・ウルス(東チャガタイ・ハン国)も含めた概観はBarthold[1956]やПищулина[1977]によって示されている。

　この時期に関する史料では、有名なイブン・バットゥータの旅行記の日本語訳註[家島訳注 1996-2002: 第4巻]に加えて、マムルーク朝側の重要なアラビア語史料(Aḥmad b. Faḍlullāh ʿUmarī 著 al-Taʿrīf bi al-muṣṭalaḥ al-šarīf)の日本語訳註が谷口淳一らによって継続中である[谷口編 2010-]。

ティムールの征服活動と帝国の創設

　ティムールは、チャガタイ諸部族連合体を自身に忠実な征服軍に再編し、1380年以降は広大な地域を征服するとともに、ときとして背く家臣・王族の勢力伸張を押さえ、帝国の分裂を防いだ[Woods 1984; Manz 1989: Ch. 4-5; Ando 1992: Teil B, II; Broadbridge 2010]。ティムールの対西アジア戦略には、諜報活動も含めて、堅実で慎重な側面があり、まずはホラーサーンのクルト(カルト)朝、サルバダール、ジャーウーニ・クルバーン氏族(オイラト部)、イラン中部のムザッファル朝などの既存諸国家[Smith 1970; Reid 1984; 本田 1991: 第8節; Potter 1992; 岩武 1995; 1997; Linbert 2004; 杉山 2006]を保護国化し[Aubin 1976]、その後順次領土に加え、1402年には旭日の勢いのオスマン朝軍を破った[Aubin 1963; 加藤 1985; 今澤 1990]。

　ティムールは、対モグール族遠征やインド遠征ではムスリム為政者として異教徒の討伐を謳い、東欧やキタイ(中国北部)をも視野に入れた世界戦略においては、モンゴル帝国の再興をめざした[Togan 1958; 加藤 1999a: 第4〜5章; Manz 2016]。加えてティムールは交易の発展にも意を砕いたから、イスラーム圏を越えて、中国・イギリス・フランス・カスティリャ

の君主とも親書・使節を送り合った[Умняков 1960;Kauz 2005:Ch. 3]。

ティムールは政権樹立当初は生地近くのシャフリサブズ(キシュ)，すぐあとに古くからのマー・ワラー・アンナフルの拠点サマルカンドを首都とし[Masson & Pugachenkova 1978-80;加藤 1999a:第3章]，当時の西アジアを代表する諸都市から学者・文人・職人などを強制移住させた。これが首都サマルカンドの繁栄に繋がったが，ムスリムを戦利品・奴隷として扱うというチンギス・カン期さながらの方針は，ムスリム為政者にあるまじきものであった。サマルカンドで少年期を過ごした(先祖がイラン系の)アラブ人イブン・アラブシャー[McChesney 2006]は，ティムール軍中における偶像崇拝者の存在やウイグル文字(モンゴル文字)の重視について証言している。いうまでもなく，イスラームは偶像崇拝を禁止しており，またイスラーム教徒の用いるべき文字はアラビア文字である。なお最近，ティムール期の公文書におけるウイグル文字使用例が，日本人研究者たちによって紹介された[Matsui, Watabe & Ono 2015]。

ティムールはイスラーム圏の為政者として正統派ウラマー(イスラーム学者・知識人)との関係を重視したが，元来中央アジアのスーフィー・シャイフを精神的な支えとしていた[Paul 1990;Muminov & Babadzhanov 2001]。さらにサーヒブ・キラーン(〔2つの惑星の〕合の主)という為政者としての称号が，イスラームではなくギリシア・ヘレニズム起源の占星術に基づくものであり，この称号の採用はテュルク・モンゴル系民族にみられる「テングリ」(天神)信仰と密接な関係がある[Bernardini 2008:Ch. 1, Sec. 3;川口 2014:第8章第1節]。ティムールが没したとき，周囲の者はモンゴル的な埋葬が必要と考え[Rogers 1974]，またティムール生前に起源をもつティムール家の系譜および二重王権にかかわる伝承は，ティムール家とチンギス・カン家を同族かつ対等とみなしている[間野 1976;2001:第3部第1章;Woods 1990b]。このほかにも，都市郊外における「バーグ」(イランの伝統的な果樹園・庭園)建設とそこでの天幕居住や，季節移動など，ティムールの遊牧民的あるいはモンゴル的な個性の証は少なくない[Wilber 1979;O'Kane 1993;Golombek 1995;間野 2001:第3部第3章;川口 2013]。なお，久保[2014b]は以上の諸問題を踏まえ，ティムールに関する標準的

な概説を示している。

　この時期に関する史料では，すでに英訳からの重訳（山田信夫訳）が存在するクラヴィホ（デ・クラヴィホ）の旅行記（およびティムールの親書）の，仏訳からの重訳（杉山正樹訳）が刊行された［ケーレン編 1998］。

シャー・ルフとウルグ・ベグ

　ティムールは自身の後継者として，最初は唯一の嫡子ジャハーンギール，ジャハーンギール死後はその遺子を指名していたが，遺言が守られることはなく，後継者の座におさまったのは庶子ミーラーン・シャーの子ハリール・スルターン（在位1405〜09）であった［川口 2007：第3章］。この新君主は，チンギス・カン家とは母方で繋がるだけの，まだ幼いジャハーンギールの孫ムハンマド・ジャハーンギールをハン位に就けた。ただし，ハリール・スルターンがチンギス・カン家を軽んじたわけではないことは，細密画の下絵の研究［安藤 1994a；Roxburg 1995］などによって裏づけられている。

　ティムール死後の混乱を本格的におさめ，帝国領土の多くを回復したのは，ティムールの庶子でホラーサーンの領主シャー・ルフ（在位1409〜47）であった。シャー・ルフは王族や有力アミールの反乱を鎮圧しつつ各方面に勢力を伸ばし，1420年までにティムール生前の領土の大部分を回復する一方，同じティムール朝王族のなかで自身の家系に政治権力を集中させ，また自身との関係に基づいて新たな有力アミール家を台頭させた［安藤1985；Ando 1992：Teil B, III；Aka 1994；Soucek 1996；1998；Manz 2007：Ch. 1；川口 2007：第4，8〜9章］。シャー・ルフはヘラートを首都として比較的安定した統治を展開し［Manz 2007：Ch. 3-5］，その間に中国との交流もティムール期のように活発化した［Rossabi 1976；Kauz 2005：Ch. 4-5 前半；小野 2010：第1章］。

　シャー・ルフ期は後代に影響をおよぼす系譜・史書が編纂・著述されたことでも知られているが［Ando 1992：Teil A, III；1995a；Manz 2007：Ch. 2；Monfared 2008；大塚 2015］，完成した作品にはシャー・ルフ家偏重やモンゴル色抑制の傾向がある［Woods 1987］。シャー・ルフは正当なムスリム

為政者の立場から，シャリーアと相容れない遊牧テュルク・モンゴル的慣習を排除して正統スンナ派信仰を奨励し，スンナ派ウラマーと安定した関係を保った[Khalidov & Subtelny 1995 ; Manz 2007 : Ch. 6-7]。またシャー・ルフ麾下の有力アミールによるワクフの事例もある[岩武 1990]。しかしその一方で，おもに，配下のチャガタイ軍人たちに対して，元来仏教徒の文字であったウイグル文字を使いつづけていた[小野 2006]。

シャー・ルフの治世，ティムール朝揺籃の地マー・ワラー・アンナフルを独立国家の君主のごとく統治したのが，ウルグ・ベグ(在位1447～49)であった。彼は天文台の建設や天体観測など学芸君主として名高いが，傀儡のハンをいただき，キュレゲンの立場をとるなど，父シャー・ルフよりも祖父ティムールを模倣しており[Manz 2008]，『チンギス家四ウルスの歴史』と題した史書[川口 2007 : 第6章第5節]も著した。当初は対外的軍事行動に積極的で，1427年までは自ら軍を率い，モグール族とウズベク族の2つの遊牧王国の勢力削減に努めた[Barthold 1958 ; Ахмедов 1965a]。シャー・ルフが没すると，ティムールの没時と同様に，君主位継承争いが生じた[Manz 2007 : Ch. 8]。

シャー・ルフ期のヘラートでは建築や学芸の隆盛が顕著であったが[Melville 2013]，そのうちの1つが細密画であり[Grube & Sims 1979]，当時細密画の製作工房でもあった図書館のうちシャー・ルフの子バイスングルの図書館が有名である[Robinson 1957 ; ヤマンラール水野 1988 ; Акимушкин 1994]。同じくシャー・ルフの子イブラーヒームやシャー・ルフの兄ウマル・シャイフの子イスカンダルはイスファハーンやシーラーズで学芸を保護し[Gray 1979a ; Sims 1992 ; Soucek 1992 ; Richard 1996 ; Abdullaeva & Melville 2008]，シーラーズで作成されたホロスコープ(誕生時の星位図)も今に伝わる[Keshavarz 1984 ; Elwell-Sutton 1984]。このほかイスラーム神秘主義の一派ナクシュバンディーヤ(ナクシュバンディー教団)[Paul 1998]のシャイフ，ムハンマド・パールサー(1420没)の名を冠した，ブハラにあるハーナカー(修道場)の蔵書の内容が Muminov & Ziyadov [1999]ほかによって明らかにされている。

この時期の史料では，Ḥāfiẓ-i Abrū 著 *Zubdat al-tavārīḫ-i Bāysunġurī* にお

さめられた中国旅行記の日本語訳註[小野 2010]および別バージョンの(原文と)英訳[Thackston 2001:53-67], 同著者の地理書のホラーサーンの部分やマー・ワラー・アンナフルの部分の研究がある[Krawulsky 1984;川口 2011]。先述のバイスングル図書館に関する史料の(原文と)英訳[Thackston 2001:43-46]や陳誠『西域蕃國誌』のヘラートに関する部分の英訳[Rossabi 1983], シャー・ルフ家ではなくウマル・シャイフ家を重んじた小作品[川口 2007:第4章第4節]の英語訳も利用できる[Thackston 2001:88-98]。

アブー・サイードおよびその子孫によるサマルカンド政権

シャー・ルフ没後の混乱をおさめて君主となったのは, シャー・ルフ家ではなくミーラーン・シャー家のアブー・サイード(在位1451〜69)であった。即位以前にテュルクメン系のアルグン部の後ろ盾を得, やがてウズベク族のアブルハイル・ハン[Ахмедов 1965b;Султанов 1982]の支援をも取りつけて, 1451年サマルカンド獲得に成功した[Barthold 1958:Ch. 7]。このアブー・サイードのもとで, 従来の有力部族に加えて, 新たにアルグン部の著しい勢力伸張がみられた[Ando 1992:Teil B, IV]。

ただし, 治世前半, その領土はマー・ワラー・アンナフルのみにとどまり, シャー・ルフ期の首都ヘラートにはシャー・ルフの孫アブルカースィム・バーブルが君臨していた(継続的支配は1452〜57年)。アブー・サイードがヘラートを中心とするホラーサーンを獲得したのは1459年のことで, 以後彼はヘラートに居住することとなったが, ヘラートをめぐる情勢はそれ以前と同様に落ち着かないものであった[Paul 2004]。アブー・サイードはその治世のあいだ, ウズベク族やモグール族さらには家系の異なるティムール朝王族の侵攻に苦しみ, 対カラ・コユンル, アク・コユンル[Roemer 1986c;Woods 1999]政策に意を砕きながら, イラン中・西部における領土回復にも失敗した。その一方, 中国との交流は継続していた[Kauz 2005:Ch. 5 後半]。

アブー・サイードはティムールやウルグ・ベグと同じくキュレゲンの称号を帯び, ウイグル文字テュルク語の外交文書を送っているが[小野 2002], ナクシュバンディーヤの指導者ホージャ・アフラールを精神的な

支えとしていた[川本 1986]。ホージャ・アフラールは絶大な政治的影響力に加えて、O・D・チェホーヴィチや川本正知の文書研究[間野 1984；久保 1995ほか]によって明らかにされたように、大規模な不動産経営にも従事しており、さらに自筆書簡の研究により、遠距離交易などに従事したことも明らかにされている[Paul 1991；Gross 2001；Gross & Urunbaev 2002：序論 Ch. 1-2]。

アブー・サイードとホージャ・アフラールの関係はそれぞれの子孫にも受け継がれた。アブー・サイード死後その遺子たちはサマルカンドを首都に、ほぼマー・ワラー・アンナフルのみを支配しえた。このサマルカンド政権(1469～1500年)の末期には、バルラス部やタルハン部の有力アミールたち、ティムール朝王族と姻戚関係にあるモグールのハンたち、これにナクシュバンディーヤの指導者たちの思惑も絡んで政情が混乱し、ティムール朝王族は翻弄されるばかりであった[堀川 1977；間野 2001：第 1 部第 4 章；Dale 2004：Ch. 2]。この事態にかかわった有力な王子の 1 人が、ほかならぬムガル帝国の始祖バーブル[間野 2013]であった。なお、衰退の始まりとされる、この時期のマー・ワラー・アンナフルにおいて都市社会の発展がみられないわけではない[Мукминова 1985]。

この時期の史料では、'Abd al-razzāq Samarqandī 著 *Mala'-i sa'dayn va Majma'-i baḥrayn* [Melville 2008]に含まれるインド旅行記の(原文と)英訳[Thackston 2001：68-87]、先述バーブルの回想録・歴史書(*Bābur-nāma*)の(アラビア文字校訂本と)日本語訳註[間野 1998；同訳注 2014-15]、同書の新たな英訳(およびローマ字転写と16世紀末のペルシア語訳)[Thackston, Jr., tr. & ed. 1993]、この書と関係の深い唯一のモグールの歴史書(Mīrzā Ḥaydar 著 *Ta'rīḫ -i Rašīdī*)[間野 2001：第 1 部第 5 章]の英訳[Thackston, tr. 1996]も公刊された。重要なホージャ・アフラール伝の(校訂本と)日本語訳註[川本訳注 2005]、ホージャ・アフラールらの自筆書簡の(写真版と)英語訳註[Gross & Urunbaev 2002]、シャイバーン朝勃興期の史料(Binā'ī 著 *Šaybānī-nāma*)の(校訂テクストと)研究[久保 1997a]も発表された。さらにバーブルの父親の発令文書の日本語訳と研究[小野 2014]も参照することができる。

スルターン・フサインのヘラート政権

アブー・サイードがヘラートに君臨していたあいだ，しばしばその支配を脅かしたのがティムールの子ウマル・シャイフの曾孫スルターン・フサイン（フサイン・バイカラ）であった。スルターン・フサインは1469年にアブー・サイードが没すると首都ヘラートを占領し，翌年アク・コユンルの支援を受けたシャー・ルフの曾孫に一時期ヘラートを奪われるが，同年中に奪還し，以後40年近くホラーサーンとその周辺を支配した［Subtelny 2007: Ch. 2］。これにスルターン・フサインの2人の遺子による短い治世を加えたものをティムール朝ヘラート政権（1469〜1507年）と呼ぶ。政治的放浪の状態から権力の座にたどりついたスルターン・フサインのもとには，それ以前のティムール朝王族に仕えた有力アミールたちと，新たに台頭した有力アミールたちが混在していた［Ando 1992: Teil B, V］。

スルターン・フサインの治世，対外的な発展はみられないが，内政は末期を除いて比較的安定していた。官職任命書などにより，「ヤサの民」すなわち遊牧テュルク・モンゴル系の人びとを統轄する軍務庁，「臣民」や「イスラームの民」に対応する財務庁とサドル（宗務長官），およびそれぞれの職員など，行政機構のあらましが判明している［久保 1997b: 第1章; 2012; 2014a］。しかし，スルターン・フサインは自身の信頼するテュルク系高官アリーシール（Mīr ʿAlī-šīr，筆名はナヴァーイー Navāyī）の意見を反映させつつ，形式上の上下関係を無視して有能なタジク系財務官僚にさまざまな職権を集中させた［Barthold 1962; 久保 1997b: 第2章］。重用されたタジク系財務官僚の1人の試みを集権化改革とする見解もある［Subtelny 2007: Ch. 3］。アリーシールや大物タジク系財務官僚のみならず，ヘラート在住の学識深いナクシュバンディーヤの指導者ジャーミー（詩人としても有名な ʿAbd al-raḥmān Jāmī）もスルターン・フサインの政治的判断に影響をおよぼしたようである［ウルンバーエフ 1997］。

シャー・ルフ期から続くヘラートの都市文化の発展は頂点に達し，「ティムール朝ルネサンスと称すべき時代におけるフィレンツェ」（ルネ・グルッセ）となった。王族だけでなく高官たちによっても建設活動や学芸保護が展開されたが［Subtelny 1988; 久保 1990］，これにとどまらず，社会の

成熟や個の成長も確認できる[久保 2001a]。また農業開発を促すワクフ行為がホラーサーン全域で活発化し，そのような状況下にバルフ地区の開発を促したアリー廟の再発見は，おそらくシャー・ルフ期から続くスンナ派復興と無関係ではないであろう[McChesney 1991：Ch. 2；Subtelny 2007：Ch. 6]。農業や治水の技術が発展し，バーグも建設されつづけた[Jacobi 1992；Subtelny 1995；2002；2007：Ch. 4-6；清水 2007]。以上のようにオアシス文化，あるいはイラン・イスラーム文化が発展するその一方で，ナヴァーイーによって中央アジアの古典テュルク語たるチャガタイ語が確立され[菅原 2001]，またウイグル文字表記テュルク語も用いられつづけていた[Gandjeï 1964]。

当時のヘラートで活躍した個人には，スルターン・フサイン宮廷きっての有力者かつ史上もっとも有名なテュルク詩人ナヴァーイー[Бертельс 1965：Ch. 1；Султан 1985；久保 2012；2014a]，学識ある神秘主義思想家・ペルシア詩人ジャーミー[Бертельс 1965：Ch. 2；Hiravī 1998；Afṣaḥzād 1999；川本 2008]，ペルシア文人カーシェフィー(Ḥusayn Vāʿiẓ Kāšifī)[Subtelny, ed. 2003]，歴史家ミールホーンド(Mīr-hᵛānd)やその外孫で歴史家・散文作家のホーンダミール(Ḫᵛānd-amīr)[ユスーポワ 1998；Юсупова 2006；Ansari 2016]，ペルシア詩人・歴史家ビナーイー(Bināʾī)[Мирзоев 1976；久保 1997a]，同じくワースィフィー(Vāṣifī)[Болдырев 1957]，画家ではビフザード(Bihzād)やミーラク・ナッカーシュ(Mīrak Naqqāš)らが活躍した[Lukens-Swietochowski 1979；Melikian-Chirvani 1988；Bahari 1997；Eslami 1998a；Ashrafi 2003]。さらにティムール朝の末期から滅亡当初にかけては女性詩人の活躍も裏づけられる[Szuppe 1996]。

この時期の史料では，もっとも基本的な Ḫᵛānd-amīr 著 *Ḥabīb al-siyar* の英訳[Thackston, tr. & ed. 1994；Qureshi, tr. 2007；2012]，早くに紹介されていたアパク・ベギムのワクフ文書[Юнусходжаева 1978]の(写真版と)英訳[Subtelny 2007：appendix 2]，君主スルターン・フサイン(筆名 Ḥusaynī)著 *Risāla* の英訳[Thackston, tr. & ed. 1989：373-378]が公刊されている。教訓文学のジャンルで，ジャーミー著 *Bahāristān* の部分訳註[松本 2004]とナヴァーイー最後の作品 *Muḥbūb al-qulūb* 第1章の(ローマ字転写校訂テクスト

と)日本語訳[久保 2008],ほかにも特異な韻文学ジャンル「シャフル・アーシューブ」に属する Sayfī Buḫārī 著 Ṣanā'i' al-badā'i' の日本語抄訳[久保 2001b]なども発表された。

史料研究などの動向

　公・私文書の実例集および作成手引書をインシャー文献と呼び,わが国でもモンゴル時代のペルシア語インシャー文献に関して本田[1991:第5～6節]の先駆的研究があり,近年では渡部良子が一連の研究成果を発表している(第4章参照)。ティムール朝期はペルシア語インシャー文献の作成が活発化した時期であり,所収文書の時間幅の広い Yūsuf-i Ahl 編 Farā'id-i Ġiyāṯī に基づく研究[Herrmann 1974;1979;小野 1988;安藤 1994b;Ando 1995b],ティムール朝末期の状況を伝える 'Abd al-vāsi' Niẓāmī 著 Manša' al-inšā' や Ḫ°ānd-amīr 著 Nāma-yi nāmī を活用した研究成果が発表されている[久保 1997bほか]。さらに近年では,Isfizārī 著 Tarassul/ Munša'āt [Hiravī 2011;杉山 2012]と Ḥuseyn Vā'iẓ Kāšifī 著 Maḫzan al-inšā' [Mitchell 2003;杉山 2013]に関する研究成果が発表された。また価値の高い書簡現物を用いた税制の研究もある[Урунваев 1995]。

　一方ウイグル文字テュルク語の文献に関しては,O. F. Sertkaya [1977]ほかによる研究成果が重要であり,既出の小野浩らの研究成果のほか,「バフシ」と呼ばれたウイグル文字テュルク文書記に関する新たな研究成果もある[A. G. Sertkaya 2004;久保 2012]。同じくテュルク語文献では中央アジアのスーフィズムに関するものも多く,DeWeese [1996a;1996b]がテュルク系シャイフおよびヤサヴィーヤの研究に従事している。なお,有名な J. Eckmann 著 Chagatay Manual (1966年初版, 2006年再版)に加えて,新たなチャガタイ語(チャガタイ・トルコ語)の文法書も出版された[Bodrogligeti 2001]。

　ほかにもシュルート文献(法廷文書作成手引)にかかわる研究[Subtelny 2007: Ch. 6, appendix 5],古銭に関する研究成果[Давидович 1983;Komaroff 1986;Tŭxtiev 1992;Toḫtīyef 1998-99;Байтанаев, Брагин & Петров 2014-15]なども発表されている。建造物全般については Golombek & Wilber

[1988]のカタログが有用であり，未曾有の繁栄を遂げたヘラートの建造物に関しては，Allen[1981]のカタログが詳しい。井谷[2003；2004]も参考になる。美術・工芸分野においても顕著な発展がみられ[Lentz & Lowry, eds. 1989]，美術資料のユニークな考察が発表されている[Crowe 1992; Blair 1996]。最近では，ナジャフで作成されたティムール家の系譜やアラビア語史料に記録された同家の系譜など，ティムール朝の公的な主張とは異なる系譜を取り上げた研究もある[森本 2015；Ito 2015]。このほか，後継王朝や後代への影響もしばしば取り上げられるテーマであり[Szuppe, ed. 1997所収論文ほか]，近年，後代のティムール伝説形成の研究[Sela 2011]が発表されたが，これは，マー・ワラー・アンナフル社会の停滞およびこの地域におけるチンギス・カン家の王権喪失と関係する，非常に興味深い側面をもっている。

久保一之

2｜ウズベク諸ハン国とカザフ

歴史的概観

本節では，ウズベク諸ハン国については16世紀から1920年まで，カザフについてはおもに15世紀後半から18世紀後半まで，また関連して東トルキスタンの動向を取り扱う。

中央アジアにおけるウズベクの覇権は，ティムール朝に取って代わったシャイバーン朝(1500～99年)とアラブシャー朝(1512年～17世紀末)の成立に始まった。両国はブハラ・ハン国ならびにヒヴァ・ハン国と通称される。これらの国称はブハラとヒヴァを都としたそれぞれの後継の王朝ないし政権にも適用される。両国はやがてイランのナーディル・シャーの支配(1740～47年)を経験し，これを機にチンギス裔の君臨する体制が崩れ，ウズベクの個別部族の支配権が地域ごとに確立していく(ブハラではマンギト朝〈1756～1920年〉，ヒヴァではコングラト朝〈1804～1920年〉)。これとおおむね並行する時期にフェルガナ盆地にコーカンド・ハン国(ウズベクのミン部族が主宰)が勃興したことで，オアシス定住地域にはいわゆるウズベク3

ハン国の鼎立状況が生まれた(ただし18世紀末以降のマンギト朝は君主号にちなんでブハラ・アミール国と呼ぶのが適当)。この3政権はいずれもチンギス・カンの男系血統には連ならなかった。19世紀後半にロシア帝国がこの地域を征服すると,コーカンド・ハン国は根絶(1876年)されたが,ブハラ,ヒヴァ両国は赤軍の介入した革命で滅びるまでロシアの保護国として存続した。

　他方,14世紀後半に始まるジョチ・ウルスの解体と再編のなか,のちにカザフ(カザク)と呼ばれることになる遊牧集団の国家形成への胎動がキプチャク草原(カザフ草原)の東部に起こった。その動きは15世紀後半にジャニベクとギレイに率いられる集団の政治的自立に繋がるが,通例ではこれがいわゆるカザフ・ハン国の建国とみなされる。カザフ・ハン国はその後ブハラ・ハン国を脅かすなど一時強勢となるが,17世紀末から18世紀前半にかけてジュンガルの攻勢にさらされ,とくに1720年代には「アクタバン・シュブルンドゥ」(裸足の逃走)と呼ばれる破滅的な危機にみまわれた。おおよそこの頃にカザフのあいだではジュズという名の部族連合体が政治単位として重要性を増し,それぞれ独自にハンをいただく大,中,小のジュズが並立するようになる。18世紀後半になるとアジア方面への領土拡張を推進するロシア帝国がハンの選出に介入するなど関与を強め,19世紀前半にはカザフ草原の帝国領への併合が本格的に進展した。

研究概況と通史,史料集,史料カタログ

　1991年のソ連解体後,現地ウズベキスタンとカザフスタンおよびロシアに残存する史料群の公開と利用が進み,今日では日本人研究者も足繁くこれらの国へ史料調査に赴くようになった。同時に,中央アジアにおける共産主義イデオロギーの退潮・消失とナショナリズムの高揚,現地と諸外国との交流の活発化は,研究の方法論や理論面に新たな方向性と機軸をもたらしている。かつてのソ連史学による社会経済史の偏重はウズベク,カザフそれぞれの国家・社会に関する研究にもあてはまったが,近年の研究では従来自由なアプローチのままならなかった政治や宗教の諸問題に多彩な史料と鋭利な視角から光をあてるものも多く,とくに支配の正統性,多方

向的政治・外交関係，シャリーアの運用，あるいはスーフィズムの諸道統と聖者裔の活動に着目した興味深い成果が続々とあらわれている。当該分野の研究水準の世界的な底上げには，Bregel[1996]が第一人者の立場から飛ばした辛辣な檄も一役かったに違いない。以下では，そうした背景と潮流のなかにある比較的最近の研究を取り上げる。本節のテーマに関する研究動向については，久保[1995]，宇山[1995]，Mukminova[1996]，間野[2000]，Kubo[2003]，小松[2008a]，堀川[2011]もあわせて参照されたい。

ウズベク諸ハン国に関して，まずもって参照すべき通史はバルトリドの名著『トルキスタン文化史』であり，いまや邦訳が利用できる[バルトリド 2011：第5，12章]。このほか，McChesney[1996a]，Burton[1997：Ch. 1-9]（ブハラ・ハン国が対象），間野編[1999：第2章第6節，第3章第2節]，小松編[2000：第4章第5節，第6章第3節]，Soucek[2000：Ch. 10-11, 14-15]，Adle & Habib, eds.[2003：Ch. 1-3]，Di Cosmo et al., eds.[2009：Ch. 12, 15, 18, 20]，小松[2014：序〜第1章]，塩谷[2014a：第1〜2章]（ヒヴァ・ハン国が対象）の記述もよくまとまっており，歴史的流れを把握しやすい。Зиёев[1998]はロシアによるウズベク諸ハン国の征服を侵略ととらえ，18世紀から20世紀初頭までの歴史を通観する。カザフに関してはКозыбаев et al., eds.[2000]が充実しており，研究史を知るのにも有用である。カザフと露・清の関係史を扱う野田[2011]は，それ自体がカザフ・ハン国の通史の役割もはたしている。

史料と史料カタログの出版も盛んである[カリーモワ 2010]。個別には適宜後述することにし，ここでは本節全体にかかわるもののみをあげる。Levi & Sela, eds.[2010：Ch. 35-55]はイスラームの到来から19世紀までの諸言語による重要史料のアンソロジー（英語抄訳集）であり，一読に値する。歴史学研究会編[2010：第5章第1〜2節]には本節のテーマにかかわる諸史料の日本語抄訳がおさめられている。Урунбаев, ed.[1998]はウズベキスタン科学アカデミー東洋学研究所所蔵の歴史に関する写本のカタログであり，ウズベク3ハン国とカザフ・ハン国に関係する多数の写本史料について記載がある。Khairullaev et al., eds.[2001-04]は，同じく東洋学研究所所蔵の諸写本（大部分は3ハン国で作成）に含まれるミニアチュールのカタログ

(3巻本)である。ウズベク3ハン国において発行された勅令のカタログである Урунбаев et al., eds. [2007]は，ペルシア語・テュルク語の原文書122点(前記東洋学研究所所蔵)の影印版を収載し，利用価値が高い。

「民族」としてのウズベクとカザフ

ウズベクとカザフの国家の形成および展開は，現代の中央アジア地域(旧ソ連構成5共和国)の枠組が定まっていく一契機となった点で重要である。その過程は巨視的にみれば，中央ユーラシアにおける地域の文明史的長期変動との連関のうちにとらえることができる[宇山 1998]。

14世紀中葉から16世紀初頭に「ウズベク」の語がイスラーム化したジョチ・ウルスの総称として用いられたように，集団としてのウズベクは元来ジョチ裔のハンに統率されたテュルク系の遊牧部族連合体であった。カザフ(当初はこの意味でのウズベクの一角をなしたが15世紀後半に離脱)もこの点では同様であり，ウズベクとカザフにおける政治的区分はハンの家系(血統・系譜)の相違に起因した[赤坂 2005]。概してカザフ・ハン国が広大な草原地帯を勢力範囲とし，その領民は遊牧的生活様式を維持しながら季節移動したのに対し，ウズベク諸ハン国はその南辺のオアシス地帯(マー・ワラー・アンナフルとホラズム)に基盤をおき，軍事貴族層をなすウズベク自体が土着の生活文化を受容しつつ徐々に定住へと移行した。かくしてウズベク支配下の政治・社会制度には，オアシス定住地域に根づくイスラームの作用がより強力におよんだ。そこではチンギス・カンの制定に帰されるヤサを行動規範として重視する君主の政策もシャリーアにのっとることが求められ，ウラマー層が理論的側面からこれを促す役目を負った[Isogai 1997]。

比較的早期からのウズベクの定住化および土着のイラン系住民との混住は結果的に，近代以降の民族としてのウズベクの組成の複雑化に繋がった[小松 1996:第6章]。ウズベク民族史の描きにくいゆえんである。もっとも，定住化が進んでもウズベクの部族原理は容易にはすたれず，18世紀あるいはそれ以降においてもある程度の政治・社会的機能を保存していた[Holzwarth 2006;2015]。一方のカザフにおいては，口碑に語り継がれる

外敵ジュンガル(中央アジアでの呼称はカルマク)との長年にわたる抗争と苦難という歴史的経験の共有が，ある種の民族意識を胚胎させたと考えられる[宇山 1999:第3章；坂井 2002:第5章]。ウズベクとカザフのいずれについても，民族創成プロセスの通時的解明は歴史学の取り組むべき課題でありつづけている。

カザフ・ハン国

独立後のカザフスタンでは Абусеитова[1998]をはじめ，政治史の再構成を志向する意欲的な研究が多く生まれているが，現代国家の枠組を過去に遡及させるケースも少なくない。長峰[2009]はこうした状況を批判的にとらえ，カザフ・ハン国の形成の発端をジョチ・ウルスの解体と再編のなかに位置づける。これと同じ脈絡において，カザフを含むジョチ裔諸政権の歴史をその内部史料に依拠して再構築すべきと説く川口・長峰[2013]の指摘は傾聴に値する。そのような内部史料としては，川口・長峰編[2008]の『チンギズ・ナーマ』(16世紀半ばヒヴァ・ハン国で執筆)や，長峰[2014]が検討したカーディル・アリーの『集史』(1602年カシモフ・ハン国で完成)があげられる(いずれもテュルク語)。川口琢司と長峰博之によるこれら一連の研究は，カザフ・ハン国史にともすれば介入しかねない国民国家史観の相対化に寄与している。

カザフ・ハン国はオアシス地域とも密接にかかわりながら発展を遂げたが，その際の拠点としてウラル河畔のサライチクのほか，シル河畔の都市にも大きな意義が付与された。15世紀末まではスグナクがとくに重要であり[長峰 2003]，16世紀後半以降はティムールの建設したアフマド・ヤサヴィー廟で知られるトルキスタン(ヤス)がハン国の中心となり，やがては聖者信仰とも結びつきながらカザフにとっての聖地の役割をはたしていった[野田 2007]。スーフィズムの道統としてのヤサヴィーヤのプレゼンスがカザフ草原ではそれほど大きくなかったという DeWeese[2013]の指摘は，カザフのヤサヴィー崇敬の特質を考えるうえでも示唆的である。

18世紀前半以降，東から中ジュズ，大ジュズ，小ジュズが併存したカザフ草原は政治的分立の様相を呈する。この時期から19世紀中頃までの各ジ

ュズの諸ハンについてはЕрофеева[1997]が詳細な情報を提供する。カザフ・ハン国史研究では口頭伝承も利用可能な史料類型の一環をなすが，この点で坂井[2001]は，中ジュズの英主アブライ・ハン(1711頃〜81年)の系譜と生立ちに叙事詩から光をあてる。18世紀後半から19世紀前半に公刊されたルイチコフ(1762年刊)，アンドレーエフ(1785年刊)，リョーフシン(1832年刊)といったロシアの東洋学者の調査記録も地誌や民族誌，歴史に関する豊富な情報をおさめ，同時代史料ないしそれに準ずる価値を有する。これらは再版が利用でき便利である[Рычков 1999；Андреев 1998；Лёвшин 1996]。

カザフ・ハン国ではチンギス裔諸ハンの支配が続くが，ジュンガルの衰退以降は西からロシア，東から清朝の軍事的圧迫に遭い，大国の狭間でハンたちは自立模索の舵取りに追われた。前述のアブライが露清両国に臣属したように，各ジュズのハンは領民と遊牧地に対する支配権保全を目して両大国と二方面的関係(官称号や爵位の授受をともなう)を取り結んだ[野田 2011：第2〜5章]。小沼[2014：第6〜8章]はとくに清朝とカザフの関係を検討する。ロシア語文書，満洲語檔案(とうあん)，漢語編纂史料などを駆使した野田仁，小沼孝博それぞれの研究はカザフ・ハン国の政治社会体制や外交関係の諸側面の解明に貢献するものとして注目される。両名にはカザフから清朝へ送られた複数の書簡テクストの影印版に解説と論説を付した英語による共編著もある[Noda & Onuma 2010]。

ブハラ・ハン国からアミール国へ

シャイバーン朝の創始者シャイバーニー・ハン(在位1500〜10)は，分封システムに特徴づけられるウズベク国家の伝統をマー・ワラー・アンナフルに根づかせた[Kılıç 1997]。かくしてムスリムたるジョチ裔ハンがオアシス地域のイスラーム社会に君臨する新時代が幕を開ける。同朝の政治史の全体的流れは，Haidar[2002]が一書にまとめている。守川[1997]はシャイバーン朝の軍事的関与を視野におさめつつ，サファヴィー朝下マシュハドのシーア派化の実相を解明する。

シャイバーン朝期以降は各種文書史料がある程度豊富に残存しており，

多くの研究がこれを活用している。久保［1996］はソ連の中央アジア古文書学上の成果を紹介するとともに，16世紀のブハラで作成された法廷文書書式集の史料的価値を検討するもので，文書研究に臨む学徒は必読である。Isogai［2003］は16世紀末～18世紀中葉のワクフ文書の末尾にあらわれる定型的文言の法的機能を解き明かす。McChesney［2009］はナクシュバンディーヤの系譜に連なるブハラのジューイバール・ホージャ家の不動産売買契約文書を素材に，それをおさめる文書集成の伝世の経緯と意義を明らかにする。16世紀の同家とその経済活動および文書集成を扱う研究としてはPaul［1997］，McChesney［1999］，Schwarz［1999］もある。書簡典範集の翻刻版であるŞifatgul［2006］はシャイバーン朝からマンギト朝期までの内政・外交にかかわる多数のペルシア語書簡の写しをおさめる。史料として活用可能だが，原文書でない点には注意を要する。Welsford & Tashev［2012］は同じ時期に属するサマルカンド伝存文書（勅令や法廷文書など748点）の詳細な目録である。叙述史料に関しては，シャイバーニー・ハンの事績を描くビナーイー著のペルシア語史書『シャイバーニー・ナーマ』の精確な校訂テクストが久保［1997］によって発表された。McChesney［2012］は16～17世紀の3人の文人とその著作について解説する。Szuppe［1999］はこのうちのムトゥリビーのペルシア語詩人伝に依拠して同時期の中央アジアにおける文学活動を概観する。

　碑刻や貨幣，建築構造物の研究も進展している。Babadjanov et al., eds.［1997］はシャイバーン朝王族の墓碑銘の研究である。Davidovich［2001］はシャイバーニー・ハンのおこなった貨幣改革を貨幣，文書，叙述史料から跡づける。Babajanov & Szuppe［2002］は16世紀後半以降ジューイバール・ホージャ家の墓地として発展したチャール・バクルに残る碑銘の研究であり，Nekrasova［1996］は同家族墓地の発展過程を敷地内の構造物の様態から考察する。また，Nekrasova［1999］は，16～20世紀初頭にブハラ市内に点在した多数のバザールを建築史的観点から通観する。

　シャイバーン朝期からその後継王朝たるアシュタルハーン朝（ジャーン朝，1599～1747年）の中期にわたって，バルフ（現アフガニスタンのマザーリ・シャリーフ西北郊）はおおむねブハラ・ハン国領に属した［Lee 1996：Ch. 2］。

このウズベク支配時代のバルフをはじめとするアフガニスタンの諸都市における建築活動の概要は，O'Kane［2000］からうかがい知れる。McChesney［2001］は1540年のワクフ文書の綿密な分析を通じて，当時のバルフの市域の部分的復元を試みる。

アシュタルハーン朝の支配権確立については，Welsford［2013］が「忠誠」を鍵概念としながらこれを詳しく論じる（君主の血統を根拠に「トゥカイ・ティムール朝」の呼称を使用）。磯貝［1999］は同朝初期における死地蘇生という法的行為がいかになされたのかをペルシア語文書の精密な読解から明らかにする。Porter［1999］はアブドゥルアズィーズ・ハン（在位1645～81）の文庫兼工房の活動のありようを，同所由来の諸写本をもとに浮かび上がらせる。McChesney［1996b］は「異宗派の障壁」論へのアンチテーゼとして，17世紀の中央アジアとイランの文人たちがスンナ派・シーア派の対立にとらわれずに取り持った交流の模様を描き出す。Kochnev［1997］は貨幣史料をもとにアシュタルハーン朝，アラブシャー朝，カザフ・ハン国の関係を考察する。

アシュタルハーン朝期の叙述史料のテクスト刊行も進展をみている（ただし翻刻の信頼性には注意が必要）。Muṭribī［1999］は前記ムトゥリビーの詩人伝の翻刻，Rāqim［2001/02］（著者に異説あり）はティムール時代以降の諸事件に関する紀年詩を多数おさめるペルシア語史書の翻刻である。Muḥammad Amīn［2014］はスブハーンクリ・ハン（在位1681～1702）の治世を描くペルシア語史書の翻刻，Károly, ed., tr. & annot.［2015］は同ハンの筆に帰されるテュルク語医書のテクスト影印版とラテン文字転写および英語訳註，Muḥammad Yūsuf［2001］はバルフの統治者ムハンマド・ムキーム（スブハーンクリ・ハンの孫）の事績を描くペルシア語史書の翻刻，Muḥammad Badī'［2006］はペルシア語詩人伝（17世紀末完成，中央アジアとイランの詩人が対象）の翻刻である。

18世紀前半のブハラ・ハン国は内訌（ないこう）と草原地帯からのカザフ遊牧民の流入にみまわれ，1740年にはナーディル・シャーの侵攻を受けてその支配下に組み込まれた。Holzwarth［2005］はこの時期の中央アジアにおける遊牧民と定住民との政治・社会関係を考察する。Sela［2011］はこの混乱の時代

に出現したティムールの架空の伝説を取り扱う興味深いモノグラフである。

アシュタルハーン朝に取って代わった非チンギス裔のマンギト朝の為政者には，支配の正統化の課題が重くのしかかった。von Kügelgen[2002]（ロシア語訳あり[фон Кюгельген 2004]）は，史書に映じるマンギト朝の正統化のあり方を精緻に分析する重厚なモノグラフである。Sela[2003]は初代君主ムハンマド・ラヒーム・ハン（在位1756〜59）の即位式におけるハンの座すフェルトの奉揚儀礼を皮切りに，13世紀以降の諸史料にみえる類似の儀礼を比較分析する。実証史学的分析に政治学的理論が加味された両研究は，先進的な王権論研究として参照に値する。Bregel[2000]は初期マンギト朝の歴史書写本の読解からブハラの行政機構に関する新知見を導出する。これらの研究の依拠する重要史料の1つがムハンマド・ラヒーム・ハンの命による編纂史書『ハンへの贈り物』であるが，最近そのペルシア語校訂テクストが公刊された[Karmīnagī 2015]。同書の史料的性格は校訂者がこれを詳しく検討している[Sefatgol 2015]。

マンギト朝下ではアミール・シャームラード（在位1785〜1800）の施策で宗教都市ブハラが復興したが，ヴォルガ・ウラル地方からブハラへの留学運動はこれと連動して活性化していた[Komatsu 2006a]（先稿改訂版）。Frank[2012]はこの両地域の歴史的繋がりを幅広く考察するモノグラフである。木村[2016]はシャームラードのスンナ派正統主義的政策の一環であった対イラン聖戦に検討を加える。彼のオスマン朝君主（カリフ）への臣従が示すように，ブハラ・アミールは理念上スンナ派イスラーム世界秩序における位置取りに意を用いたが，現実の国際政治では増進するロシア帝国の政治・軍事力に否応なくさらされていく[小松 1998]。領内ではウズベク諸部族の分離主義的な動き（典型がシャフリサブズのケナガス部族[Schiewek 1998]）がやまず，国内の平定が達成されるのは皮肉にもロシア保護領になって以降であった。1860年代のブハラ・アミール国の対ロシア戦敗北については，Malikov[2014]が軍事史的観点から再考する。

18〜19世紀にブハラを訪れたヨーロッパ人の旅行記については von Kügelgen[1996]が史料的性格を検討する。Khumūlī[2013]はマンギト朝前半期の政治・社会に関する貴重な情報を含むペルシア語史書の翻刻テクス

トである。文書研究では，おもにマンギト朝期に属するブハラ伝存文書の概観と解題を与える Kazakov［2001］（ロシア語からの英訳）が入門書として有用である。文書に捺される印章も重要な研究対象であり，ブハラを事例とする専論として Курбанов［2006］がある。Kočnev［1996］は18〜20世紀のブハラ，ヒヴァ，コーカンドの発行貨幣を整理・考察する。

ヒヴァ・ハン国とコーカンド・ハン国

　ヒヴァ・ハン国に関しても史料学研究は活発である。周知のようにホラズムではテュルク化が早くから進行した結果，16世紀以降の叙述史料のほとんどはテュルク語（チャガタイ・トルコ語）で書かれている（例えば前掲『チンギズ・ナーマ』）。ただしブレーゲルが喝破したとおり，不動産売買契約証書などの法廷文書の記載は，1857年末頃にはじめてペルシア語からテュルク語へと切り替えられ一本化された［堀川 2012］。もっとも他の文書類型，とくに勅令はその限りでなく，すでに17世紀にはテュルク語による記載が優勢であった。まずはこれらの点に留意したい。

　Bregel［2007］は17〜19世紀の文書（大多数は勅令）の影印・翻刻テクストと英訳をおさめた専論であり，正確な読解が光る。勅令の影印・翻刻としては，おもに18世紀の免税勅許状の集成（英訳付）である Wood［2005］のほか，17〜20世紀に属するヒヴァ（イチャン・カラ博物館）伝存の勅令と法廷文書を併載した文書集である Каримов［2007］もある。

　同じ文書研究の分野で特筆すべきは，日本とウズベキスタンの研究者の共同による中央アジア古文書研究プロジェクトである［堀川 2004；Horikawa 2012］。その第一の成果である Урунбаев, А., Т. Хорикава et al.［2001］は，1713点ものヒヴァ文書（大半は法廷文書，ウズベキスタン科学アカデミー東洋学研究所所蔵コレクション）の解題を収載する大部のカタログであり，何点かの原文書影印版も付されている。磯貝［2002］は同文書コレクションのうち400点近くを占める合法売買文書につき，古文書学とイスラーム法学の見地からその書式を具体的に解説し，書式研究の重要性を説く。個別テーマの成果としては，堀川編［2006］と堀川ほか編［2014］の所収諸論文もある。

　歴史書についても顕著な成果が得られている。Bregel, tr. & annot.［1999］

コラム11 | 中央アジア古文書研究セミナー

　現在ウズベキスタンを中心に残存している古文書は，ロシア帝国の支配がおよんだ19世紀後半から20世紀初頭のものが多数を占めるが，ポスト・モンゴル期についても相当数が残されている。わが国でこうした古文書が広く知られるようになったのは，ウズベキスタン共和国科学アカデミー東洋学研究所と，京都外国語大学との共同研究として古文書研究プロジェクトが開始されてからで，これは，1992年に堀川徹が民間よりタシュケントで購入した古文書コレクション1700点余りを，上記研究所に寄贈したことをきっかけとして始められた。コレクションの大部分はヒヴァ・ハン国領内のイスラーム法廷で作成され，カーディの印が捺されたいわゆる「カーディ文書」であった。その後，科学研究費補助金の助成を受けて研究が進められ，その成果として，2001年にロシア語によるコレクションのカタログ［Урунбаев, Хорикава et al. 2001］が刊行された。

　しかし，古文書がより身近になったのは，2003年3月から開始された中央アジア古文書研究セミナーによってであろう。これは，古文書研究のプロジェクトを推進するメンバーを中心に，古文書を読む技能を磨くとともに，獲得された知識を研究者のあいだで広く共有することを目的として年に1回開催されている。講師を務めたのは，堀川のほか，プロジェクトの主要メンバーであり，中央アジアの古文書研究では世界屈指の磯貝健一と矢島洋一で，その後，木村暁と磯貝真澄，そして杉山雅樹がこれに加わった。

　セミナーは，まず代表的な文書の書式説明から始められたが，講師自身の研究の進展に応じて，その研究成果が披露されるとともに，さまざまな種類の証書や台帳の講読がおこなわれていった。第8回セミナーでは，上記東洋学研究所のB・アブドゥハリーモフ所長から，ウズベキスタンにおける古文書研究について情報を得ることができたし，第13回には，菅原純から新疆(しんきょう)の古文書に関する情報が提供され講読がおこなわれた。また，おりよく来日した海外の研究者に研究発表を依頼し，参加者との意見交換がなされることもあった。

　セミナーは2018年3月で16回となったが，毎年30人程，延べ500人近くの国内外の研究者，大学院生・学生が参加しており，その関心の高さには上述のアブドゥハリーモフ所長も驚いた様子であった。また，セミナーには中央アジア史の研究者のみならず，イランやアラブ，オスマン帝国史の研究者も多数参加しており，セミナーのレヴェルの高さと学界における影響力の大きさをみてとることができるのである。

堀川　徹

はコングラト朝初期の史書『幸福の楽園』の英語訳註(テュルク語校訂テクストが訳者の手で既刊)であり，詳密な註釈はそれ自体が独立した実証研究の価値をもつ。同書を完成させた史家アーガヒーには多数の歴史著作があるが，Āgahī[2012]はそのうちの一書，『君公の事績集成』の信頼すべき校訂本である。

ヒヴァの歴代ハンの事績については Худойберганов[2008]が参考になる。Тошев[2012]はヒヴァ・ハンが帯びた諸々の称号の用法を検討し，そこに一定のヒエラルキーとルールがあったことを明快に論じる。小前[2001]は史書『幸福の楽園』の分析をもとに，コングラト朝政権の恒常的軍事遠征に備わる周到な計画性を指摘する。Wood[1999]は19世紀前半のヒヴァ・ハン国とトルクメン(サルク部族)の関係を検討する。トルクメンについては，Ботяков[2002]がその軍事的慣行たる「アラマン」(襲撃)の社会・経済的側面を論じる。Szuppe[2009]は18世紀末のワクフ文書から，当時ヒヴァに所在したあるマドラサの活動状況と教育課程を明らかにする。

コーカンド・ハン国研究でも優れた成果があらわれている。Бабаджанов[2010]はミン部族の政治支配の様態と史料に映じるその正統性の主張のあり方とを一次史料から多角的に論じるモノグラフである。Erkinov[2009]は宮廷の文学活動に着目し，コーカンド・ハンがティムール朝の先例に範をとる詩集編纂事業を通じて自己の権威づけをはかったと指摘する。Komatsu[2006b](先稿改訂版)は正統な支配者としての承認を期するコーカンド・ハンが，オスマン朝君主の厚誼(こうぎ)を得るべく仇敵ブハラ・アミールと外交上も競合した事実を明らかにする。Beisembiev[2000]はコーカンド・ハン国治下フェルガナ地方の民族構成に影響をおよぼした移住の問題を取り上げ，17世紀末〜18世紀初頭のクルグズの来住をはじめ，その諸事例を概観する。濱田[1998: 第2章第3節]は19世紀前半の清朝とコーカンド・ハン国の政治関係の簡にして要を得た記述であり，Newby[2005]は18世紀後半〜19世紀中葉の同問題を詳述するモノグラフである。両国間の外交・政治関係の諸相は，マンジュ(満洲)語やテュルク語の文書史料からこれを照らし出す精密な研究が積み重ねられている[Di Cosmo 1997;濱田 2008b;小沼ほか 2013]。中村[2012]は19世紀前半のコーカンド

からロシアへの遣使に考察を加え，二国間関係が通商を軸に展開していたことを示す。秋山[2016：第1章]はロシア侵攻期におけるクルグズとコーカンド・ハン国の関係を検討する。

タシュケントはもとより，コーカンド・ハン国滅亡後のフェルガナや敗戦したブハラ・アミール国から割譲されたサマルカンドのムスリムは異教のロシアの施政権下にはいった。Komatsu[2009]（小松[2008b]の増補改訂版）は当時のハン国やアミール国出身ウラマーの「イスラームの家」認識を検討する。ロシア統治下でもシャリーアは存続したが，とくにトルキスタン総督府領内におけるその運用形態は，植民地当局の監督下で大小いくつかの変容をこうむることになった[堀川ほか編 2014：序章]。

史料学上の注目すべき成果が，ムハンマド・ハキーム・ハーン[2009, 2006]のペルシア語史書『選史』の校訂本（2巻）である。これはコーカンド・ハン国の最重要史料の1つであり，良質のテクストが研究利用に供された意義は大きい。Beisembiev[2008]は同ハン国の多数の歴史書から抽出した人名，地名，その他特殊用語を配列した浩瀚な索引集であり，難読語彙の理解や比定の助けとなる。Игамбердиев & Амирсаидов[2007]はコーカンド・ハン国史に関する豊富な書誌情報をおさめる。Beisembiev, ed. & tr.[2003]は，対ロシア戦で敗死したコーカンドの将軍アーリムクルの事績を描くテュルク語史書の影印・翻刻テクストと英語訳註である。

ロシア保護国期のブハラとヒヴァ

ブハラ・アミール国は1873年の友好条約でロシア帝国宗主権下に完全に組み込まれ，保護国の地位が確定した。保護国期ブハラの政治・社会状況については，小松[1996：第1～4章]が新方式教育の普及に取り組む改革派知識人（ジャディード）の活動を軸にこれを克明に描出する。同モノグラフが焦点をあてる代表的ジャディードの1人，アブドゥラウフ・フィトラト（1886～1938）に関しては，Allworth[2000；2002]もその文筆や政治活動を詳説する。Komatsu[2001]はフィトラトのペルシア語著作『争論』（1911年イスタンブル刊）の知的成立背景を考察する。ジャディードと守旧派ウラマーの関係やブハラの政治・社会・教育全般にかかわる諸言語史料を駆使し

た研究としては，Dudoignon [1996], Khalid [2000], Wennberg [2002; 2013] もある。

比較的コンパクトながら新味のあるロシア語モノグラフもみられる。Соловьева [2002] は政治文化史的観点からアミール国の統治システムと権力の表象性に考察を加える。Музалевский [2006] はロシアの影響下で導入されたブハラの勲章制度に光をあてる。Бороздин [2013] はロシアとブハラ間の宗主国・保護国関係をおもにロシア語アルヒーフ史料をもとに検討する。

個別テーマの論文としては，アミール国のローカルな共同体の指導者たるアクサカルの選任の仕組を明らかにする Wilde [2013], アミール国領内のカザフ遊牧民におけるイスラーム的文化慣行の様態を考察する Frank [2013], 1910年にブハラで起こったスンナ派・シーア派の抗争に詳細な分析を加える Germanov [2007], ブハラにおけるロシア統治期以前・以後にまたがる両宗派間関係の変遷を追う Kimura [2011] などがある。ブハラ・アミール国には1880年，駐露臨時代理公使職を離れて帰国途上にあった西徳二郎(1847～1912)が立ち寄ったことが知られるが，木村 [2014] は西がアミール国宰相に礼状として宛てたテュルク語書簡を紹介する。

文書研究の分野で注目される成果としては，アミール国末期の集落調査にかかるペルシア語行政文書の影印版と集落名索引(キリル文字転写)とを併載した Мухамеджанов, ed. [2001], また，シャリーア法廷発行の文書現物を綴じ込んだ写本状編纂物数点の史料的性格を検討する Гуломов [2012] があげられる。アミール国の政治・社会史の重要史料である宰相(コシュベギ)の官房文書については，アブドゥライモフ [1992] の解説が参考になる。叙述史料はペルシア語の各種テクストの刊行があいつぐ。その主たる例は，マンギト朝支配を称揚する立場から18～19世紀の歴史的諸事件を記す Mīrzā ʿAbd al-ʿAẓīm [2010](翻刻), アミール国末期に裁判官職を歴任したサドリ・ズィヤー(1865～1932)の自伝的日誌である Šakūrī, ed. [2003/04](翻刻。Allworth et al., eds. [2004] は同作の英語訳註), ブハラ・アミールの居城(アルク)の沿革を綴る Саййид Муҳаммад Носир [2009](影印テクストとウズベク語・ロシア語両訳註)などである。また，ʿAynī [2010] はジャディード

の1人,サドリッディーン・アイニー(1878～1954)がテュルク語で著した『ブハラ革命史』の校訂テクストである。島田[2001]は,アイニーがペルシア語(タジク語)で著した回想録の日本語抄訳註である。

ヒヴァ・ハン国は頑強な抗戦の結果,1873年にロシア軍の首都占領を招き,そのまま保護国とされた。Sela[2006]は,この征服の模様を描くヒヴァの歴史家の内在的史観を検討する。Erkinov[2011]およびЭркинов[2012]は,ロシアの軍門に降ったヒヴァの君主,サイイド・ムハンマド・ラヒーム・ハン(在位1864～1910)が自国内の文芸保護政策を通じてロシア支配への隠然たる抵抗を試みたと論じる。Erkinov[2010]はロシアのテュルク学者サモイロヴィチ(1880～1938)のヒヴァ訪問を取り上げ,ヒヴァの文学環境に対する彼の評価を批判的に検討する。

塩谷[2014a]は,在地政治権力の生態環境への働きかけ(灌漑と水利・土地管理,トルクメン諸部族やイラン人の動員)と,そこへの帝政ロシア当局および企業家の関与・参入といった内外諸要因をみすえてヒヴァ・ハン国の政治・経済・社会の構造をとらえなおす開拓的モノグラフである。また,塩谷[2014b]は国有地を私有地に転換する一勅令(前記モノグラフで利用)をあらためて取り上げ,これをヒヴァ・ハン国文書研究の文脈にのせて検討する。Abdurasulov[2012]はハン国における土地の法的・財務的ステータスの分類にみられる先行研究の誤謬を正し,とくに"yārlīqlī mulk"が免税私有地を指す用語たることを指摘する。Sartori[2012]は1895年のヒヴァ領内におけるカザフ慣習法適用の事例から,シャリーアと慣習法の交錯の問題に考察を加える。

宗教,文化,経済,地域間交渉の諸相

近年のめだった考察対象の1つが,スーフィズムのタリーカ(教団/道統)やスーフィーの活動である。Бабаджанов et al., eds.[2002]はウズベキスタン科学アカデミー東洋学研究所所蔵のスーフィー文献写本のカタログであり,この方面の研究に必須である。

ババジャーノフ[1999]はナクシュバンディーヤの指導者マフドゥーミ・アアザム(1461/62～1542/43)の展開した政治理論を詳解する。Махдум-и

A'зам［2001］は，同理論の要諦(スーフィーの政治関与と彼らへの君主の保護を推奨)が端的に説示されたペルシア語論攷『諸君主への訓戒』のロシア語訳註である。やがてナクシュバンディーヤの思想潮流は「第2千年紀のムジャッディド(革新者)」の異名をとる北インドのスーフィー，アフマド・スィルヒンディー(1564~1624)の教説を汲み入れ，同流派はナクシュバンディーヤ・ムジャッディディーヤの名のもとで中央アジアに還流し，とくに18世紀以降そのスーフィーたちがブハラ・アミール国(即位前のシャームラードも同派に入信)やコーカンド・ハン国で多大なる政治的影響力をふるった［Babadžanov 1996；von Kügelgen 1998；2000；河原 2010；Kawahara 2012a］。新興のウズベク系部族王朝の支配権確立はムジャッディディーヤの躍進と相関していたといってよい。

　他のタリーカを扱う研究も少なくない。例えば DeWeese［1999；2012a: Ch. 3, 6, 9, 10, 12］は，ウズベク，カザフのハン国支配下におけるヤサヴィーヤの活動やヤサヴィー崇敬の多様なアスペクトを聖者伝などの一次史料を駆使して明らかにする。また，ヤサヴィーヤの2人のスーフィー，サイイド・アタとシャラフ・アタそれぞれの子孫のホラズムにおけるプレゼンスを検討する DeWeese［2001a；2012b］も優れた研究である。他方，18~19世紀のスーフィー・タリーカを「脱教団化」して理解すべきと説く DeWeese［2012c］の指摘も重要である。これは集団としてのタリーカが時代や地域によりさまざまな形態をもったという堀川［2005］の指摘と一脈相通じる。

　Муҳаммад Толиб［2012］は，ジューイバール・ホージャ家(マフドゥーミ・アアザムの道統に連なる)の一成員の筆になるペルシア語聖者伝(1670年代完成)の校訂本である。マフドゥーミ・アアザムの子孫はマフドゥームザーダと呼ばれたが，河原［2005］はコーカンド・ハン国における彼らの活動の実態を文献史料と聞取り調査から明らかにする。新免・河原［2007］は，19世紀に活躍したあるマフドゥームザーダの葬られた墓廟(現ウズベキスタン共和国フェルガナ州の1村に所在)に関する文献とフィールドワークに基づく研究である。なお，新疆とフェルガナのいくつかの墓廟(マザール)に関しては，民間所蔵のいわゆるマザール文書(一部コーカンド・ハン国時代の

ものを含む)の影印版である菅原ほか編[2006-07](3巻)がある。このほか，Kawahara[2012b]はマフドゥームザーダの後裔のもとに伝存する系譜，聖者伝，勅令，および数種のシャリーア法廷文書からなるペルシア語・テュルク語諸史料テクストの影印・翻刻である。

　関連して，マフドゥーミ・アアザムの子孫の地域横断的活動と，その舞台となった東トルキスタンを取り巻く16〜18世紀前半の状況にもふれておこう。フェルガナ地方のカーサーンで長じサマルカンド近郊のダフビードに没したこのスーフィー・シャイフの子孫の一部はカシュガルに移り住み，やがてその主流をなす一派はイスハーク派(黒山党)，別の一派はアーファーク派(白山党)と呼ばれるようになった(両派はカシュガル・ホージャ家と総称される。ここでの「派」は「統」ともいいうる)。澤田[1996；2005]は17世紀前半におけるイスハーク派の形成過程を明らかにするとともに，同派とアーファーク派との激しい対立の模様を描き出す。カシュガル・ホージャ家の活動や事績については，イスハーク派寄りの立場で記されたテュルク語聖者伝『ホージャたちの伝記』(18世紀後半執筆)が根本史料として重要であり，Sawada[2010]および澤田[2012]は，旧説を批正しながら同作品のなりたちや写本間の異同を詳察する。この作業をふまえた同書の日本語訳注として澤田訳注[2014-18]が刊行中である。一方のアーファーク派側の史料としては，同派のホージャ・ハサン(17世紀末頃生誕し18世紀に活動)を主人公とするテュルク語聖者伝の翻刻テクストと日本語訳が河原[2006]により公表されている。

　モグール・ウルス(チャガタイ・ウルスの東半)の領域では15世紀にイスラーム化が着実に進展した一方，ハンの政治支配のおよぶ範囲は，西北辺からのウズベクやカザフの圧迫などで縮小し，16世紀前半にはヤルカンドを中心とする一帯にすぎなくなった。草原の喪失と並行してモグール諸部族の定住化とイスラーム，とくにスーフィズムへの傾倒が進み，遊牧国家としてのモグール・ウルスは変質する。やがてカシュガル・ホージャ家がハンや軍事貴族層と交わるなかで台頭すると，宗教的権威と政治的影響力をめぐる件の両派の熾烈な抗争がハンの権力と位を左右していく。1680年のヤルカンドとカシュガルへのジュンガル支配の波及後もこの状況は続き，

やがてイスハーク派の優勢が決し，それはジュンガルの監督のもと清朝の征服期までほぼ継続した。以上のプロセスは濱田［1998：第 1 章］がこれを一次史料から跡づける。Kim［2010］は17世紀のモグール・ウルスで発行された勅令のテクストを仔細に検討する。濱田［2006］は，17世紀に原書が著されたとみられる 2 種のテュルク語聖者伝のテクスト（一方翻刻，他方校訂）と日本語訳註に解説を付したモノグラフ（前記 2 種とは別のテュルク語聖者伝 2 種の翻刻も収載）である。聖者伝研究を志す歴史学徒はこの解説（同書第 1 章）をぜひ熟読されたい。前記聖者伝の 1 つは16世紀の東トルキスタンで活躍したホージャ・ムハンマド・シャリーフ（10世紀の支配者サトゥク・ボグラ・ハンの霊的教導を受けたウヴァイスィー）を主人公とするが，濱田［2002b］はそこに描かれるこの聖者自身が見た夢と，時のモグール・ウルスのハンに見せた夢とに注目して歴史学的見地からこの事柄の意味するところを読み解き，当時の人びとが共有した世界観の一端を明らかにする。ムハンマド・シャリーフによるサトゥク・ボグラ・ハンのマザールの「再」発見譚については，Hamada［2002］（先稿改訂版）がこれを詳しく分析する。聖者墓発見の諸事例を検討する論考として濱田［1999］もある。先にふれたウヴァイスィーはスーフィー・シャイフにおけるその霊的能力具現の好例であるが，一方でシャイフの権能を正統化するものは血統であるとの観念も時代的趨勢に乗って顕著になりつつあった。血統が道統に優越するという「聖なる家系」の隆盛は17世紀のイスラーム世界の全域において認められる現象であるが，その最初の一例がマフドゥーミ・アアザムの家系であった［濱田 2008a：第 4 章］。

　西トルキスタンに再び目を転じよう。ブハラの著名な学者にしてバハーウッディーン・ナクシュバンド（1318～89）の弟子でもあったムハンマド・パールサー（1420没）に帰される文庫とその蔵書については，一連の研究が積まれている［Dodkhudoeva 1998；Muminov & Ziyadov 1999；Subtelny 2001；Muminov et al. 2009］。磯貝［2009］は，20世紀初頭にいたるまでの西トルキスタンにおけるペルシア語とイスラーム法の関係を跡づける重要な論考である。ムクミーノワ［1998］は15～19世紀半ばの中央アジア諸都市の政治・経済・社会状況を概観する。

マイノリティーにかかわる研究として注目されるのが Kawahara & Mamadsherzodshoev [2013-15]（2分冊）であり，これはバダフシャーン地方（1895年ブハラ・アミール国領に編入）のイスマーイール派信徒のもとで伝世した種々の文書（多くはペルシア語）の影印と英語解題からなる。Ртвеладзе et al., eds. [2004]の所収論文の一部や Yakubov [2008]はアミール国時代のブハラ・ユダヤ人（広義には中央アジアのユダヤ人の総称）を扱う論考であり，Kaganovich [2007]は19～20世紀初頭のマシュハド・ユダヤ人の中央アジアでの活動を検討するモノグラフである。

経済・通商に関しては Burton [1997:Ch. 10-15; 1998]がハン国，アミール国時代のブハラ人の広域にわたる交易活動を検討する（ただしロシア語史料上の「ブハラ人」の語の指す内容には注意を要する）。Levi [2002]は16～19世紀の中央アジア諸都市におけるインド人ディアスポラとその通商の展開を跡づける。16～18世紀の中央アジアとインドの地域間関係については，Levi, ed. [2007]所収の各論文がその経済ないし文化の諸側面に考察を加える。野田[2011:第6章]はカザフやコーカンド商人も参入した18世紀後半～19世紀前半の露清貿易の推移を検討する。

ウズベク支配時代の中央アジア・ムスリムのメッカ，メディナ，エルサレムへの巡礼とこれに関連する諸問題については，Papas et al., eds. [2012]所収の諸論文や Zarcone [2009]が多種の史料と多様な視座から議論をおこなっている。18～20世紀初頭のブハラやコーカンドをはじめとする中央アジア諸地域とオスマン朝との関係（政治・外交，精神・宗教，社会・日常生活など多岐にわたる）の諸相は，Мустафаев & Серин, eds. [2011-12]（3巻本のオスマン語文書集。テクスト影印とラテン文字転写，および各文書のロシア語・英語・トルコ語による簡易解題を併載）がこれに光をあてる。同文書集には中央アジア出身者の聖地巡礼にかかわる情報も豊富に含まれる。

地域あるいは文明をまたいで起こる比較的大規模な政治変動は，歴史を通じて中央アジアの人びと（およびその隣人）の地域認識や世界観にも影響をおよぼしてきた。濱田[2002a]は中央アジアと東アジア，Fragner [2001]および木村[2008]は中央アジアとイランの関係にそれぞれ例をとってこの問題を論じる。中国ムスリムと中央アジアの関係への洞察にあふれた研究

が濱田[2007]であり，これは明清期のイスラーム教理学者，張中(1584頃〜1670)が中央アジアに形成されたハナフィー・マートゥリーディー派由来の教条を取り入れて教学書『帰真総義』を編んだことを解明する。Mullā Mīr Maḥmūd [2010]は，このようにその内容が中国に伝わったペルシア語教理要綱書の一手稿本(作成者の増補・改訂をともなう。中央アジアで伝世)の翻刻テクストである。これには明代に中国に伝わって流布したものと同系統に属する石版本(ラホール刊)の複写も付されている。

木村　暁

3｜元朝北遷からリグデン・ハーンまで

　ここでは，1368年にトゴン・テムル・ハーンが明の北伐軍の攻撃を避けて大都を脱出しモンゴル高原に移ってから，最後の大カアンであるリグデンが1634年に遠征先で没し，その遺児が母とともにマンジュ(満洲)のホンタイジに降るまでを扱い，清代にかかる事柄は基本的には取り扱わない。

　近年，この時代のモンゴル史の研究には大きな進展がみられないようである。これは，仏教法統史・説話的歴史記述・著者一族の系譜からなる17世紀モンゴル語年代記と明朝が交渉をもった範囲に情報が限定される漢文史籍に史料が限られていることが大きな原因であると考えられる。ロシアや明末清初の公文書・檔案史料が使える時代の場合，幸運にも清代禁書の被害をまぬがれた明清の奏疏や文集が存在している場合，チベット語やテュルク諸語，ペルシア語で書かれた史書のなかに関連する記述が発見される場合，このような史料の質量的限界は若干改善されるが，この部分で扱う14世紀から17世紀初頭までのモンゴル史のなかでも14世紀から16世紀に関しては，史料の状況が好転する兆しはみられない。

　かつてこの時代のモンゴル史研究は，日本国内所在の明・清代漢籍と欧米，ソ連，モンゴル，中国で刊行されたモンゴル語年代記を活用できた日本の研究者が牽引してきたといっても過言ではない。ダヤン・ハーンの実在や生存期間をめぐって，あるいはオイラト，ジュンガルの王権をめぐっての論争は，この時代のモンゴル研究の史料に向き合う姿勢を戦わせた点

で, 日本のモンゴル史研究の水準の高さをよく示したものであった。かつて起こった大論争の結果, 一部の研究の方法と結論に問題のあることが明らかとなったが, 今それらを見直してみると, 当該の研究の何が問題であったかをよく認識し, 分析し直すことで, そこから吸収すべきところが得られるようである。また, そのような論争を通じて, 自己批判や再考を加えた結果が再刊のかたちで刊行されている場合が少なくない。

本節では, この時代のモンゴル史研究の特徴をあらわす成果として, 批判をあびた研究も取り上げておきたく思う。また, 批判再考の結果が再刊されている場合, 再刊の方をみなければならないので, そのような場合には, 初刊をあえてあげていないのでご注意ありたい。

和田清と萩原淳平

この時代のモンゴル史に広く関係する通史・概説書を紹介する前に, この時代のモンゴル史研究の第一人者であった和田清(せい)の著述集である和田[1959]と萩原淳平の萩原[1980]について言及しておきたい。和田は早くに『内蒙古諸部落の起源』(奉公会, 1917年)を世に問うたが, ここでふれる和田[1959]は『内蒙古諸部落の起源』以降にかかる研究を1冊にまとめたものである。これにおさめられたすべての論考はすでにかなり古い時代物ではあるが, 大量の漢籍と和田の当時使用することのできたモンゴル語史料を駆使しており, 今もなお凌駕することができないものがほとんどである。萩原[1980]は, 和田[1959]が扱ったこの時代の歴史的問題を『明実録』を武器に論じ直そうとした論考を集めたものである。萩原の研究手法は, 漢籍の記述に対する極端な信頼とモンゴル語史料の記述に対する慎重さが特徴的である。この好対照の一対の研究方法は, 日本では岡田英弘, 若松寛, 森川哲雄らのように, モンゴル年代記をはじめとする民族言語史料を明代漢籍と組み合わせる方法に結実している。

この時代にかかわる概説書・通史としては, 青木[1972]と楊[1992]をあげておきたい。青木[1972]は現在のフフホトに主たる焦点をあてた異色のモンゴル史概説である。現在のフフホトに拠ったアルタンに始まる順義王家の通史の性格をもちつつも, この都市が, たんなる中国北辺の都市では

なく,トゥメドのアルタンの時期の牧畜社会に流入した建築技術者によって建設された城塞とその周辺の生産機能の組合せに始まり,城塞が宗教(仏教)・貿易・行政機能を備えて発展してきたことを知ることのできる草原都市論を展開している。楊[1992]は中国語で書かれたものであるが,トゥメドのアルタンに関する唯一の概説書であり,中国で刊行された人物評伝類としてはとくに過不足のない標準的な叙述となっている。『明実録』にとどまらず,『明経世文編』所収の奏疏類にまで注意がおよんでいるほか,この時代のもっとも重要かつ新出のモンゴル語史料である『アルタン・ハーン伝』も比較的よく用いられている。このほか,宮脇[1995]と宮脇[2002]も日本では得がたいこの時代の概説を含んでいる。ことに前者は,冒頭に述べたこの時代のモンゴル研究レヴェルの向上に寄与した著者による,日本では珍しいオイラト,ジュンガルの歴史を軸にしたモンゴル通史である。

ハーンのモンゴル高原帰還からオイラトのエセンの登場まで

1368年,元朝のトゴン・テムル・ハーンが明の北伐軍を避けて大都を脱出した。後継の諸ハーンはモンゴル高原に中心を移し,モンゴルの軍団は明に討滅され,帰順する者がつぎつぎとでた。この頃から西部モンゴルのオイラト部が台頭してハーンの廃立にかかわるが,16世紀半ばまでのハーンの実態は史料が少なく混乱があって不明の点が多い。モンゴル本土では諸侯のアルクタイが台頭し,オイラトのマハムドやトゴンとハーンを擁立し合って対立し,これに永楽帝が外交的・軍事的に干渉してその対立をあおった。トゴンは1433年にタイスン・ハーンを立て,自らはタイシとして実権を掌握したのちアルクタイを滅ぼし,タイスン・ハーンはアルクタイの立てたアダイ・ハーンを滅ぼした[Honda 1958；和田 1959:1-106, 107-149, 151-265, 267-423；川越 1970；萩原 1980:1-46；Serruys 1980；原田 1985a；1988；宝音徳力根 2000a；岡田訳注 2010:248-298]。

エセンの覇権

オイラトは,モンゴル帝国期の旧来の集団にトゴンとエセンの時代に加

わった集団からなる複数部族の連合体であり「4つのオイラト」を自称していた。1439年にトゴンを継いだエセンは全モンゴルの随一の実力者となり，モンゴルをタイスン・ハーンに任せ，自らはオイラトをおさめつつ，西方はモグーリスタンのヴァイス・ハーンを圧倒し，東方はウリヤンハ三衛を討ち女真にも圧力を加えた。明とは朝貢を維持したものの，入貢使節に多くのムスリム商人を加え，入貢量を不正に水増ししたため明側に入貢を制限されたため，ついに武力に訴え1449年に英宗を土木堡で捕らえたが（土木の変），とくに得るところがなかった。程なくエセンはタイスン・ハーンと後継者をめぐって対立，1451年に敗死させてからはモンゴル王家の者を粛清し，1453年にオイラト人でありながら全モンゴルのハーンに即位したが，すぐに功臣アラグ・チンサンと対立して1454年に殺害され，エセンのモンゴルの統一は崩れた[間野 1964; 川越 1970; 1972; 森川 1978; 萩原 1980: 47-98; 原田 1983; 1985b; 1988; 岡田 2010: 356-400]。

ダヤン・ハーンと6トゥメン

その後のモンゴルでは，チンギス諸弟の後裔（こうえい）にあたる諸侯や中央アジア方面でイスラーム化したモンゴル諸侯が本土の混乱に乗じて興亡を繰り返し，10年近くもハーンを立てられない時代をへて，タイスン・ハーンの子孫ダヤン・ハーンが推戴された。ダヤン・ハーンはオイラトを討伐し，モンゴル西部（右翼）に拠る諸侯の勢力を削ぎつつ，自分の息子を諸侯の婿として送り込んで支配者にすえようとしたが，これに反対する右翼の旧勢力の抵抗に遭い，これを1510年頃に左翼の軍事力をもって収拾した。左翼にチャハル，ハルハ，ウリヤンハンの3つのトゥメン（万戸）（ばんこ）を，右翼にオルドス，トゥメド，ユンシイェブの3つのトゥメンをおき，自らはチャハル・トゥメンを統べ左翼を統括し，右翼はオルドス・トゥメンを統べるジノンが統括する，6トゥメンの体制を整え，自分の息子らを各トゥメンの後継者にすえた[和田 1959: 425-520, 521-666, 667-752; 森川 1972; 1973a; 1973b; 1976; 1977; 谷口 1980; 萩原 1980: 99-214; 原田 1988; 宝音徳力根 1997; 2000b; 2003; Buyandelger 1998; 烏雲畢力格 2005: 21-29; 李 2008: 20-58; 岡田 2010: 202-247, 248-298, 299-307]。

トゥメドのアルタンと順義王家

　右翼のジノンを継いだバルスボルドがダヤン・ハーンを継ぐべきボディ・アラグを差し置いてわずかな期間とはいえハーン位にあったように，バルスボルドと右翼に拠ったその諸子は強大化した。トゥメド・トゥメンを継いだアルタンは，北方から襲ってくるウリヤンハン・トゥメンを討って解体し，ウイグドやシラウイグルと称される青海モンゴル勢を降した。この功績によりボディ・アラグより名誉的なハーン号を得たが，権威の面では正統のハーンにはおよばなかった。アルタンはその実力を背景に，1547年頃ダライスン・ハーンを圧迫して住地を移させた。1558年からはオイラトをイルティシュ川流域へ押し戻した。1530年代から明の北辺への侵略を開始し，そのかたわらでは朝貢と互市を求めて1550年に京師を包囲し(庚戌の変)，翌年に大同などで馬市を開かせた。馬市破綻後は，ますます大量の物資を略奪し，農民や技術者を拉致して生産に従事させ，モンゴルに逃れた白蓮教徒や犯罪者らはアルタンの侵略を助け，板升と呼ばれる城塞を建築して辺外の多数の明人をかかえる大領主もあらわれた。このときに建設された大板升が現在のフフホトの基本的部分をなした［侯 1938；林 1952；和田 1959:521-666, 753-812；青木 1972:65-113, 113-122；Serruys 1975:145-161；夫馬 1976；萩原 1980:215-294；薄音湖 1982a；1982b；1983；野口 1986:213-253；森川 1988；永井 1991；曹 2002:263-269；達力扎布 2003:121-171；包 2005:35-85；李 2008:59-71；岡田 2010:308-321；城地 2011］。

　1570年，孫のダイチン・エジェイが明に投降し，その返還交渉を通じて翌年には和議を結び，逃亡明人の大頭目たちと交換した。この際，明はアルタンを順義王に封じ，一部王侯に官号を与えて入貢を認め，長城の関門での互市を開始したが，より広い牧地と明に代わる略奪対象と貢市の機会拡大を西方に求める右翼諸侯は西方進出をやめなかった［谷 1972:99-139；森川 1986；永井 2001；2003；井上 2002:169-306］。

　これと同じ頃，チベット僧の説法を機にアルタンが仏教に入信し，明に僧侶の派遣とモンゴル語仏典の提供を求めるかたわら，西方進出をはかる諸侯とともに青海湖近くに進んで寺院を建立し，ゲルク派の高僧ソナムギャムツォと会見しダライラマ号を捧げた(ダライラマ3世)。これ以降，青

コラム12 │ モンゴル史研究とモンゴル年代記

　歴史の研究はまず史料を基にしておこなわれるが，対象とする人種集団やその地域に関してはそこで活動していた人びと自身の言語記録を基礎に，それらとさまざまな関係をもった他地域の人びとの多様な言語による記録も利用しなければならない。しかし北アジアにおいては歴史上重要な活動をしながら，自身の言語による記録をあまり残していない集団も多くある。明によって中国を追われたモンゴル政権（北元と呼ばれることが多い）は，モンゴル文字をもっていたにもかかわらずそれによる同時代的史料をほとんど残していないという点で特異である。もちろん当時の政権に記録の蓄積があったことは想像できる。ただし繰り返される争いと政治的混乱によってそれらが残らなかったのである。

　しかしながら16世紀後半，チベット仏教がモンゴルに再伝したことをきっかけに，その文化的影響を受け，17世紀以降モンゴル人の手によるモンゴルの編年体の歴史が多く編纂されるようになった。いわゆるモンゴル年代記である［森川 2007］。それらは文書記録だけでなく過去の記憶を基にして記されており，同時代史料の欠落を補ってくれる。基本的にモンゴルのハーンの活動とその系譜を中心とした政治史であり，多くの年代記においてモンゴルの正統な支配者はチンギス・ハン家であるという主張が貫かれている。ただ記述の正確さ，詳細さについては問題があり，その点に留意すること，またモンゴルと密接な関係にあった明やその他の史料との比較も不可欠である。しかしながら当時のモンゴル人の文化，社会構造，意識などについては独特の記述も多くみられ，この時代の歴史を研究するうえで不可欠なものとなっている。

　モンゴル年代記のいくつかは早く19世紀に公刊されたが，多くは1950年代以降欧米，ロシア（旧ソ連），モンゴル，中国の研究者により公刊され，容易に利用することができるようになった。また同じ年代記でも各種のテクストが紹介され，より正しい理解を可能にしている。この時代のモンゴルは明，中央アジアやチベットともさまざまな関係をもち，それらの政治的動向に大きな影響を与えただけでなく，のちに中国を支配することになった満洲・清朝の歴史的展開にも大きな役割をはたしている。一方的な見方，偏見を排除し，中央ユーラシア世界の状況をより正確に把握するためには多様な言語史料を参照する必要があるが，その１つがモンゴル年代記であるといえよう。

　　　　　　　　　　　　　　　　　　　　　　　　　　森川哲雄

海へはドローン・トゥメド部のホロチラ右翼諸侯がさかんに進出し，のちの順義王ボショクトも青海地方に本拠を有していた。フフホトでは寺院や仏像の建立，僧衆の組織が進んだ[萩原 1980：370-394；若松 1985；江國 1986；佐藤 1986：321-358；山口 1993a；1993b；井上 2002：307-405, 405-428；喬吉 2008：1-63；李 2008：72-184]。

　1582年に死去したアルタンの順義王位を継いだ長子センゲは，順義王の朝貢事務を司ったアルタンの第三夫人ジュンゲン・ハトンを娶って朝貢の利を得ようとしたが，それを実の息子に継がせたいハトンはこれをきらい，センゲとハトンが派をなして対立した。明は順義王家の混乱を懸念し，ハトンを諭して結婚に合意させた。センゲを継いだチュルケやボショクトもジュンゲン・ハトンが握る朝貢の利を手にすべく婚姻を迫っては内部対立を深め，自ら弱体化していった[青木 1957a；1957b；1965；1966a；1966b；1971；1972：123-228；永井 1999]。

　ダライラマがモンゴルに布教のために到着したのはセンゲの晩年であった。これを機にトゥメド・トゥメンやオルドス・トゥメンの首領だけでなく，すでに寺院を建立するなど仏教を信仰していたハルハ・トゥメンのアバタイが拝謁にやってきた。ダライラマはモンゴルでの布教中に遷化し，その転生が1588年にアルタンの曾孫に生まれ，モンゴルの有力諸侯とチベット仏教，青海やチベットが密に結びつくことになった[山口 1993b；Buyandelger 1999；烏雲畢力格 2017：192-203]。

　また，アルタンの頃から仏典のモンゴル語訳が始まり，モンゴル独特の年代記が著されるようになった[森川 1985；2007：76-90；喬吉 2008：82-147]。

リグデン・ハーンとその最期

　この間，かつてアルタンに圧せられ移動したダライスン・ハーンを継いだトゥメン・ハーンとボヤン・セチェン・ハーンは移動先で勢力を温存し，明の懐柔に従わずに侵入を繰り返し，建州や海西の女直を服属させるなど健在であった[和田 1959：521-666]。1604年にボヤン・セチェン・ハーンを継いだリグデン・ハーンも徐々に実力を伸ばし，ハーンとしてモンゴル

諸部の再統一を志したが，1616年に女直を統一して遼東に進出した後金の ヌルハチに隣接するモンゴル人があいついで降り始めた[楠木 2009:21-112]。

これを受けてリグデンは西方へと活動を展開し，1628年には順義王家を崩壊させ，オルドスのジノン家を服従させ，翌年にはハルハの第2代アルタン・ハーンを攻めた。1630年代初めには青海地方へ向かったが，その間に後金のホンタイジにフフホトを奪われ，しかも1634年に青海を目前に病死した。翌年，その子エジェイ・ホンゴルはフフホトでホンタイジに降って伝国の玉璽(ぎょくじ)を献上し，1636年に内モンゴルはマンジュ(満洲)の支配下にはいった[和田 1959:889-904；山口 1963；岡田 2010:322-354；青木 1972:223-228；若松 1978；萩原 1980:295-400；達力扎布 1997:287-310；烏雲畢力格ほか 2002:1-38；岡田訳注 2004:351-354；烏雲畢力格 2016:13-52]。

モンゴル，オイラトと青海，チベット

オイラトがハルハの初代アルタン・ハーン・ショロイ・ウバシ・ホンタイジの統治下にあった頃，トルグート部のメルゲン・テメネがモンゴルより招いた高僧の説法にふれて仏教に帰依したバイバガスの命により，1615年に僧になり，チベットで修行して帰郷したのちに布教したのが1世ザヤ・パンディタ・ナムハイジャムツォであった。ナムハイジャムツォはオイラト諸侯のあいだで頻繁に活動し，諸侯らはあげてゲルク派を奉じた[若松 1976；宮脇 1986]。

一方，モンゴルのリグデン・ハーンはカルマ派を奉じ，ゲルク派支持の順義王家やオルドス・ジノン家を粉砕しながら青海地方へ進んだのは，カルマ派を支援しようとした側面があったという。ハルハではチョクト・ホンタイジがカルマ派支持者であり，ハルハに混乱を引き起こしたために追われて青海にいたり，先行して移住していたゲルク派支持のホロチの息子ら右翼モンゴル勢力を1636年に滅ぼした[山口 1963；1993a；1993b；若松 1985；岡田 2010:322-354；烏雲畢力格 2016:53-77]。

ゲルク派はこの危機の排除をオイラト諸部に求め，これに応じたのがホショート部長となったグシ・ハーンであった。グシ・ハーンは1636年に進

軍,翌1637年にチョクトを粉砕したので,ダライラマ5世より持教法王号を授かり,故郷の配下を青海に呼び寄せた。これに従軍していたハラフラの息子にはすでに有していたホンタイジ号に加え,バートル・ホンタイジの称号と自分の娘を与えて帰還させた,とチベット史料はいう。こののちグシ・ハーンはチベット各地を順次平定し,1642年にチベット王位に就き,1654年末に死去した［山口 1963；若松 1976；屋敷 1981；宮脇 1991a；1991b］。

井上　治

第6章

チベット，モンゴル，満洲に広がる仏教世界の成立と展開

　歴史的事象のどの部分がどのようなかたちで記録されるかは，書き手の背景にある文化・教養，だれを読者とするかなどによって左右される。例えば，儒者がチベットに関係した事象を公文書に記録する場合には，華夷思想を背景として「中央」(中華)が「地方」にあるチベット(西蕃)を「支配」するという定式を語りがちであるし，チベット仏教徒が歴史を記録する場合には，仏教の興隆や命あるもの(衆生)の安楽に寄与したかしないかを記述の要点としがちである。資料に記された個々の歴史的事例は当時の文脈のなかで正確に理解したうえで分析を進めるべきであり，そのためには書き手が無意識のうちに前提としたこのような理念的・定式的な歴史観を知ることが必要となる。むろん，ある場面においては理念が空洞化し私欲が追求されることもあろうが，その場合においてもそれが理念的な歴史観に対する反作用である以上，理念的な歴史観に対する理解の重要性が減じるわけではない。

　ほとんどの理念的な歴史観は，限られた地域，特定の人間集団のみに有効であり，それ以外の集団に対しては無力である。例えば，漢人の華夷思想も，モンゴル人のチンギスの血統原理も，当該集団が他集団を支配するための思想であり，支配される側がそれらを全面的に共有することはありえない。これに比し，チベット仏教はチベット人のみならずマンジュ(満洲)人，モンゴル人，ときには漢人にも伝播したことが示すように，チベット仏教に根ざした世界観は多様なものの共存を促す普遍性をもち，諸地域，諸集団を横断して受け入れられてきた。本章ではこのチベット人の歴史観について扱う。

　10世紀以後，仏教思想が社会のすみずみにまで浸透した結果，チベット

仏教徒は仏教に関連する事象のみを後世に伝えるに値するものと考え，歴史文献は，仏教思想の継承という1つのテーマのもとに，仏教史(chos 'byung)，聖者伝(rnam thar)，座主伝(gdan rabs)，聖地案内(gnas yig)などのジャンルが発展した[Vostrikov 1994]。これらの資料を読み解くためにはまず仏教の基本思想についての知識をもち，そのうえで死生観を制する輪廻転生思想，理想の人間像とされる仏・菩薩の生き方，高僧と施主の関係，師弟関係などの個々の事象を知っておく必要がある。

仏教の影響を受けた歴史書においては，まず冒頭で経典や論書(『阿毘達磨倶舎論』や『カーラチャクラ・タントラ』)に説かれるさまざまな世界の始まりが説かれ，つぎに人類の発生，インドに出現した人類最初の王，その王家の一支である釈迦族から釈迦がでて覚りを開き仏教を説いたことなどが記される。そして仏教がインド，ネパール，そしてチベットへと伝播していく様が，僧や王の事績，施主と応供僧の関係，師弟関係を通じて描かれる。

一方，政治的な事象については支配勢力の交代といった大きな政治的変動でさえ婉曲にしか表現されないため，歴史的事件の詳細については，檔案・行政文書を利用した研究が有効である。ただし満洲語や漢文の檔案・行政文書を用いてチベット史を研究する場合でも，その文書がチベット仏教が影響力をもつ人や地域についての記録である以上，正確に理解するためにはチベット語の知識はある程度必要である。例えば，17世紀から18世紀にかけて，チベット人，モンゴル人，マンジュ人の王公たちが理想的な政体と考え，三者間で起きる議論，開戦，和平交渉，さまざまな場面で自らの正当性を語る際に持ち出された「仏教徒による政治」(chos srid)を意味するチベット語は，モンゴル語(törü šhasin)と満洲語(doro šhajin)は一貫した訳語が用いられている一方，漢語には定訳がないため，漢文史料からこの重要な概念を読み取ることはできない。

チベット史料の書誌，史料の著者の情報(称号，異名，生没年，父母，師匠，弟子たちの名，拠点とした僧院)などは，チベット仏教資料センター(Tibetan Buddhist Resources Center = TBRC)のサイトで手に入れることができる。本センターは亡国によって急速に失われていくチベット文献を蒐集・保存する

ことを目的に設立され，チベット語で記された文献を手書き写本から木版本，現代にはいって出版された本にいたるまで網羅的に収集，撮影，pdf化し，アクセス権をもつ機関に pdf のダウンロードを許可する事業体である。TBRC により，チベット史料の存在はより身近に，総体的に把握できるようになった。チベットの歴史文献は非常に数が多く，書誌も冗長であるため，詳細は TBRC に譲り，本稿では和訳のあるもののみを紹介した。また，古代チベットの中央ユーラシアにおける覇権(はけん)は特筆すべきものであり，その研究も盛んであるが，紙幅の関係もあるため割愛した(コラム13参照。近年の研究状況については，[武内 2009]に詳しい)。

モンゴル帝国とチベット

インド仏教がイスラーム勢力のインド進入にともない消滅に向かっていく過程で，多数のインドの行者や学者がチベット人に法を伝え，ある場合はチベットに逃れた。その結果，11世紀以後のチベットには，論理学や哲学を重視するカダム派，インド後期密教色の影響を受け「行」を重視するサキャ派，カギュ派などの宗派が成立し，カギュ派からはさらにパグモドゥ派，ツェル派，カルマ派，タクルン派，タクポ派などの支派が派生し，それ以前から存在していた密教はニンマ派と呼ばれるようになった。地域の名家は高僧を供養し，拠点僧院の座主(ざす)を身内から輩出することにより権威を維持したため，聖権は自ずと俗権を上回るようになった。チベット人の手になる宗派史とその思想の大略としては，トゥカンが最晩年に記した『水晶鏡』が基本的な情報を提供してくれる[トゥカン＝ロサンチュキニマ 1974, 78, 82, 86, 87, 93, 95;2007, 11, 14]。また，Tucci[1980]はチベット史料を用いて記された11世紀から17世紀の政治史を通観した古典的な名著である。

13世紀，チンギス・カンの子孫たちが中央ユーラシアの各地に侵攻するなか，チベットにはオゴデイ・カアンの子コデンが侵攻した。コデンは「チベットの聖者をモンゴル宮廷に派遣せよ。さもなくばチベットに侵攻する」と通告し，これを受けてサキャ派の座主サキャ・パンディタは1244年にパクパとチャクナという2人の幼い甥をともなってモンゴルに向かっ

た。

モンゴル帝国は服属した国に対して，被征服国の王をモンゴル宮廷に出向かせる，その王の後継者をモンゴル宮廷にとどめる，戸籍を編纂させる，駅伝をつくらせる［山本 2008；2009］，モンゴルの軍事作戦に協力させる，モンゴルから派遣した監察官（ダルガチ）を受け入れさせる，などの義務を一律に課していた。乙坂智子は，サキャ・パンディタがモンゴル宮廷に赴いたこと，サキャ・パンディタの死後も後継者である甥のパクパがモンゴル宮廷にとどまったこと，その後，チベットで戸籍が編まれ，駅伝がつくられたことなどより，モンゴルはサキャ派をチベット王家に擬制してこの義務のいくつかをはたさせたと指摘する［乙坂 1997；2003］。パクパの出身宗派であるサキャ派は元朝の後援のもと，歴代皇帝の国師，帝師［稲葉 1966；中村 2010］，皇族の娘婿である百蘭王，チベットの政治を司るプンチェンなどを数多く輩出した［乙坂 1989］。結果としてサキャ派は13世紀後半から14世紀前半のチベットにおいて最大の政治勢力となった。

モンゴル帝国はチンギス以来，あらゆる宗教に寛容であり，宗教者には課税せず，それぞれの宗教の代表者を集めて論争をおこなわせ，勝利した者を優遇した。サキャ・パンディタは論理学の学匠であったため論争の中で頭角をあらわし，サキャ・パンディタの没後は若年の甥パクパが跡を継ぎ，道士や禅僧をつぎつぎと論破していった［中村 1994；1999］。1258年，即位前のフビライはパクパと出会い，1260年にフビライがハンに即位すると同時に国師に任じられ，元朝の宗教を統轄する総制院（宣政院）の長に就き，王権の演出［石濱 2011：25-44］，ならびに，帝国内の諸言語の音を写す公用文字の作成も任された［中野 1994］。このような皇室のチベット仏教への傾倒は，儒者である史官にとっては不快なものであったため，モンゴル人皇帝のチベット仏教を崇拝する言動は記録せず，それを削減・諫止しようとした臣下の言動を記録に残すといった選択的な記録をおこない，自らの歴史観を護ろうとした［乙坂 2010；2011；2014］。

転生相続制とゲルク派の拡大

モンゴル帝国の崩壊にともないモンゴルにおけるチベット仏教信仰は急

速にしぼみ，一方，チベットではモンゴルの統治に対する反動から復古主義的な風潮が盛んとなり，チベットの古代史をチベット文化の根源として叙述する『紅史』(テプテルマルポ)などのチベット年代記が多数出現した。これらの年代記では，観音の祝福とともにチベット人が生まれ，観音の化身であるソンツェンガムポ王(629-650)がチベットを統一し，仏教を導入したという「チベット人は観音によって生まれ，育まれ，導かれる」という歴史観が語られた［クンガードルジェ 1964；ソナムゲルツェン 2015］。ソンツェンガムポ王とその2人の妃に縁のある2つの釈迦堂(ジョカン)が建つラサは聖地となり，釈迦堂をめぐる三重の環状巡礼路のなかにラサの街が発展していった。

コラム13 │ 吐蕃

古代チベット帝国(吐蕃(とばん))は6世紀末〜7世紀初め，ヤルルン渓谷出身のプギェル氏が主導して創立した，チベット史上初の統一国家である。国主はプギェル氏が世襲し，代々ツェンポ(賛普)と呼ばれた。7世紀後半に青海(せいかい)の吐谷渾(とよくこん)を支配して以来中央アジア・河西地域に進出し，唐，ササン朝・アッバース朝，突厥(テュルク)・ウイグルと争った。さらに8世紀後半にはタリム盆地南辺から河西地域，隴西(ろうせい)までを支配した。

突如あらわれたこの新興国家が躍進できた理由の1つはその国家体制である。草原・農耕地が入り交じるチベット高原を本拠地としたこの国家は，元来遊牧・農耕・半農半牧など多様な生態民を建国当初から支配下にかかえ，遊牧民の強大な軍事力と農耕による安定した経済力の両方を有しており，その上に軍事優先の効率的な行政体制が構築された。領民は軍戸と民戸に分けられ，軍戸は千戸部として軍隊を構成し，民戸は軍需生産に携わった。行政単位として中央にル(角)が，周辺の非チベット人地域にトム(軍団，軍管区)がおかれ，それぞれが安定した軍事力を提供した。

さらに国家の効率的運用を支えたのが高度な文書行政の存在である。7世紀前半に文字を制定し各書式が取り決められた。当初は木簡を使用したが8世紀前半から紙が導入され，以降は両媒体が併行して使われた。中央・各地方機関の決定は末端にいたるまで文書のかたちで通知され，全国

14世紀以前，各宗派の大僧院の座主の地位は，宗祖の血縁や宗学のトップなどによって継承されていた。カギュ派やニンマ派やサキャ派は宗祖の血統を引く者が相続し，カダム派は学問の優れた者が僧院のトップに立った。この2つの相続法に加えて，カルマ・カギュ派において，いわゆる転生相続制が始まった［高橋 2013］。転生相続制とは，高僧の死後，先代の側近たちがその生れ変りを探索・認定し，先代より授かった法を返しながら育て上げ，先代の財産・地位を継承させるシステムである。重要な地位の後継者を，血縁にとらわれず自在に選ぶことができ，後継者の不在や無能力に苦しむことが少なくなったこと，すべての子どもが転生者の候補となる可能性があるため，転生者の認定の際には広く大衆の耳目を集め，そ

に張りめぐらされた駅を飛鳥使と呼ばれる早馬が行き交い文書を郵送した。

プギェル氏の始祖ニャティツェンポは天から降臨した神とされ，代々のツェンポは神聖な力を有するとみなされた。ただしプギェル氏がほかの有力氏族に比べ突出した権力を有しているわけではなく権力基盤は不安定であった。そのためプギェル氏は，3年に1度の盟誓とウォン・シャン（オイと母方のオジ）と称する婚姻関係により各有力氏族との結びつきを強化した。このウォン・シャン関係は外交にも積極的に応用され，シャンシュン，吐谷渾，唐など他民族集団と婚姻関係が結ばれた。

仏教は，8世紀後半にツェンポのティソンデツェン（在位755/6～797）が帰依してはじめて国教化され，サムイェ僧院では顕教経典がほぼ訳されるほどの大規模な翻訳事業がおこなわれた。しかし仏教はあくまでも国家宗教であり，国家事業や葬送儀礼は依然としてチベット固有の宗教に基づきおこなわれた。チベット社会に仏教が根づくのはもう少しあとの11・12世紀頃であり，一方で固有の宗教はボン教に継承されていく。

842年，ツェンポのダルマ（在位841～842）が暗殺されると後継者争いが始まった。そして869年から始まる民衆反乱によってプギェル氏の権威は失墜し，分裂が決定的となった。しかし帝国の版図はゆるやかな繋がりを保ち，のちのチベット文化圏を構成することになった。またチベット語は，チベット高原のみならず，タリム盆地南道から河西地域にいたるまでの広域において国際共通語かつ第二言語として機能しつづけた。　　岩尾一史

れが布教に利したことなどより,転生相続は諸宗派に取り入れられ,チベットの各地に普及していった。

14世紀の後半,青海地域に生まれたツォンカパ(1357～1419)は,仏教のあらゆる学説や修行法を中観帰謬論証派の思想のもとに体系化し,その包括的な教義によって他集団をつぎつぎと改宗させていった[ツォンカパほか 2008]。ツォンカパの教えに従う者はゲルク派と呼ばれ,僧侶は戒律を守りながら集団生活をおこない,ツォンカパの教義を議論を通じて理解し,その習熟度の高い順に重職に就いた[トゥカン゠ロサンチュキニマ 1995]。ラサやシガツェにあるゲルク派の大僧院には地方から僧侶が集まり,学業を終えたのち,ラサの僧院に残って学堂長や座主をめざす者,故郷に戻って地域の僧の教育にあたる者に分かれたため,中央チベットの僧院と各地域の僧院のあいだには緊密な人的ネットワークが生まれた[石濱 2011:105-127]。16世紀後半にはカギュ派やゲルク派はそれぞれ青海や東チベットに進出してきたモンゴル人たちを競って施主にした。

繰り返されるパクパとクビライの出会い

1578年,トゥメド部のアルタン・ハーンはゲルク派の高僧ソナムギャムツォを青海に招き,アルタンはソナムギャムツォにダライラマの称号を献じ,ダライラマはアルタンに転輪聖王号を賜った。アルタンの子孫はフフホト(現内蒙古区都)にラサのジョカンを模した釈迦堂を建て,モンゴル語の大蔵経を建立した。この2人の出会いを境にモンゴルにおけるチベット仏教は急速に復興の途に就いた。

アルタンとダライラマの会合はパクパとクビライの時代を黄金時代ととらえる当時の風潮を背景にして実現したものであった。16世紀後半に成立した『白史』(チャガンテウケ)は,パクパとクビライの時代を称え,王者はクビライのように仏教に帰依して民を十善戒(大乗仏教の基本的な戒)に導くべきことを説き[石濱 2011:201-225],『アルタン゠ハーン伝』には,アルタンはクビライの事績を慕ってソナムギャムツォを青海に招いたことが明記されている[石濱 2011:45-69]。これ以後,中央ユーラシアの王族たちは,パクパとクビライの関係を理想の施主と応供の関係とみなし,チベ

ットの高僧に帰依しつづけた。

　17世紀初頭，チンギス・カンの直系の子孫とされたチャハルのリグデン・ハーンはやはりクビライに倣い，チベットからサキャ派の高僧シャルパ・フトクトを招き，シャルパはパクパが鋳造したマハーカーラ尊の像を本山のサキャ寺からチャハルにもたらした。1626年，リグデンはラサの釈迦堂を模した寺を建て，父母の供養のためにチベット式仏塔を建てた。この際刻まれたチベット語・モンゴル語の合璧碑文は，精巧な修辞がつくされ，チベット大蔵経からの引用も正確であることより，当時のチャハルには正規のチベット仏教の教育を受けた人びとが存在していたことがわかる［石濱　2011：13-40］。

　マンジュ人王朝2代目のハン，ホンタイジはこのリグデンの家系を打ち負かし，彼らの手の内にあった大元伝国の璽とパクパ御製のマハーカーラ尊を得た。これを誇ったホンタイジは1636年に盛京(現瀋陽)に天壇を築いて新たに即位式をおこない国号を大清(daicing)と改め，パクパ由来のマハーカーラ尊を祀る実勝寺の建設に着手した。この際建てられた蔵・蒙・漢・満合璧碑文には中国仏教の影響が濃いことから，当時のマンジュ宮廷にはチベット本土の仏教の影響力はいまだ微弱であったことが知れる。国璽は元朝の政治権力の，マハーカーラ尊は元朝のチベット仏教のシンボルであることから，この2つを同時に手に入れたうえでおこなった1636年の大清国の建国は，クビライとパクパが実現した「仏教徒による政治」の継承の宣言でもあった［石濱　2011：50-57］。

　1643年にホンタイジが病の床に就くと，時の清の都，盛京の東西南北に四基の巨大な尊勝塔の建立が始まった。尊勝塔とは臨終に際した人の罪業を消す力をもつため，この四塔寺は死に瀕したホンタイジの罪障消滅を祈念して着工された可能性が高い［石濱　2011：50-57］。1643年，清の都は盛京から北京へと遷り，1651年，順治帝の親政が開始されると，これを祝して北京の要所に尊勝塔(瓊夏島の白塔)と2つのチベット寺(普勝寺と普静禅林)が建立された。これまで清朝の宮廷でチベット寺の建立に采配をふるっていたビリクト・ナンソがパクパと同じサキャ派の僧侶であったことに対し，この北京の一塔二寺を建てたノムンハンはゲルク派の僧侶であった

［石濱 2011：57-63；池尻 2013：29-77］。その2年後の1653年、順治帝は普静禅林(黄寺)にダライラマ5世を異例の厚遇をもって迎え、これを機に清廷内のゲルク派の影響力はいっそう強まった。1661年に幼い康熙帝が即位すると、康熙帝の祖母である孝荘皇太后は、治世の安寧を祈願してチベット大蔵経108巻(龍蔵)を書写させた。皇太后はモンゴルのホルチン部の出身であり、敬虔なチベット仏教徒であった。

ダライラマ政権の確立

ここで、ダライラマ政権が確立するまでのチベットの政治史を略述すると、モンゴル帝国が崩壊するとともにサキャ派の覇権は失われ、カギュ派系の政権がめまぐるしく交代した。1358年を境にパグモドゥ・カギュ派のネウドン政権がサキャ派の権力を奪い、1498年からはネウドン教皇の内臣であったリンプン氏の勢力がそれを凌ぎ、そのリンプン氏も臣下のシンシャク氏に反乱を起こされた。シンシャク氏は中央チベットの西部ツァンを拠点としカルマ・カギュ派の施主であった。17世紀にはいると、ラサを根拠地とするゲルク派とシガツェを根拠地とするカルマ・カギュ派はそれぞれの施主であるモンゴル人王族やチベット人王族の武力を背景として大規模な衝突を繰り返した。

シンシャク氏はハルハ(東モンゴル)のチョクト・ホンタイジを施主とし、ゲルク派はハルハと対立するオイラトのホショート部出身のトロバイフを施主とあおいだ。トロバイフは青海を経由してラサ入りし、1637年ダライラマ5世からハーン号を授かり(以後通称グシ・ハーンといわれる)、1642年にツァンに侵攻してシンシャク氏を倒し、中央チベットをダライラマに布施した。

この時点ではゲルク派内にはダライラマ、その摂政、グシ・ハーンという3つの政治権力が存在していたものの、ダライラマがソンツェンガムポ王ゆかりの聖地マルポリの丘に宮殿(ポタラ宮)を構え、チベットの守護尊である観音菩薩と同一視されるようになると、その権威は残る二者をはるかに凌ぎ、その結果、摂政とグシ・ハーンの子孫の地位はダライラマの任命を待つ従属的なものとなった［山口 1992；石濱 2001：71-106］。

チベットとモンゴルの力関係もチベット優位に傾き始める。ダライラマの台頭以前，中央ユーラシアのハーン号は，チンギスの血統からでた，自他ともに認める実力者が名乗るものであった。しかし，ダライラマ5世がチンギスの血統に属さないグシ・ハーンの子孫につぎつぎとハーン号を授け，そのハーン号が清朝に追認されるにおよび，チンギスの血統に連ならないホショート部やトルグート部やジュンガル部などの王公たちは，ダライラマの授ける称号を求めて，競ってダライラマのために働き，布施を贈るようになった[石濱 2001：107-142]。

康熙帝の時代，モンゴル王公間，あるいはジュンガルと清朝とのあいだに起きた数回にわたる大規模な戦闘は，すべてダライラマ位をめぐる問題を契機に始まったことは，当時，中央ユーラシアでダライラマがいかに政治的に大きな存在であったかを示している。例えば，1686年から97年まで続いたジュンガルとハルハの戦いは，トシェート・ハーンの子でチベット留学歴のある転生僧ジェブツンダンパ1世がダライラマの代理であるガンデン座主と同じ高さの座に就いたため，ダライラマからハーン号を授かったジュンガル部のガルダンがこれを不敬としてハルハを襲ったことが発端である。

ガルダンに敗れたハルハの3ハーンとジェブツンダンパ1世は清朝へと逃れ，1691年，康熙帝はドロンノール（元朝の上都）にハルハ・モンゴルの王公を集めて臣従を誓わせ，彙宗寺というチベット僧院を建てた。モンゴルに対する勝利とチベット寺の建立が同時におこなわれていることは，1636年の大清国の成立時のホンタイジの行動と即応している。

ガルダンはハルハを保護した清朝を非難したため，戦闘は清を巻き込んで拡大し，康熙帝は3度にわたる親征によってガルダンを降した。1697年，ガルダンの敗色が濃厚になるなか，ダライラマ5世の摂政サンゲギャムツォは，ダライラマが1682年に遷化していること，ダライラマ6世はすでに14歳となっている事実を公表した。しかし，突然ダライラマと指名されたツァンヤンギムツォは困惑し，戒律を返上し公然と女犯をおこなったため，1705年にグシ・ハーンの曾孫のラサン・ハーンは6世を廃し，新たに別のダライラマ6世を擁立した[岩田 2009；2011；2012]。これに対してジュン

ガルは, 廃されたのち死亡したダライラマ6世の生れ変りとされるリタンの童子を擁して, 青海ホショート(グシ・ハーンの子孫)とともにラサに侵攻する計画を立てた。しかしこれを察知した清朝は先回りしてリタンの童子を押さえ, 青海ホショートを自陣営に引き入れたため, 1717年, ジュンガルはダライラマ7世を手中にできないまま単独でチベットに侵攻することとなり, 1720年, ダライラマ7世を擁した清朝の軍隊がチベットに侵攻すると, チベットを離れざるをえなくなった[石濱 2001:227-257;中国第一歴史檔案館編 2005]。1720年の清朝のチベット侵攻は18世紀のチベット・中国関係を概説した Petech [1973] の章タイトルなどより「中国のチベット征服」と呼び習わされてきたが, 1720年に清朝の敵とみなされていたのはチベットではなくチベットを占領したジュンガルであったこと, 侵攻の目的はダライラマ7世の即位の支援であり, 7世の即位を見届けたあとにはすぐ撤兵を検討していることなどから, この事件を「征服」という言葉で語ることは適当ではない。

文殊皇帝の時代

雍正帝は即位直後に, 内訌(ないこう)に乗じて青海ホショート部を制圧し, 東北チベットの大僧院を破壊し[佐藤 1986:425-520], ダライラマ7世がジュンガルに政治利用されることを危惧してダライラマを中国に近い東チベットのガルタル(泰寧)に移した。雍正帝はラサの状況を監視するために官僚を送り込み, この官僚が常駐化したのがいわゆる駐蔵大臣(アンバン)である[柳 2004]。以後, ジュンガル王公のチベット巡礼に際しては清朝官僚が同行し, ダライラマとモンゴル王公が自由に交流する機会は失われた。中国第一歴史檔案館編 2010は, ラサに駐在する清朝官僚がモンゴル王公の使節の動向を報告した公文書である。

乾隆(けんりゅう)帝は雍正帝が壊したチベット仏教世界との信頼関係の修復に取り組み, 1723年の雍正帝による青海制圧の際内廷に保護されて育ったチャンキャ3世を重用し, チャンキャと交流のあった転生僧を清廷に仕えるチベット仏教僧のヒエラルキーのトップに取り立てた[池尻 2013:155-222]。

乾隆帝は即位10周年にあたる1744年にチベット仏教に関連した3つの業

績を残した。1つは，父雍正帝が皇子時代に住んでいた雍和宮をチベット僧院ガンデン・チンチャクリンへと改築し，モンゴル人僧侶の教育の拠点とした。チャンキャ3世の本籍僧院であるグンルンはラサのデプン大僧院ゴマン学堂の末寺であったため，雍和宮の学堂で教鞭をとる学僧はゴマン学堂から招聘され，医学堂の長もラサの医学堂の博士が召喚された。つまり，雍和宮は，清朝内廷のラマたちを管轄する場であると同時にチベット僧院ネットワークの北京支部でもあった［中国第一歴史檔案館・雍和宮管理處合編 2004；石濱 2011：129-147］。

2つ目に北海のほとりに三層の闡福寺を建て白傘蓋仏の大仏を祀り，3つ目にチャンキャ3世からチャクラサンヴァラの灌頂を授かった。白傘蓋仏はパクパとクビライが大都の守りに祀った仏であり，灌頂もクビライがパクパに灌頂を授かったことに倣っていたことから，乾隆帝もアルタン・ハーン同様，クビライとパクパによって実現された「仏教徒による政治」の継承者を自認していたことがわかる［石濱 2011：149-187］。乾隆帝がチベット人やモンゴル人に対して中華皇帝ではなく仏教者として君臨していたことを示すもっとも象徴的な事例は，乾隆帝が自らを文殊菩薩の化身した転輪聖王の姿に描かせた図を各地に祀らせていたことをあげることができよう［石濱 2011：207-226］。

18世紀中葉，清がジュンガルを滅ぼし，ダライラマが政治利用される危険性が減じると，清朝はチベットの内政への干渉をやめ，チベットの政治を司るカロンもチベット側が準備したリストの一番上にいる人物を形式的に指名するようになった［小松原 2010］。乾隆帝のチベット仏教に対する信仰は，パンチェンラマ3世が乾隆帝の70歳の万寿節を祝うために清朝を訪問した1780年にピークを迎えた。乾隆帝はパンチェンラマに叩頭し戒を授かり，臣下が私的な場で叩頭することも妨げない一方で，漢人官僚の批判を受けることを防ぐため，叩頭の事実を記録に残さないようにした［村上 2011］。

1780年に絶頂を迎えた乾隆帝の信仰も，パンチェンラマ3世が北京滞在中に急死したあとの一連のできごとにより冷や水をあびせられることになる。パンチェンラマの生物学上の兄弟であるカギュ派の高僧シャマルパと

パンチェンラマの本籍僧院であるタシルンポの財務方がパンチェンラマの遺産を争い,負けたシャマルパがネパールに渡ってネパールのグルカ朝を教唆したことから,1790年にグルカ王朝がチベットに侵入し,乾隆帝は多大な戦費を費やすことになったのである[佐藤 1986:521-742]。パンチェンラマとシャマルパが兄弟であった事実が示すように,当時高位の転生僧はラサの数軒の名家に集中して出現していたため[小松原 2002],これを問題視した乾隆帝は,高僧の転生者を複数の候補者のなかから決定するに際して特定の人間の恣意が働かないように籤引きで決めるようにと定めた。この籤引き儀礼に用いられた金瓶は,現在チベット仏教に対する清朝支配の象徴として展示されているが,乾隆帝は「自らが信仰者であるからこそチベット仏教を糾すことができる」という旨の説明を雍和宮内に立つ碑文「喇嘛説」内でしているように,金瓶掣籤を清朝「支配」の象徴とみなすことは適切とはいえまい。

以上がチベット,モンゴル,マンジュといったマクロな集団の交流からみたチベット仏教世界の政治史であるが,近年,中国,モンゴル,チベットの境界に位置する東チベット(カム),東北チベット(アムド)の独自性に着目した研究が盛んである。この地域に根ざす勢力は,中国からみると中国の官僚機構の末端である土司や軍事施設である一方,チベット仏教世界からみると特定の宗派の施主である地域の首領であった。例えば,14世紀から17世紀までカムの麗江をおさめていたム氏はカルマ・カギュ派の施主となり,周辺のチベット系の諸集団を併合していたが,中国側からは土司とみなされていた[山田 2011]。また,アムド(河州)の弘化寺はゲルク派の僧院としてゲルク派と明朝との交渉の窓口として機能していたものの,明朝からはモンゴル防衛のための軍事施設ととらえられていた[乙坂 1991]。また,18世紀においてカムのニャロン政権が両勢力のあいだで均衡をとりつつ独自の動きをとっていたこと,この地が1913年のシムラ会議においてチベット・清の係争地へと発展していく過程は小林[2004; 2006;2008;2012]に詳しい。

チベット仏教世界の近代

19世紀後半に中央ユーラシアはイギリスとロシアの植民地獲得競争の舞台となり,チベットにはイギリスの,モンゴルにはロシアの勢力が増していった。清朝はイギリスとロシアから中国本土を防衛するため,ダライラマとのあいだに構築していた伝統的な施主と高僧の関係を一方的に廃して東チベットに軍隊を送り,南モンゴルには漢人を移植して実効支配下におこうとした。これに対してモンゴルとチベットはいっせいに反発し,清朝からの自立の気運が高まり,近代的な意味での「国家」建設を模索し始めた。このような近代の流れを記した書としては,チベット人がチベット語資料を用いて記したShakabpa[1984],アメリカ人がイギリスの外交文書を用いて記したGoldstein[1989]などがある。

ダライラマ13世はブータン,シッキムなどチベット仏教国がつぎつぎとイギリスの保護下におかれていく状況を目の当たりにし,当初は鎖国を選択した。しかし,その閉鎖性とダライラマの神秘性があいまって,かえって世界の探検家たちの目を引きつけ,19世紀後半にはラサをめざす探検家はひきもきらず,王立地理学協会のメダルの多くはラサをめざした探検家たちに授与された。

1890年に英清間で締結されたシッキム条約をチベット政府が履行しないことにより,チベットが清朝の統制下にないことを確信した英領インド提督カーゾンは,チベット政府と直接話し合うことを口実に1903年にヤングハズバンド隊をチベットへと侵攻させた。1904年7月,イギリス軍がラサに迫るなか,ダライラマ13世は少数の側近とともにラサを脱出し,ロシアの支援を求めてモンゴルに向かった。この間,ラサに駐留するアンバンは無力であり,ダライラマはアンバンをイギリスとの交渉のチャンネルの1つとしかみていなかった[玉井 2001]。

ロシアはダライラマに同情的ではあったものの,日露戦争に負けてチベットを支援する余裕はなく,1907年に領土拡張戦に終止符を打つ英露協商を締結した。

窮したダライラマは鎖国政策を一転し,1906年から08年のあいだ,青海のクンブム大僧院(塔爾寺),チベット仏教の聖地・五台山(現山西省),北

京などで各国の大使や使節と会合して国際情勢に関する知見を養った。その結果1909年に5年ぶりにラサに戻ったダライラマ13世は清朝由来の称号を捨て［石濱 2014a］、かつての敵であったイギリスを頼り英領インドへと脱出した。

ダライラマ13世に関する文書類は、清朝の行政文書については中国第一歴史檔案館編［2002］、ロシア語の文書類は Белов, ed.［2005］、モンゴル滞在中のダライラマに関するモンゴル語の文書類は Chultuun & Bulag, eds.［2013］におさめられている。ダライラマとニコライ2世を仲介したドルジエフ（1854～1938）については、チベット語の自叙伝［棚瀬 2005；2009］と、ダライラマ13世とのあいだの交換書簡集が出版されている［Jampa Samten & Tsyrempilov 2012］。

清朝が終幕にはいるや、チベットやモンゴルはほぼ同時期に「仏教徒による政治」、すなわち政教一致の体制によって「独立国家」の道を歩み始めた。まず、ハルハ・モンゴルは転生僧ジェブツンダンパ8世を国王にいただき、1911年12月に独立を宣言した。ジェブツンダンパ8世の即位式はダライラマの即位式を模倣したものであり、その王権像も「菩薩が化身した転輪聖王」「政教一致の政権の長」というダライラマの王権像を借りたものであった［石濱 2014b］。1912年に清朝が崩壊すると、チベット全土で清軍の排除が始まり、それが完全に終了した1913年1月にダライラマ13世はラサへ帰還し、1月11日には側近のドルジエフがモンゴルで、モンゴルとのあいだにチベット・モンゴル（蒙蔵）条約を締結して互いの独立を承認した。

蒙蔵条約は長らく原本の存在が確認できなかったため、その存在さえ疑われていた時期もあったが、近年、モンゴルの文書館よりモンゴル語・チベット語の原本が発見され、さらにブリヤートのハンガロフ歴史博物館（M. N. Khangalov History Museum）から条約の草稿が発見されるにおよび、その存在が周知されるようになった［Tashi Tsering et al., eds. 2013］。

こうして蒙蔵条約によって両国が独立の意を表明したのちも、国際政治はそれを公的に支援することはなく、モンゴルについては1913年に露中宣言が、チベットについては1914年には英蔵間でシムラ条約が締結され（中

国は批准を拒否），これらの条約のなかでチベットとモンゴルは中国の「宗主権」を認めさせられ，中国はチベット本土とハルハ・モンゴルの「自治」を認めさせられた。しかし，その後も中国は「宗主権」を領土支配を含意する「主権」と読み替えてチベット・モンゴルの実効支配化を狙い，チベット・モンゴル側は条約文のチベット語・モンゴル語の「自治」の翻訳語に独立・自立の意味をもたせて中国の支配を過小評価した［岡本 2013；橘 2014；小林 2014］。

チベット近代史の研究をおこなうにあたっては，チベット本土に残された文書の閲覧が著しく制限されているため，当面は比較的アクセスの容易なモンゴルやロシアの文書館，ロンドンやアメリカの図書館に所蔵されたチベット関連の文書類を利用することが推奨される。

石濱裕美子

第7章 露清関係の展開と中央ユーラシア

　ロシア帝国(ロマノフ朝)と清帝国は，ほぼ同じ時期，すなわち17世紀前半に建国して拡大を開始し，19世紀後半までには，中央ユーラシアのほぼ全域が両帝国の勢力圏に組み込まれた。それ以前の中央ユーラシア史は，北方の遊牧民あるいはそれに準ずる勢力と，南方の定住民との関係を基軸として展開してきた。多くの場合，軍事的には前者が優勢で，ときには彼らが中国などに乗り込んで政権を樹立することもあった。清朝も，その1つの類例といえる。ところが，ロシアの東進によって，遊牧勢力は北をロシアにさえぎられ，活動に著しい制約を受けることになる。おおむね18世紀を最後に，中央ユーラシア遊牧民が広域的な政治勢力としての地位を失うのは，「海の時代」の到来や産業革命などが背景にあるにせよ，直接には，このような状況がもたらしたものであったといえよう。かくして，中央ユーラシアは，両帝国が接する「辺境」として近代を迎えるのである。本章の目的は，露清関係の推移を，こうした中央ユーラシアの変動と絡めながら俯瞰することにある。

　露清関係史は全般的に研究の手薄な分野であるが，17世紀から清末までを扱った優れた概説として吉田[1974]がある。ロシア・中国をはじめとする諸外国にはいくつかの通史ないし史料集成的な著作があり[Бантыш-Каменский 1882；Cahen 1912；Foust 1969；Mancall 1971；Мясников 2001；Paine 1996；張維華・孫 1997；李 2000]，とくに Baddeley [1919]は，古典的ながら，モンゴルを中心とする中央ユーラシアに多くの紙幅を割いている。史料に関しては，ロシア・中国双方の公文書(檔案)が，もっとも基礎的かつ重要なものである。1960年代以降，両国から多数の文書を収録した史料集が公刊されているばかりでなく[Академия наук СССР/Российская

Академия наук: Институт Дальнего Востока 1969；1972；1978；1990；1995；2006；2016；2011；故宮博物院明清檔案部編 1979；中国第一歴史檔案館編 1981］。近年では，北京・モスクワをはじめ，モンゴル・中央アジア諸国・ブリヤーチアなどに所蔵される文書を直接閲覧することも可能になり，それらを利用した研究成果もあらわれている。なお，網羅的な研究文献目録はないが，中国文に関しては薛・周主編［2002］が，ロシア文に関しては，限定的ながら И не распалась связь времен... ［1993］巻末の目録が有用である。

初期の接触とネルチンスク条約

　露清両国の接触は，清朝の入関（1644年）とほぼ同時期に，毛皮資源を求めるロシア人たちがアムール川流域に出現したことに始まる。1658年の松花江口会戦によってロシア人は一時アムールから駆逐されるが，1660年代末にはアルバジン（雅克薩）を拠点に活動を再開する［吉田 1984：70-78, 96-102；藤本 1991］。一方，1650年代には，ロシア政府から清朝への使節が，数度にわたって西モンゴル（オイラト）経由で派遣され，1656年にはバイコフが国交樹立を求めて北京を訪れた。しかし，彼にはアムール問題を扱う用意がなく，交渉は進展しなかった［吉田 1984：85-96］。さらに，1676年に北京を訪れたスパファリーも，アムール問題を曖昧にしたままで国交・貿易の枠組を確立しようと試みたが，清側が容認するはずもなく［吉田 1984：114-173］，嫩江（のんこう）からネルチンスク方面に移動したトゥングースの首長ガンチムールの問題も絡んで［若松 1973, 74］，交渉はまたも不調に終わった。結果として，1680年代にはアルバジンをめぐる武力衝突が発生し，1689年のネルチンスク条約を待って，両国関係はようやく安定をみる［吉田 1984：211-344］。同条約は，基本的にはアムールをめぐる紛争に結着をつけたものであるが，見落とせないのは，それがモンゴル情勢とも連動していたということである。条約締結の前年には，ジュンガルのガルダンがハルハ（外モンゴル）に進攻していた。同条約が短期間の交渉で締結にいたり，清朝がロシアとの貿易をほぼ無条件で認めたのは，モンゴル情勢の流動化を受けて，対ロシア関係を安定させておく必要を感じたからであろう。

その後ガルダンがロシアに提携を呼びかけたとき、ロシアは無視するが [Шастина 1958:163-173]、それは対清貿易を優先したからであり、こうした文脈からみれば、ネルチンスク条約は清朝にとって外交上の大きな成功であったといえる。

キャフタ条約と遣露使節

ネルチンスク条約以前は、ザバイカル地方の住民の帰属をめぐって、ハルハとロシアのあいだにしばしば紛争が生起していた。しかし、露清関係が安定し、またドロンノール会盟(1691年)によってハルハの清朝帰属が確定すると、紛争は収束に向かい、両帝国の勢力範囲が定まってくる[柳澤 1989]。それを明文化したのがキャフタ条約(1727年)である[澁谷 2003;2010;松浦 2014a, 2014b, 2015]。ただし、同条約締結にいたる過程をみると、そこには1715年に再燃した清とジュンガル間の紛争が影を落としている。すなわち、1722年に即位した雍正帝は、国内での権力基盤確立を優先してジュンガルと講和するが、じつは討伐の機会をうかがっており[澁谷 2007a;2008;柳 2008]、その前提として対ロシア関係の安定化をはかったことが、キャフタ条約が成立した１つの要因と考えられるのである。また、1729～33年にかけて、清朝はロシアに２度にわたって使節団を派遣した。彼らは、皇帝アンナへの謁見に際して「一跪三叩」の礼をとるなど、清朝の礼制からみれば異例といえる行動をとった[松浦 2011]。ここにも、対ジュンガル戦争を進めるうえで、ロシアとの良好な関係を維持したいという雍正帝の意図をうかがうことができる。

ジュンガルが崩壊し、1759年までに東トルキスタン(新疆)が清帝国の領域に組み込まれると、ジュンガルに代わって、カザフ、トルグート(カルムィク)の帰属が両国間の問題となる。カザフについてはコラムで扱われているので(コラム14「カザフをめぐる露清関係」参照)、ここではトルグートについて述べたい。17世紀前半にヴォルガ川下流域に進出したトルグートに対して、ロシアはしだいに統制を強化するが、トルグートの内部には根強い反発があり、むしろチベット仏教世界への帰属意識が強かった[宮脇 1991;Khodarkovsky 1992:135-169, 207-235;石濱 2001:119-126]。清朝

コラム14 カザフをめぐる露清関係

　ロシアと清という2帝国のあいだでカザフの帰属を問題にするようになったのは，18世紀半ばの清によるジュンガル征服を契機とする。両国間の交渉は中央の外交ルートを通じてもおこなわれていたが，西シベリア・新疆における現地の軍人たちが非公式に直接交渉をおこなっていた点に特徴がある［野田 2011］。

　交渉の基調としては，両国が互いにカザフの自らへの臣属に固執するばかりであり，議論はつねに平行線をたどっていた。現地において再び緊迫した交渉がおこなわれるのは，1820年代になってロシア帝国がカザフに対する支配を拡大した時期のことである。それを象徴するのが1824年の事件であった。このとき，カザフ社会のなかで大きな権威をもっていたハン一族の嫡裔，グバイドゥッラは，ロシア政府からハン位継承を許されていなかった。にもかかわらず，清朝から代々封じられてきた汗（ハン）の爵位を継ごうと試みたのである。しかし，その動きは事前にロシア側に察知され，カザフ草原に赴いた清の使者の目前でグバイドゥッラは捕捉され，「自分はロシアの臣下であるため清の爵位を受けることはできない」むねのメモを使者に渡すことを強要される結果に終わった。詳細な経緯は，当事者であるロシア側の文書史料の記録からたどることができる［野田 2011］。

　一方，清側の編纂史料は詳しいことを語っていなかったが，近年公刊された使者（楽善）の上奏文が，ロシア側との接触も含めそれなりの分量を割いて報告している［中国辺疆史地研究中心・中国第一歴史檔案館合編 2012：巻245，217-222］。具体的な内容として，(1)カザフの二方面外交は容認する，(2)ロシア軍の非礼を責めつつも，直接の衝突は回避した，(3)付近にカザフ遊牧民が姿を見せない理由として，清朝皇帝の仁慈を慕いつつもロシアの「暴虐」から逃げ隠れている，とカザフ側の証言に基づき理解していたことなどが確認でき，カザフにある程度の信頼を寄せていることが読み取れる。しかし，グバイドゥッラ捕捉後の露・清とカザフの三者会談について沈黙するこの上奏文は，ロシア帝国がカザフに加えていた圧力を正確に伝えることはできなかったようである。ロシア・カザフ関係への不介入の方針が示された結果，清の現地担当官が再びこの牧地を訪れることはなかった。清がカザフに与えてきた爵位──とりわけグバイドゥッラの祖父アブライ以来の伝統をもっていた汗（ハン）位──は有名無実化し，清とカザフの関係はいっそう限定的なものになり，代わってロシアの勢力拡大があらわになっていった。

　　　　　　　　　　　　　　　　　　　　　　　　　　　　野田　仁

も,ジュンガルに対抗する勢力としてトルグートに着目しており,1712〜15年と1729〜31年にはシベリア経由で使節を派遣して連絡をとった(後者は前述の遣露使節に同行)[澁谷 1996;2007b;野田 2011:88-92]。清朝のジュンガル征服によって東トルキスタン北部に空白が生ずると,トルグートは1771年に新疆への東遷を断行する。ロシアは清朝に彼らの引渡しを求めたが,清朝は応じず,乾隆帝は「モンゴルに属する諸部は,すべてわが属下となった」と述懐した[宮脇 1991]。おそらくこの頃が,中央ユーラシア世界に対する清朝の影響力が絶頂に達した時期であったといえよう。

国境の形成

ネルチンスク・キャフタ両条約によって,露清間には長大な国境線が出現するが,そのあり方は,地域によって異なっていた。ごく大まかにいえば,ネルチンスク条約で画定された東部国境は,地図上で決められたものにすぎず,曖昧さを残していた[吉田 1992]。また,清側は条約後にアムール左岸地域の調査を実施したが[松浦 2006:4-40;承志 2009:154-244],恒常的な国境警備はおこなわなかった。キャフタ条約で画定された国境の西端部(現在のトゥヴァ共和国北境)も同様で,条約後も清朝はこの地域の警備をおこなわず,むしろハルハとトゥヴァ地方の境界であるタンヌ山脈にそって卡倫(哨所)を設置し,人の出入りを規制した[Моисеев 1983:41-50]。一方,中央部では,卡倫網によるある程度実効的な国境管理がおこなわれた[宝音朝克図 2005]。そのため,従来しばしば発生していた集団的逃亡は1730年代を最後にみられなくなり,国境一帯に住む諸民族集団の分断がしだいに実質化していく[Namsaraeva 2012]。19世紀後半以降,アムール方面とトゥヴァ方面では国境が大きく引き直されたのに対し,中央部の国境は,辛亥革命後にモンゴルが中国から分離したとはいえ,いまだに国境として存続しているのは,こうした18世紀以前のあり方の相違に起因するといってよい。ただし,1750年代に一部のハルハ王公がロシアへの帰属を模索したように[森川 1985],ハルハとロシアの水面下での接触は断絶しなかった。このことは,後年のモンゴル独立にいたる底流として注意に値する。

貿易

　19世紀前半にいたるまで、ロシア側が対清関係において何よりも重視したのは、貿易であった。すでに1650年代から、ロシアの外交使節が北京などで貿易をおこなう例はあったが、ネルチンスク条約後には、官営隊商が頻繁に北京を訪れるようになる。彼らは政府から委託された毛皮などの商品を持ち込んで中国商品と交換し、帰国後にそれを売却した収益が国庫にはいる仕組になっていた。政府はほかの商人が清朝領内に赴くことを厳禁し、対清貿易の利益独占をはかった[Курц 1929;吉田 1963;澁谷 1994]。清側もロシアの貿易重視の姿勢を十分に承知しており、1710年代には、ロシアをキャフタ条約に向けての交渉の舞台に引き出すために、貿易を停止して圧力をかける方策をとった[柳澤 1988]。

　キャフタ条約では、国境のキャフタに貿易場を設置するとともに、北京への隊商も4年に1回の頻度で存続することが取り決められた。しかし、北京貿易はしだいに不振に陥り、ロシア政府は、1762年の毛皮輸出自由化により、隊商派遣を事実上放棄する。その後は、19世紀後半にいたるまで、キャフタ貿易のみが繁栄を続けた。一方、貿易を外交カードとして利用する清朝の姿勢は変わらず、1760～90年代にかけて、なんらかの懸案が発生すると、清朝は貿易を停止して圧力をかけ、ロシアはそのたびに譲歩した[柳澤 2003]。キャフタ貿易の実態については、ロシア側史料に依拠した研究が蓄積されているが[吉田 1963;Силин 1947;森永 2010]、清側からみた研究は十分とはいえない[森川 2004;柳澤 2013;2014]。一方、東トルキスタン方面での貿易は、ジュンガルの隆盛期にはおもにその仲介によっていたが、清朝の新疆制圧とともに、カザフ・コーカンドなどによる仲介貿易に移行する。そして、イリ通商条約（1851年）以降、イリ（グルジャ）とタルバガタイ（チュグチャク）にロシア商館が開設され、直接貿易が開始された[米 2005：46-63;野田 2011：183-220;塩谷 2017]。

19世紀の変動

　19世紀中葉に露清関係は大きな構造転換をみせるが、その特徴を端的にまとめれば、第一は、外交の主導権がロシア側に移ったこと、第二は、両

国関係が，ヨーロッパや北太平洋などを含むより広域的な国際情勢と連動するようになったことである。とくに，グレートゲーム(the Great Game)として知られるロシアとイギリスの対抗関係は，露清関係とも密接に絡み合いながら展開した。

アムール川を太平洋への交通路として利用することは，18世紀以来ロシアの宿願であったが，1854年以降，ロシアは東シベリア総督ムラヴィヨフの主導のもとにそれを強行し，アイグン条約(1858年)・北京条約(1860年)による国境再画定をはたす。それまで「現状維持」を基調としてきた対清政策が大きく転換したのは，クリミア戦争にともなうカムチャツカ・北太平洋方面の危機に対処するためであった[Paine 1996:39-43]。なお，北京条約によってフレー(庫倫(クーロン))にロシア領事館が開設されると，外モンゴルでのロシア人の経済活動が活発化し，とくにトゥヴァ地方にはロシアの影響力が深く浸透した[矢野 1925:317-328]。

1860〜80年代には，東トルキスタンが両国関係の焦点となる。この地域でのムスリム反乱とヤークーブ・ベグ政権の成立は，ロシアとイギリスの注意を引き，両国は数度にわたってヤークーブ・ベグのもとに使節を送って，貿易や領事館開設に関する協定を結んだ[英 1956]。一方で，ロシアは自国の商業利権を保護するため，1871年にイリ一帯を占領した[野田 2009]。ただし，ロシアのこうした行動は，必ずしも清朝への敵対を意味していたわけではない。左宗棠(さそうとう)による新疆奪回が進展する時期には，ロシアは親英的な姿勢を取り始めていたヤークーブ・ベグを見限り，むしろ清軍の行動を支援した[Sergeev 2013:159-171]。1879年に始まるイリ地方の返還交渉に際して，ロシア側は莫大な保障占領費と国境再画定を要求したが，この提案も，じつは譲歩の余地を含むものであった[Воскресенский 1995:93-96]。ところが，清側全権がさしたる抵抗もせずにリヴァディア条約を結んだため，清朝政府は批准を拒否し，両国関係は緊迫化する[大坪 2011]。しかし，1881年には，国境に関してロシアが若干譲歩するかたちでサンクト・ペテルブルク条約(通称イリ条約)が締結され，問題はいちおうの結着をみた。

1890年代から20世紀初頭にかけては，グレートゲームのおもな舞台は朝

鮮・満洲に移る。そこでは日本がロシアへの対抗勢力として前面に登場するが,この地域の問題は,中央ユーラシアというより東アジア史の文脈にかかわるので,詳論は避けたい。一方,同じ時期には,チベットをめぐる動きもあった。1890年代以降,チベットへの影響力を強めるイギリスに対抗して,ロシアもドルジエフ(ブリヤート出身のラマで,ダライラマ13世の側近)を通じてチベットへの接近をはかった[王遠大 1993:135-228;棚瀬 2009]。しかし,イギリス軍のラサ侵攻(1904年)と日露戦争をへて,英露協商(1907年)により,両国はチベットの領域保全と清朝のチベットに対する宗主権を相互に承認し合い,ロシアは事実上この地域から手を引くことになる。

相互認識と研究

18世紀以前から,ロシアは清朝の政治・軍事・社会などに関する情報を収集・蓄積していたが,そのおもな窓口は,北京などを訪れた外交使節や,キャフタ条約によって北京に常駐することになった正教伝道団と留学生たちであった[Widmer 1976;Скачков 1977:28-88;蔡 2006]。ロシアが清朝の内陸部に接するという基本的条件に加えて,おもな媒介言語が満洲語やモンゴル語であったことから,彼らの知識・関心の重点の1つは,モンゴル・満洲・チベットなどの内陸諸地域におかれることになった[シンメルペンニンク=ファン=デル=オイェ 2013:182-183]。また,当時のロシアは,前述のように貿易を最優先していたため,清側の外交上の要求に対してしばしば譲歩をよぎなくされたが,一方では,広範な情報収集を通じて,清朝の実力を冷徹に評価していた[柳澤 2003;松浦ほか訳 2016]。ただし,ロシア社会の一般的な中国認識は,カトリック宣教師の著作や西欧の文学作品などを主な情報源とし,フランス中国学の影響を強く受けていた[閻 2010;Lukin 2003:7-13]。19世紀にはいると,正教伝道団のなかからビチューリン(イアキンフ),カファロフ(パラディー)など,漢文に熟達した中国学者があらわれるが,彼らは中央ユーラシアに関しても重要な著作を残している[Скачков 1977:89-123, 175-178]。さらに,19世紀後半になると,ワリハノフ,ポターニン,プルジェヴァリスキーなどの軍人・探検家が,

清朝領内の内陸諸地域を踏破し，より直接的かつ詳細な情報を収集した［澤田 1993；田中 2013：141-183；プルジェヴァリスキー 1939］。彼らの業績は，今日でも有用性を失っていない。

清側の対ロシア認識の変遷については，外交儀礼に関して近年いくつかの成果があらわれているが［王開璽 2009：96-169；陳 2012；尤 2013］，総合的な研究は手薄である。おおむね18世紀前半まではロシアに対する一定の関心が存在したものの，その後は19世紀半ばまで無関心に近い状態が続いた，という見方が一般的であるが［村田 2014］，よりきめ細かな検証の余地は残されているといえよう。両国交渉の黎明期には，順治帝・康熙帝がロシア皇帝に対して「勅書」をくだした例から明らかなように，ロシアの位置付けは，「朝貢国」に準ずるものであった。しかし，ネルチンスク条約は両国対等の形式で書かれ，その後は原則として双方の君主間で国書のやりとりをせず，政府機関や地方官員同士が対等（平行）の形式で文書を取り交わすという慣行が成立した。つまり，この時期に両国は「隣国」（満洲語で adaki gurun）関係に移行したといってよいが，清側はそのなかでも自方が若干上位になるような術策を凝らしていた。それでも，例えば康熙帝がロシア使節の捧呈する国書を直接受け取ったことや［澁谷 2000］，雍正遣露使節がロシア皇帝に叩頭したことは破格であり，ほかの周辺諸国に比べれば，ロシアに対しては配慮がなされている。そして，対ロシア関係がそのような性質のものであることは，外交文書が満洲語をベースとしてモンゴル語・ラテン語・ロシア語を併用するかたちでつくられ，漢語が用いられないことによって，漢文世界から見えにくいように工夫されていた［柳澤 2009］。

しかしながら，ジュンガル征服をはたした乾隆朝後半からは，ロシアに対する配慮は後景に退き，高圧的な姿勢・言辞がめだつようになる。些細な問題をあげつらってキャフタ貿易を停止したり，1805～06年に北京に赴こうとしたゴロフキン大使に途中のフレーでの三跪九叩を要求したりしたのは［陳 2012：163-184；村田 2014］，その顕著な例であり，同時期の清朝内部の上奏文や上諭は，ロシアに対する侮蔑的な言辞に満ちている。一方で，雍正遣露使節以降は，清朝の官員がイルクーツク以西へ赴くことはな

く，ロシアの国情にもあまり関心がはらわれなくなった。言語リテラシーに関しても，清朝は1708年に「内閣俄羅斯文館(オロスぶんかん)」というロシア語学校を設立したが[Тимковский 1824：71-72；Dudgeon 1872：25-26；張玉全 1944]，教師の人材難などの問題を克服できず，翻訳・外交の実務者養成はついに成功しなかった。なお，1792年には新疆のイリにもロシア語学校が設けられたが，やはり学習効果はあがらなかった[加藤 2016：124-125]。

　アヘン戦争後になると，清朝でも外国（とくにヨーロッパ諸国）に関する情報収集の必要性が認識され，ロシアに関しても，何秋濤(かしゅうとう)『朔方備乗(さくほうびじょう)』（北徼彙編）のような，優れた資料集成が著された[侯 2006：192-216]。そして，1858〜60年の一連の条約によって領土割譲をよぎなくされ，ロシアの脅威がいっそう強く意識されるようになると，それまで中国内地とは異なる行政システムのもとにおかれていた内陸諸地域を，内地に準ずる直轄統治に移し，移民を送り込んで経済開発を進めるという「実辺」思想が勢いを増すことになる。1860年前後から満洲の「封禁」が緩和されて吉林・黒龍江への移民が進んだこと，新疆回復に際して左宗棠が塞防論を展開したことも，背景にロシアの脅威に対する危機感があったことはいうまでもない[片岡 1991：128-148]。1901年以降の「新政」期には，モンゴルや満洲でさらに全面的な移民実辺が推進されるが，これも同様の認識に基づく[鉄山 1995；林 2001：108-131]。つまり，大清国という多元的帝国から，中央ユーラシア東部を中国内地と一体化した「大きな中国」への移行という，現在もなお進行しつつあるプロセスは，おもにロシアの存在を背景として起動したのである。

柳澤　明

第8章

清朝から現代へ

　本章では，大清国(清朝，ダイチン・グルン)の統治下にはいった17世紀から近現代までの，中央ユーラシア東部にかかわる課題を扱う。ここで取り上げるのは，中国東北部から勃興し，マンジュ(満洲)とそれが打ち立てた大清国の構造，その統治下のモンゴルおよび新疆の清代から近代にかけての歴史である。大清国は，中国最後の王朝でもあるが，一方で支配下の中央ユーラシアには内地直省とは異なる，地域ごとの歴史的文脈を包摂した統治枠組を設けた点に特徴がある。清を建国したマンジュは，ハンや宗室王公のもとに八旗(満洲・蒙古・漢軍)に編成され，モンゴルの諸集団は，王公爵を授与された旧来の支配氏族のもとで，盟・旗に編成された。新疆の南部では，在来の支配層の一部が王公爵を与えられ，多くがベク官人と呼ばれて現地での統治を担った。チベットではダライラマやパンチェンラマを頂点とする仏教教団があり，その教圏はモンゴル高原や新疆北部のモンゴル諸集団や，マンジュの八旗にもおよんだ。清の支配のもとで，東三省やモンゴル南部・東南部で中央ユーラシアの辺縁では内地からの住民の移住による漢文化の影響があらわれるが，基本的にそれぞれの文化伝統を維持した多文化的な様相を呈した。その意味で，清の支配は決して中華世界の文脈のみで理解することはできない。

　清による中央ユーラシア東部の征服は，17世紀から18世紀半ばまでのあいだに漸進的に進められたが，いったんその支配下にはいったモンゴルやチベットでは，内地諸省で宗教結社の蜂起などの混乱が続いたのに比べれば，総じて平和な，安定した統治が確立した。多文化性を特色とする清の帝国統治は，中央ユーラシアにおいて成功したといってよい。清末になると，新疆省の建省や，西太后による新政，さらに中華民国による内地との統合の動きがあらわれるものの，中央ユーラシアは，総じてそれぞれの地

域の文化的特性を維持した。清の諸統治カテゴリーは，漢人を中心とした内地諸省を含めて，近代的な民族を形成する歴史的基盤となったといってよい。近代にはいって中国が国民国家としての統合を志向するとともに，とくに北方・西方の外藩部で中国からの自立をめざす動きがあらわれ，やがてモンゴル北部が独立した。中国にとっては文化的多様性と国家統合の両立が課題となり，これは「少数民族」の区域自治へと繋がる。本章では，第1節で清の帝国統治の構造や八旗，第2節でモンゴル，第3節で新疆が扱われる。これに第6章のチベット仏教世界，第7省の露清関係の諸章をあわせ読むことにより，清の複合的な統治構造と，同時期のユーラシア東部の多文化的な様相を理解することができるだろう。

清代から近代にかけての時期の研究は，中国での改革・開放政策の進展とソ連圏の崩壊による民主化の進展にともなう現地アーカイヴ史料の開放により，近年急速に研究が蓄積されている。アーカイヴ史料を中心とする現地史料の利用可能性の広がりが，この時代の研究を根本で規定しており，満洲語・モンゴル語・チベット語・チャガタイ語・漢語・ロシア語などの多言語史料の存在は，この時代の研究を可能性豊かなものとしている。史料集の刊行も大きく進展している。今後，地域ごとに蓄積された研究成果をどのように総合して，この時代の中央ユーラシア史像を構築していくかが課題であろう。地域全体を包括するような研究文献目録などの参考図書はいまだあらわれておらず，『日本における中央アジア史研究文献目録』は1987年までの研究に関しては網羅的である。その後の国内の研究文献は『史学雑誌』の「回顧と展望」や文献目録などにより，そのつど確認するしかない。事典としては，モンゴルについてはAtwood[2004]が関連項目を含む。

岡　洋樹

1 | 中央ユーラシア国家としての清朝

16世紀末，中央ユーラシア世界の東北隅にあらわれた地域政権は，およそ1世紀半をかけて一大帝国に成長し，パミール高原以東の大半を支配す

るにいたった。この帝国は、普通中華王朝風に「清朝」と呼ばれて「中国最後の王朝」と位置づけられ、その北方・西方進出は、しばしば「中国の内陸アジア支配」とみなされてきた。

では、本節でいうところの「中央ユーラシア国家としての清朝」とは、どのような意味であろうか。1つは、中央ユーラシア東半の大部分をその版図とする国家であったという点である。いま1つは、清自身が中央ユーラシア的な性格を有した国家だとみなされる点である。いずれにおいてもポイントとなるのは、清がマンジュ(満洲)人が建設・支配した国家であったことと、清一代の軍制にして国初の国制そのものであった八旗制である。そこで本節では、前記2つの意味での「中央ユーラシア国家」としての側面を、この2点にそくして整理・展望したい。

中央ユーラシアの視点からみた清の概要は、岡田編[2009]によって知ることができ、概説としては岡田・神田・松村[1968]がある。研究史は杉山[2001;2008b]、エリオット[2008a;2008b]によって概況を把握できる。

マンジュ国から大清国へ

まず第一の点、すなわち中央ユーラシア東半に君臨した国家に成長していく過程をみてみよう。清朝は、16世紀末にマンチュリア統合に乗り出したヌルハチが打ち立てた国家マンジュ・グルン(manju gurun)に起源する。ヌルハチは、1616年にハン位に即いたのち後金国(金、マンジュ語でアイシン)の号も併称するようになり、さらに第2代ホンタイジは、1636年に新たに満文でダイチン・グルン(daicing gurun)、漢文で大清国という満漢両語対応した国号を定めた[松村 1969;神田 1972]。グルンはモンゴル語のウルスと同じく、国、くにたみを意味する語であり、また大清の号は、「大元」と同じ二字国号であった。このように、一見中国的と思われる国号からも、中央ユーラシア的性格をうかがうことができる。

大清国を建設したマンジュ人は、女真(女直)すなわちジュシェン人の後身にあたる。13世紀の金の滅亡後、マンチュリアに残っていたジュシェン諸集団は、モンゴル帝国の軍事・行政体系下に組み入れられ、元明交替の動乱をへて、15世紀初頭には明の永楽帝の服属勧誘に応じて、明の軍制に

準拠した羈縻衛所制に編成された［和田 1955;杉山 2008a］。建州衛・左衛・右衛に組織された南方の集団は建州女直と呼ばれ，北方および沿海地方に広がった諸集団は海西女直と汎称された。他方，文化的・社会的には元代以来モンゴルの影響が強く，書記には女真文字に代わってモンゴル文字・モンゴル語が使われ，人名・称号なども，モンゴル由来の語が多く用いられた［岡田 1994;河内 1997;哈斯巴根(ハスバガナ) 2016］。

ジュシェン人は畑作農耕を主生業とし，狩猟・採集活動でそれを補う生活を営んだが，その活動は貂皮(ちょうひ)・朝鮮人参といった交易用の奢侈品入手を主眼としたもので，三田村［1965］は，彼らの狩猟社会的性格と商業面での才覚・手腕とを強調する。ジュシェン社会は，ベイレ（貝勒）やアンバン（大人(たいじん)の意，のち大臣の意になる）と呼ばれる首長層と，ジュシェン（民族名と同語）といわれるその属下・領民とから構成され，それぞれの首長のもと，集落をつくって労働や交易，さらには外敵との戦闘に従事した。首長の地位は，父子継承が優越していたものの，後継者指名制や長子相続制といった原則は確立しておらず，分割相続に基づいてしばしば分居がおこなわれた［増井 2006］。このため集団は絶えず分化を繰り返し，また清代にいたるまで，首長位の継承をめぐって紛争が絶えなかった［内藤 1922;岡田 1972］。16世紀半ばになると，海西女直ではイェヘ（葉赫）をはじめとするフルン四国が強大化し，より東方・北方に散居したそれ以外の勢力は野人女直と別称されるようになる［増井 1996-97］。これに対し，遼東地区東辺に展開した建州女直はマンジュ五部と呼ばれ，群小の勢力が割拠抗争した。明代ジュシェン史については園田［1948-53］，和田［1955］，今西［1967］，河内［1992］，江嶋［1999］など多くの蓄積がある。

ヌルハチの覇業は，1583年の祖父・父の横死によって自立を余儀なくされたことに始まる。その姓氏はよく知られたアイシン・ギョロ（愛新覚羅）で，かつては微賤出自・国姓偽作説も根強かったが，近年では，建州左右衛の首長家ギョロ氏の傍流に出自し，覇権(はけん)にともなってアイシン＝金を姓に冠したものとする見方が有力である［内藤 1912;神田 1990;増井 2010］。ヌルハチの伝記としては，詳細な松浦［1995］がある。国家形成過程とその特質については，三田村［1965］，劉［2001］が明代以来の長いスパンで議論

しており，明代清初の連続面は，増井[1997；1999]，杉山[2010]などが具体的に論じている。

挙兵当初のヌルハチ集団の中核は，強固かつ親密な主従関係を結んだ股肱の従臣（グチュ）と家人（ボーイ・ニャルマ，家の人の意）であり[増井 2001；2004]，増井寛也は，グチュの主従関係の成立ちや類型が，チンギス時代のモンゴルのネケル（ノコル）[護 1952a；1952b]と軌を一にするものであることを指摘しており，注目すべきである。ヌルハチは，他勢力を打倒・吸収するごとにそのような従属関係下に組み込んでいき，加えて，服従させた旧首長層を居城に集住させて在地から切り離すとともに，明との提携関係のもと朝貢貿易の利権を一手に握ることで，臣下を強力に統制した。

1589年にマンジュ五部統一をはたしたヌルハチは，フルン四国との対決・征服を進めていき，1606年には内モンゴルの内ハルハからクンドゥレン・ハンの称号を贈られ，1616年にいたって，臣下から推戴されてジュシェン人のハンとして即位する（ゲンギェン・ハン）。この間，明がマンジュ国の強大化を警戒するようになり，対明関係はしだいに悪化した。そこでヌルハチは，政権の動揺を防ぐとともに国勢の急激な膨脹をコントロールするため，明の権威に拠らない自立した体制づくりを進めた。建州左右衛体制を清算して八旗制を創設・整備し[三田村 1965]，また五大臣を筆頭とする政務組織[増井 2007]や独自の位階制である世職制[松浦 1984；上田 2003；谷井 2004]を整えていったのは，この時期である。1599年にはモンゴル文字を改良してマンジュ文字を創案し，満文による独自の記録作成を始めている。『満文老檔』や各種の実録など清初史料の概要は，神田[1979]，松村[2001；2008：第Ⅱ部三]，加藤[2016]によって知ることができる。訳注としては，満文老檔研究会訳註[1955-63]，東洋文庫清代史研究会訳註[1972-75]，今西訳[1992]，河内訳註・編著[2010]などがある。

ヌルハチは1618年に対明開戦に踏み切り，翌年，サルフの戦いで明軍を撃破した[陸戦史研究普及会編 1968]。跡を継いだホンタイジは，ホルチン，内ハルハなど内モンゴル諸部の取込みを進め[楠木 2009；杜 2013]，チャハルのリグデン・ハーンが遠征中に急死した隙を衝いて，北元宗家のチャハルをも制圧した。ホンタイジは，これを契機として1635年に民族名

をマンジュ,翌年に国号を大清と改め,マンジュ,モンゴル,漢人の諸王から推戴されて皇帝となった[石橋 1994;趙志強 2007;楠木 2009]。これは,事実上大元ハーンを引き継ぐものとみなされている[岡田 1992]。

　1644年に明が内乱で自滅すると,第3代順治帝をいただく摂政王ドルゴンは山海関を越えて北京にはいった(入関)。入関当初は南方の漢地平定が急務であり,モンゴル・チベット方面に対しては外交関係を展開した[Ahmad 1970;岡 1993;石濱 2001;杜 2013]。大きく情勢が動くのは康熙帝のときであり,リグデンの孫ブルニの乱(1675年)を機にチャハル王家を取り潰し[森川 1983],またジュンガルのガルダン・ハーンの侵攻によってモンゴル高原を追われた北モンゴルのハルハ諸部を保護して臣従を受け入れ(1691年)[岡田 1979;Čimeddorji 1990],内外モンゴルを支配下におさめた。北方では,1689年のネルチンスク条約以降,ロシアと外交関係を結んでおり[吉田 1984],かくて中央ユーラシア東方は,北のロシア,東の大清,西のジュンガル,そして青海ホショート・チベット王国が並立することとなったのである。ロシア以外の三者はチベット仏教世界の観念を共有しており,ダライラマの保護者の座をめぐって争った[石濱 2001;2011]。1720年代,雍正帝はジュンガルのラサ遠征を機にチベットへ出兵し,ダライラマ政権の提携相手としての地位を確立するとともに,青海を併合した[石濱 1988;柳 2005]。そして1750年代,乾隆帝は宿敵ジュンガルを内紛に乗じて攻め滅ぼし,領域はジュンガリア・東トルキスタンにも広がることとなった[小沼 2014]。同時期にチベットにおいても政務監督体制を更新し,ここに大清は,中央ユーラシアの東半のほとんどを版図におさめることとなった[Perdue 2005]。

　ただし,チャハル征服から始まって入関,ハルハ進出,青海併合,ジュンガル攻略といった大きな転機は,ことごとく外部の状況に対応していった結果にすぎず,帝国の拡大に明確な目標や一貫した構想があったわけではない。それゆえ,帝国を構成する各地域・諸集団が帰属した経緯もその服属の形態もそれぞれ異なっており,これを束ねるのは,アイシン・ギョロ氏の大清皇帝と各集団との間の個別の君臣関係にすぎなかった。

八旗制の構造とその展開

このような帝国の拡大・発展の原動力となるとともに，第二の点，すなわち，自身が中央ユーラシア国家の系譜上に位置することをもっともよく示すのが，軍政一致の組織として著名な八旗制である。八旗制，およびそれを核とした清初政治史・制度史の研究は，孟［1936］に始まる。包括的に論じたものとして，張晋藩・郭［1988］，陳［1991］，杜［1998；2008；2015］，Elliott［2001］，杉山［2015］などがあり，また谷井［2015］は，これらと異なる観点から議論を構築している。軍制としての側面は阿南[1980]が論じており，また入関後については，早く細谷[1968]が，雍正改革による官僚制的支配への転換という見通しを示している。

基本組織は，従来の首長と属下を再編したニル（佐領）で，モンゴルの千人隊制の小型版（壮丁150〜300人）といえよう。八旗の組織は，5〜10数ニル（数は旗・時期により相違）で1ジャラン（参領），5ジャランで1グサすなわち旗を構成するという階層組織からなる。グサとは集団，軍団という意味であるが，黄・白・紅・藍の，縁取りのない旗（正）・ある旗（鑲）の軍旗によって区別されたので，旗と称されるのである。各単位の長官はニル・ジャンギン（漢語では組織名と同じく佐領），ジャラン・ジャンギン（参領），グサ・エジェン（都統）といい，また副長としてメイレン・ジャンギン（副都統）がおかれた（1634年以前は，すべて某エジェンといった）。ニル制は1601年に施行され，それを基に1606年頃に四旗制［増井 2009］，さらに拡大して1615年までに八旗制が成立したと考えられている［三田村 1962］。やがて征服の進展にともなって，モンゴル兵・漢人砲兵のニル，ついでグサも編成され，各旗内は入関までに満洲・蒙古・漢軍の三隊からなるようになった［浦 1931；細谷 1994；梅山 2006］。これが八旗満洲・八旗蒙古・八旗漢軍である。ヌルハチ時代に約240だったニルは，これら新参の編入や人口の増加などで増設された結果，18世紀には1000ニルを超えた。

各旗にはヌルハチ兄弟の嫡系王族が分封され，旗下のニルを支配した［神田 1958］。それら王公爵（和碩親王—多羅郡王—多羅貝勒—固山貝子—鎮国公—輔国公）をもつ上級王族は，王公，あるいは研究上親王と呼ばれる。皇帝自身，当初は正黄・鑲黄両旗，のちに正白旗を加えた上三旗を直率し

たが，それ以外の五旗(下五旗)は旗王(王公)が分有した。皇帝・旗王は，属下の有力旗人とのあいだに通婚や近侍など緊密な関係を築いて領旗を統率した[杉山 2015；鈴木 2003；2007]。ニルの大多数は旗人が管轄する旗分ニルだったが，旗王には，自家に直属して奉仕するボーイ・ニル(包衣，家のニルの意)が与えられていた[増井 2008]。皇帝のボーイ・ニルを組織したものが内務府である[祁 2009]。皇帝・旗王の身辺には，家政機関である包衣と，旗下から選抜した親衛であるヒヤ(侍衛，護衛)が近侍しており，モンゴルにおけるケシクと同様の役割をはたした[杉山 2003]。他方，大ハーンが巨大な勢力を誇ったモンゴルと違って，各旗の規模や権利，義務は均分が原則であり，これを「八分」という[杜 1998；谷井 2015：第2章]。そしてこれらは，両黄旗を首位として左翼四旗・右翼四旗に分けられて序列・配置が定められていた。

このような制度体系は，八旗の外側にもアレンジして適用された。内外モンゴルをはじめとする内陸諸地域においては，首長には宗室と同格の王公爵を授け，その集団は八旗になぞらえたザサク旗に編成して参勤や軍役の義務を課し[岡 1994；2007]，あるいは直接ニルや旗に編成した[柳澤 1994；1997；承志 2009]。これらの集団・領域は外藩・藩部と呼ばれて理藩院が管掌し，宗室・旗人の専管とされて，漢人官僚は原則として関与が許されなかった[趙雲田 1989；片岡 1998；張永江 2001；村上 2007]。要地には北京の八旗(禁旅八旗)から分派された駐防八旗が駐留し，ザサク王公ら現地の首長・官員と協同して治安維持や監督にあたった[定 2003]。

大清と「中央ユーラシア国家」的性格をめぐって

このように，大清国は八旗を主力として拡大し，八旗を核として組み立てられた国家であり，これを単純に中華王朝と同一視したり，同化(漢化)したものとみなすことはできない。そこで，どのような位置づけを与えるかが焦点となる。帝国は，大別して八旗に組織された「満」(「旗」)，モンゴル・チベットをはじめとする「藩」，そして明から引き継いだ「漢」からなり，皇帝はそれらの君主をかねるとともに，チベット仏教や儒教に基づく秩序を一身で主宰する存在であった[岡 2002；石橋 2011]。岡(Oka)

［1998；2002］は，ピラミッド型の組織体系をとりつつ各単位が自立的である分節的・重層的構造を「北アジア的」国家・社会構造と呼んで，清をその1つと位置づけるとともに，一元的な中華王朝とは異なる，政治理念や皇帝＝頂点そのものの多元性に基づく国家構造という特質を強調する。杉山［2015］は，より具体的に，モンゴル帝国に代表される中央ユーラシア国家の中核構造としてあげられる，(1)階層組織体系による組織編成，(2)一族分封とそれによる麾下の分有，(3)左右翼制，(4)君主の親衛隊，という諸点がすべて八旗制に見出せることを示し，遊牧でこそないものの，大清が中央ユーラシア国家として位置づけうることを主張する。同時に，遊牧のテュルクやモンゴルと違って，元来定住農耕生活を営み，政策的に集住を貫徹したために，長期にわたる求心力の維持に成功したと指摘する。内陸アジア的性格をめぐっては，熱河でおこなわれる囲猟（巻狩）と賜宴が，ユーラシア規模の広がりを示すものとして注目される［浦 1938；羅 1989；岩井 1991；Millward et al., eds. 2004；Allsen 2006］。

これに対し谷井［2015；2016a；2016b］は，これらの見解を厳しく批判して，八旗を集権的・官僚制的組織であるとし，女真的伝統と「中央ユーラシア的」性格いずれも否定するとともに，北元期モンゴルの状況をあげて，当時「中央ユーラシア的」国家が役割を終えつつあったとし，清朝はそれに代わる新しい形態の国家であったと論じる。谷井陽子の見解をめぐっては，杜［2015］，杉山［2015］との応酬があり，議論のゆくえが注目される。その際，主従関係や集権・分権といった概念，そして「中央ユーラシア的」なるものの措定に留意して議論することが欠かせない。関鍵となる「中央ユーラシア」「中央ユーラシア国家」の概念については，杉山［2016］で整理されている。杉山［2015：補論］では，近世ユーラシアの諸帝国として大清，オスマン，サファヴィー，ムガルの比較が試みられているように，「中央ユーラシア的」国家をめぐる論点は，大清・マンジュにとどまらず，本書で扱うあらゆる時代・地域・国家とリンクしており，広く議論されることが望まれる。

杉山清彦

2│清代以後のモンゴル

モンゴル史上の清代

　モンゴル史上の清代とは，17世紀初めにマンジュ(満洲)が建国した大清国(当初は後金国)の支配下にあった時代を指し，内モンゴルでは17世紀初めから，外モンゴル・ハルハでは17世紀末から，西モンゴルでは18世紀半ばから，1911年の大清国滅亡まで続いた。その支配は，長いところで300年近く，短いところで140年におよぶ。

　杉山清彦は，大清国の国家構造を，八旗・内地・外藩(モンゴル)という3つの統治カテゴリーからなる複合的なものだったとしている［杉山2015］。「外藩」と呼ばれる清のモンゴル統治の枠組は，入関，すなわち中国征服以前に構築され，中国征服以後もその基本的構造は維持された。それゆえ清のモンゴル支配は，とくに政治・制度面において，中国王朝清朝のモンゴル支配という以上に，マンジュのモンゴル支配という側面をもつ。マンジュの皇帝(ハン)は，モンゴルのハーンとしての機能を継承しつつ，チベット仏教理念に基づき，仏教の大施主，転輪聖王として統治をおこなった。統治制度上でも，後述するように明の制度を受け継いだ内地行政とは異なる，王公制度や盟旗制度による統治をおこなった。しかし清代のモンゴルは，経済面では山西商人をはじめとする漢人商人の経済活動と，清代中期から進行した漢人農民の移住・入植によって，中国経済の周縁と化した。社会主義期のモンゴルの研究者がこの時代を「満＝漢による植民地支配の時代」と呼ぶのは，かかる側面をとらえたものである。

　大清国は，モンゴル諸集団に対して安定した支配を維持した。北アジア史を彩ってきた遊牧民による定着農耕地帯への侵入はあとを絶たず，服属後の諸集団はおおむね恭順を貫いた。この政治的安定こそが，清代最大の特色である。清は，モンゴルに中国風の文書行政を導入したので，多くの法制史料や満蒙文文書が残されている。それゆえ清代は，遊牧民自身が残した史料の欠如に苦しむことの多い前近代の北アジア史において，例外的に豊富な史料を有している。これらの史料からわれわれは，モンゴル遊牧民の社会構造や行政統治制度，法制，宗教，文化を詳細に知ることができる。

その知見は，清代以前のモンゴル遊牧民社会を考察するうえでも示唆に富む。

清代モンゴルの政治史

　1603年に即位したモンゴル最後の大ハーン・リグデンは，分裂した諸部を強権的に統合しようとしたが，かえってその反発を受け，モンゴル東部のホルチン，内ハルハや，チャハルのウルート，アオハン，ナイマンなどの王族がつぎつぎとマンジュに降った。彼らはマンジュの王族と通婚をかさね，優遇を受けた。1634年，リグデンが病没すると，モンゴルの諸王族は，マンジュの支配氏族であるアイシン・ギョロ氏王族や漢人の諸侯とともにマンジュのハン・ホンタイジをあらためて皇帝(聖なるハーン)に推戴した。これにより大清国が成立する［楠木 2009］。投降したリグデンの子エルフ・ホンゴル・エジェイは直接の属民とともにシラムレン流域に牧地を与えられたが，エジェイの死後その弟アブナイは，マンジュの待遇に不満を示したため盛京(セイケイ)に幽閉され，その子ブルニは，1675年，三藩の乱の発生に乗じて蜂起し，鎮圧された。また順治年間にモーミャンガン，スニドの一部王公が外モンゴルに逃亡して討伐を受けたが，モンゴル王族の大半は清朝に恭順を示した［森川 1983］。

　内モンゴル地方の諸部が清に服属したのちも独立を維持していた外モンゴル・ハルハ部では，ザサクト・ハーン，トシェート・ハーン，セツェン・ハーンら多くの王族が大きく左右両翼に分かれていたが，内モンゴルが清に服属すると，清とも交渉をもった。清の順治帝は，ハルハ王族のうち，上記3ハーンを含む8人の王族をザサク(旗長)に任命して，両者の関係の責任者とした。一方アルタイ山脈以西では，ホショート，ジュンガル，ドルベト，ホイト，トルグートなどのオイラト諸集団がゆるやかな連合体を形成していたが，1629年にトルグートを主とする集団がヴォルガ下流域に移住，1630年代にはグシ・ハーン率いるホショート部が中心となって青海に進出，さらにゲルク派を支援してチベットを統一し，ダライラマ5世に献呈した。1640年にはハルハの諸侯とタルバガタイで会盟をおこない，同盟を結ぶ。ジュンガリア本土ではジュンガル部のバートル・ホンタイジ

が勢力をもったが,その死後内紛が起こり,1662年にガルダンが内紛を鎮めて当主となった。ガルダンはオイラト諸部を統合し,ボショクト・ハーンを名乗って東トルキスタンやカザフに出兵する一方,ハルハ・ザサクト・ハーンの後継者争いに介入する。情勢の不安定化をきらった清の康熙帝は,ダライラマ5世とともに調停に乗り出したが,1688年ガルダンはハルハに武力侵入して,対立するトシェート・ハーンらハルハ左翼を撃破,外モンゴルを占領した。ハルハの大半は南下して清の保護を受け,1691年ドロンノール会盟において清に服属した[岡田 2013]。康熙帝は5回の親征によりガルダンを滅ぼしたものの,ジュンガルではガルダンの甥ツェヴェーンアラブダンが支配権を握り,チベットのダライラマの転生問題などをめぐって引き続き清に対抗した。青海では,1621年に清軍が青海ホショート部の内紛に介入し,王族ロブサンダンジンの抵抗を鎮圧した。1630〜32年にはツェヴェーンアラブダンを継いだガルダンツェレンがハルハに派兵したが,清軍により撃退された。ガルダンツェレンの死後,ジュンガルが内紛に陥ると,清は1755年に出兵して平定する。清軍の出兵に際して,ホイト部長アマルサナーは清軍に協力したが,ジュンガルに4人のハーンをおいて分割統治しようとした清の戦後措置に反発して反乱を起こす。1757年,清軍は再度ジュンガルに侵攻,これを壊滅させ,アマルサナーはロシアに亡命後まもなく病死した。アマルサナーの反乱に際しては,ハルハにも動揺が広がり,ハルハ・ザサクト・ハン部の王公チングンジャブが蜂起して鎮圧されたほか,トシェート・ハン部の一部王公を中心とするロシアへの帰属運動も発生した[宮脇 1995;森川 1985]。また清は,康熙から雍正年間にかけて,トリシェンらの使節団をヴォルガ河畔のトルグート部に派遣している[澁谷 1996]。トルグートの歴史に関しては,宮脇淳子による研究がある[宮脇 1991]。

　ガルダン以来ズーンガルとの対立の直接の銃後であったハルハに対し,清はトシェート・ハン・ドンドヴドルジに康熙帝の皇女を降嫁させるなどトシェート・ハン家を重視する一方で,北京の内廷で教育したハルハ王公ツェレンやサンザイドルジを重用し,トシェート・ハンを筆頭とするハルハに対する支配強化を模索した。清はジュンガルのガルダンツェレン軍撃

退に功績をあげたツェレンを定辺左副将軍に任命し,さらに彼の近親の王公をサインノヤン部としてトシェート・ハン部から分離させた。1741年にツェレンが没すると,その長子ツェングンジャブが将軍職を継ぎ,ハルハの王族たちの一方の中心となった。ハルハ最高の転生僧ジェブツンダンバ・ホトクトを一族から転生させていたトシェート・ハン部に対しては,1757年,北京の宮廷で教育を受けたサンザイドルジをトシェート・ハン部副将軍に任命してジェブツンダンバの本拠地フレーに送り込み,満洲大臣にも補佐させてトシェート・ハン部に対する支配強化をおこなった。しかしウリヤスタイ定辺左副将軍ツェングンジャブは,トシェート・ハン部の王公やフレーのラマ・スンデブドルジなどと結んでサンザイドルジと政争を繰り広げ,1765年にはサンザイドルジによるロシアとの密貿易を告発して解任に追い込んだ。ツェングンジャブの死後,乾隆帝はその弟ツェブデンジャブを将軍職に就けたものの,1772年にはこれを解任し,後任に内モンゴル王公を任命した。当時のハルハにおける大きな政治課題の1つは,ズーンガル滅亡後におけるハルハの牧地の西方への拡張問題であったが,アルタイ山脈までの牧地拡張を狙うハルハ王公の企図を阻止しようとした乾隆帝は,1780年にハルハが定辺左副将軍バトを通じて再び牧地拡張を奏請すると,バトにハルハ四部の牧地界画定を命じ,さらに満洲旗人慶桂を定辺左副将軍に任命した[岡 1992]。

清のモンゴル統治制度

　清の中核たる八旗が皇帝およびアイシン・ギョロ氏王公属下であるのに対して,外藩モンゴルは,ボルジギン氏などモンゴルの支配氏族属下ということができる。

　清の征服過程で,一部のモンゴル人は八旗満洲や八旗蒙古に編入されたが,その一部はモンゴル高原に牧地を有しており,「内属蒙古」と呼ばれた。八旗のモンゴル人のなかには,外藩における支配氏族と同族の者もいたが,八旗側ではアイシン・ギョロ氏王公のみが支配氏族とされ,これらモンゴルの支配氏族出身者には特権的な王公の地位は認められていない。八旗に編入されたモンゴル人は,官僚としてさまざまな官職に登用された

[村上 2007]。

〈王公制度〉　一方，外藩モンゴルの統治は，王公制度と盟旗制度を両輪とした。王公制度とは，モンゴル諸アイマクの支配氏族にマンジュ王公(内王公)と格式を同じくする王公タイジ(外王公)の爵位(和碩親王・多羅郡王・多羅貝勒・固山貝子・鎮国公・輔国公および頭等～四等タイジ)を与え，貴族身分としたものである。モンゴルの諸集団を支配するボルジギン氏などの支配氏族は，近い血縁分枝がまとまってアイマクと呼ばれるまとまりをもっていた。このアイマクのまとまりは清代にも維持され，満洲語で「アイマン」，漢語で「部」「部落」などと呼ばれた。北元期のアイマクでは，「ノヤン」とか「タイジ」と呼ばれた支配氏族に対して，異姓諸氏族の者はハルツ(属民)身分であったが，清はこれを継承して支配氏族の成員に王公タイジの爵位を与え，旧属民を安堵した。オイラトでは，ジュンガル部やドルベト部のチョロス氏，ホイト部のイヘ・ミャンガン氏，トルグート部のヘレイト氏が支配氏族として，服属後ボルジギン氏同様，王公タイジの身分が与えられた。満蒙の王公は，ときどきの政治的思惑から通婚を繰り返し，大清国の特権的貴族身分を形成した。

〈盟旗制度〉　清は，外藩モンゴルにチョールガン(盟)・ホショー(旗)・ジャラン(参領)・ソム(佐領)・アルバン(十戸)からなる統治制度を設けた。

チョールガンは，北元末期に存在した諸アイマクの王族・官員の会議体で，必要に応じてさまざまなレヴェルで開催されていた。清はこの制度を継承しつつ，チョールガンに参加するアイマクを指定して定期的に開催させ，さらに18世紀には盟長・副盟長を任命することによって，常設の地方行政単位とした。

チョールガンを構成する諸アイマクは，1つないし複数のホショーに編成されていた。ホショーもやはり北元期のモンゴルに存在した組織である。北元期のモンゴルでは，諸アイマクの王族率いる集団はオトクと呼ばれ，ホショーはオトクが構成する軍事組織であるとされている[ウラヂミルツォフ 1936]。清はホショーを行政統治組織として用い，ザサクをその長とし，八旗制度に倣い，ホショー内にジャラン，ソムを編成した。王公タイジの属民集団は，150人の兵を供出する単位ソムに編成され，数ソムでジ

ャランを構成した。ホショー内には,ザサクを補佐する協理タイジ,ザヒラクチ・ザンギ(管旗章京,八旗の都統に相当),メイレン・ザンギ(八旗の副都統に相当),ザラン・ザンギ(参領),ソマン・ザンギ(佐領)などの役職がおかれた。旗長であるザサクは,清によって設けられた制度と考えられてきたが,服属以前のハルハの法制史料に「ザサクを持したタイジ」「ザサクたるタイジ」などとしてあらわれ,また1636年以前のマンジュ側の史料にも「ザサクたるノヤン」があらわれることから,北元末期のモンゴルに由来する役職と考えられる。清代のホショーは,北元期モンゴルの制度を継承しつつ,これにマンジュ的な組織・役職を加えたものと考えることができる[岡 2007]。

またザヒラクチ・ザンギ以下のマンジュ風の役職・制度とともに,タイジと属民の主従関係に基づく社会構造も維持されていた[岡 2007;中村 2005]。いずれにしても清代の盟旗とは,北元末期のチョールガン,ホショーの清代的形態といえ,今後盟旗レヴェルの文書史料などを用いてその行政機能を研究する必要がある。

清がチベット仏教を統治理念としたことは前述したが,これにより清代のモンゴルには多くの仏教寺院が建立された。ゲルク派を主とする清代のチベット仏教教団は,チベットのダライラマやパンチェン,首都北京のチャンキャ・ホトクト,外モンゴル・ハルハのジェブツンダムバ・ホトクトを頂点として,各地の寺院のラマのあいだに師弟関係のネットワークを形成し,モンゴルだけでなく八旗の一部にも信徒をもっていた。歴代の満洲皇帝はその大施主となり,北京,熱河の避暑山荘,副都盛京,モンゴル各地に多くの勅建寺院を建立している。石濱裕美子は,これを「チベット仏教世界」と呼んでいる[石濱 2001]。清朝は高位のラマに印璽を支給し,ザサク・ダーラマなどの僧職を設置して仏教教団を管理したが[池尻 2013],ラマたちのあいだの師弟関係は,清朝の官僚行政の枠外で大きな影響力をもった。モンゴルの教団は王公タイジが寄進した「シャビナル」と呼ばれる独自の属民集団を有し,大きな経済力を蓄積して交易にかかわり,商業流通にも大きな役割をはたした。

清がモンゴル統治にあたって制定した規定は「蒙古例」と呼ばれ,法典

としてまとめられている。これは清初以来モンゴルや八旗を対象に制定された規定や諭旨をまとめたもので,乾隆年間には『蒙古律例』,嘉慶・道光・光緒年間に『理藩院則例』が編纂・刊刻された。また同様の法規定は,歴朝の『会典』『会典事例』の理藩院関連の諸巻にも収録されている。遊牧民社会における「北方ユーラシア法系」の存在を想定する島田正郎は,とくに刑事関連の規定について逐条的研究をおこなっている[島田 1982; 1995]。ただ清は,必要に応じて『清律』をもあわせ用いており,またモンゴル現地では『ハルハ・ジロム』などの固有の法も併用されていたことが,萩原守により明らかにされている[萩原 2006]。

　また清は,モンゴル各地に駐防官と呼ばれる官員を配置した。内モンゴルの綏遠城将軍,前述のハルハの定辺左副将軍,イリ将軍,イヘ・フレー(現ウラーンバートル)の辦事大臣,ホブドの参賛大臣などがそれである。駐防官は直接盟旗内部の行政統治にかかわることはなかったが,盟旗から上呈される案件の審理や首都北京への伝達をおこなっていた。佐藤憲行は,イヘ・フレーの辦事大臣が,モンゴルの盟旗や仏教教団と漢人商人の関係を調整する役割をはたしていたことを論じている[佐藤憲行 2009]。

　清代のモンゴル人は,アルバと呼ばれるさまざまな義務を負っていた。とくに兵としての義務はその中核に位置するもので,戦闘への参加,駅站・卡倫(哨所)・牧廠での勤務,行政官衙の費用負担を含んでいた[Нацагдорж 1963]。

　このように清のモンゴル統治は,王公タイジの属民支配とザサクなどの役職を通じた行政統治をあわせもつものであり,両者ともに清代以前の社会との連続性がみられる。

モンゴルへの漢人の進出

　清代モンゴル史を彩るもう1つの側面は,内地からの漢人の流入である。清は,外藩モンゴル王公の属下と,内地諸省を本籍とする漢人(民人と呼ばれた)を別個の統治体系に組み込み,統属関係を越えた移籍を厳しく禁じたものの,漢人の居住自体は管理が可能な限り認めていた。

　モンゴルでの漢人の活動には2つの側面がある。1つは山西商人や直隷

商人の活動である。漢人商人は,帰化城(フフホト),ドロンノール,イヘ・フレー,ウリヤスタイ,ホブドなど,清軍の駐屯地や行政官衙所在地に商業拠点を有した。漢人商人は,モンゴル人住民との交易において高利貸し的経営をおこない,かつ駐防官衙や盟旗の行政権力の御用商人として,急速にモンゴル経済を掌握した。漢人商人の組織・活動については,現地調査に基づく今堀誠二の詳細な研究がある[今堀 1955]。

もう1つの側面は,漢人農民の入植と開墾の進展である。モンゴル人は,漢人からの借金返済のために,漢人農民に牧地を開墾・用益させ,租(小作料)収入を返済にあてるようになった。また地商と呼ばれる漢人ブローカーは,まとまった土地を旗から借り受けて農民を入植させた。これにより内モンゴル南部・東部を中心に,定着農耕社会化が進んだ。清は,移住者の送還が不可能になると,蒙漢の統治区分を維持したうえで内地諸省住民を管理するため,モンゴル現地に漢人を管轄する理事同知・通判を配置したり,府・州・県官衙を設置し,モンゴル人とのトラブルの審理にあたらせた。漢人農民の入植は,漢人商人の経済力とあいまって,しだいにモンゴルの内地経済への統合・周縁化を進めた[田山 1954]。

清末になると,ロシアや日本に対する中国東北部やモンゴル防衛上の観点から,外藩モンゴルでの政策転換が模索された。とくに人口希薄なモンゴルの防衛の困難さが指摘され,内地人口の外藩への入植促進と,農業開発がはかられた。1902年に始まる西太后政府による新政は,国家主導による積極的な入植政策への転換を含んでいた。モンゴル側は,このような政策転換が遊牧生産をそこなうとして抵抗したが,清は督辦蒙旗墾務大臣貽穀を内モンゴル西部綏遠城に派遣し,「官辦開墾」を実施に移した。ただ内モンゴル南辺ではすでに入植・開墾が進んでおり,貽穀の入植政策は,既墾地からの地租収入の国庫への回収をはかるものであった。貽穀はまもなく汚職の嫌疑で失脚したが,同様な開墾政策は内モンゴルで広く進められ,さらに民国期には軍閥政府によって引き継がれていく[佐藤公彦 1995;広川 2005]。

清代モンゴルの文化

　清代モンゴルを特徴づける文献群として，モンゴル文年代記がある［森川 2007］。17世紀に始まる年代記叙述の代表的文献は，オルドスのサガン・セツェン著の『エルデニィン・トブチ』である［岡田 2004］。この書は，世界創生から説き起こし，インド・チベットの王統をモンゴルの歴代ハーンや清の皇帝の統治へと接続し，仏教の保護者としての王権の歴史が説かれた。また著者不明の『アルタン・トブチ』，ロブサンダンジン著『アルタン・トブチ』は，『元朝秘史』からの長大な引用が含まれていることで知られる。さらにハルハのシャンバ・ダイチン著『アサラグチ史』は，ハルハ王族の詳細な系譜を記録している。18世紀には清の訳経事業に参画したウジュムチンのゴムボジャブ著『ガンジスの流れ』，八旗蒙古のモンゴル人ロミによる『博爾済吉特氏族通譜』，ジャルード部のシレート・グーシ・ダルマの『金輪千輻』，バーリン部のタイジ・ラシプンスクの『水晶の数珠』，ナタ著『黄金の数珠』，19世紀にはジャムバルドルジ著『水晶の鏡』，ガルダン著『宝の数珠』など，多くの歴史叙述がなされている。

　清代モンゴルの文化において重要な役割をはたしたのはチベット仏教である。16世紀末以後，チベット仏教は急速にモンゴル全土に広まった。清も仏教をモンゴル統治上の理念として用いた。北元末期に開始されていたチベット仏典のモンゴル語への訳経事業は，チャハルのリグデン・ハーンに引き継がれ，清もこれを継承した。康熙末から雍正年間にはチャハルのロブサンツルテムやウラド部のビリギンダライ，ウジュムチンのゴムボジャブなどによってチベット文・漢文仏典のモンゴル語訳が国家事業としておこなわれた。また翻訳事業のために『二十一巻本辞典』，ゴムボジャブ，ビリギンダライによる『チベット語を容易に学ぶ書』，『メルゲッド・ガルヒン・オロン』などの辞典や語学書が編纂された。また翻訳は暦学書などの漢文文献にもおよんでいる。金岡秀郎は，「清代のモンゴルの翻訳史においては，チベット語と漢語のモンゴル語訳がその二大柱であった」と述べている［金岡 1986；1987］。また清代のモンゴルでは，チベット仏教の高位のラマたちによるチベット文・モンゴル文の伝記著述もさかんにおこなわれ，これに基づいた高僧の伝記研究が若松寛によりなされている［若松

1974;1975;1983]。

満洲語,モンゴル語,漢語を文書行政に用いた清は,三言語による欽定書を数多く残している。例えば歴代皇帝の『実録』,『蒙古律例』『理藩院則例』などのモンゴル関係の法規集や,『聖諭広訓』などの教訓書,モンゴル王公の伝記集『欽定外藩蒙古回部王公表伝』などが編纂された。とくにモンゴル文版の『表伝』は,年代記にも大きな影響を与えた。また満蒙・満蒙漢・満蒙漢蔵回の対訳辞書や解説辞書も多数編纂された[今西 1966]。

このように,モンゴルの文化史上における清代の意義は極めて大きいものがあり,この時代に形成・整備された文語は,近代モンゴル文語の形成に重要な役割をはたしている[栗林 2012]。

清代から近現代へ

西太后新政は,モンゴル王公の反発を惹起した。1911年末,外モンゴル・ハルハの王公を中心に,ロシアの援助を得てフレーのジェブツンダムバ・ホトクトを「ボグド・ハーン」(聖なるハーン)に推戴して独立を宣言,1912年に露蒙条約を締結した。1913年1月,ボグド・ハーンの政府は内モンゴルに派兵したが,ロシアと中国の圧力のもとで撤兵した。中華民国とロシアはモンゴルの地位を外モンゴルに限った自治に限定し,1915年のキャフタ条約でモンゴル政府に承認させた[橘 2011]。内モンゴルからも独立に呼応する動きがあらわれたが,多くは状況を静観する態度をとった。独立に呼応した内モンゴル人バボージャブは,内モンゴルに戻って独立運動を継続したが敗死した[中見 2013]。

1917年のロシア革命により後ろ盾を失ったモンゴルに,1919年,中華民国政府は徐樹錚将軍を派遣し自治を撤廃させた。しかし1921年2月,ウンゲルン゠シュテルンベルグ男爵率いるロシア白軍が外モンゴルに侵攻してフレーを制圧した。これより先,中国軍占領下のフレーではボド,ダンザンらによって抵抗運動が組織され,ソ連に援助を求めた。ソ連も白軍がモンゴルを根拠地とすることを恐れ,ボドーらにモンゴル人民党・人民義勇軍を組織させ,1921年7月に赤軍とともにフレーを解放した。ここにモ

コラム15 | モンゴルの外邦図

　古地図をモンゴル史の基本史料として使う試みをここ10年程おこなってきた。美しく詳細に描かれた美術作品のような絵地図もたまにあり，見ていてあきない。清代の手書きの地図については一定の知見が得られたので，1911年の独立後のモンゴルで作成された地図なども対象にするようになった。モンゴルでは1920年代まで手書きの地図がつくられた。この時期に，モンゴルの周辺ではロシア，日本，中国などが測量機器を使った近代的な方法で精密な地図を作製し始めていたが，その技術がモンゴルにはいってくるのは，かなり遅れた。

　軍事用の秘密地図，いわゆる外邦図はモンゴル地域でも大量につくられた。日本の陸地測量部やその他の機関が内外モンゴルでつくった10万分の1地図は，1000種類を超えると推定される。となると，モンゴルの地図の歴史を追っていくと，どうしてもこれらの膨大な軍事地図を相手にせざるをえない。

　近代の戦争では，正確な地図の確保が至上命令だった。1939年のノモンハン戦争（ハルハ河戦争）のとき，戦場でソ連軍から鹵獲（ろかく）した地図をその日のうちに飛行機で後方へ送り，一晩で複製をつくり翌日には各部隊に配布したという（防衛省防衛研究所所蔵文書）。当時，いかに地図が重要視されたかを物語るエピソードだ。

　日本がモンゴルの周辺で積極的に軍事作戦を展開した時期に大部分の地図がつくられた。最初は，辛亥（しんがい）革命により清帝国が滅亡し，モンゴルが独立した時期に多数の地図がつくられ，シベリア出兵というかたちでロシアの内戦に介入した時期にもかなりの数が作成された。日本が満洲国をつくったあとや，日中戦争が激化した時期にも地図作成のピークがあらわれる。

　モンゴル地域を描いた外邦図の研究は，未開拓な分野の1つであるが，とりわけ外モンゴルで測図をした地図の研究はほとんどなされていない。1つの理由として，単純に資料へのアクセスの困難さがある。内モンゴルの地図は『中国大陸十万分の一地図集成』（科学書院）のなかにかなり収録されているので，利用は可能だが，外モンゴルの場合は，資料をそろえること自体が簡単ではない。

　アメリカの議会図書館の電子版目録の記述やその他の情報を総合すると，シベリア出兵の時期に，外モンゴル中央部および東部のかなりの地域で測量がおこなわれたのは確実で，外邦図は当時の景観の復元だけでなく，歴史の研究にも大変有用だと考えられる。　　　　　　　　　　　　　　　　　　二木博史

ンゴル人民政府が成立し、1924年ボグド・ハーンの死により共和制のモンゴル人民共和国となった[青木 2011]。以後、1928年からの極左政策とこれに対する1932年の大規模な反乱、ゲンデン首相のもとでの極左政策の緩和、1930年代後半のチョイバルサンらによる大規模な粛清などをへて、ソ連の衛星国となる。1939年には侵入した日本軍をソ連とともに撃退した（ノモンハン事変、ハルハ河戦争）[田中 2009；シーシキンほか 2006]。1940年には社会主義化達成が宣言された。1945年8月にはソ連とともに日本に宣戦、内モンゴルに軍を派遣した。

一方内モンゴルでは、中華民国が内モンゴルを特別行政区に分割して統制を強めた。1920年代半ばの国共合作時にはコミンテルンの支援のもとで内モンゴル革命が企図されたが、1927年の合作の崩壊で失敗した[二木 1984]。1930年代には内モンゴル東部が日本の傀儡国家満洲国に編入され、西部では徳王（デムチュクトンロブ）が自治運動を展開した[鈴木 2011；森 2000；2009]。日本の敗北後、東部・西部でそれぞれ自治運動がおこなわれたが、1947年に中国共産党の指導下で内モンゴル自治区が成立した。文化大革命の時期には民族の知識人・幹部に激しい迫害がおこなわれた[楊 2009]。

清朝の滅亡に始まるモンゴルの近代は、独立ないし自治の達成、民族の統合、社会主義体制や日本の支配下での近代化を課題としたといえる。しかしこの過程はロシアとソ連、中国、日本の複雑な国際関係のもとで展開し、結局モンゴルは中国・モンゴル国という2つの国に分断されることになった。モンゴル近現代史の研究は、1990年代初頭の冷戦終了による関係諸国のアーカイヴの開放やアジア歴史資料センター（http://www.jacar.go.jp/）のデータベース公開など、資料へのアクセスが格段に容易になったことが研究の進展に拍車をかけており、ボグド・ハーン政権期に関する中見立夫、橘誠の研究や、二木博史、青木雅浩による人民革命期の研究、中華民国期や満洲国のモンゴル政策に関する江夏由樹[江夏 2008]、広川佐保や鈴木仁麗らの研究成果が上梓されている。清代から近現代にかけての研究史の詳細は、『モンゴル史研究——現状と展望』にまとめられている[早稲田大学モンゴル研究所編／吉田順一監修 2011]。また清代を含めたモンゴル史

の概説を宮脇淳子が出版している[宮脇 2002]。

岡　洋樹

3 | 清代以後の新疆

　18世紀中葉の西方遠征により、清朝は天山(てんざん)山脈の南北に広がる広大な領域を支配下においた。のちに清は、この地域を「新たな領域」を意味する「新疆」と呼ぶようになる。清代以降の新疆の歴史を研究するにあたっては、つぎの3つの視点が重要となる。第一に遊牧民やオアシス定住民が古来生活を営んできた中央ユーラシア・中央アジア世界の一部であること、第二に西方から連なるテュルク・イスラーム社会の一部であること、第三に中国本土を拠点とする多民族国家(清、中華民国、中華人民共和国)の一部であることである。実際の歴史展開のなかでは、上記の3点は不分離かつ流動的な状態にあったが、このような政治・社会・文化の多様性・重層性こそ、当該時期の新疆社会の特色であり、かつ研究を進めるうえでもっとも「おもしろみ」のある部分である。いずれの点におもな関心をすえるにせよ、ほかの視点にも目を配り、自身の研究の位置付けを見定める必要があるだろう。

　清代以降の新疆の研究は、以下に示すように、日本人研究者が多くの業績を残し、国際的に学界をリードしてきた。他方、Millward[2007]は欧米における代表的な新疆史の概説書であり、清代以降の記述が充実している。《新疆通志》編撰委員会編[2008]は中国における代表的論文を再録したものであり、便利である。

清の統治と新疆社会

　1755年に清は天山以北の草原地帯を拠点とした遊牧国家ジュンガルを攻め滅ぼした。その統治下にあったオイラト遊牧民を体制下に編入するという当初の試みは水泡に帰し、彼らの離叛を招いたため、清はオイラトの一掃へと方針を転換した[小沼 2014]。一方、天山以南のタリム盆地周縁(東トルキスタン、回部、回疆(かいきょう))に位置し、テュルク系ムスリム(現在のウイグル

族)が居住するオアシス地域に対しても，清は現地で政治的・宗教的権威を誇るカシュガル・ホージャ家と関係構築をめざしたが，しだいに対立を深め，1759年に東トルキスタン全域を征服した[Ходжаев 1991；新免・菅原 2002]。ここから開始される清の新疆統治のアウトラインは羽田[1982]が示しており，政治・社会状況や対外関係については佐口[1963；1966；1986；1994]や Fletcher[1978]が研究の基礎となる。Millward[1998]と蔡[2006]は，清の西域経営という視点から社会経済状況の把握を試みている。

遠征終了後，清はイリに将軍職(通称イリ将軍)[阿拉騰奥其爾 1995]を設置し，新疆全域を軍政下においた。イリやウルムチに家族同伴の駐防兵(満蒙八旗，ソロン，チャハル，シベ，オイラト)を移住させ，支配の拠点となる軍営を建設した。さらに屯田(とんでん)に従事する漢人部隊の緑営兵とその家族，新疆南部のムスリム農民(タランチ)，一般漢人(回民や流刑者を含む)が移住したことで，天山北麓沿いに定住コロニーが形成され，自然・社会環境も変化した[Waley-Cohen 1991；加藤 1992；華 1995；2003；2009；張 2011；賈 2012；窪田監修・承志編 2012]。清軍の攻撃と疫病の流行で人口が激減したオイラトについては，1771年にヴォルガ川下流域からトルグート部の一部が帰還[宮脇 1991]をはたすものの，その存在感は著しく減退した。清は隣接するカザフの首長層に爵位を授与して関係を築いたが，カザフが東に遊牧地を拡大するに従い境界問題が浮上した[野田 2011；小沼 2014]。

新疆南部のオアシスで農業・商業・手工業に従事するテュルク系ムスリム定住民は，元来統一した民族名称をもたず，状況に応じて多様なアイデンティティを有していた。彼らを統治するため，清は主要オアシス都市に衙門(がもん)(役所)を設置した。この衙門を囲む城塞は「満城」「新城」(のちに「漢城」とも)と呼ばれ，旗人(八旗の構成員)出身の大臣(アンバン)や官員，単身交代制の兵士(換防兵)が駐留し，またコーカンド・ハン国など周辺諸勢力との交渉窓口になった。統治と防衛の必要上，新疆の諸都市を結ぶ駅站(えきたん)(軍台)を整備し，域外に続く交通路上の要地に警備所(卡倫(カルン))を設置した[堀 1978]。ただし清朝当局は，反乱などの重大な事件が発生しない限り，現地社会に極力関与せず，伝統的な政治・社会システムを大幅に改めるような統治を志向しなかった。例えば，新疆北部とは異なり，漢人移民(とくに農民)の

流入を制限していた。また、「回城」「旧城」と呼ばれたムスリムが集住する都市［堀 1983a；1992］と満城とのあいだの自由な往来は禁じられていた。

　清による征服と統治は、新たなムスリム支配者層を生み出した［Brophy 2008］。ジュンガル征服前に帰順した東部のハミ（クムル）・トゥルファン地方では、モンゴルに倣ってジャサク旗制が施行され、清から爵位を授けられた王公一族が自身の領地・領民を世襲的に支配した［蘇・黄 1993］。西部のタリム盆地周辺諸都市では、ベグと称される有力者たちを組織し、ハーキム・ベグを筆頭とする官僚制度（ベグ官人制）を創設した［真田 1983；小沼 2007；河野 2013］。これら現地人支配者層は、清朝皇帝の忠実な臣下、ムスリム民衆に君臨するイスラーム支配者という二面性を有し、帝国権力と現地社会を結節する立場にあった［新免 2005］。

　古来、タリム盆地周縁に生きる人びとは、砂漠に囲まれた過酷な環境のなかにありながら、それを克服すべく灌漑施設（渠水、溜池）を整備し、生活可能な空間（オアシス）を広げてきた。清の征服後、比較的安定した政情がしばらく続いたため、当地域のムスリム人口は増加をみた。それを支えた耕地の拡大、灌漑水路の発達、行政と水利の関係については、堀［1993a；2005］がヤルカンドを事例に詳述している。新たな技術（カーレーズ）や作物（トウモロコシ）の普及［堀 1983b；1993b］も、この時代の特徴である。

　新疆南部のオアシス都市は、歴史上、内陸交易路「シルクロード」の要衝であり、在地の商人たちは遠隔地交易（キャラヴァン交易）に従事してきた。しかし清は、新疆北部でカザフと絹馬貿易を独占的に実施し、現地ムスリム商人による対外交易を制限した。彼らはしだいに国際市場から後退し、代わって外来のコーカンド商人や中国内地商人、のちにロシア商人（ロシア領内のムスリムを含む）が販路を拡大した［佐口 1966；華 1999；野田 2009b；小沼 2016］。よりローカルなレヴェルでは、バーザールを媒介として都市と農村を結ぶ在地商人の通商ネットワークが機能しつづけており、対カザフ・ロシア貿易における需要もあって、農村での綿布生産が盛んになった［真田 1977］。また清はプルと通称される現地貨幣（銅銭）の鋳造権を握り、プル銭をオアシス社会に供給して、それを税として徴集したが［堀 1980；呉 1997］、現地での税収のみでは、清朝当局の諸経費は賄えず、

「協餉」(一種の補助金)として中国内地から搬入される銀両(元宝)により財源不足を補填せねばならなかった。

新疆のムスリム住民は, イスラーム的な社会秩序のなかで日常生活を送っていた[佐口 1994;王 2003]。主要都市には金曜の集団礼拝の場となる大モスクが存在し, 都市を構成する街区や周辺の農村もモスクを中心に存立していた。各地に点在するマザール(イスラーム聖者廟)では, 土着的な民間信仰とも結びついた多様な信仰形態がみられた。マザールで開催される祭礼には, 地域の枠を越えて参詣者(商人や芸人を含む)が集い, 社会経済的な機能をはたした[新免ほか 2002;澤田編 2007;Shinmen et al., eds. 2013]。ムスリム住民にとっての清の支配とは, 異教徒による支配にほかならなかったが, 清のイスラームへの対応はゆるやかであった。当然ながら異教徒の支配打倒をめざす考えが存在する一方で, たとえ異教徒の王であれ, 「公正なる統治」をおこなう清朝皇帝には信頼を寄せ, その恩義には忠誠をもって報いるべきであるという考え方をもつ人びとがいた[濱田 1993]。そもそもムスリム住民のあいだでは, 「チーンのハーカーン」(清朝皇帝)への帰属意識はあれど, 自身の住む土地が「チーン」という「国」に組み込まれている, という領域統合の観念が希薄であった[新免 2009]。

清朝統治期には新疆に関する漢文の地方志[堀 1999]が多数編纂され, それらは研究の基礎史料となっている。さらに満文・漢文の清朝公文書(檔案)の公開・出版[中国第一歴史檔案館編 2010]や, テュルク語・ペルシア語の外交文書や歴史叙述の訳註刊行[濱田 2008;ジャリーロフほか 2008;Noda & Onuma 2010;Brophy 2014]が進んでいる。

動乱の時代から新疆省の設置へ

1820年代以降, 西方に逃れていたカシュガル・ホージャ家の後裔が侵入を繰り返すようになる。1826年, ジャハーンギールがカシュガルに侵入し, 新疆西部を半年間占拠したが, 最後は清軍に捕縛されて北京で刑死した。事件後, コーカンド・ハン国の関与が発覚したため, 清はコーカンドと断交し, 新疆在住のコーカンド商人を追放した。この報復としてコーカンドはジャハーンギールの兄ユースフを担ぎ出し, 1830年にカシュガルに侵入

した。その軍勢は清朝の援軍の到来前に帰還したが，事後交渉で清朝から有利な商業利権を獲得した[佐口 1963；潘 1991；Newby 2005]。また，この過程で清朝行政官やベグの腐敗・圧政が判明し，統治の改革を求める声があがったが[榎 1992]，その後も侵入事件は続き[加藤 1977；河野 2017]，清は事態を収拾できなかった。北方ではロシアの南下に有効に対処できず，1850年代にロシアはカザフ草原を併合した。1864年のタルバガタイ条約により中央アジアに露清国境線が出現すると，一部のカザフが清への帰属を選択し，新疆北部に居住するようになった。

同じ年，陝西・甘粛の回民反乱が飛び火して大規模な蜂起が起き，新疆における清の統治は無力化した。この混乱に乗じて姿をあらわしたコーカンド・ハン国出身のヤークーブ・ベグは，分立する反乱政権を制圧し，カシュガルにて政権を樹立した[Ходжаев 1979；新免 1987；Kim 2004]。ヤークーブ・ベグ政権は，コーカンド出身の武官が政権上層部を占め，イスラーム法に基づく国家体制の整備を志向したという特徴をもつ。対外関係では，この政権はオスマン朝の保護下にはいって支援を受け，新たな市場を求める英領インドはここへ使者を派遣して通商条約を結んだ[Forsyth 1875；Shaw 1984]。1867年にトルキスタン総督府を設置したロシアは，1871年に問題波及の阻止を名目にイリ地方を占領し[野田 2009a]，のちに通商条約を結んだ。ヤークーブ・ベグ政権の樹立は新疆に対する国際的な関心を高め，英露間の確執の焦点となるきっかけになった[ラティモア 1951]。清とは，1870年のトゥルファン・ウルムチ遠征の際に接触するも，本格的な交渉には発展しなかった[Shinmen & Onuma 2012]。

太平天国などの内乱を鎮圧したのち，清は新疆回復に乗り出すが，時勢を反映して，財政負担の大きい新疆を放棄して沿海部の防衛強化を唱える声があがった（海防論）。これに陝甘総督左宗棠は反対し，新疆回復を強く主張した（塞防論）。最終的に清朝朝廷は後者を支持し，湖南省の湘軍を中心とする西征軍が派遣された。別途イギリス政府の仲介によって，清とヤークーブ・ベグ側の代表がロンドンで和平交渉をおこなったが[Hsü 1964]，清軍が迫るなかヤークーブ・ベグは急死し，1878年までに清朝はロシア占領下のイリ地方を除く新疆全域を回復した。そのイリ地方も，

コラム16 | 大谷探検隊の活動と外務省外交記録

20世紀初頭，アジア広域調査活動を展開した日本の大谷探検隊も，中央ユーラシアの東域で活発に活動した。この大谷隊にかかわる「外交記録」が外務省外交史料館に保管されている。研究者がこの存在に気づいたのは，2001年になってからのことであるから新資料である。

20世紀初頭の中央ユーラシアの東域は英・露・清の利害が錯綜する場であった。このエリアを調査域とした大谷隊の活動は，しばしば外交問題化した。大谷光瑞という一個人が主宰するこの活動が，「第二次日英同盟」(1905年)の英領インド保全条項に，また「西蔵に関する英清条約」(1906年)や「英露協商」(1907年)のチベット条項に抵触してはいないのか，国際政治社会は厳しい視線を向けたのである。これらの記録は，大半が機密扱いとされていたため気づきにくいものであった。

しかしそこには，大谷隊の当事者がまったく語らなかったことまでもが，日本の在外公館(在英・露・英領インド・清)と外務本省とを行き来した公信，また大谷光瑞と外務省とのやりとりのなかに浮上してくる。正確な年月日を付した詳細な公式記録は，まさしく第一級資料なのである。したがってこの外交記録は，大谷隊の歴史的実像を鮮明化できる段階にまで，一挙に研究レヴェルを押し上げただけでなく，当時の日本外交の一端までも示すこととなった。

なお外交記録を用いた十余年の研究成果は，白須[2012]と，2つの論集[白須編 2011；2014]に収録した。

白須淨眞

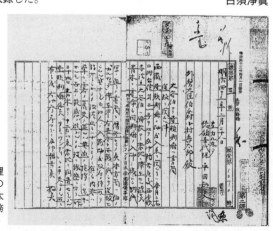

在カルカッタ総領事代理平田知夫が，大谷光瑞の動向を外務大臣小村寿太郎に送付した公信(外務省外交史料館蔵)

1881年のサンクト・ペテルブルク条約（通称イリ条約）により、一部領土の割譲、賠償金の支払い、新疆内での領事館設置、ロシア国籍人の交易の自由と免税特権などを条件に返還された。一方、イギリスは1890年以来、カシュガルに官員を駐在させていたが、清が領事館開設を正式に認可したのは1908年のことであった［Skrine & Nightingale 1973；マカートニ夫人 2007］。

新疆回復後、内地の省制を施行して税収体系を整え、現地で財源を賄うという、かねてからの左宗棠の主張を踏まえ、1884年に新疆省が設置された［片岡 1991］。イリ将軍の権限を縮小し、ウルムチ(迪化)〔白須 1988〕に民政官である巡撫(じゅんぶ)を新設して省全域を統轄させた。省内における州県の設置と文官（おもに湘軍系湖南出身者が在任）の派遣にともない、新疆南部ではベグ官人制が廃止された。ただし、現地有力者の介在なくして円滑なる支配の達成は望めなかったため、郷約や書吏という職を設け、旧ベグ官人から人材を選任して地方行政を補助させるとともに、行政の末端を担う人材を養成するために義塾を開設し、現地有力者の子弟を集めて漢語教育を施した［中島 2010］。1890年代には電信を敷設し、中央・地方間の情報伝達を迅速化させ、内地との一体化を進めていった。懸案の財源問題に関しては、検地を実施し、漢人農民の移住を奨励し、税収の増加をはかったが、成果はあがらず、協餉依存の性質は変わらなかった。経済的には、特権を獲得したロシアの影響が強まり、新疆は羊毛や棉花などの原料供給地となっていった。

19世紀後半の動乱と外来の支配者のめまぐるしい交替劇を目撃したことは、現地ムスリムの自己意識のあり方に大きな影響を与えた。特筆すべきは、この時期を境に現地住民の手による歴史叙述（おもにテュルク語）が、従来とは比較にならぬほど多く生み出されたことである［濱田 1973；1983］。例えば、若き日にヤークーブ・ベグ政権に参加した経験をもつムッラー・ムーサーは、『安寧史』(*Tārīkh-i amnīya*)やその増補版の『ハミード史』(*Tārīkh-i Ḥamīdī*)を著した。この二書は当該時期に起きた諸事件や現地ムスリムの歴史認識を知るうえで基本となる史料である［堀 1987］。他方、同化政策の一環でもあったムスリムへの漢語教育は、20世紀初頭の学堂建設によってさらなる進展をみたが、実際の成果はかんばしくなく、かえっ

てムスリム側の反発を助長し,彼らに民族主義的な覚醒を促す一因となった。

露清貿易の拠点となったグルジャでは,ロシア国籍のタタール人やウズベク人が商館を構え,先進的なコミュニティを形成した。露清貿易の発展は現地のムスリム商業資本家を成長させ,彼らはロシア領内のムスリム知識人が展開していた「新方式」運動(ジャディード運動)などの改革思想・運動に刺激され,新疆で近代的教育を施す新方式学校を開設し,ロシアやオスマン朝に留学生を派遣した[大石 1996]。なお,20世紀初頭には,トルグートの王子パルタが日本留学を経験し,大谷探検隊[金子 2002]や日野強[日野 1973]が新疆を踏査するなど,日本との直接的な関係が開始された。

民国期の新疆

1911年勃発の辛亥革命の波は新疆にもおよんだ[中村 1978;片岡 1991]。しかし新疆では,モンゴルやチベットと異なり,湘軍の流れを汲む哥老会の協力を得た漢人革命派の活動が中心であった。モンゴル独立運動に参加したチャハル人がいたものの,テュルク系ムスリムによる蜂起は局所的で,独立を宣言するようなことはなかった。ウルムチでの革命は失敗に終わったが,イリでは前任のイリ将軍広福を革命派が引き入れて臨時政府が組織された。巡撫袁大化は共和制を認めなかったが,1912年2月に宣統帝溥儀の退位が伝わると,辞して新疆を去った。後事を託された楊増新は,回民部隊を手勢にウルムチにおける実権を奪取し,北京政府の袁世凱から新疆都督に任命された[中田 1977;Garnaut 2008]。楊増新は首尾よくイリ臨時政府との和平交渉をまとめあげ,両政府は合体して共和制を承認した。しかし,楊増新はイリ側の実力者を巧みに分断・排除し,独裁体制を固めた。以後,民国期を通じて新疆は,中華民国を承認しつつも,漢人支配者の独裁のもと半独立的な状況にあった。民国期新疆の通史的研究にはForbes[1986]や陳慧生・陳超[1999]があり,諸事件の重要な背景となる教育問題の変遷は清水[2014]が要点を押さえている。

雲南出身の科挙官僚であった楊増新は,権謀術数に長け,近代化や共和

制とは程遠い人物だった。清朝滅亡によって協餉が途絶したため，紙幣増刷と増税に踏み切り，公営の紡績工場を設立し，対露・対英貿易によって財政の立直しをはかったが，概して地域の経済開発に慎重であった。彼の統治方針の特徴は，新疆を取り巻く国際情勢が過去とは異なるという認識のもと，近代化の必要性は理解しつつも，何よりも安定を優先した点にある［木下 2001］。ゆえに清代の統治政策を踏襲し，変革に繋がる思想や情報の流入をきらい，新疆を対外的に遮断した。一方で新疆保全の意志は強く，1917年のロシア革命勃発時に白系ロシア人やカザフ人が領内に流入しても中立の立場を堅持し，新生ソヴィエト政権との交渉で関税自主権の回復に成功した。1919年にはアルタイ地区西南部を新疆に編入した。

楊増新は清代以来のモンゴルやムスリムの王公の地位を約束し，彼ら旧来の信仰や慣習の存続を認めていたため，民族間の対立は表面化しなかった。汎トルコ主義的傾向を強めた新方式運動に対しても，当初の新疆当局の関心は強いものでなく，運動を非難したのは保守派のウラマー（イスラーム諸学を修めた知識人）であった。ところがオスマン朝がドイツ側に立って第一次世界大戦に参戦すると，イギリスとロシアに外交上の口実を与える危険性を憂慮し，トルコ人教師を逮捕するなど弾圧を始めた［Hamada 1990］。だが，新方式運動と距離をおく人物ですら国際社会の動きに関心をはらうようになっており［Schluessel 2014］，対外的遮断はもはや不可能であった。1928年6月，蔣介石率いる南京国民政府の北伐によって北京政府が滅亡すると，楊増新は南京政府への合流を表明したが，7月に彼の政策に不満をいだく進歩派により暗殺された（七・七政変）。

進歩派は一夜で打倒され，楊の腹心であった金樹仁が省主席の座に就いた。金樹仁は，一転して非漢族系住民の信仰や慣習を無視した政策を打ち出し，反感を買った。そして1931年にハミ回王家の廃止を契機にハミでムスリム反乱が勃発し，甘粛の回民軍閥馬仲英の到来と帰還による規模の伸縮をへて，1932年末に反乱はトゥルファンに飛び火した［新免 1989；1990］。盛世才率いる省政府軍の攻撃を受けて反乱勢力は敗走したが，ハミ反乱の首領ホージャ・ニヤーズが反乱勢力側に合流し，再登場した馬仲英がトゥルファンを奪取した。このような局面に金樹仁はうまく対処でき

ず，1933年4月にクーデタ(四・一二政変)が勃発し，盛世才が実権を握った。同じ頃，思惑の違いから馬仲英と決別したホージャ・ニヤーズは，盛世才と和平協定を結び，のちに実権のない省副主席の肩書を得る。一方，タリム盆地南辺のホタンでは，1933年2月にムハンマド・エミン・ボグラらを中心とする革命グループが決起した。ホタン勢力はカシュガルに進軍し，11月に「東トルキスタン・イスラーム共和国」を樹立した[新免 1994]。盛世才は事態打開のためソ連の軍事介入を容認し，敗れた馬仲英は西に進んで1934年2月に「共和国」を打倒し，その後ソ連に亡命した。以上のような混乱状況のなか，新疆カザフ人の一部が長大な逃避行を開始し，甚大な被害を出しながらも，チベットを越えて最終的にトルコに亡命した[松原 2011]。

コラム17 │「中央ユーラシア」の境界

　本書の親シリーズとでもいうべき，『新版世界各国史4　中央ユーラシア史』はちょうど，世紀交替の年，2000年に刊行された。『(旧版)世界各国史　北アジア史』は1956年に出ている。当時においても各種「世界史」は出版されていたが，「地域」別に編集されたという点で斬新な企画であった。ただその頃は「地域史」という発想がなかったため，「世界各国史」をシリーズ名としたのであろう。しかも『(旧版)北アジア史』は朝鮮半島の歴史までをも含む内容であった。その後，「世界史」を「地域」あるいは「民族」といった視座から取り上げたシリーズも刊行されている。

　さて「新版」編集会議の際，タイトルを「中央ユーラシア史」か「内陸アジア史」，どちらにすべきかが話題となった。「内陸アジア」は内向きで暗いイメージとの声があがり，「中央ユーラシア」に決まった。「中央ユーラシア」が，歴史学・言語学を中心とした学術界で普及するようになったのは，デニス・サイナーが同名の著作[Sinor 1963]を刊行して以降のことであろうが，日本では第二次世界大戦後まもない頃に，江上波夫が『ユウラシア古代北方文化』(京都：全国書房，1948年)を出版している。日本学界における「ユーラシア」という表記の，初期の使用例であろう。他方，江上とほぼ同時期の東京大学東洋史同窓生，三上次男は戦後においては研究

1930年代前半の反乱において，新疆のテュルク系ムスリム住民は統一的な政治状況をつくりだすことに失敗したが，反乱指導者たちの行動は，近代的な民族観念の形成という現象に裏打ちされていた[Brophy 2016]。前述のごとく，従来彼らは統一した民族名称を有していなかったが，一方で歴史や伝承の共有を通じてゆるやかな「我々意識」を育んでおり[Thum 2014]，清やコーカンド・ハン国という他者との接触は，それをより明確なものとした[Newby 2007]。20世紀初頭，汎テュルク主義の影響を受けて，一部の知識人は自らを「テュルク」と位置づけるようになった。これに対して，1910年代にソ連領内で刊行されていたテュルク語の雑誌には，「ウイグル」の呼称を用いる人物があらわれた[大石 2003]。さらにソ連の「民族的境界画定」作業の一環として，1921年にソ連領内に居住する新疆

　対象地域をもっぱら「東北アジア」と呼んでいた。「ユーラシア」という言葉が日本で使われるようになったのは第二次世界大戦後と誤解されているが，日本外務省は，1934年に「欧米局」を，「欧亜局」(Eurasian Bureau)と「亜米利加局」に再編しており，2001年に「欧州局」に改組されるまで「欧亜局」は存在した。「欧亜局」が管轄するソ連は「ヨーロッパ」に属するとはみなされていなかったこと，そしてヨーロッパにおける「地政学」(Geopolitik)からの影響で「欧亜局」が生まれた。もっとも「中央ユーラシア」に対して，「南，ないしは西ユーラシア」などの用例は聞いたことがない。

　一方，「東北（あるいは北東）アジア」は，戦前でも鳥居 龍蔵は使っているが，いまだにどの地域を指すのか，さらに「東アジア」の下位地域なのか，使う者の立場により一定していない。モンゴル人の歴史的生活空間は，「中央ユーラシア」か「内陸アジア」か，さらに「東北アジア」か。また「東アジア」に含まれるのか。執筆者が論ずるイシューと対象時代により異なる。特徴的なのは，『新版世界各国史　中央ユーラシア史』においては，「満洲族」などのツングース系集団に関する記述は，原則として，それまでの『北アジア史』とは異なり除外されたことであろう。なお「東北アジア」あるいは「北東アジア」をめぐる問題に関しては，中見[1999, 2013]を参照されたい。　　　　　　　　　　　　　　　　中見立夫

出身者の代表者を集めたタシュケント会議の席上，古代テュルク語学者セルゲイ・マローフの提言に基づき，「ウイグル」(Uyghur)という民族名称が採用された。新疆においては，ソ連の民族政策を範としていた盛世才政権が，1935年の省内在住民族の区分確定時に「ウイグル」(漢字表記は「維吾爾」)を公式採用した。現地ムスリムの知識人には，それを受容する人びとと，拒絶して「テュルク」を主張する人びとがいたが，いずれも自民族の呼称や歴史的郷土の創出が主張の根底にあった点では異ならない[清水 2010；2011]。のちに中国共産党も「ウイグル」を採用し[田中 2013]，中華人民共和国成立後には多民族国家・中国を構成する「少数民族」の１つに認定された。当初「ウイグル」は他律的な呼称であったが，しだいに広く受け入れられ，現在では民族意識を結晶させる核として機能している[Rudelson 1997]。

遼寧省出身で日本への留学経験をもつ盛世才は，故郷を占領した日本に反感をいだき，ゆえに国民政府の対日妥協策に強い不満をもっていた。国民政府の影響を排除しながら省内の統制を回復するため，盛世才はソ連に援助を求め，ソ連人顧問とコミンテルン要員を受け入れた。その指導を受けつつ，1935年に「六大政策」(反帝，和平，建設，民族平等，清廉，親ソ)を発表し，「進歩的」政治を標榜した。民族政策においては，ソ連を範として14の民族区分を確定し，民族ごとに教育問題を扱う「文化促進会」を設立した[木下 2009]。しかししだいに統制強化に傾いたため，新疆南部の実力者マフムード・ムヒーティは1937年にインドへ亡命(1939年に来日[菅原 2005])し，残された彼の部隊は，馬仲英軍を引き継ぐ馬虎山の回民部隊とともに蜂起したが，鎮圧された。省内を制圧した盛世才は，1937年と40年の２度，コミンテルン要員や民族幹部らを多数粛清し，また中国共産党に接近したり，モスクワでスターリンに面会したりするなど，自身の権威を高めるべく行動した[木下 2011]。1939年に第二次世界大戦が起きると，ソ連からの輸入が滞り始めて物価が高騰し，ソ連への依存体質の危うさを露呈した。1941年に独ソ戦が勃発してドイツが優勢に立つと，国民政府の傘下にはいって反ソ・反共に転じたが，かえって物資不足によるインフレは加速した。大戦におけるソ連の勝利が確実となると，再度「親ソ」

コラム18｜著述家ムハンマド・サーディク・カシュガリー

　タリム盆地のオアシス地域は18世紀半ばに清朝の征服を受けて軍政下におかれたが、その地での詩作や著述などの文化活動はかえって前代よりも盛んになった。ムハンマド・サーディク・カシュガリーはその活動の嚆矢ともいうべき人物である。彼は中央アジアの伝統的な共通語であるペルシア語ではなく、トルコ系住民の母語に近い文語のチャガタイ語で著作した。いわゆるカシュガル・ホージャ家の歴史を主題とする代表的著書 *Tadhkira-i khwājagān*（『ホージャたちの伝記』、別名 *Tadhkira-i ʻazīzān*『尊師たちの伝記』）[澤田 2014-18] 以外にも、いくつかの論考が遺されている。イスラームの教義や法学に関する諸説をまとめた作品 *Zubdat al-masāʼil wa al-ʻaqāʼid*（『課題と信条の精髄』）と、具体的な道徳を説明する概論 *Ādāb al-ṣāliḥīn*（『敬虔な者たちの礼儀』）は、20世紀初めヒヴァの君主の命令で書写され、そこのマドラサにおいて教科書にされたという。またすでに、両書はまとめてイスタンブルで出版され（1891/92年）、後者のロシア語訳がタシュケントで出版されている（1895年、1900年）。ペルシア語やアラビア語に堪能であった彼は、モグール・ウルスのペルシア語史書 *Taʼrīkh-i Rashīdī*（『ラシードの歴史』）をチャガタイ語に訳したが、その序文において初期のイスラーム学者タバリーの著名な年代記（*Taʼrīkh Ṭabarī* と表記している）をテュルク語（チャガタイ語）に翻訳したことも記している。

　このようなムハンマド・サーディク・カシュガリーの多彩な文筆活動は、清朝の軍政下において民政を担ったベグ官人ら現地ムスリム貴族層の後援に支えられていた。『ホージャたちの伝記』（『尊師たちの伝記』）と『課題と信条の精髄』の序文において、カシュガルのハーキム・ベグ（行政長官）であったウスマーン（在任1778～88）が後援者もしくは作成依頼者として称賛されている。さらに、『ラシードの歴史』の翻訳書の序文では、カシュガルのハーキム・ベグのイスカンダル（在任1788～1811）と、その息子で父の死後ハーキム・ベグの職を継いだユーヌス（在任1811～14）が称賛されている（おそらくイスカンダルが作成依頼者）。後世にまで広く読み継がれた彼の諸作品は、前代までとは大きく異なった新たな政治体制のもとで生まれてきたのであり、清朝統治初期の安定した時代を反映する文化活動の一端を示していよう。

澤田　稔

を標榜したが,1944年9月に国民政府によって解任させられ,新疆を退去した。省主席の後任として派遣されてきた元蒙蔵委員会委員長の呉忠信は,盛に逮捕された各界・各民族の人物を釈放して宥和をはかった。

しかし,同年8月にイリ地区で発生した反乱を端緒に,11月にイリハーン・トラを主席とする「東トルキスタン共和国」が樹立された。この背景にはソ連の支援があったとされ,事実「共和国」首脳の多くは親ソ派ウイグル人であった。運動はタルバガタイ・アルタイの両区に拡大し,カザフ人主体の「アルタイ民族革命臨時政府」も合流した。1945年,ウルムチへの進撃という事態に直面すると,国民政府(重慶)は張治中をウルムチに派遣してソ連に調停を要請し,1946年に省政府と「共和国」は合体して「新疆省連合政府」を組織した[王 1995]。連合後,主席は張治中に代わり,イリ側のアフメトジャンや国民党側のボグラらも省運営に参加した。しかししだいに対立が先鋭化し,1947年に連合政府は崩壊し,イリ側指導者はイリに去った。国民党は省主席を張治中からマスード・サブリ,さらにブルハン・シャヒーディーに代えて交渉を継続したが,再連合にはいたらなかった[Benson 1990]。同年にはモンゴル人民共和国とのあいだで国境紛争(北塔山事件)が発生し,国共内戦で劣勢におかれつつあった国民党は対応に苦慮した[吉田 2001]。

1949年,国共内戦で共産党が勝利を確実にすると,8月に毛沢東からの政治協商会議への招きに応じて,アフメトジャンら主要な指導者は飛行機で北京へ向かったが,途中で消息を絶った(のちに墜落,全員死亡と発表)。ここに終焉を迎えた三区側の一連の運動は,中国の公式見解では「三区革命」と呼ばれ,中国革命の一部として評価されている。翌9月に共産党はウルムチ側指導者と会談し,新疆の「和平解放」を認めさせた。ただちに王震指揮下の人民解放軍が進駐し,12月には新疆省人民政府の成立が宣言された。旧国民党軍や三区側の民族軍は解放軍に編入され,一部のウイグル人やカザフ人の抵抗運動も1952年までにほぼ掃討され,その指導者は逮捕・処刑されるか,国外(トルコや台湾)へ亡命した。

以上の65年におよぶ省制期については,省当局が残した公文書[新疆辺疆史地研究中心・新疆維吾爾自治区檔案局編 2012],民間レヴェルの裁

判・契約文書［Sugawara 2010］の利用の可能性が広がり，また新疆を訪れた外国人（外交官，調査隊，伝道団）の記録［Skrine 1926］や写真は，現地社会の歴史人類学的アプローチ［Bellér-Hann 2008］を可能としている。民国期にいたっては，以上に加え，新聞などの定期刊行物，政治家・知識人の回想録［張 1980；包爾漢 1984；賽副鼎 1993］や歴史書［清水ほか 2007］，さらにはソ連の外交文書［寺山 2015］など，史料は多様化する。

新疆ウイグル自治区60年の歩み

　1952年に新疆全域の掌握がなると，共産党は土地所有制度の改革を開始し，あわせてワクフ（寄進財産）制度，イスラーム法廷など前近代的制度の廃止を断行した。さらに13の民族を認定（盛世才政権期に分かれていた「ウイグル」と「タランチ」は「ウイグル」に統合）し，「地名＋民族名」からなる自治州，自治県，民族郷を設定して，1955年に新疆ウイグル自治区が成立した［田中 2010］。これら各行政単位は政府組織と共産党組織（委員会）の二重権力構造を有しており，前者の首長には各単位の民族籍所有者が就任し，より重要なアクターである後者の書記ポストは漢族が占めるのを原則としている。また軍の武装解除と食糧不足問題の解決を目的として，1954年に「新疆軍区生産建設兵団」が設置された［松本 2010］。漢族移民の受け皿となった「兵団」は一種の屯田部隊であり，新疆各地に家族とともに入植して独自のコロニー（例えば石河子市）を形成した。「改革開放」後は経済的利益を追求する企業経営を展開している。地下資源の開発も開始され，1955年にはジュンガル盆地で油田が発見され，荒野のなかに産業都市カラマイ市が建設された。

　しかし，自治区の設置後も混乱が収束したわけでなく，社会主義建設をめざす中央政府の政治動向に大きく揺さぶられながら，新疆社会は混迷の道を歩んだ［Wu 2015］。1956年の「百花斉放，百家争鳴」運動において，共産党の政策に批判的意見を提出した民族幹部や知識人の多くは，1957年に反右派闘争が始まると「地方民族主義者」のレッテルを貼られ粛清された。「大躍進」政策（1958〜60年）の失敗により中国全土が深刻な災害に直面すると，漢族の飢餓難民が流入してくるとの噂が広がり，1962年に，すで

にイデオロギー対立によって関係を悪化させていたソ連領へのカザフ族やウイグル族の大量越境(イリ事件)を誘発した。1966年に「文化大革命」が開始されると、民族文化や宗教施設の破壊、宗教人士や知識人の弾圧が繰り返され、民衆および社会の疲弊はピークに達した。

1976年に「文化大革命」が終結すると、政府は少数民族に対する統制をゆるめ、宗教施設の再建、民族言語の文字体系の復活、民族古典文学シリーズの刊行などが続き、「民族文化」の新たな「発見」や「創出」がなされた[菅原 2001]。1982年には「改革開放」政策が打ち出され、政府主導の地域開発が本格化し、タクラマカン砂漠のタリム油田が開発された。外国人の訪問・滞在も許可されるようになり、現地調査に基づく人類学・社会学的な成果[熊谷 2011]を生んでいる。ただし、このような経済開発は漢族の人口・資本の流入と表裏一体の側面がある。例えば、自治区成立当初は民族言語・文字による学校教育が優位を占めていたが、1980年代以降、漢族人口の増加(自治区成立時は10%未満、現在は40%超)に比例して漢語教育が強化され[アブリミティ 2009]、少数民族に対する「双語教育」(漢語と自民族語の習得)が普遍化した[グリジャナティ 2015]。また、むやみな開発は、水資源の枯渇、過放牧による草原の縮小[梅村 2005]など新たな環境問題を引き起こしている。

以上の傾向は、「西部大開発」政策が打ち出された2000年以降にさらに強まり、政府は権力の再強化に舵を切って民族政策の引締めと分離独立運動の根絶をはかっている。しかし、漢族・漢語の影響力増大は、経済格差の広がりとあいまって民族間の矛盾を激化させ、ウイグル族を中心とする少数民族の焦燥・反発は暴動や襲撃事件として表面化し、現代中国がかかえる解決困難な「民族問題」[加々美 2008]の1つとなっている。

小沼孝博

第9章　帝政ロシア・ソ連時代およびソ連解体後

　本章では，おもに中央ユーラシア西部地域の近現代史を取り上げる。この時代の特徴は，諸地域や諸集団の内在的な要因と並んで，ロシアとの関係が重要な役割をはたしたことにある。モンゴル帝国の支配下で成長したモスクワ大公国のイヴァン4世が，1552年にモンゴル帝国の継承国家の1つカザン・ハン国を征服して以来，ロシアは中央ユーラシア西部の広大な地域に領土を拡大し，テュルク系ムスリムが多数を占める集団を臣民としながら帝国化の道を歩んだ。中央ユーラシア西部の諸民族は，その大多数がムスリムであるとはいえ，ロシア帝国に組み込まれた時期もさまざまであり，帝国のシステムやロシア社会への統合度，また生活様式，言語や文化においても多様であったことに留意しておこう。しかし，1917年のロシア革命以後，この地域は等しくソ連の社会主義体制に組み込まれ，その過程で民族的なアイデンティティを獲得するとともに現代化を経験した。そして，1991年にソ連が解体すると，一部はロシア連邦のなかで，一部は独立国家としてグローバル化した世界に参入することになった。

　このように中央ユーラシア西部の近現代史は，劇的な動態と変容に満ちているが，その研究にはソ連時代を通じてさまざまな制約があり，とりわけソ連の外の研究者が史料を入手することは極めて困難であった。このような研究環境が大きく変わったのはペレストロイカ以降のことである。現地の研究者との交流をはじめ，研究機関や文書館の利用も可能となった。この間の研究の進展は内外ともにめざましいものがあり，研究の沃野として注目されている。本章では，第1節でロシアと中央ユーラシアとの長期にわたる相互関係を概観したあと，ヴォルガ・ウラル地方(第2節)，中央アジア(第3節)，コーカサス(第4節)の3つの地域に分けて，近現代史の

展開と研究動向を解説する。

　全体にかかわる文献目録・史料についていえば、文献目録については、やや古いが Bregel [1995] がなお役に立ち、その後については Dudoignon & Komatsu, eds. [2003-06]、Dudoignon, ed. [2008] などが参考になる。日本語による研究業績については、『日本中央アジア学会』巻末の年ごとの研究文献リストや日本中東学会が運営する「日本における中東研究文献データベース」などが役に立つ。史料は、多様なテーマに関するロシア語アルヒーフの刊行が進んでおり、また帝政期以後の現地語定期刊行物（新聞・雑誌）の一部は、東洋文庫、東京大学、北海道大学などの図書館で閲覧が可能である（マイクロフィルムあるいは CD 版）。事典類については、大塚ほか編 [2002]、Прозоров [1998-2012]、川端ほか編 [2007]、小松ほか編 [2007] が有益である。

小松久男

1 ｜ ロシアと中央ユーラシア草原

ロシアと中央ユーラシア草原の研究動向

　ロシアは、ルーシと呼ばれた古い時代からその西側のビザンツ世界の影響を強く受け、988年にはキリスト教正教を国教としてキリスト教世界の一角を占める存在となったが、同時に、東・南方の草原世界とも深い関係を有していた [Pritsak 1981；栗生沢 2015；フェンネル 2017]。13世紀にルーシはモンゴル帝国の版図に組み込まれ、いわゆる「タタールのくびき」のもとにおかれた。その後のロシアの歴史にどの程度モンゴル帝国の支配が影響したかは、本邦でも議論されている難しい問題だが [倉持 1998；松木 2001；栗生沢 2007]、栗生沢猛夫が指摘しているように、モンゴル帝国の支配が基本的にルーシの諸公を媒介とする間接的なものであり、ルーシが正教を精神的な要とする国でありつづけたことは間違いない。モンゴル帝国の宗主権下で力を蓄えたモスクワ公国は、15世紀末にはロシア統一をほぼ成し遂げ、さらには16世紀半ば以降、弱体化したモンゴル帝国の後裔諸国を征服し、草原との立場を逆転させた [Kappeler 1992；Khodarkovsky

2002]。キプチャク草原ではモンゴル帝国期にもイスラーム化が進んでおり[DeWeese 1994]、ロシアによる草原征服の結果、キリスト教正教徒の皇帝(ツァーリ)が多くのムスリム臣民を支配することになった。

　本節では、このようにしてロシアの版図に組み入れられた、ムスリムを主たる住民とする草原地域の18世紀末までの歴史を扱う。このテーマは、ソ連においては政治的な理由でタブー視されていたため、ソ連解体までは、現地よりも、ユーラシア学派[浜 2010]の流れを汲む欧米での研究が進んでいたが[Vernadsky 1953;1959;Keenan 1967;Kämpfer 1969;Pelenski 1974;Kappeler 1982;1992]、近年は、ロシア連邦タタールスタン共和国の首都カザンを中心に、ロシアにおいて研究がさかんにおこなわれており、ロシア・ムスリムに関する各種の百科事典 Прозоров[1998-2012]、*Татарская энциклопедия*[2002-14]、Серия «Ислам в Российской Федерации»[2007-]や、多くの研究者の論考を組織的に集めた *История татар с древнейших времен*[2002-]など、便利な書籍もつぎつぎに出版されている。

　この時代については、被支配者であるムスリムの諸言語で記された史料が非常に少なく、ロシア語史料が主となる。現在では、ロシア各地の文書館の未公刊史料を利用した研究が標準的となっている。史料的な制約から、研究の視点は、ロシアの中央政府や地方政府が、新たな領土である異文化・異民族の居住する草原地域をいかに統治したか、というものが多い。このため、本テーマはロシア帝国論[宇山 2012]の文脈のなかにも位置づけられる。

モスクワ時代の草原統治

　ロシアのイヴァン4世(大公在位1533～84)は、1547年にロシア初の正式なツァーリとしてあらためて即位すると、南方の草原地帯に積極的に兵を送り、カザン・ハン国とアストラハン・ハン国をそれぞれ1552年と1556年にロシアに併合した[Худяков 1923;石戸谷 1986a;1986b;Зайцев 2004a]。こののち、ジョチ・ウルスの後裔諸国の1つであるノガイ・オルダは、モスクワ派とクリミア派に分裂して急速に勢力を弱めた[Трепавлов 2001]。ムスリム諸国の盟主として、モンゴル帝国後裔諸国とモスクワとの関係に

一定の関心を示してきたオスマン帝国は[Зайцев 2004b]，1569年にアストラハンに遠征軍を送るものの攻略できずに撤退し[Kurat 1961；Bennigsen 1967；Gökbilgin 1970]，モスクワによる沿ヴォルガ・ウラル地方の支配が確定する。16世紀後半にはまた，モスクワは北コーカサス地方との結びつきを強めるとともに[Кушева 1963；Yaşar 2011；2016]，シベリアにもその領域を広げ，シビル・ハン国をも併合した[Бахрушин 1955；Трепавлов 2001；森永 2008；Sunderland 2012]。こうしてロシアのツァーリは，「白い皇帝」[Трепавлов 2007]と呼ばれる草原の支配者となったのだった。

モスクワによる征服後，旧カザン・ハン国領では，ムスリム軍人層の正教改宗が一定程度進んだ[濱本 2009]。一般住民の正教改宗者は，のちにクリャシェンと呼ばれる集団を形成するものの[櫻間 2009]，軍人を除くムスリムの多くは改宗しなかった。しかし，この地域には多くのロシア人が移住し，また，正教修道院が多数建設され[Romaniello 2012]，沿ヴォルガ・ウラル地方は徐々に，しかし着実に，ロシアの領域に組み込まれていった。

ロシアは，17世紀初頭の動乱時代にカトリック国ポーランドに攻め入られ，亡国の危機にみまわれたが，正教護教を唱える国民軍がこれを退けることに成功し，1613年に新王朝ロマノフ朝が成立した。17世紀初めの正教護教の雰囲気のなかで，それまで非正教徒に比較的寛容だったロシア宮廷が変質していく。ロシア国内のチンギス裔[宮脇 1996]の傀儡政権として15世紀半ばに成立し，ロシアにおけるイスラーム信仰の中心だったカシモフ皇国[Вельяминов-Зернов 1863-87；Рахимзянов 2009]の君主が，1654年に正教に改宗させられ，17世紀末までにロシアのすべてのチンギス裔が正教徒となった[Беляков 2011]。17世紀後半から正教改宗を拒むムスリムの封地没収がおこなわれ，18世紀初頭には，改宗を拒否するムスリム貴族・軍人は，農民と同等の地位に落とされた[Ислаев 2001；Ногманов 2005]。

17世紀にはまた，ロシアは新たな遊牧民をその領域に迎え入れた。1630年代にヴォルガ川下流域に西遷してきた，チベット仏教を奉ずるモンゴル系のカルムィク（トルグート）である。カルムィクはロシアと同盟関係を結

んだものの，他民族との争いやロシア政府からの正教化の圧力のために，その多くは1771年に大きな犠牲をはらいながらも清朝支配下のイリに帰還した[Khodarkovsky 1992；Моисеев & Моисеева 2002；荒井・井上 2008]。

宗教政策の転換——イスラームの弾圧から利用・奨励へ

18世紀前半から半ばにかけて，沿ヴォルガ地方では一般住民を対象とした大規模な正教化政策が実行された。1731年には非正教徒を改宗させるための特別な組織が設立され，ここに多額の資金がつぎ込まれた。沿ヴォルガ地方やシベリアのモスクはつぎつぎと破壊され，非正教徒のうち，マリ人，モルドヴィン人，ウドムルト人，チュヴァシ人といった多神教徒が正教を受容したが，タタール人，バシキール人を主とするムスリム住民の正教化は進まなかった[Макаров 2000；Ислаев 2001]。

一方でこの時期には，沿ヴォルガ地方におけるロシア人移住者の増加や正教化政策のために，沿ヴォルガ地方のタタール人による，ロシア政府の支配が比較的ゆるかった南ウラル地方への移住が起こった[Исхаков 1980]。この結果，イスラームがそれほど浸透していなかったウラル地方のバシキール人のあいだに，タタール人の影響で再イスラーム化が起こった[Azamatov 1996]。タタール人の東方への移住は，政府による政策としてもおこなわれた。ロシア政府は1735年，東方との貿易拠点として南ウラル地方の新都市オレンブルグの建設に着手し，この新都市への移住を奨励しており，ロシア政府の政策に従ってオレンブルグ周辺に移住したタタール商人は，ロシア・中央アジア貿易の担い手として活躍した[Михалева 1982；Усманов 1992；Хамамото 2011；Гибадуллина 2013]。

カザン・ハン国併合時に自らイヴァン４世に帰順を申し出た南ウラル地方のバシキール人は，イヴァン４世から土地，税，信仰などに関する特別な権利を認められていた。しかし，バシキール人を帝国の統治システムに組み込もうとするロシア政府によって，徐々にその権利は狭められ，これに反発したバシキール人は蜂起を繰り返した[Steinwedel 2016；豊川 2006；2016]。ロシア政府によるバシキール人統治の試みのなかで，18世紀半ばにロシア政府と南ウラル地方のムスリム宗教指導者との関係に協力的な側

面がみられるようになる［Frank 1998；Азаматов 1999；Spannaus 2013］。また，新都市オレンブルグにムスリム商人を惹きつける必要もあって，イスラームに対する政府の抑圧的な政策には，すでに18世紀半ばから軟化の傾向も確認できるという点には注意が必要である。

　啓蒙専制君主エカチェリーナ2世時代（在位1762~96年）になると，ロシアの対イスラーム政策は明確に転換された。エカチェリーナ2世は1773年に宗教寛容令を発布して，ムスリムの信仰の自由を保障した。1780年代初めには，イスラームは当時ロシアへの依存を高めつつあったカザフ草原の遊牧民［野田 2011；Noda 2016］に影響をおよぼすための有用な手段と目され，対イスラーム政策は「寛容」から「奨励」に移行した［Steinwedel 2007］。その後，カザフ草原におけるタタール人と，タタール人宗教指導者が司るモスクは，ロシアによるカザフ併合に重要な役割をはたした［Sultangalieva 2012］。18世紀末にはタタール商人による中央アジア貿易がいっそう盛んになり，富を手にしたロシア・ムスリムの商人は，モスク・マドラサの建設や，ロシアから中央アジアへのムスリム留学生支援というかたちで，ロシアにおけるイスラームの発展に寄与することになる［小松 1983；濱本 2011；Frank 2012］。

　ロシアは，エカチェリーナ2世の時代に第1次露土戦争（1768~74年）でオスマン帝国に勝利し，ロシアの長年の敵国クリミア・ハン国［Новосельский 1948；Моисеев, Максим 2016］に対するオスマン帝国の宗主権を放棄させたうえで，1783年にクリミア・ハン国を併合した。エカチェリーナ2世は，新たに領土に加えたクリミアでも宗教的寛容政策を採用し，クリミア・ハン国の宗教指導者は，それまで有していた経済的・社会的特権をそのまま保持したうえで，ロシア帝国の行政機関に組み込まれた［Fisher 1978］。なお，2014年3月のロシアによるクリミア編入を機に，ロシアでは近年クリミア史に関する著書や史料が続々と出版されている。また，2014年4月には学術雑誌 *Крымское историческое обозрение. Crimean Historical Review* (Kazan/Bakhchisaray) が創刊され，ロシア，ウクライナ，トルコ，アメリカなどの研究者が論文を寄稿しているほか，2013年創刊の学術雑誌 *Золотоордынское обозрение. Golden Horde Review* (Kazan)にも，ク

リミア・ハン国史関連の多種多様な論考が掲載されている。今後のクリミア史研究の急速な発展が期待できるが，これらの著作を扱う際には，クリミアをめぐる近年の政治状況の影響の可能性を考慮する必要がある。

エカチェリーナ2世は，クリミア統治の経験や，オスマン帝国の制度を参考にしながら，ロシア領内のムスリム統治の機関として，1788年にムスリム宗務協議会創設を命じた。この組織は，ほかのロシアの裁判所と同様，国庫からの支出でその活動費が賄われ，おもにイスラーム家族法に関する上訴審的な裁判をイスラーム法にそっておこなうとともに，新たなモスク建設や修繕の問題を処理したり，ムスリム住民の戸籍の管理をおこなったりした。またロシア領内のウラマー（イスラーム諸学を修めた知識人）を統制する組織としても機能した[Азаматов 1999；長縄 2008；2013]。こうしてイスラームは，ロシア帝国公認の宗教の1つとなった。

濱本真実

2 │ ヴォルガ・ウラル地方

ムスリム世界への窓

ヴォルガ・ウラル地方はロシア帝国の中核であるヨーロッパ部に位置しつつも，テュルク系やフィン・ウゴル系の人びとが暮らし，イスラームや自然崇拝が濃厚な地域だった。19世紀から20世紀初頭にこの地方が政府にとって，多元性を容認する帝国的秩序とロシア正教やロシア語を通じた国家統合との矛盾がもっともあらわになった空間の1つだったことは偶然ではない[Werth 2002；Kefeli 2014]。また，1804年に大学がおかれたカザンで，19世紀前半に東洋学が開花したことは特筆に値する。東方を英知と知識の源とする姿勢がこの町で育ったことは，エドワード・サイードが糾弾した東洋学(オリエンタリズム)とは異なるアジアへの態度をロシアの東洋学に刻印することになったからだ[Geraci 2001；Schimmelpenninck van der Oye 2010]。

本節では，タタール人とバシキール人の歴史，とりわけムスリム社会としての展開を中心に概観する（タタール人の通史としては，理論面でやや古くなったが[Rorlich 1986]は有用。バシキール人については[Steinwedel 2016]）。

これはフィン・ウゴル系のマリ人，モルドヴィン人，ウドムルト人，そしてテュルク系のチュヴァシ人を軽視しているわけでは決してなく，つぎのような研究状況を踏まえた自覚的な限定である。第一に，ソ連解体後，ロシア帝国とソ連のイスラーム政策の全容とともに各地のムスリム社会の多様性も急速に解明されるなかで，ヴォルガ・ウラル地方が参照点として重要な位置を占めていること。第二に，イスラームの視座は，中東の社会史や植民地帝国下のムスリム社会に関する研究と接合性が高く，ロシア史を世界史に位置づけるうえで1つの有効な切り口となっていることである［Motadel, ed. 2014；長縄 2013］。したがって，19世紀以降のヴォルガ・ウラル地方のムスリム社会を研究するには，まずロシア中核部の史的文脈を十分に理解したうえで，旧ロシア帝国の領域に限らず世界各地のムスリム社会との比較と相関を絶えず念頭におく必要がある。

宗派国家とムスリム社会

　ニコライ1世期(1825～55年)は一般に，「正教，専制，国民性」という「公定ナショナリズム」の時代といわれている。しかしこの時期には，国家がロシア正教会だけでなくそれ以外の各宗教共同体のなかにも正統派を見出し，それを積極的に庇護する側面があったことは強調されなければならない。実際この時期にはムスリム関連の法律も数多く出され体系化された［Арапов 2001；2004］。アメリカの歴史家ロバート・クルーズは，ロシア帝国のこうした構造を「宗派国家」と呼び，ムスリム社会も宗教上の規律を国家権力の仲介に頼ったので，国家とムスリム社会のあいだに安定的な相互関係が結ばれていたと主張する［Crews 2003；2006］。従来，ロシア国家とイスラームとの関係が民族運動の観点から過度に敵対的に描かれてきたことからすれば，クルーズの議論は極めて重要な修正である。しかし，彼の依拠した史料の多くがロシア当局に宛てた嘆願や訴訟記録という，国家権力の介在がすでに織り込まれた文書である点は留意しておいてよい。

　エカチェリーナ2世が1788年に設置を命じた宗務協議会は，ヴォルガ・ウラル地方のムスリムが帝国行政に取り込まれ，それを通じて新たな活力を獲得する礎となった［Азаматов 1999；Загидуллин 2007］。18世紀半ばか

らタタール商人は中央アジアとの交易に参入したが，まさに彼らがモスクやマドラサの建設だけでなく，ウラマーを志す若者の留学にも財を惜しまず支援した。当時はブハラとカーブル方面で研鑽を積むことが名声を得る第一歩とみなされ，帰郷した者たちが築いた教育拠点は地域内部で網目をなした［Kemper 1998；濱本 2011］。こうしたイスラーム復興と軌を一にして著された『ブルガル史』とまとめられる一群の歴史叙述は，史実を映すものではないが，当時の学者の知識や世界観のあり方を知るうえで枢要な史料の1つである［Frank 1998；Kemper 1998］。

　また政府は，カザフ遊牧民のあいだに影響力を浸透させるべく，タタール人とバシキール人を宗教指導者としてだけでなく，書記，通訳，軍人としても活用した。この政策は，1868年以降カザフ草原がロシア行政に組み込まれると著しく後退したが，帝政下の地域統合がイスラームを媒介としたタタール人，バシキール人，カザフ人の紐帯を強めた側面は無視できない［Султангалиева 2002；Frank 2001］。

帝国の近代化とムスリム社会の変容

　1860年代以降ロシアは，中央集権化と富国強兵をめざす大改革を遂行した。タタール人とバシキール人は，国家の干渉の増大に激しく反発したものの［Материалы 1936；Загидуллин 2014］，帝国のムスリムのなかでもっとも大改革の恩恵を受けた集団でもあった。トルキスタン征服で国境防衛の意義を失った南ウラルでは，バシキール人に軍務を課してきたカントン制が1863年に廃止された。農民身分に移ったバシキール人は，先祖代々の土地を現地役人や資本家に買い叩かれて困窮し，土地はロシア人移民の手に渡った。これは，1917年の革命時にバシキール知識人が強力な自治要求を出す動因となる［Усманов 1981；Steinwedel 2016］。他方で，ゼムストヴォと市会という地方自治体が導入されると，ムスリムの名望家のなかにも地元のロシア人らと利害を調整し当局と交渉する術に長ける者があらわれた［Салихов 2001；Азаматова 2011］。ムスリムには家族法にかかわる訴訟でイスラーム法の適用が認められていたが，この時期に導入された裁判所は当時もっとも法のもとでの平等を実践していたので，それが人びとの法

廷の選択にどのように作用したのかは検証されなければならない[Kirmse 2013;Garipova 2013;磯貝 2014]。さらに，タタール人とバシキール人は帝国のほかの同信者と違い，1874年に導入された国民皆兵の対象となり，露土戦争，日露戦争，第一次世界大戦にも従軍した[Абдуллин, ed. 2009]。

政府はロシア語教育の普及をはかり，ムスリムの自律的な教育制度にも介入した[Фархшатов 1994;2000;Dowler 2001](マドラサ教育については[磯貝 2012])。他方で当時は，識字を通じて民衆が能動的に聖典を理解すべきだという精神が普及していた。カザンの宣教師ニコライ・イリミンスキーが母語を通じて受洗タタールをはじめフィン・ウゴル系の人びとに正教信仰の定着をはかり，クリミアのイスマイル・ガスプリンスキーが母語の習得を効率化する新方式学校を提唱したのは偶然ではない。こうした国策と時代精神のなかから新世代のムスリム知識人が育った[Валидов 1923;Ross 2011;Tuna 2015]。とはいえ，ムスリム社会の規模が小さいこの地域や西シベリアでは，その内部の資本分配をめぐって学校改革の支持派と反対派の亀裂が深まった[Dudoignon 1997;2000;Naganawa 2007]。この地方のムスリムは，ロシアと並行するオスマン帝国の近代化も注視し，イスタンブル，カイロ，メッカ，メディナに教育機会を求める者も増えた[長縄 2014]。この両帝国を往来するムスリムの動態のなかに，汎トルコ主義者ユースフ・アクチュラらの活動も位置づけられる[Сибгатуллина 2010;Meyer 2014]。

1905年革命を機に宣言された良心の自由，タタール語の新聞・雑誌の発行許可，国会の招集で，ヴォルガ・ウラル地方のムスリム社会は大きく変わった。まず，受洗タタールのうち19世紀を通じて実質上正教会から離れていた人びとがムスリムとして正式に登録できるようになった[Kefeli 2014]。ムスリム社会では，ウラマーにとどまらず幅広い人びとが自分たちの共同体の運営に関する法律や行政のあり方をさまざまな集会や印刷物で議論して世論を形成し，政治的権利を行使する共同体(ミッレト)の単位を模索した[Bennigsen & Lemercier-Quelquejay 1964;Каримуллин 1974;Noack 2000;Dudoignon 2001;Исхаков 2007;長縄 2017]。1907年6月3日法でカザフ草原とトルキスタンのムスリムは選挙権を剥奪されたが，ヴォルガ・ウラル

コラム19 │ タタール人汎イスラーム主義者と日本

　明治末の1909年2月，ロシアから1人のタタール人ムスリムが来日した。その名はアブデュルレシト・イブラヒム(1857-1944)。彼は早くから帝政ロシア統治下のムスリムの惨状を訴え，日露戦争に続く1905年のロシア革命後は新聞・雑誌をとおしてムスリムの覚醒に努め，政治・社会的な権利の確保をめざして最初の政治組織「ロシア・ムスリム連盟」の創設に尽力した熱烈な汎イスラーム主義者であった。まもなく帝政の反動に直面して活動の自由を奪われた彼は，1908年シベリア・満洲・日本・朝鮮・中国・シンガポール・インド・2つの聖地メッカとメディナをめぐってオスマン帝国の首都イスタンブルにいたるユーラシアの大旅行に出発した。彼の旅行記『イスラーム世界——日本におけるイスラームの普及』には明治日本の姿が克明に描かれており，ムスリム読者に日本を紹介するうえで重要な役割をはたした［イブラヒム 2013］。

　日露戦争における日本の勝利に触発されて来日したというイブラヒムは，まさに時の人となり，「韃靼の志士」とも呼ばれた彼は，伊藤博文や大隈重信，乃木希典らとも面談している。「ダッタン人の回々教の管長」のことは1909年6月の夏目漱石の日記にも登場する。とりわけ，ヨーロッパ列強の支配下にあるイスラーム世界の解放を悲願とする彼の言説は，日本のアジア主義者の心をとらえ，彼と頭山満，犬養毅らはアジアの自立をはかる政治結社「亜細亜義会」を立ち上げる。これは汎イスラーム主義とアジア主義との出会いの一瞬であった。「韃靼の志士」は陸軍参謀本部の関心も引いた。

　大旅行ののち，イスタンブルでオスマン国籍を得たイブラヒムは，汎イスラーム主義の活動にあたるが，時代は激動のなかにあった。第一次世界大戦で敗北したオスマン帝国は解体し，ロシアの帝政も革命によって打倒された。ロシア革命にかけた希望が裏切られると，彼はトルコに戻るが，アタテュルクの指導する世俗主義の共和国トルコに汎イスラーム主義者の居場所はなかった。1933年，失意の彼を日本に招いたのは陸軍参謀本部であった。彼は，中国や東南アジアを含むイスラーム世界の広がりに目を向けた大日本帝国のイスラーム政策に関与するかたわら，若いイスラーム学徒井筒俊彦にアラビア語を教えたことでも知られている。かつてユーラシアの広大な歴史空間を生きた彼の足跡をたどっていくと，目はおのずと世界史に開かれていくかのようである［小松 2008］。

小松久男

地方出身の議員が率いた国会のムスリム会派は「2000万人のロシア・ムスリム」の利害を代弁しつづけた[Ямаева, ed. 1998；Усманова 2005]。1908年の青年トルコ人革命を目撃したロシア政府は，タタール人の改革派知識人を内なる革命分子とみて，取締りを強化した[Махмутова 2003；Campbell 2015]。

戦争と革命，そしてソヴィエト政権の成立
　第一次世界大戦期にはヴォルガ・ウラル地方のムスリム男性も未曾有の規模で召集されたが，銃後では慈善事業が活性化し女性の役割も増大した。1917年の二月革命後にタタール人女性が繰り広げた当時の世界でも先駆的な参政権運動は，彼女たちの戦時の経験に根ざしていた[磯貝 2009；長縄 2012]。1917年5月初旬には帝国各地から800人の代表がモスクワに集まり，全ロシア・ムスリム大会が開かれた。そこでは新生ロシアの枠内での自治が追求されたが，ロシア・ムスリムの統合を掲げて文化的自治を求めるタタール人は孤立した。十月革命後の12月には，オレンブルグでゼキ・ヴァリドフらがバシキール自治政府を立ち上げた[Togan 1997；Исхаков 2004]。
　民族自決を錦の御旗に掲げるボリシェヴィキは，内戦の戦況に応じて民族運動指導者とムスリム兵士の支持を取りつけるためにタタール・バシキール共和国，バシキール自治共和国，タタール自治共和国という構想をつぎつぎに打ち出した[Schafer 2001；西山 2002；山内 2009]。他方で，多くの人びとが白軍とともにシベリアに逃げ，満洲や日本に到達した。そのなかには，ポーランドやドイツに亡命した知識人とも連携して反共反ソの「イデル・ウラル運動」に共鳴する者もいた[小松 2008；松長 2009]。
　ボリシェヴィキは現地化(コレニザーツィヤ)の名のもと，多くの民族知識人を自治共和国の国家機関に登用した[Martin 2001]。ウファの宗務協議会は中央ムスリム宗務局として生き延び，1926年にはメッカのイスラーム世界会議に局長(ムフティー)リザエッディン・ファフレッディンを団長に代表団を送るなど外交上の役割もはたした。1920年代はイスラーム教育が厳しく制限されたものの，聖職者の努力でソヴィエト学校との共存がはかられた。しかし，1927年頃から政権の攻勢が強まり，聖職者は1930年代の農業集団化のなかで富

農の味方とみなされ、1937〜38年には国外の反ソ組織との関係を疑われ多くの者が逮捕・処刑された。1936年4月にファフレッディンが没すると宗務局も機能停止に陥った。さらに、1928〜31年のラテン文字化、1938年のキリル文字化で、この地方のムスリムはアラビア文字の知的伝統からも切り離された [Миннуллин 2006; Usmanova et al. 2010; Арапов 2010]。

第二次世界大戦以降

1941年6月に独ソ戦が始まると、ソヴィエト体制に呻吟(しんぎん)したムスリムのなかからドイツ軍の捕虜となりその民族部隊で戦う者もあらわれた [Гилязов 2005]。しかし、大祖国戦争の名のもとあらゆる動員を必要としたスターリンは、1943年9月にロシア正教会の指導者と面会、その後イスラームとの和解も進めた。中央ムスリム宗務局も活動を再開し、ナクシュバンディー教団の高名な導師(シャイフ)を父にもち、カイロのアズハルで学んだガブドラフマン・ラスーレフがムフティーを務めた。また、タシュケント、ブイナクスク(のちにマハチカラに移る)、バクーにも宗務局が新設され、1944年に設置されたソ連閣僚会議宗教問題評議会の統制を受けた。ブハラのミーリ・アラブ・マドラサは、1943年からソ連唯一の宗教指導者養成機関としてヴォルガ・ウラル地方の学生も受け入れた。

共産主義社会の実現が掲げられたフルシチョフ時代(1953〜64年)には反宗教宣伝が再び強まり、モスクに通う者や宗教儀礼への参加者は職場や学校で敵対的な目で見られ、宗教実践は個人宅に限られた。他方で、モスクに所属しない未登録のムッラー(宗教指導者)が田舎で祭礼や儀礼を執りおこない、初歩的な教育も施した。戦後ソ連のイスラームには近年関心が高まっているが、当局が宗教を把握する際に用いた概念をどのように解釈すべきかなど、克服すべき課題も多い [Юнусова 1999; Ro'i 2000; DeWeese 2002; Арапов 2011; Minnullin 2014]。

ブレジネフ時代(1964〜82年)は、つぎの時代に民族運動を担う人びとが教育を受けキャリアを形成した時期として極めて重要である。その多くは急速な都市化で農村を離れ、郷愁をかかえながら高等教育機関で人文科学者として自民族の研究に勤しんだ人びとだった。当時の関心の中心は民族

起源論にあった。ロシアの宿敵としてジョチ・ウルスの研究が事実上禁じられていたタタール人の学者はチュヴァシ人の同僚とブルガルがどちらの祖先かをめぐり論争を繰り広げた。バシキール自治共和国では、11世紀来の民族の移動と13世紀のモンゴル襲来に重きをおく立場とブルガル以前にバシキール人の起源を遡り「原住性」を強調する立場が対峙した[Uyama 2002；Ле Торривеллек 2007]。

ペレストロイカからソ連解体へ

1985年3月に共産党書記長となったゴルバチョフが始めたペレストロイカ(建直し)は、イスラームの復興も促した。1980年代末にはモスクや教育施設が急増し、1990年の良心の自由と宗教団体に関する法律は宗教の抑圧に終止符を打った。戦後は断続的に毎回20名程の巡礼団が送られていたのに対して、1990年には3000人のソ連人がメッカに赴いた。ソ連解体前後には、イスラーム復興を支援する慈善団体が国外から入り込み、多くの若者がサウジアラビアやトルコなどに留学した。こうした復興にともなう莫大な資金の流れやロシア連邦の地方分権化にともない、1990年代には自らムフティーを名乗ってウファと袂を分かち、自身の宗務局をもつ者が多数あらわれた。9.11(アメリカ同時多発テロ)後は、国外から流入する「ワッハーブ主義＝過激派」とロシア各地の「伝統的なイスラーム」を峻別し、後者こそがロシア国家の統合に寄与してきたのだという言説が大きな政治力を得るにいたった[Малашенко 1998；Мухаметшин 2005；Силантьев 2006]。他方で、受洗タタールも多数派のムスリムとは別個の民族であるとの主張を展開するようになった[櫻間 2009]。

ソ連邦のロシア共和国内部の自治共和国は当初、連邦共和国への昇格を求めていた。しかし、エリツィン率いるロシアが1990年6月に主権宣言をおこなうと、タタール自治共和国は8月、バシキール自治共和国は10月にこれに倣った。1991年12月にソ連が解体すると、タタールスタン大統領シャイミエフ(在任1991〜2010)は、地元の強力な民族運動を利用しながらも民族間対抗の調停者として巧みに振る舞い、1994年2月にモスクワと権限区分条約の調印にこぎつけた。これは、モスクワが交渉相手を探しあぐね

て武力衝突に陥ったチェチェンとは著しく異なる［松里 2000；塩川 2007］。2000年にプーチン時代にはいると集権化が進んだが，2014年のクリミア併合でもタタールスタンは重要な役割を演じており，ロシア連邦内部の民族政治を観察するうえで今後も目が離せない。

長縄宣博

3 | 中央アジア カザフ草原とトルキスタン

　中央アジア近現代史研究は，ソ連崩壊後，ロシア・ソ連史，東洋学・イスラーム研究，文化人類学などの相互の刺激のもとで急速に発展した。とくにロシア帝国・ソ連史研究が，「民族の牢獄」のような固定的な図式や，社会主義の評価をめぐる観念的論争から解放され，権力と社会，中央と周縁の相互作用をいきいきと描き出すようになったことの影響が大きい。中央アジア研究自体もロシア帝国・ソ連像の見直しにおおいに貢献してきた。ロシア帝国・ソ連史の基本的な流れについては田中ほか編［1994-97］，近年の研究潮流についてはロシア史研究会編［2012］（とくに「ロシア帝国論」の章）を参照されたい。以下では，近年の研究のおもな論点を盛り込みながら中央アジア近現代史を概観していく。なお，現代経済史に重点をおいた研究案内として，岩﨑・宇山［2015］を併読することをお勧めする。

カザフ草原の併合

　ロシア帝国期の中央アジアは，しばしばヴォルガ・ウラルなどほかのムスリム地域と一緒に論じられるが，実際には併合の経緯も統治上の位置付けも異なっており，また中央アジアのなかでも地域による違いが大きい。ロシアによるヴォルガ・ウラル征服は，モンゴル帝国ジョチ・ウルス系の諸政権と，ルーシ諸公国をまとめたモスクワの力関係の逆転によって起きたが，16世紀の時点でロシアが支配権を確立できたのは，森林や森林ステップの地域にほぼ限られた。現在のカザフスタンを中心とするステップ遊牧民地域の大部分は，依然としてジョチ・ウルス系諸政権の領域であった。
　しかし，ジュンガル（第6章参照）が17世紀後半以降中央アジアに進出し

戦いを繰り返したことにより、中央ユーラシアの国際関係は大きな変動を迎えた。カザフ・ハンの1人アブルハイルは、ジュンガルとの対抗を背景に、直接にはロシア領のバシキール人との関係調停を目的として、1730年にロシア皇帝に保護を求めた。ロシア側はこれを臣従申請と解釈し、翌年許可した。カザフ側は独立を放棄したつもりはなかったが、ロシアは要塞建設、ハン家の内紛の扇動、ハン任命権の掌握などを通じてカザフ人を徐々に従属させていった[Ерофеева 2007](露清関係におけるカザフ・ハン国の位置付けについては171頁コラム14「カザフをめぐる露清関係」参照)。現地有力者が短期的に帝国を自分の目的のために利用しながら、長期的には従属させられていくというパターンは、さまざまな帝国の拡大過程でみられたものである[宇山 2016]。

ロシアは1822年にカザフの中ジュズ、1824年には小ジュズのハン位をそれぞれ廃止し、カザフ草原の大半において現地有力者を取り込みながら統治体制を構築した[長沼 2015]。これに反発してハンを名乗ったケネサルの反乱(1837～47年)は、ロシアおよびウズベク諸国との駆引き、独自の国家機構建設の試みなど注目すべき動きをともなったが[Бекмаханов 1992]、ロシアの圧力に追い込まれ、最後はクルグズ人との戦いで敗北した。このときロシアと協力したクルグズ人有力者たちは、ロシアがコーカンド・ハン国方面に進出する際にも重要な役割をはたし、クルグズスタン北部は1850年代半ばから60年代前半にかけてロシアに併合された[秋山 2016]。紙幅の都合で個別の紹介はしないが、ロシアのカザフ草原併合と統治についてはカザフスタンで充実した史料集が多く出されている。

トルキスタンの征服と中央アジア統治体制の確立

1864年、ロシア帝国はトルキスタン(中央アジア南部)の定住民地域の征服に乗り出した。1870年代半ばまでにコーカンド・ハン国を併合し、ブハラ・アミール国とヒヴァ・ハン国をそれぞれ縮小させたうえで保護国化した。半農半牧のトルクメン地域も、1885年までに征服されている。一連の征服活動については、棉花などから得られる経済的な利益を目的としていた、タシュケント占領(1865年)は前線の司令官の独断だったなどの説がこ

れまで述べられてきたが,近年の研究では,タシュケントを含む征服は政府内で以前から検討されており,主目的は守りやすい場所に国境線を設けるという安全保障上のものだったという見方が有力になっている[Morrison 2014]。

領土拡張はロシアの国威発揚にかかわることであり,背景としてイギリスとの対抗関係,いわゆるグレートゲームがあったことも見逃せない[ホップカーク 1992;Sergeev 2013]。中央アジア南部現地の人びとがグレートゲームのなかでどのような主体的な動きをみせたかについては宇山[2016]で若干の分析を試みたが,本格的な研究は今後の課題である。

中央アジアの統治(概観として[Pierce 1960]など)にはロシアの文官だけでなく軍人もかかわり,とくにトルキスタン総督府は,内務省ではなく陸軍省の管轄下におかれた。トルキスタンとステップ地方(南部を除くカザフスタン)では統治規程が異なり,トルキスタンのなかでもザカスピ州(現在のトルクメニスタンにほぼ相当)は別扱いだったが,中央アジアの統治体制は大まかにいえば,総督,州知事,郡長といった広域行政の要職をロシア人などヨーロッパ系の人びとが握り,郷長・村長には現地民が選ばれるという二層構造であった。

現地民は基本的に,発展水準の低い民族集団を意味する「異族人」という身分に入れられた。ロシア人と現地民が区別・差別された統治構造は,両者の相互不信,行政官の腐敗,権力が社会の末端の状況を把握できないことと,その不安感ゆえの過度の抑圧など,さまざまな問題を生んだ[宇山 2013]。ロシア正教の宣教や兵役の導入などによりロシア化を進めようという提案も政府・軍のなかでたびたび出されたが,民族性・地域性に合わせた政策を採るべきだという個別主義的な見方や,政策変更が反乱を引き起こす可能性への恐れが優越し,同化政策はごく限定的にしか実施されなかった[宇山 2006]。

ロシア帝国の中央アジア統治については,西欧の植民地主義と違い寛容で現地に利益をもたらすものだという主張が同時代からあり,第二次世界大戦後のソ連やソ連崩壊後のロシアではますますそうした言説が強まっているが,実際には,ロシアの官僚・軍人は西欧からさまざまな知識や手法

を学んでいた。近年は，ロシアの中央アジア統治と西欧の植民地統治，とくにイギリスのインド支配との比較研究が欧米で盛んになっている。イギリスとロシアを比べると，現地協力者の利用にはイギリスのほうが積極的かつ巧みであり，またイギリスが植民地貿易により本国に利益を集めることを重視したのに対し，ロシアは植民地経営が赤字になってでも帝国全体で棉花などを自給するのを重視したといった違いが指摘できる。しかし，本国・中央から植民地・周縁へのオリエンタリズム的な視線や，植民地・周縁の知識人が本国・中央を近代化の模範としつつ批判もしたことなど，共通点も多い[Morrison 2008；宇山 2016]。

ロシア帝政期の中央アジア研究

統治の不備とは別に，知識の集積の面では，ロシアの学者・官僚・軍人による中央アジア研究はかなり進んだ。外務官僚リョーフシンが著したカザフ草原の地理・歴史・民族の総合的研究[Левшин 1996]，ロシア軍人として1850年代後半に新疆を含む中央アジア東南部を調査したカザフ人ワリハノフの研究や覚書[Валиханов 1984-85]，現地語を習得して妻と一緒にフェルガナ地方の女性に関する民族学調査をし，帝政末期にはロシア統治の実態を痛烈に批判したナリフキンの諸著作[Наливкин 2015；Kamp 2016]，東洋学者バルトリドが書いた中央アジア史研究の多くの基本書[Бартольд 1963-77]（その１つの邦訳[バルトリド 2011]を参照）などは，現在もよく読まれている。ワリハノフのように，ロシアの学問を学んで自民族や近隣民族を調査した，今でいうネイティヴ人類学者にあたる知識人がいたことも注目に値する。

トルキスタン総督の命令で集められた，同時代の中央アジア関連文献・新聞記事などの巨大なコレクションであるトルキスタン集成（Туркестанский сборник）はデジタル画像化されており[帯谷 2012]，京都大学と北海道大学で閲覧できる（東京大学でも一部所蔵）。また，1897年のロシア帝国国勢調査のほか，行政改革や農業開発・植民の推進を目的とした視察・調査の報告書，州庁や移民局の出版物，外国人の旅行記にも史料的価値の高いものが多い。

帝国権力とイスラーム諸制度の相互作用

　近年の中央アジア近代史研究でとくに注目されてきたのは，イスラームに関係するテーマである。ロシア帝国のイスラーム政策としては，ヴォルガ・ウラルなどではイスラーム法学者・礼拝指導者らをムスリム宗務協議会のような公的機関に統合したのに対し，中央アジアではそうした機関を設置しなかったことが特徴である。その狙いは，イスラームを公的に保護しないことによって，トルキスタン定住民の「狂信性」を弱めさせ，同時に遊牧民へのイスラームの影響力増大を阻むことだった。初代トルキスタン総督カウフマンの，イスラームを迫害も保護もしない「放置政策」はよく知られている［Brower 2003：26-56］。

　ただし近年は，イスラームの法制度およびその担い手と帝国権力とのあいだに，他地域ほど密ではなかったにせよ，さまざまな接触と相互作用があり，ときに思いがけない結果をもたらしたことに注目する研究が増えている（例えば［Sartori 2009］）。日本では中央アジア現地語のイスラーム法廷文書の研究が進んでおり，その成果に基づいてロシア統治下の法・裁判制度の変化を論じたユニークな論文集［堀川ほか編 2014］もある。また，ロシア当局はメッカ巡礼が汎イスラーム主義を広めることを警戒していたが，フェルガナでの棉作などの発展による現地民の収入増と，鉄道など交通の発達により，メッカへの巡礼者はロシア統治下でむしろ著しく増えた［Brower 2003：114-124］（中央ユーラシアからのメッカ巡礼史については［Papas et al., eds. 2012］も参照）。

　なお，帝国権力とイスラーム諸制度の相互作用を重視する潮流をつくった研究の1つに，クルーズの「宗派国家」論がある［Crews 2006］。これは，ロシア帝国が住民を宗教・宗派ごとに把握・監視した結果，帝国権力がムスリム同士の関係を調停し，ムスリムは帝国の制度を巧みに利用するという相互関係が成立したとする議論である（222頁参照）。クルーズはヴォルガ・ウラルの研究で得られた知見を中央アジアに安易に適用しようとしたという批判を受けたが，逆にそうした議論・批判を通じて2つの地域の違いと連関が浮彫りになったことは，両地域の比較の有益さをあらためて示したといえよう。最近では世界の帝国・植民地におけるイスラーム法制の

比較も試みられており,秋葉[2016]はオスマン帝国,ロシア帝国,英領インド,仏領アルジェリアで,帝国権力によるイスラーム法の取込み・保護とイスラーム法制の変質が共通してみられたことを指摘している。

カザフ人などの遊牧民地域では,地域的・民族的な慣習法が,イスラーム法の影響も受けつつ機能していたが,ロシアはこれをイスラーム法とはまったく別なものとして扱った。そして,判事の選挙制と複数の行政単位にまたがる裁判の合議制を導入し,口頭で伝えられていた慣習の文章化をはかるなど,やはり変質をもたらした[Martin 2001]。

いうまでもなく,帝国権力とムスリムの関係はつねに平和的だったわけではない。異教徒支配への反感やロシア系農民の入植への不満は存在し,それらを背景に,1898年に導師ドゥクチ・イシャーンが聖戦を唱え,約2000人の住民を率いてロシア軍の兵営を襲う事件(アンディジャン蜂起)が起きた[小松 1986]。蜂起はすぐに鎮圧されたものの政府・軍に大きな衝撃を与え,イスラーム政策や統治政策の見直しの必要性が提起されたが,大きな改革はおこなわれないまま,再び聖戦が呼号される1916年反乱(後述)を迎えることになる。

帝政下の経済と社会の変化

ロシア帝政期の中央アジアでは,帝国中央からの遠さによるコストや採掘技術の未発達もあって,資源・経済開発は不均等・不十分にしか進まず,支配の財政的コストと利益のどちらが大きいのかという論争もあった[Правилова 2006:127-151, 271-301]。それでも,トルキスタンでは多数の棉繰り工場ができ(紡績工場や織物工場はつくられなかった),カザフ草原ではイギリス資本がはいって鉱山・油田・炭田の開発が始まり[Peck 2004:10-26],のちのソ連時代の本格的な開発に繋がった。

帝政期中央アジアの社会・経済にとくに大きな変動をもたらしたのは,定住民地域での棉作の拡大と,遊牧民地域へのロシア系農民の大量移住である。ロシア本土やポーランドの繊維産業で需要の多い棉花の栽培は,1880年代初めにアメリカからアップランド棉が導入されて以降急速に拡大し,その後鉄道の開通など輸送手段の改善や棉作地への税制上の優遇も手

伝って拡大を続け，貨幣経済の深い浸透を促した。

　ロシアやウクライナなど帝国のヨーロッパ部の農民には，人口増加・土地不足を背景に東方への移住志向があった。19世紀には中央アジアへの移住をどちらかといえば抑制していた政府も，20世紀にはいる頃には奨励策に転じた。帝政最末期には，ステップ地方の人口の4割余りをロシア人・ウクライナ人が占めるにいたった。セミレチエ州（クルグズスタン北部・カザフスタン南東部）では移民の人口比は2割程度を超えなかったが，1910年前後の10年足らずのあいだに急速に入植が進み，民族間関係を著しく緊張させた［西山 2002：83-140］。

　遊牧にとっては，冬営地として好適な場所が移民のために取り上げられたり，入植地が移牧ルートを寸断したりしたことが打撃となった。多くのカザフ人・クルグズ人が冬営地周辺で小規模な農業に携わるようになり，とくにフェルガナ盆地周辺のクルグズ人は，隣接する定住民の農業が綿作モノカルチャー化したことにより穀物を自給する必要に迫られ，農耕を急速に拡大させた［植田 2013］。しかしカザフ人・クルグズ人の第一の生業が，遊牧ないし半遊牧的な牧畜であることには変わりなかった［Масанов 1995：224-237］。

　1907年の英露協商によりイランでの両国の勢力圏が確定されて以降，イラン北東部でもロシア系農民の越境入植がおこなわれるようになった。これはやはり国境をまたいで遊牧していたトルクメン人の利益と衝突し，後述の1916年反乱がイラン北東部まで拡大する要因となった［Deutschmann 2016］。ロシア帝国によるイランや新疆の半植民地化と中央アジア内の動きの関係は，今後研究を深めていくべき，興味深いテーマである。

　ロシア帝国支配下で都市が発達したことも見逃せない。遊牧民地域では要塞から発展した都市が統治の拠点となり，定住民地域の古くからの都市では，旧市街の隣にロシア人によって新市街がつくられた。これらの都市はやがて，ムスリムにとっても教育・文化活動の拠点となっていく（タシュケントについて［Sahadeo 2007］）。

イスラーム知識人と近代的知識人

中央アジアの定住民社会で古くから知識層を形成していたのは，イスラーム法学・神学などに通じたウラマーや官僚，詩人たちであった。彼らの多数派は，異教徒であっても公正な支配者はムスリムの暴君にまさると考えてロシア支配を受け入れた。そして末端の行政官をムスリムが務め，現地民判事がイスラーム法を適用していることをもって，ロシア領トルキスタンをダール・アル・イスラーム（イスラームの家）とみなした［小松 2008］。

19世紀後半から20世紀初めには，ロシア式の教育を受けた近代的知識人が，まずカザフ人，ついで定住民のあいだで増えていった。彼らのなかからのちに自治運動，さらにはロシア革命後に亡命して独立運動をおこなう者がでたため，冷戦期の西側や独立直後の中央アジア諸国の研究では，彼らがロシアにつねに抵抗していたかのようなイメージがつくられた。しかし1990年代の欧米・日本での研究により，近代的知識人がロシアの政策に批判的な目を向ける面と，自社会の改革・批判のためのモデルとしてロシアをみる面をあわせもっていたことが明らかになった［Khalid 1998；宇山 1997］。

近代的知識人は，教育の改革・普及，新聞・雑誌の編集・発行，文学・演劇活動，司法・行政改革の提唱など幅広い活動をおこない，ロシアの1905年革命以降はタタール人やアゼルバイジャン人，およびロシアのリベラルや穏健社会主義者の運動とも連携した。中央アジア定住民の近代的知識人は，ロシア帝国のムスリムのあいだで展開されていた，イスラーム教育やイスラーム法解釈の刷新を追求するジャディーディズムの潮流に加わったため，ジャディードとも呼ばれる。さらに広くは，ジャディーディズムは同時代のオスマン帝国などムスリム世界の改革・近代化運動の文脈に位置づけることができる［Baldauf 2001；小松 1996］。

ジャディーディズムは，1990年代には中央ユーラシア近代史研究の花形といえるテーマだったが，近年，イスラーム研究者らから，ジャディード知識人の影響力は小さかった，彼らの宗教面での改革の主張は伝統的なウラマーやサラフィー主義者とそれほど異ならなかったとして，ジャディーディズム研究の意義を強く疑う声があがっている（［Eden et al. 2016］および

同じ号の諸論文を参照)。たしかに近代的知識人は数のうえでは少数派だった。また、ジャディードがイスラームを考える際にクルアーンやハディースの原典に立ち返るという意味でサラフィー主義者と似た面ももっていたこと、改革派と伝統主義者の区別には当時の対抗関係のなかでレッテル貼り的な側面があり、境は曖昧であったことは、これまでにも指摘されてきた。非宗教的と思われがちなカザフ知識人のあいだでも、イスラーム知識人に似た問題関心や言説は少なからずみられた[Uyama 2013]。

しかし、ロシアや欧米に深い関心をもち、激動する世界のなかで進歩主義的な改革の必要を強く意識した知識人が、ムスリム社会内部の問題におもな関心をもつイスラーム知識人とは大まかであれ区別される集団として存在したこと、彼らがロシア革命・内戦期の激動のなかで現地民の利益を代表すべくもっとも活発に政治活動をおこなったことは、間違いない。イスラーム知識人研究が発展してきたことは有意義だが、だからといって近代的知識人はもう研究しなくてよいということにはならない。彼らの著作や新聞・雑誌でこれまで十分活用されておらず、分析を待っているものは多くある。中央アジア近代史研究の発展という観点からも、現地語の写本や法廷文書に依拠したイスラーム知識人・ムスリム社会研究と、ロシア語の文書館史料に依拠した帝国史・革命史研究が分裂しがちな最近の傾向は望ましいものではなく、両者を結ぶ観点から近代的知識人研究を再興することには大きな意義があろう。

1916年反乱,ロシア革命,自治運動

ロシア帝政の最末期になって、地理的広がりにおいて中央アジア史上最大の反乱が起きた。1916年反乱である。直接の原因は第一次世界大戦の戦線後方での労役命令だったが、背景にはロシア系農民入植などの政策への不満、戸籍がなく労役動員対象を正確に確定できないといった統治システムの不備、ロシア人行政官・現地民行政官・一般住民の相互不信、大戦でのロシアの苦戦の情報など、さまざまな要因があった。中央アジア全土で組織的に反乱が起きたわけではなく、地域によって、聖戦が唱えられたり、ハンが選出されたり、イランや中国での動きと連動したりと、じつに多様

な展開がみられた。セミレチエでは，ロシア系農民との激しい衝突と中国への難民流出が，ソヴィエト時代初期まで深刻な影響を残した［西山 2002：165-240］。この反乱についてはソ連で多くの研究や史料集が出版されたが（包括的な研究として［Турсунов 1962］），進歩的な民族解放闘争か反動的・封建的運動かというイデオロギー的な議論に時間が費やされた。100周年にあたる2016年には各地で新しい研究や史料集が出たが，クルグズスタンでは民族の悲劇を強調し，ロシアでは帝国の政策を正当化する傾向が強いなど，反乱の評価には政治色がいまだにつきまとう。

ジャディードやカザフ知識人のなかには，反乱は無謀だとして反対した者が多く，ソ連時代には人民への裏切りとして非難された。しかし実際は，知識人たちが労役条件を改善するための政府との交渉や労役者への付添い，反乱鎮圧の惨状を調査する国会議員の招聘などで政治経験と名声を得たことは，翌年以降の政治活動にプラスに作用した［Uyama 2001］。

1917年の二月革命によるロシア帝政の崩壊は多くの人びとに歓迎された。カザフ知識人は臨時政府のもとで地方行政の要職に就くとともに，民族自治の準備を始めた。ジャディードも自治運動を展開したが，ウラマーら保守派との対立に悩まされた。他方，各地でロシア系住民を中心にソヴィエト（労働者・兵士・農民の評議会）が結成され，ロシア中央と同様に臨時政府との二重権力が生まれたが，中央アジアではこの対立が，1916年反乱で緊張していた民族間の対立と部分的にかさなった。とくにトルキスタンでは，シベリアからの穀物輸送の途絶により，食糧をめぐる争いと権力闘争が連動した［Буттино 2007］。

十月革命によりボリシェヴィキ（のちの共産党）がロシア中央でソヴィエト政権を樹立すると，中央アジアの諸都市でもソヴィエトが権力獲得を宣言した。ジャディードはトルキスタン自治政府設立を宣言したが，まもなくソヴィエト側の武力で打倒された。他方，カザフ知識人が設立したアラシュ・オルダ自治政府は，ロシア内戦期にシベリアやウラルで優勢だった白軍と危うい連携を保ちながら，1920年春まで存続した［Uyama 2012］。

革命前に民族知識人が十分に育っていなかった地域では，自治運動の展開は困難だった。少数のクルグズ人知識人は，おもにカザフ人と連携して

アラシュ党支部で活動した。ザカスピ州にはエスエル（社会革命党）のロシア人を中心とするザカスピ政府が成立したが，実質的にはイギリス軍に従属していた。クルグズ人，トルクメン人，タジク人などの革命期の動きにはまだ不明な面も多く，研究の進展が待たれる。

ソヴィエト政権の確立と民族共和国の設置

　中央アジア，とくにトルキスタンのソヴィエト政権は，当初ロシア人中心主義的でムスリムを疎外する傾向が強かったが，ロシア中央のソヴィエト政権は1918年春に特命全権委員コボゼフを派遣して以降，ムスリムを取り込むよう軌道修正させていった。また，十月革命の頃からボリシェヴィキであった少数のムスリムに加え，当初ソヴィエト政権に反対したが自治の約束に応えて順次同政権側に移行したジャディードやカザフ知識人も，積極的に政治に参加した。とくにトルキスタンのジャディードは，現地のロシア人勢力に対抗するため，ボリシェヴィキが打ち出した反植民地主義に共鳴した。旧ブハラ・アミール国のジャディードは，アミールとの闘争のためいち早くボリシェヴィキと手を結び，国際情勢認識のうえでも，オスマン帝国解体やインド支配にみられるイギリス帝国主義への批判をボリシェヴィキと共有した[小松 1996]。中央アジア，とくにタシュケントは，1920年前後にはイラン，アフガニスタン，インド，新疆などでの革命運動の形成・援助の拠点として[Гиленсен 1999]，国内外の反植民地運動が交差する場となっていた。

　このように徐々に安定化したソヴィエト政権ではあるが，多くの困難な問題に直面していた。まず，匪賊から旧ブハラ・アミールの配下や元オスマン帝国陸相エンヴェル・パシャにいたる多様な人びとによる，バスマチ運動と総称される反ソ反乱が1924年頃まで中央アジア南部各地で展開され，その後もときに再燃した[帯谷 1992；山内 1999：391-590]。セミレチエでは，ロシア系農民が1916年反乱以降土地の奪取を続け，民族間関係の正常化にも，反乱や内戦の際に中国領に逃げたクルグズ人・カザフ人の帰還にも障害となっていた。1921～22年，トルキスタンとカザフスタン全体で不法占拠地の一部返還がおこなわれたが（第１次土地水利改革），これに対す

コラム20 │ 「ソ連時代」という歴史的経験

　ベネディクト・アンダーソンの『想像の共同体』は，人文社会科学に関心をもつ人のだれもがその名を知っているといえるほどポピュラーな書物だが，その序文が1978〜79年の中国・ベトナム・カンボジア戦争から説き起こされているという事実を意識している人は少ない。社会主義国同士が戦争をしたからといって驚くほどのことではないし，そもそも「社会主義国」という話題そのものが，今となってはピンとこないものとなっているからだろう。

　「ソ連」も「社会主義」も過去のものとなって久しいが，それが数十年にわたって人びとの生活を規定してきたという事実が簡単に消え去るわけではない。比較的最近否定されたものを「忘れ去りたい」という潜在意識が作用するのはある意味で自然だが，現によかれ悪しかれ長期間存在してきたものを視野の外においたり，安易な図式化でかたづけたりしたのでは，歴史にしても，その延長上にある現在にしても，バランスをもって認識することができなくなる。

　20世紀の歴史を包括的に描いたホブズボーム［1996］は，「短い20世紀」を1914〜91年という枠でとらえている。終期たる1991年がソ連解体の年であるのはいうまでもない。始点たる1914年も，第一次世界大戦によって古典的自由主義が終焉を迎え，自由主義・資本主義の危機の時代が始まったことを念頭におく時期区分である。そうした危機のなかからロシア革命とソ連国家が生まれたことを思えば，社会主義は20世紀という時代のなかで無視することのできない位置を占めていたといえるだろう。

　もちろん，今日では，ロシア革命が人類の歴史を前進させる画期だったとする，かつて有力だった「進歩」史観を維持するわけにはいかない。そのような史観から離れて「20世紀」およびそこにおける「社会主義」の位置をどのように振り返ることができるかは，現代史研究者が取り組むべき大きな問題である（「20世紀の歴史」という文脈のなかで「社会主義」の問題を考えた試論として，［塩川 2004］を参照）。

　もっとも，中央ユーラシアの場合，「社会主義」も「ソ連体制」も外からやってきたものという外在性が刻印されており，その体制を自ら生み出したソ連中央部（ヨーロッパ・ロシアの都市部）とは前提条件が異なってい

る。とはいえ，中央アジアやコーカサスがロシア帝国領となり，ロシア経由で社会主義その他の「進歩」思想を受け入れるようになった歴史はロシア革命よりも古い時期に遡り，「ソ連時代」よりも長い幅をもっているから，その影響はそれほど浅いものではない。また，社会主義という特異な体制は，社会の深部までの到達を試み，政治・経済・社会・文化にわたる大きな変動をもたらしたから，その「遺産」ないし「後遺症」は短期間に消え去るものではない。社会主義時代を生きた人びとの記憶には多面的な要素があり，特定の図式に押し込んで理解するにはあまりにも豊富な内容をもっている(ウズベキスタンにおけるフィールドワークをとおしてそのような記憶をとらえようとした興味深い試みとして，[ダダバエフ 2010]を参照)。

ソ連という国がどういう国だったのか，現に存在していた１つの特異な体制としての社会主義がどのような社会だったのかについては，これまでに膨大な研究が(しばしば激しい論争を含めて)積み重ねられており，短いスペースでその全容を紹介するわけにはいかない。とりあえず例示するなら，ソ連体制成立期に関しては，カー[2000]が信頼できる概観を与えており，スターリン伝を通じた政治史概観としては横手[2014]があげられる。戦後期に力点をおいた通史としては松戸[2011]があり，塩川[1999；2010]は「現存した社会主義」論の１つの総括を試みたものである。

個別の問題領域に関しても多彩かつ膨大な文献があるが，中央アジアを含めて民族問題および民族政策を扱った近年の代表的作品としてマーチン[2011]があげられる。また，社会主義体制のなかで生きていた人びとがどのような意識をいだいていたのかという問いに人類学的視点から取り組んだユニークな著作として，Yurchak[2006]（邦訳は[ユルチャク 2017]）が興味深い。ソ連時代から現代にかけての中央アジアおよびコーカサスについては多くの業績があるが，とりあえず岩崎ほか編[2004]，Haugen[2003]，Olcott[1995]，Suny, ed.[1996]をあげておく。

包括的情報源としては，『新版・ロシアを知る事典』[川端ほか編 2007]，『中央ユーラシアを知る事典』[小松ほか編 2007]が基本的知識をコンパクトにまとめていて便利である。『ユーラシア世界』全５巻[塩川ほか編 2012]も，関連する多数の論文をおさめているほか，各巻末尾にブックガイドがあり，さらなる文献探求の出発点として役立つだろう。　塩川伸明

るロシア系農民の反発も強かった [西山 2002:385-430]。

さて,ソヴィエト時代初期の行政区分は,旧ステップ地方がカザフ(当時ロシア語ではキルギスと誤称)自治共和国,旧トルキスタン地方がトルキスタン自治共和国,旧ブハラ・アミール国がブハラ人民共和国,旧ヒヴァ・ハン国がホラズム人民共和国(後二者は名目上独立)になるという,帝政期の区分を引き継いだものだった。この区分は民族分布と一致せず,民族間対立や他共和国への領土要求,新しい自治単位の設置要求が起きていた(クルグズ人の一部は1922年に「山岳州」の設立を求めた [Loring 2008:74-94])。民族自決を標榜する共産党にとっても,1つの民族が1つの共和国をもつというかたちをつくる必要があった。そこで1924年に民族・共和国境界画定が実行され,同年から翌年にかけてウズベク共和国,トルクメン共和国,カザフ自治共和国,タジク自治共和国,クルグズ自治州が設けられた。後三者ものちにソ連邦を構成する共和国に格上げされ [熊倉 2012],現在の5カ国のもととなった。

諸民族が混住する地域が多いうえ,経済的な繋がりに配慮して民族分布と異なる線引をした地域もあり,境界線は非常に複雑なものとなった。また,民族意識に曖昧さや揺れがあった人びとに,1つの民族への帰属を強いることにもなった(中央アジア定住民のアイデンティティ・民族名称の長期的変化については [Абашин 2007])。境界画定は知識人の一部からでていた中央アジア連邦の結成構想の否定をも意味し,冷戦期の西側の研究者などから,ソ連による中央アジア分割統治策として非難された。しかしソ連崩壊後の研究で,境界画定をおこなうという方針は中央からでたにせよ,具体的な画定作業は現地民政治家たちが積極的に参加しておこなわれたことが明らかになっている [Haugen 2003]。

1920〜30年代の変革と混乱

ソヴィエト政権は社会主義に基づく社会改造を志しただけでなく,ロシア帝国が実現できなかった統治能力の強化や,中央アジア知識人がめざした改革・近代化をも課題として引き継ぎ [Khalid 2015],境界画定の前後からさまざまな新しい政策を実験・実行した。民族政策としては,教育・

行政における現地語使用の推進と現地民族エリートの養成・登用を軸とするコレニザーツィヤ(現地化)政策が，1923〜33年頃にソ連の非ロシア人地域全体でおこなわれた。これをアファーマティヴ・アクションとして解釈する研究もあるが[マーチン 2011]，現地民優遇人事はあくまで共和国・自治共和国などのレヴェルであり，ソ連中央の要職の多くはロシア人やロシア化したヨーロッパ系の人びとが握っていた。ソ連は国制としては連邦制や自治を設けたものの，国家機関を指導する共産党は極めて中央集権的だったから，共和国幹部の権限は限定的だった。とはいえ，現地民族の共和国幹部への登用は1930年代以降も続けられ，彼らの政治・行政経験は結果的に，ソ連崩壊後の独立国家建設に活かされた。

社会改革の面でもさまざまな取組がなされたが，女性を隔離する習慣があった定住民地域では，女性解放がとくに重視された。1927〜29年のフジュムと呼ばれる女性解放キャンペーンでは，ウズベク人女性らのパランジ(ヴェール)をかぶる習慣の廃絶が，男性側の激しい抵抗を受けながら進められた[Kamp 2006；須田 2011]。

農業地域では1925〜29年に第2次土地水利改革がおこなわれ，地主の土地所有権や部族的な土地利用を廃止して，土地を国有化したうえで利用権を小農に分配した[Penati 2012]。その際に協同組合の導入がある程度進んだが，1929年にはコルホーズ(集団農場)の形成を一気に進める全面的農業集団化が全国的に打ち出された。従わない者は財産没収や強制移住により弾圧され，各地で反乱や逃亡があいついだ。集団化は遊牧地域では性急な強制的定住化と組み合わせられ，しかもカザフスタンでは穀物・食肉の過酷な徴発もおこなわれたため大飢饉が発生し，カザフ人の約4割が死亡した[Pianciola 2004]。

文化面では，初期にはジャディードやカザフ知識人がソヴィエト政権と協力しながら，啓蒙活動と，標準語や民族文学の確立・普及に取り組んだが，しだいに排除され，古参革命家たちとともに1936〜38年の大テロル(大粛清)の犠牲となった。言語政策としては，1920年代前半にはアラビア文字の改良が各言語の音韻体系に合わせて進められたが，1920年代後半にはラテン文字，さらに1938〜40年にはキリル文字に変更された(ウズベク

語について[Fierman 1991])。1930年代後半以降は，ロシア語教育の義務化などロシア語重視の傾向も強まった。

このように個々の政策は試行錯誤的な変化を繰り返したが，一貫していたのは，大衆に教育・文化を普及させることと，「形式において民族的，内容において社会主義的な文化」というスターリンの言葉に象徴される，ソ連のイデオロギーにそったかたちでの民族文化の発展であった。民族文化を「普遍的」な文化のなかに位置づけるため，ロシア・西欧の芸術・文化のジャンルや表現方法に合わせた改変も加えられた(カザフ民族音楽の場合について[東田 1999])。また多数の学校・大学が設置され，文盲撲滅キャンペーンや，クラブ活動，農村読書室などを通じた成人教育もおこなわれて，ソ連のなかの民族としてのアイデンティティが形成されていった[İğmen 2012]。なお，以上のような1920～30年代の諸政策とその影響をトルクメニスタンの事例でまとめて論じた研究として，Edgar[2004]を読むことを薦めたい。

1920年代末からソ連全体で計画経済の導入とともに工業化政策が採られたが，とくに中央アジアでは，経済的後進性の緩和と全国的経済空間への統合のため，重工業・軽工業の建設が積極的に進められた。工業化はその後，第二次世界大戦中のソ連ヨーロッパ部からの工業企業疎開と，戦後の開発政策をへてさらに進展することになる[岩﨑 2004:17-51]。

第二次世界大戦中・戦後の発展と矛盾

第二次世界大戦は，中央アジアにとって重要な転機となった。直接の戦場にならなかったがゆえに，工場疎開に加え，軍需のための地元の鉱工業開発も進んだ。ロシアやウクライナの研究機関・大学・映画撮影所などが疎開してきたことは，中央アジアの学術と文化に大きな刺激を与えた。そして，中央アジアの人びとが兵士として大規模に動員され，ほかのソ連諸民族とともに戦ったことは，戦後の愛国教育・宣伝と合わせ，ソ連人としての統合強化と，ソ連的な価値観の内面化をもたらした[Calvo 2014]。また，大戦中には戦意高揚のため各民族の歴史上の英雄が称えられ，民族起源を太古まで遡る歴史観が確立された[宇山 2005]。ただし終戦直前から

ロシア人中心主義が強まり,戦後のイデオロギー統制再強化のなかで,前述のケネサル反乱を研究した歴史家などの弾圧も起きた[立石 2011]。

中央アジアは,戦前から戦中にかけて,対敵協力の可能性を疑われた朝鮮人[岡 1998],ドイツ人[半谷 2000],北コーカサス諸民族,クリミア・タタール人などの強制移住先ともなった。戦後は,日本人抑留者の一部も中央アジアに送られている[味方 2008]。

スターリン期の激動は,1953年の彼の死によって一区切りを迎えたが,その後のフルシチョフ期(1953～64年)とブレジネフ期(1964～82年)にも,いくつか重要な変化があった。カザフスタン北部・中部では,1954～60年に穀物の大増産を目的とした「処女地開拓」がソ連全土から若者を集めておこなわれ,土壌の劣化など否定的現象をともないながらも,穀倉地帯としてのカザフスタンの地位が確立された[野部 1990]。また,フルシチョフ期以降のソ連が第三世界への影響力を強めようとするなかで,中央アジア,とくにウズベキスタンとタジキスタンは,かつての後進地域・被抑圧民族がソ連のなかで繁栄していることを示すショーウィンドウとして重視され,このことは共和国エリートの地位向上にも役立った[Kalinovsky 2013]。

ブレジネフ期には,共和国共産党第一書記が長期間在任する例が増えたうえ,ソ連中央に忠実である限り共和国の裁量を認める傾向が強まり[地田 2004],各共和国指導部は開発案件を競って誘致しながら,産業振興や首都の整備を進めた。他方スターリン時代以来の開発の負の側面として,アラル海の大幅縮小など環境破壊も深刻化した[地田 2012]。またアフガニスタンにソ連が侵攻した際(1979～89年),とくに初期には,隣接する中央アジアから兵士,通訳,アフガニスタン政府顧問などとして多くの人びとが参加したが[Zhou 2012],侵攻の長期化および西側との関係悪化はソ連経済の疲弊を招き,ソ連崩壊の遠因の1つとなった。

以上のようにソ連期は,中央アジアの発展をもたらすと同時に大きな犠牲や歪みをともなう,極めて複雑な時代であった。現在でもソ連は,生活が安定し諸民族が仲良く暮らしていた超大国としてノスタルジーをもって記憶される半面,政治的・宗教的な不自由さや物不足なども忘れられてはいない(ウズベキスタンの人びとのソ連時代の記憶をオーラルヒストリーの手法で

記述した研究として[ダダバエフ 2010])。

ソ連時代のイスラーム——抑圧・適応と逆説的「原理主義」

　ソ連時代の概観を締めくくる前に，ソ連体制下のイスラームという，近年研究が盛んなテーマについてまとめておきたい。ソ連の宗教政策は，権利としては信教の自由を認めながら，イデオロギーとしては無神論を強く唱えるという二面的なものであり，どちらが強くでるかは時代により異なった。初期にはイスラームはロシア正教に比べ寛容に扱われ，イスラーム法廷やワクフ(寄進財産)も残されていたが[Pianciola & Sartori 2007]，1920年代後半に廃止された。1930年代後半にはとくに激しい宗教弾圧がおこなわれて，多くの宗教者が逮捕・処刑され，モスクが閉鎖された[Keller 2001]。

　第二次世界大戦中には国民の団結のため宗教に対する宥和策がとられ，1943年に中央アジア・カザフスタン・ムスリム宗務局が創設されて，愛国主義宣伝に協力した。以後，宗務局が管理する範囲内での宗教活動は公的に許されるようになった[Ro'i 2000]。公的に許される活動と，抑圧されるべき非公式な活動を峻別する二分法は，ソ連の政策を批判する西側の学者にも反転したかたちで影響し，体制に従順な公式のイスラームと，民衆的でときに反ソ的な非公式のイスラーム(パラレル・イスラーム。とくにスーフィズムが念頭におかれた)を対比する論じ方が多かった。しかしこのような二分法は近年批判され[DeWeese 2002]，宗務局の枠外の宗教活動でも反ソ的なものは少数だったこと，公式の宗教者と非公式の宗教者のあいだにも交流があり，境は曖昧だったことが認識されるようになっている。

　とくに興味深いのは，公式のイスラームといわゆる原理主義的な教説との関係である。すでに革命直後，シリア出身でクルアーンとハディースに基づく厳格な解釈をおこなうイスラーム法学者が中央アジアの伝統的な学説やスーフィズムを批判し，ソヴィエト政権から好意的にみられたが，彼の弟子の1人が第2代ムフティー(宗務局の長)となり，伝統批判の厳格な教説を広めた[Muminov 2007]。彼らの批判は，管理しにくい民間の宗教儀礼や宗教者の動員力を恐れるソ連当局にとって好都合だったのである。

また1970年代末には，イスラームの国教化をめざし，1990年代の過激派に繋がっていくグループがフェルガナ盆地にあらわれたが[ババジャノフ 2003]，彼らが読んで影響を受けた外国の文献は，ソ連の中東外交に協力した宗務局がアラブ諸国と交流した際に中央アジアに持ち込まれたものだという。

ただし，宗務局にしても過激なグループにしても影響力は限られており，民間では人生儀礼や職人の儀礼など非政治的な場で宗教実践が維持されていた[菊田 2013]。いずれにせよ，全般的にはソ連時代にイスラームの影響力が低下したことは否定できない。

ペレストロイカと民族紛争

ソ連が多くの面で停滞傾向にあった1985年にソ連共産党書記長に就任したゴルバチョフは，翌年からペレストロイカと呼ばれる全面的な改革に着手した。これにより徐々に自由化が進んだが，改革はさまざまな矛盾をともない，賛否両様の反応を招いた。とくに1986年12月，人事刷新の一環でカザフスタン共産党第一書記に現地での勤務経験がないロシア人を就けたことはカザフ人の憤激を呼び，デモ隊と治安部隊の流血の衝突（アルマトゥ事件）が起きた[宇山 1993]。

1988年頃からの政治改革による共産党の権威の低下や分権化は社会の不安定化をともない，1989年5～6月のフェルガナ事件（ウズベク人とメスフ人の衝突），1990年6月のオシュ事件（クルグズ人とウズベク人の衝突）など流血の民族紛争が起きた。しかしこのような土地や水，商業をめぐって隣人と対立する民衆のナショナリズムと，共和国の権限拡大をめざす政治エリートや民族文化の復興を唱える知識人のナショナリズムは別の方向を向いており，しかもいずれの社会層においても独立要求は多数意見ではなかった。

バルト三国やグルジアなどで独立要求が高まった1990～91年，中央アジア諸共和国はソ連を主権国家連合として刷新したうえで維持することを支持していた。しかし1991年8月にモスクワで保守派のクーデタが失敗すると，ソ連崩壊の流れが加速するのに合わせて独立を宣言した（ペレストロイ

カ期のソ連全体の民族問題と,1991年12月の最終的なソ連解体にいたる過程については[塩川 2004:81-103, 193-251;2007:56-93, 156-179])。

独立後の政治・経済——権威主義体制の確立と市場経済化

ソ連体制には多くの欠点があったとはいえ,共産党を中核に政治・経済・社会・文化にまたがるまとまったシステムを構築していたから,その崩壊は,ソ連から独立した国々に大きな衝撃を残した。諸共和国の産業のあいだに存在した緊密で複雑な協業体制が崩れたことも,各国の経済に打撃となった。国内の権力闘争も多かれ少なかれ生じ,とくにタジキスタンは,地域間の対立と,共産党と反対派(イスラーム復興党など)の対立がかさなり,1992〜97年に悲惨な内戦を経験した[宇山 2012]。

1990年代の改革は,建前としては民主化と市場経済化という2つのキーワードで語られたが,実際にはさまざまな危機対応と新国家建設がかさなる大変な作業であり,これらを民主的に合意形成しながら進めるのは手間のかかることであった。ウズベキスタンとトルクメニスタンは独立当初から,大統領に権力を集中させる道を選び,カザフスタンとクルグズスタンも1995年頃から,よりおだやかなかたちではあるが権威主義化していった(クルグズスタンは2005年と2010年の2度の政変をへて再びある程度民主化)。タジキスタンは内戦終結時に政府機関のポストの3割を旧反対派に割り当てる大胆なパワーシェアリングをおこなったが,時がたつにつれ旧反対派を排除・弾圧し,独裁色を強めた[Heathershaw 2009]。他方,市場経済化はまがりなりにも進んだが,国家によるコントロールを留保している面も多く,とくにウズベキスタンとトルクメニスタンはそうである。

このような政治経済の複雑で多様な歩みに関して詳しくは,2000年代前半までを扱ったものではあるが岩﨑ほか編[2004],とくに経済については岩﨑[2004]を参照されたい。政治に関しては,以前は民主化論を表面的にあてはめた研究や,部族的・地域的なクランの影響を過大視し,政治のなかに歴史的「伝統」を過剰に読み込もうとした研究が少なくなかった。しかし近年は,比較政治学全般で権威主義体制論が脚光をあびていることもあって[宇山 2014],権威主義的な政治の実態,とくに公式の制度と非公

式の人的ネットワークの関係の研究が進んでいる(例えばカザフスタンで,政党が非公式の政治行動を正当化するためにはたしている役割について[Isaacs 2011])。

社会と国際関係の変化——歴史と現在の交差

権威主義体制の確立と市場経済化は,社会に複雑な影響をもたらしている。ウズベキスタンでは,マハッラと呼ばれる街区・地区共同体が,公的な自治組織(委員会)として再編され,地域社会の管理・警備のために政府に利用されていると同時に,政府や市場の力不足を補完する,住民自身による社会保障と相互扶助の場ともなっている[ダダバエフ 2006;樋渡 2008]。他方,市場経済化が破壊的なほど大胆におこなわれたクルグズスタンでは,当初は親族ネットワークによる相互扶助が国営農場解体の受け皿として機能したが[吉田 2004],貧困化がさらに進むと,ネットワークから疎外された貧者を富者が政治的示威行動に動員して2005年の政変にいたり[Radnitz 2010],市場経済化の歪みは政権に跳ね返った。

ソ連が多数の国に分かれたことで,各国の基幹民族ではない人びとが居心地悪さを感じる場合があり,経済悪化も作用して,ロシア人,ドイツ人など近現代に中央アジアに移住してきた人びとやその子孫の多くは,再び域外に移住した。もともと多民族が混住している地域の民族間関係には共存と緊張の両面があり,クルグズスタン南部では,1990年にも起きたクルグズ人とウズベク人の流血の衝突が,2010年の政情不安の時期に再発した[Liu 2012]。

またウズベキスタンやタジキスタン,クルグズスタンで,増加する人口に見合った雇用を市場も政府も提供できないことは,新しい人の流れを引き起こした。ロシアやカザフスタンをはじめとする諸外国に多数の労働移民が行くようになったのである(おもに季節労働だが移住も含む)。労働移民は,ロシアでしばしば排斥の暴力に遭うと同時に,出身社会にも,送金を利用した住宅建設や儀礼の奢侈化,ジェンダー規範や家族関係・地域共同体の揺ぎなど,複雑な変化をもたらしている[堀江編 2010;Kikuta 2016]。

イスラーム復興もじつに多様である。中東から「正しい」イスラームを

学ぼうとする人がいる一方で、必ずしもイスラームに由来しない人生儀礼もムスリム儀礼とみなされて大規模化し、そこに市場経済化・私有化で豊かになった人びとの富が注ぎ込まれる［藤本 2011］。各国の政権は、イスラームを民族的伝統のなかに位置づけて称揚すると同時に、反政府運動やテロと結びつきそうな要素は弾圧する。ソ連末期にフェルガナ盆地で原理主義的思想をいだいた人びと（前述）の一部は、1990年代に「ウズベキスタン・イスラーム運動」をつくり、1999年にクルグズスタンで日本人技師拉致事件を起こすなどしたが、その後は影響力を弱めている。近年はむしろ、孤独な若者がインターネットで過激派に感化されるという欧米と共通する現象や、ロシアで出稼ぎをしているあいだにリクルートされてシリアに戦いに行くケースがめだつ。

　国際関係も大きく変動してきた。独立後、新しく国際社会に登場した5カ国は多方面外交を展開し、欧米や日本など域外国も積極的に中央アジアに関与してきた［宇山ほか編 2009］。ただし旧ソ連諸国間の結びつきも、国により濃淡は異なるが維持されており、とくに2000年代以降はロシアが地域協力枠組の形成を主導する傾向が強まったのに加え［湯浅 2015］、近年は中国の経済進出も加速している。ロシアと中国が大国としての自己主張を増すにつれ、中央アジア諸国が小国としての主体性を保てるかどうか、ときに難しい局面も生じている。

　ソ連崩壊後の中央アジアでは、前近代、ロシア帝国期、ソ連期のそれぞれに由来する要素が、市場経済化や権威主義体制の確立と化学反応を起こしながら、新しい現象を生んでいる。時代としては「ポスト社会主義」と「ポストコロニアル」の両面をもつと同時に、独立によってソ連の植民地的支配から解放されたという認識と、ソ連こそがロシア帝国による抑圧や現地の古い慣習から解放してくれたのだとして、ソ連時代を懐かしむ認識が併存している。独立国としての正統性と民族の歴史の古さを示そうとする知識人の主張や国家行事にも、じつはソ連時代に形成された言説や表象の枠組を使っている面がある［Adams 2010］。そして、ロシア帝国やソ連に関する認識は、現在のロシアに対する共感や反発、さらにはロシアと欧米の関係など国際問題の認識とも連動している。このような歴史と現在の

複雑な絡み合いを分析していくことは，中央アジア近現代史研究の醍醐味といえよう。

宇山智彦

4 │ コーカサス

フロンティアとしてのコーカサス

今日，コーカサス(カフカス，カフカズ，カフカース)という小宇宙には数え切れないほどの民族からなる星雲が存在する。さらに，この星雲に連なる星は，広大な中央ユーラシアを越えて，中東・ヨーロッパからアフリカ，アメリカ大陸にまで広がっている。個々の民族の名前と言語，宗教などを説明するだけでも紙幅は足りないほどである。そして，日本と世界の別なく，コーカサス史の研究はまだこれからである。

コーカサスはその長い歴史時代を通じて，つねに中東・地中海や欧州・ユーラシアの諸文明がかさなりあう場所であった。一方，今日コーカサスと認識される地域が浮かび上がるのは，まさに18世紀以降のロシアによる旺盛な征服活動の結果である。これ以降，コーカサスの命運は，何よりもロシアとの関係にかかり，そしてロシアも一アクターである国際情勢と密接に結びつくことになった。

これまでのコーカサス史研究は，ソヴィエト体制下で形づくられた「民族史」の枠組に従って整理されてきた。各民族エリートによる研究の蓄積は膨大で，本節で紹介できるのはそのごく一部にすぎない。もっとも，さまざまな集団や理念，戦略が交差する場としてのコーカサスの歴史は，歴史学や政治学，文学，文化人類学などを組み合わせた複合的なアプローチによってはじめて解明が可能なという意味で，挑戦的な研究領域である[Grant & Yalçin-Heckmann, eds. 2007；前田 2009a；Reynolds, ed. 2016]。本節では，多民族・多宗教・多文化というコーカサスの歴史を踏まえた分野横断的な成果に注目しながら，地域の歴史を概観する。通史についてみると，Forsyth[2013]は1000頁近い大著だが，利用文献はいささか古い。King[2008]は興味深いエピソードを引用することで，コーカサス史の多

面的な姿と特徴を記す。前者をリファレンス的に，後者は地域イメージを
つかむために利用するとよいだろう。邦文では北川ほか編[2006]が研究の
端緒として参考になる。各国・地域史ではAllen[1932]，Altstadt[1992]，
Hovannisian[1996]，Bournoutian[2002]，Bobrovnikov & Babich[2007]，
Rayfield[2012]をあげる。各民族共和国のソヴィエト百科事典やCurzon社
のCaucasus World: Peoples of the Caucasus (Routledge Curzon) シリーズも有益
な情報を提供する。

ロシア帝国の南下と「コーカサス」世界の誕生

　コーカサス地域の特徴は，中央ユーラシアにおける遊牧勢力の東から西
への移動，あるいは北方民族の南方への拡大など，さまざまな民族移動の
影響を受けつつも，大きな帝国の傘下に長くはいらなかったために，その
多様性が維持ないし強化されたことにある。言語的には大語族に属さない
独自の言語が多種残存する一方，インド・ヨーロッパ系の言語にも放出音
が認められるなど，相互作用を認めることができる[前田 2009b]。コーカ
サス諸民族が残した歴史史料の豊かさと独自性は特筆に値する。

　コーカサス地域は長らく諸帝国間の緩衝地域という独特の位置にあった。
とりわけオスマン帝国とサファヴィー帝国のあいだでかわされた1555年の
アマスヤ条約が与えた影響は甚大であった。この頃，ロシアもカスピ海に
進出し，イヴァン4世(雷帝)が北コーカサスのチェルケス人君侯から妻を
迎えたエピソードはよく知られている。ただし，このチェルケス人妻の姉
妹はチンギス裔のアストラハンの君主に嫁いだように，これは中央ユーラ
シアのステップ地域の伝統に基づく合従連衡のための婚姻であった。ま
た，南コーカサスの諸勢力もグルジア人がイラン東部で対アフガニスタン
の防衛にあたったり，オスマン帝国治下のエジプトやイラクに支配エリー
トを供給するなど，より中東の政体と強く結びついていた。しかし，18世
紀後半からロシアの進出が本格化するにつれて，コーカサスは帝国間の緩
衝地域からロシア帝国のフロンティアへと変貌する。1783年のギオルギエ
フスク条約により，ロシアは東グルジアのカルトリ・カヘティ王国を保護
国とし，コーカサス山脈の南側に勢力圏を確保した(1800年末に同国を編

入）。1799年に南北コーカサスを結ぶコーカサス軍用道路が完成すると，南下するロシア軍はガージャール帝国とオスマン帝国をあいついで撃破し，1828年のトルコマンチャーイ条約でアラス河以北を，1829年のアドリアノープル条約でコーカサスの黒海沿岸地域を確保して，史上はじめて南北コーカサスを1つの帝国の直接支配下におさめることになった。ロシア帝国の領域的膨張は1878年のベルリン条約で東部アナトリアの一部をおさめるまで続いた［木村ほか編 2006］。

ロシアは，コーカサスと中央アジアの征服活動により，「ヨーロッパ型」の植民地帝国へと変貌していった。帝国中央の政策によって，それまで共生関係にあったコサックと現地住民の境域社会が地域の自然環境ともども破壊されていき［Barrett 1999］，和平・安全を意味するアラビア語 aman に由来するロシア語で amanastvo と呼ばれた伝統的な安全保障も無力化していった［Pollack 2012］。これ以降，おもにロシアを通じた近代化の経験，グローバルなヒトの移動，今に続く「民族の覚醒」や「民族＝国家」の形成プロセスの3つの要素を地域の住民は共有することになった。

征服・再編・教化によるアイデンティティ変革

ロシアによるコーカサスの征服について，従来の研究では，征服者対現地民を二律背反的にとらえる研究が一般的であった。コーカサスは帝国の地理的な限界域であり，「教化されるべき」臣民の居住地域としていわば二重に疎外される存在と化したのであり，帝国の征服・同化圧力と，迫害と追放のなかで必死に民族の絆を守る現地民の抵抗とが主要なテーマとなったのである。たしかに，19世紀のコーカサスは，栄光と悲惨，楽園と地獄のイメージの入り乱れる場所であった。

なかでも，ロシアによる征服によって大きな変化をこうむったのが，北コーカサスである。現地のムスリムは帝国支配に頑強に抵抗したが，エルモーロフをはじめとするロシアの軍事司令官たちは，殲滅作戦でこれに応えた。「これまでだれにも服従していなかった誇り高い人びとに懲罰を加えるには，破壊が必要である。それは，他の民族への見せしめになる。彼らは恐怖の経験によってのみ従順になる」と述べたエルモーロフは現地民

に対する徹底的な暴力行為を正当化した。これに対して「チェチェン人を服従させることはコーカサスの山々を消し去ることと同じくらい難しい。それは銃剣ではなく，時間をかけて啓蒙活動によっておこなうべきものだが，啓蒙こそわれわれのなかに豊富とはいえないのだ」と指摘した，デカブリストの1人オルローフは少数派であった。1840年代にはじつに帝国全体の予算の6分の1がコーカサス戦争に振り向けられたとされ，10万を超える戦死者とそのおよそ9倍の戦病死による犠牲が，約400万人の現地民を服従させるために費やされたのである[Khodarkovski 2011]。いわゆるコーカサス戦争は1861年にムスリム山岳民の指導者シャミール(1797-1871)が降伏するまで続いたが，終結後には北西コーカサスから多数の現地民がオスマン帝国へなかば強制的に移住して，地域の人口構成は大きく変わり，今も残るロシア中央政府と北コーカサス現地住民のあいだの心理的な壁が築かれた[Gammer 1994]。

しかし，侵略と抵抗という単純な図式は近年の研究では影を潜めつつある[Reynolds 2005]。シャミールはイマーム国家建設をめざしてロシアに対する組織的な抵抗運動を主導したが，これはロシア帝国の「鉄拳」に抵抗するだけではなく，旧態依然たる土着君侯に対するイスラーム改革運動の1つであり，さらに戦争の最中でも国内流刑などによって他地域のムスリムとのネットワークはむしろ拡大・変容するなど，それ自身決して北コーカサスの地域におさまる運動ではなかった[Kemper 2006；Meyer 2014]。宮澤[2008]はアナトリアに集団移住したチェルケス社会の変容を描く。また，入植した「ロシア人」もさまざまな集団から成り立っていた[Breyfogle 2005]。

また，ロシア統治はコーカサスに民族主義などの新しい思想や文化をもたらしたことも事実である。ロシア帝国は現地の抵抗勢力の追討を進めるかたわら，南コーカサスを中心に現地民の慰撫・教化にも努め，1828年には初のロシア語新聞『トビリシ報知』がロシア支配の拠点ティフリス(現トビリシ)で創刊された。とくにかつてノヴォロシアで実績をあげたコーカサス総督(副王)ヴォロンツォフによる開明策が1845年から1854年まで展開され，1846年には劇場と図書館がティフリスに設置されたことはよく知

られている[Jersild 2003；花田 2006]。アルメニア人，当時「タタール」と呼ばれたアゼルバイジャン人やグルジア人の文化復興，言語改革をリードしたアボヴィヤン(1809-48頃)，アーホンドザーデ(1812-78)，イリア・チャフチャヴァゼ(1837-1907)らが総督府のおかれたティフリスを中心に活躍したのは，帝国の「教化」政策の結果とも考えられる。慣習法との接点に関する研究として野坂[2005]があげられるが，ロシアを通じた近代的社会制度の受容は，同時代の他の植民地との比較を可能とするものだろう。帝政期ロシアのコーカサス政策に関しては[高橋 1996]や[高田 2015]に詳しい。

　ただし，こうした文化復興・「民族」にそったアイデンティティの「再」構築の動きは，帝国の政策と密接な関連をもちつつも，周辺諸地域・諸文明の影響もまた独自に受けながら展開していったことを忘れてはならない[前田 2008]。グルジア人貴族は1832年に大がかりな反乱を企てているが，それにはポーランド人との交流や彼らの影響が指摘されている。さらにグルジア人ではじめてヨーロッパの大学で博士号(法学)を取得したニコ・ニコラゼ(1843-1928)は，マルクス本人にも面会するなど，ヨーロッパの最新の政治社会思想や運動と直接の接触をもっていたことは特筆に値する。その活動自体も文字通り「国際」的であった。「民衆の中へ」を標榜して農村にはいっていったロシアのナロードニキ運動に影響を受けたアルメニア人活動家は，オスマン帝国の同胞を覚醒するために国外での活動に身を投じた。先にふれたアーホンドザーデはロシア帝国の通訳官を務めたが，イラン現代文学の始祖としても記憶されている[藤井 1987]。ロシアとイランを股にかけたアルメニア系グルジア士族エニコロピアン家の複雑な生存戦略も注目される[前田 2012；Maeda 2016]。

　すなわち，コーカサスは，開かれた辺境・帝国の最前線であり，その近代化は国際情勢とも連動していた。地域の経済発展の牽引力となったのはノーベル兄弟やロスチャイルド閥も出資したバクーの油田開発であり，19世紀の後半に環黒海地域に張り巡らされていった鉄道路線であった。鉄道は1883年には黒海東南岸のバトゥーミまで繋がり，マンガンや石炭，原油といった資源のカスピ海沿岸から黒海への輸送が可能になった。コーカサ

スは陸海路を通じて中東からはるか西欧・東洋社会まで通じるようになり，都市化の波も訪れ，ティフリスの人口も19世紀の後半には約16万にいたる。社会変化のなかでグルジアでは1861年には言文一致の運動が始まり，1865年には青年グルジア，青年アルメニアと呼ばれる民族運動に発展し，1870年代末には，民族派，改革派，革命派が鼎立した。都市部における民族的分断は深刻であり，ロシア人とアルメニア人が産業体の多くを所有する一方，グルジア人や「タタール人」が労働者の多くを占めた。大きな変化は農村部でもみられた。1860年代以降，農奴解放により伝統的社会は解体され，グルジア人領主階層は没落し，農民も表面的な解放で自立を迫られる一方，押し寄せる商業化の波のなかで経済的に困窮していった。トウモロコシやタバコなどの商品作物は1880年代にはアメリカと競合するようになり，農民は出稼ぎに出た港湾都市で新たな思想にふれることになる。すでに1876年には西グルジア農民の覚醒が報告されており，やがて1905年の第一次ロシア革命における「世界初」の農民・社会主義共和国「グリア共和国」の動きに繋がった[伊藤 2001]。有力な共産党指導者となったグルジア人没落貴族のジョルダニアとマハラゼ(ともに1868年生れ)はワルシャワでマルクス主義に出会い，若き愛国詩人としても知られたジュガシュヴィリ少年(のちのスターリン，1878年生れ)はトビリシ神学校で革命思想に目覚めた[Rieber 2001]。ユーラシア大陸の交通ハブとしてのコーカサスを行き交う人びとは，近代化の波のなかで，さまざまな物資や新しい思想をイランやオスマン帝国にも伝えていった。このように，帝国が産み出したコーカサスの新たな近代的都市空間に生きる人びとは，民族や社会階層の対立を内包しながら第一次世界大戦を迎えた[Suny 1994; Tolz 2011; Manning 2012]。

革命・独立・ソ連期の「発展」

　第一次世界大戦とロシア帝国の崩壊は，コーカサスの地域情勢に甚大な影響を与えた。すでに19世紀末から発生していたオスマン帝国におけるアルメニア人迫害の動きは頂点に達し，東アナトリアのアルメニア人社会は壊滅して，多くのアルメニア人がコーカサスに流入したほか，中東から欧

米各地に難民として渡っていった［Suny et al. 2011；佐原 2014］。現地では1918年4月年にセイム（外コーカサス／ザカフカス議会）が独立宣言して外コーカサス民主連邦共和国が成立するが，まもなく三国に分裂した。メンシェヴィキ主導の独立グルジア政府は，貴族の土地を接収して農民に土地所有を認めるなどの施策をおこなった。アルメニアではダシュナク党による政権が成立し，アゼルバイジャンではミュサヴァト（平等）党，北コーカサスでも山岳共和国が成立したが，いずれも民族派知識人による政権であり，最終的には短命に終わった。一時的に地域ににらみをきかせたイギリスが撤退すると，1921年2月にグルジア民主共和国が打倒されて，三国の独立時代は終りを告げた。南コーカサス三国の独立は，帝国主義列強の草刈り場のなかに突如放り込まれた現地の住民が自衛のためにあえて選択したものであった。しかし，結果として「民族共和国」運営の経験と何よりもその領域的枠組は事実上ソ連に継承され，現在の独立国家の存在に繋がっている。また，独自の近代化を経験した帝国辺境地域として活発な文化活動も繰り広げられた［Ram 2004］。一方で，国際情勢に大きく左右されたこと，各民族間の不和の種も同時に播かれたことで，民族自決とその限界も露呈することになった［Hovannisian 1996；吉村 2005；Reynolds 2011］。

ソ連体制下においてもコーカサスは，連邦結成時の1922年自治案をめぐって浮上したグルジア問題や，1932～37年に外コーカサス連邦党書記を務めたベリアの党中央への抜擢など，たんなる辺境にとどまらない独特の存在を示しつづけた。また，第二次世界大戦は，辺境としてのコーカサスの複雑な地政学的位置を再び世界に知らしめることになった。当時ソ連の原油生産の多くを占めていたバクー進出を目論んだドイツは1942年8月にはコーカサス最高峰エルブルス頂上に国旗を掲げたが，まもなく占領地域を回復したソ連政府は，カラチャイ，カルムィク，チェチェン，イングーシ，バルカル，メスヘティア・トルコ人など，危険視した民族を中央アジアに追放した。これは，「民族」全体というスケール，極めて短期間での劣悪な環境下での移送による大量死，強制収容施設での生活，跡地の分割と新たな住民の移住など，深いトラウマを各民族間に残した。他方，こうした大きな犠牲をはらいながら，重工業の発展により，社会は大きくその姿を

変えていった。しかし，ソ連体制下での近代社会建設は，ソヴィエト共産党の集権的な体制による指導のもと，急速な産業化と「国民国家化」あるいは「民族化」を推し進め，都市化と高等教育の普及により誕生した基幹「民族」知識人とこれを支えた新たな民族大衆は「自意識」を先鋭化させて民族対立の深刻化を招いた。コーカサス三国におけるソ連末期の指導者の多くが文学者や歴史学者であったことは偶然ではない[塩川 2004-07；高橋 1990；Shnirelman 2001；Libaridian 2004；Derluguian 2005；Jones, ed. 2014]。

国際関係の力学が交わる場・世界情勢の映し鏡としてのコーカサスの特徴は，ソヴィエト体制の解体期にも顕著にあらわれた。しかし，民族意識の高揚は排他的な民族紛争を頻発させ，解決の兆しはおろか情勢悪化の危険に直面している。「民族紛争」とその地政学的広がりやその後の権威主義体制を分析した著作[廣瀬 2005；前田 2011；富樫 2015]のほか，民族音楽をディアスポラの集団アイデンティティやナショナリズムとの関連でとらえる論考[松本 2009；久岡 2015]，ソ連初期ザカフカス連邦の経済政策を取り上げたり[竹村 2013]，アゼルバイジャン国家の位置，あるいはその民族形成やナショナリズムに関する著作[徳増 1998；塩野崎 2017]など新しい研究が出現している。複雑なコーカサス地域の歴史を考えるうえで，マクロとミクロな視点の組合せ，越境と交流史の観点からは以下の碩学の近著から学ぶところも多い[北川 2011；黒田 2011；山内 2013；坂本 2015]。前述のキングによる著作は，表題を『自由の亡霊』(Ghost of Freedom)とした。「諸民族」が西欧から伝来した(あるいは与えられた)「民族独立」すなわち「ロシア帝国という魔物から自由になる」という「夢」にとらわれるという辛辣な見方も不可能ではない。それでも，ユーラシアのごく狭い地峡から羽ばたいた人びとの活動範囲の広さと，その(いささか苦い)想像力は未知の研究対象としての魅力に満ちている。

前田弘毅

第II部

第1章 中央ユーラシア史全般に関する参考文献

いずれの項目についてもおもなものを載せた。例えば，中央ユーラシア諸国でもさまざまな通史・事典類は刊行されているが，ここでは日本語と英語を中心とした。

初版の後に新しい版(刷)が出ているときは/に続いてその刊行年を記した。

1│通史・概説

梅村坦 1997.『内陸アジア史の展開』(世界史リブレット11) 山川出版社
宇山智彦編 2003/2010.『中央アジアを知るための60章』明石書店
宇山智彦・藤本透子編 2015.『カザフスタンを知るための60章』明石書店
江上波夫編 1986.『中央アジア史』(世界各国史16) 山川出版社
小松久男編 2000/2016.『中央ユーラシア史』(新版世界各国史4) 山川出版社
───編 2014/2017.『激動の中のイスラーム──中央アジア近現代史』山川出版社
───編 2016.『テュルクを知るための61章』明石書店
杉山正明 1996.『モンゴル帝国の興亡』上・下 (講談社現代新書) 講談社
─── 1997.『遊牧民から見た世界史』日本経済新聞社
─── 2005.『疾駆する草原の征服者──遼 西夏 金 元』(中国の歴史08) 講談社
─── 2008/2016.『モンゴル帝国と長いその後』(興亡の世界史09) (講談社学術文庫) 講談社
竺沙雅章監修／間野英二責任編集 1999.『中央アジア史』(アジアの歴史と文化8) 同朋舎・角川書店
竺沙雅章監修／若松寛責任編集 1999.『北アジア史』(アジアの歴史と文化7) 同朋舎・角川書店
羽田明・山田信夫・間野英二・小谷仲男 1969/1989.『西域』(河出文庫) 河出書房新社
濱田正美 2008.『中央アジアのイスラーム』(世界史リブレット70) 山川出版社
林俊雄 2007/2016.『スキタイと匈奴──遊牧の文明』(興亡の世界史02) (講談社学術文庫) 講談社
─── 2009.『遊牧国家の誕生』(世界史リブレット98) 山川出版社
バルトリド，V・V (小松久男監訳) 2011.『トルキスタン文化史1・2』(東洋文庫) 平凡社
フィンドリー，カーター・V (小松久男監訳／佐々木紳訳) 2017.『テュルクの歴史』明石

書店
藤川繁彦編 1999.『中央ユーラシアの考古学』同成社
ベックウィズ，クリストファー（斎藤純男訳）2017.『ユーラシア帝国の興亡──世界史4000年の震源地』筑摩書房
松田壽男 1966/1994.『砂漠の文化──中央アジアと東西交渉』（同時代ライブラリー181）岩波書店
間野英二 1977.『中央アジア史』（新書東洋史8）講談社
間野英二ほか 1992.『内陸アジア』（地域からの世界史6）朝日新聞社
間野英二・堀川徹編 2004.『中央アジアの歴史・社会・文化』放送大学教育振興会
護雅夫 1984.『草原とオアシスの人々』（人間の世界歴史7）三省堂
護雅夫・神田信夫編 1981.『北アジア史』（新版世界各国史12）山川出版社
護雅夫・岡田英弘編 1990.『中央ユーラシアの世界』（民族の世界史4）山川出版社
森安孝夫 2007/2016.『シルクロードと唐帝国』（興亡の世界史05）（講談社学術文庫）講談社

Dani, A. H., J. Harmatta, B. N. Puri, G. F. Etemadi, C. E. Bosworth, M. S. Asimov, B. A. Litvinsky, Zhang Guang-da, R. Shabani Samghabadi, Madhavan K. Plat and A. Tabyshalieva, eds. 1993-2005. *History of Civilizations of Central Asia* Vol. 1-6, Paris: UNESCO.

Di Cosmo, Nicola, Allen J. Frank and Peter B. Golden, eds. 2009. *The Cambridge History of Inner Asia: the Chinggisid Age*, Cambridge: Cambridge University Press.

Sinor, Denis, ed. 1990. *The Cambridge History of Early Inner Asia*, Cambridge: Cambridge University Press.

Soucek, Svat 2000. *A History of Inner Asia*, Cambridge: Cambridge University Press.

Togan, A. Zeki Velidî 1981. *Bugünkü Türkili (Türkistan) ve Yakın Tarihi*, 2. Baskı, İstanbul: Enderun Kitabevi.
　バシキール人の著者によるトルキスタンの通史で19世紀以降が詳しい。現代トルコ語。

2│事典・研究入門・講座

事典・辞典

綾部恒雄編 2000.『世界民族事典』弘文堂
梅棹忠夫監修 1995.『世界民族問題事典』平凡社
大塚和夫ほか編 2002.『岩波イスラーム辞典』岩波書店
川端香男里ほか監修 2004/2007.『［新版］ロシアを知る事典』平凡社
小松久男ほか編 2005.『中央ユーラシアを知る事典』平凡社
西川正雄ほか編 2001.『角川世界史辞典』角川書店
季羨林編 1998.『敦煌学大辞典』上海：上海辞書出版社
Encyclopaedia of Islam, new ed., Leiden: E.J.Brill; 1960-2002, 3rd ed., 2007- .
Encyclopaedia Iranica 1985- .

研究入門

小杉泰・林佳世子・東長靖編 2008.『イスラーム世界研究マニュアル』名古屋大学出版会
  イスラーム化した中央ユーラシア地域に関する簡明な研究案内を収める。語学の習得に関する解説や「海外文献調査ガイド」も有益。
島田虎次ほか編 1984.『内陸アジア・西アジア』(アジア歴史研究入門4) 同朋舎
  「古代遊牧民の活動」「トルキスタン」「モンゴル」「チベット」「東北アジア」「シベリア」「中央ユーラシア考古学」の各章を含み,刊行から30年以上を経ているが,今も参照に値する。
吉田順一監修/早稲田大学モンゴル研究所編 2011.『モンゴル史研究——現状と展望』明石書店
  最新にして重厚なモンゴル史研究案内。
Golden, Peter B. 1992. *An Introduction to the History of the Turkic Peoples*, Wiesbaden: Otto Harrassowitz.

講座・シリーズ

宇山智彦編 2008.『地域認識論——多民族空間の構造と表象』(講座 スラブ・ユーラシア学2) 講談社
榎一雄・池田温ほか編 1980-92.『講座敦煌』全9巻 大東出版社 (第1巻「敦煌の自然と現状」1980; 第2巻「敦煌の歴史」1980; 第3巻「敦煌の社会」1980; 第4巻「敦煌と中国道教」1983; 第5巻「敦煌漢文文献」1992; 第6巻「敦煌胡語文献」1985; 第7巻「敦煌と中国仏教」1984; 第8巻「敦煌仏典と禅」1980; 第9巻「敦煌の文学文献」1990.)
岡洋樹・境田清隆・佐々木史郎編 2009.『東北アジア』(朝倉世界地理講座2) 朝倉書店
帯谷知可・北川誠一・相馬秀廣編 2012.『中央アジア』(朝倉世界地理講座5) 朝倉書店
窪田順平監修 2012.『中央ユーラシア環境史』1-4,臨川書店
塩川伸明ほか編 2012.『ユーラシア世界』全5巻 東京大学出版会 (第1巻「東と西」; 第2巻「ディアスポラ論」; 第3巻「記憶とユートピア」; 第4巻「公共圏と親密圏」; 第5巻「国家と国際関係」)
杉山正明ほか編 1997.『岩波講座世界歴史11 中央ユーラシアの統合(9-16世紀)』岩波書店
原暉之・山内昌之編 1995.『スラブの民族』(講座 スラブの世界2) 弘文堂

3 | 地図・地誌・旅行記

地図

ニコル,デヴィッド (清水和裕監訳) 2014.『イスラーム世界歴史地図』明石書店
Bregel, Yuri 2003. *An Historical Atlas of Central Asia*, Leiden: Brill.

地誌

Масальский, В. И. 1913. *Туркестанскiй край* (Россiя. Полное географическое описанiе нашего отечества, том 19), С.-Петербургъ: Изданiе А. Ф. Девріена.
　ロシア領トルキスタンに関するもっとも詳細な地誌。

旅行記

金子民雄　1993.『動乱の中央アジア探検』(朝日文庫，増補改訂版) 朝日新聞社
白須淨眞　1992.『忘れられた明治の探検家　渡辺哲信』中央公論社
スタイン，オーレル（松田壽男訳）2002.『コータンの廃墟』（中公文庫）中央公論新社
日野強（護雅夫・岡田英弘監修）1973.『伊犂紀行』芙蓉書房
堀賢雄（水野勉校閲）1987.『大谷探検隊　西域旅行日記』（陳舜臣編『中国辺境歴史の旅』8）白水社
ル・コック，A・フォン（羽鳥重雄訳）1986.『東トルキスタン風物誌』（陳舜臣編『中国辺境歴史の旅』4）白水社

4 | 文献目録

河内良弘編『日本における東北アジア研究論文目録：1895〜1968』汲古書院，1972
ユネスコ東アジア文化研究センター編　1988-89.『日本における中央アジア関係研究文献目録　1879-1987年3月・同索引・正誤』
Bregel, Yuri 1995. *Bibliography of Islamic Central Asia*, Part 1-3, Bloomington: Indiana University.
　イスラーム期中央アジアの歴史，宗教，文化，旅行記，民族誌，考古学，古銭学などに関する総合的な文献目録。
Dudoignon, Stéphane A. 2008-10. *Central Eurasian Reader: A Biennial Journal of Critical Bibliography and Epistemology of Central Eurasian Studies*, Vol. 1-2, Berlin: Klaus Schwarz Verlag.
　中央ユーラシア研究の著書・論文に関する批評付き目録。
Dudoignon, Stéphane A. and Komatsu Hisao, eds. 2003-06. *Research Trends in Modern Central Eurasian Studies: Works Published between 1985 and 2000, A Selective and Critical Bibliography*, Part 1-2, Tokyo: The Toyo Bunko.
　ソ連解体前後の世界における研究動向と研究文献の批評付き目録。
Asian Reserach Trends New Series.
　東洋文庫が刊行する英文の研究動向誌で，中央ユーラシア関係の論稿も掲載されている。
Ч. А. Стори 1972. *Персидская литература*, Перевел с английского, переработал и дополнил Ю.Э. Брегель, В трех частях, Москва: Наука.
　C. A. Storey の古典的なペルシア語文献(写本)解説を中央アジア関係を中心に Yuri Bregel が増補改訂し，ロシア語で刊行したもの。
東洋文庫唐代史(敦煌文献)研究委員会編　1991.『吐魯番・敦煌出土漢文文書研究文献目録』

東洋文庫

5｜学術雑誌

『イスラム世界』日本イスラム協会
　巻末のイスラーム関係邦文新刊書リストには中央アジア史の項目もある。
『史学雑誌』公益財団法人史学会
　毎年5月号の「回顧と展望」では前年の内陸アジア・ロシア史などに関する業績のレヴューがなされており，東洋史関係の文献目録と合わせて有用。
『スラヴ研究』北海道大学スラブ・ユーラシア研究センター
『西南アジア研究』京都大学文学部内　西南アジア研究会
『東洋学報』公益財団法人東洋文庫研究部
　毎年，野尻湖クリルタイの報告が掲載されている。
『東洋史研究』京都大学文学部内　東洋史研究会
『内陸アジア言語の研究』大阪大学文学研究科・中央ユーラシア学研究会
　歴史のみならず，言語・文献学の論文を収める研究誌。
『内陸アジア史研究』内陸アジア史学会
　巻末の内陸アジア関係学会・研究会等の活動状況も有益な情報を提供。
『日本西蔵学会報』日本チベット学会
　世界で最も古いチベット学会の学会誌（年刊）で，仏教学・歴史学・言語学などの方面からチベットに関する論文，書評などを掲載する。
『日本中央アジア学会報』日本中央アジア学会
　巻末にイスラーム期中央ユーラシアに関する日本語の学術文献をまとめた中央アジア関連研究文献リストが収められている。
『日本モンゴル学会紀要』日本モンゴル学会
　年刊の学会誌として，モンゴルに関わる論文，書評，翻訳などを掲載する。
『満族史研究』満族史研究会
　清朝史や満洲語に関する論文，書評，調査記，史料・文献紹介などを掲載する。

Ab Imperio
　スラヴ，東欧，ユーラシア地域を対象とし，帝国およびナショナリズム論に特徴のある国際誌。

Acta Orientalia　Academiae Scientiarum Hungaricae
　テュルク・モンゴル関係を始め，おもにアルタイ学（歴史・言語・文献など）に関わる論文を掲載。

Ancient Civilizations from Scythia to Siberia. An International Journal of Comparative Studies in History and Archaeology
　旧ソ連の草原考古に関わる論文などが掲載される。

Bulletin of the Asia Institute
　イスラーム化以前の中央アジアの歴史・文化・考古学・文献などを扱う。

Cahiers du Monde russe
　フランスの代表的なロシア・ユーラシア研究誌。
Central Asian Survey
　国際的な近現代中央アジア研究誌。
Central Asiatic Journal
　歴史のほか言語・考古・宗教などに関する論文を掲載。
Die Welt des Islams
　ドイツの代表的なイスラーム世界研究誌。
Inner Asia
　ケンブリッジ大学の刊行する内陸アジア研究誌。
Journal of Central Eurasian Studies
　韓国を代表する中央ユーラシア史関係の研究誌。
Journal of Inner Asian Art and Archaology
　イスラーム化以前の中央アジアの美術・考古に関する論文を掲載。
Journal of the Economic and Social History of the Orient
　定評あるイスラーム地域の社会・経済史研究誌。
Kritika: Explorations in Russian and Eurasian History
　ロシアおよびユーラシア史の国際誌。
Ural-Altaische Jahrbücher
　おもに中央ユーラシア北方の歴史・考古・文献学などに関わる研究誌。ただし，現在は休刊中。
Zentralasiatische Studien
　チベットやモンゴルの歴史や文化を中心とした研究誌。
Восток
　ロシアの代表的な東洋研究誌。
『欧亜学刊』（International Journal of Eurasian Studies）
　中央ユーラシア史研究に関する中国の国際誌。
『敦煌吐魯番研究』
　中国を代表する敦煌・吐魯番学関係の研究誌。歴史・言語・美術・考古および仏教学・中国哲学関係の論文を幅広く掲載する。

第2章　各章に関する参考文献

総説

アブー゠ルゴド, J（佐藤次高ほか訳）2014.『ヨーロッパ覇権以前――もう一つの世界システム』全2巻, 岩波書店
ウラヂミルツォフ, ベ・ヤ（外務省調査部訳）1936.『蒙古社会制度史』外務省調査部
小澤実・長縄宣博編 2016.『北西ユーラシアの歴史空間――前近代ロシアと周辺世界』北海道大学出版会
窪田順平監修／奈良間千之編 2012.『中央ユーラシア環境史1　環境変動と人間』臨川書店
窪田順平監修／承志編 2012.『中央ユーラシア環境史2　国境の出現』臨川書店
窪田順平監修／渡邊三津子編 2012.『中央ユーラシア環境史3　激動の近現代』臨川書店
窪田順平監修／応地利明編 2012.『中央ユーラシア環境史4　生態・生業・民族の交響』臨川書店
小松久男編 2000/2016.『中央ユーラシア史』（新版世界各国史4）山川出版社
小松久男ほか編 2005.『中央ユーラシアを知る事典』平凡社
坂井弘紀 2012.「英雄叙事詩の伝える記憶」塩川伸明ほか編『記憶とユートピア』（ユーラシア世界3）東京大学出版会, 159-187頁
白石典之 2006.『チンギス・カン――"蒼き狼"の実像』（中公新書）中央公論新社
―――― 2017.『モンゴル帝国の誕生』講談社
城田俊 1987.『ことばの道――もう一つのシルクロード』大修館書店
杉山清彦 2016.「中央ユーラシア世界――方法から地域へ」羽田正編『地域史と世界史』（MINERVA世界史叢書1）ミネルヴァ書房, 97-125頁
杉山正明 2005.『疾駆する草原の征服者――遼 西夏 金 元』（中国の歴史6）講談社
杉山正明ほか編 1997.『岩波講座世界歴史11　中央ユーラシアの統合（9-16世紀）』岩波書店
中見立夫 2006.「日本的「東洋学」の形成と構図」岸本美緒編『岩波講座「帝国」日本の学知3　東洋学の磁場』岩波書店, 14-54頁
西徳二郎 1886/1987.『中亜細亜紀事』青史社〔初版は陸軍文庫刊〕
野田仁 2017.「中央ユーラシア史研究の展開」歴史学研究会編『世界史像の再構成』（現代歴史学の成果と課題第4次第2巻）績文堂出版, 32-47頁
バルトリド, ヴェ（外務省調査部訳）1939.『欧州殊にロシアに於ける東洋研究史』生活社
フィンドリー, カーター・V（小松久男監訳／佐々木紳訳）2017.『テュルクの歴史』明石書店
護雅夫 1952a.「Nökör 考序説――主として主従関係成立の事情について」『東方学』5, 56-68頁

―――― 1952b.「Nökür 考――「チンギス＝ハン国家」形成期における」『史学雑誌』61-8, 1-27頁
護雅夫・岡田英弘編 1990.『中央ユーラシアの世界』（民族の世界史4）山川出版社
ヤクボススキー，A／B・グレコフ（播磨楢吉訳）1942.『金帳汗国史』生活社
　Sinor, Denis 1963. *Introduction à l'étude de l'Eurasie*, Wiesbaden: Otto Harrassowitz.

第1章　騎馬遊牧民の誕生と発展

東潮 2013.「モンゴル草原の突厥オラーン・ヘレム壁画墓」『徳島大学総合科学部　人間社会文化研究』21, 1-50頁
穴沢和光・馬目順一 1980.「慶州鶏林路14号墓出土の嵌玉金装短剣」『古文化談叢』7, 251-278頁, pl. 1-5.
荒川正晴 2010.『ユーラシアの交通・交易と唐帝国』名古屋大学出版会
岩尾一史 2014.「古代チベット帝国の外交と「三国会盟」の成立」『東洋史研究』72-4, 1-33頁
岩佐精一郎 1936.「突厥の復興に就いて」和田清編『岩佐精一郎遺稿』岩佐傳一発行, 77-167頁
石見清裕 1998.『唐の北方問題と国際秩序』汲古書院
―――― 1999.「ラティモアの辺境論と漢～唐間の中国北辺」唐代史研究会編『唐代史研究会報告第Ⅷ集　東アジア史における国家と地域』刀水書房, 278-299頁
―――― 2014.「羈縻支配期の唐と鉄勒僕固氏――新出『僕固乙突墓誌』から見て」『東方学』127, 1-17頁
臼杵勲・佐川正敏・松下憲一 2017.「匈奴の建物・住居」『札幌学院大学人文学会紀要』102, 31-51頁
内田吟風 1975a.『北アジア史研究　鮮卑柔然突厥篇』同朋舎
―――― 1975b.『北アジア史研究　匈奴篇』同朋舎
内田吟風ほか訳注 1971-73.『騎馬民族史1～3』（東洋文庫）平凡社
梅原末治 1960.『蒙古ノイン・ウラの遺物』東洋文庫
江上波夫 1999.『江上波夫文化史論集3　匈奴の社会と文化』〔原著 1940-67〕
榎一雄 1992.「エフタル民族の人種論について」『榎一雄著作集1』汲古書院, 462-501頁〔原著 1965〕
大澤孝 1996.「古代テュルクのオンギ遺跡・碑文をめぐる諸問題――モンゴル国内での現地調査を通して見た」『中東イスラーム文化の諸相と言語研究』大阪外国語大学, 275-298頁
―――― 1999.「新疆イリ川流域のソグド語銘文石人について」『国立民族学博物館研究報告別冊』20, 327-378頁
―――― 2007.「近年におけるビルゲ可汗遺跡の発掘調査と亀石・碑文の方位から見た対唐関係――トルコ・モンゴル合同調査隊による発掘調査簡介」『史朋』39, 14-38頁
―――― 2010.「ホル・アスガト（Хөл Асгат）碑銘再考」『内陸アジア言語の研究』25,

1-73頁
大澤孝ほか 2009.『ビチェースⅡ——モンゴル国現存遺蹟・突厥碑文調査報告』SOFEX
大谷育恵 2011.「モンゴル国における匈奴時代の考古遺物についての調査」『金沢大学文化資源学研究』01, 11-18頁
——— 2014.「疆外出土の中国鏡集成(1)——モンゴル国ならびにザバイカル地域」『金沢大学考古学紀要』35, 45-72頁
岡内三真 2007.「トルファン五銖銭と中原五銖銭」シルクロード調査研究所編『中国シルクロードの変遷』雄山閣
小川環樹 1959.「敕勒の歌——その原語と文学史的意義」『東方学』18, 34-44頁
小谷仲男 2010.『大月氏』(新装版) 東方書店
小野川秀美 1943.「突厥碑文訳註」『満蒙史論叢』4, 249-425頁
ガイムク編 (西村雄三訳) 1936.『東洋封建制度論』白楊社〔原著 1934〕
片山章雄 1981.「Toquz Oγuz と「九姓」の諸問題について」『史学雑誌』90-12, 1785-1801頁
——— 1984.「突厥闕特勤碑文漢文面の刻文月について」『紀尾井史学』4, 1-15頁
——— 1992.「突厥ビルゲ可汗の即位と碑文史料」『東洋史研究』51-3, 444-463頁
加藤九祚 1976.「スキト＝シベリア文化の原郷について」『江上波夫教授古稀記念論集 考古・美術篇』山川出版社, 265-280頁
加藤謙一 1998.『匈奴「帝国」』第一書房
香山陽坪 1970.『沈黙の世界史6 騎馬民族の遺産』新潮社
——— 1978.「イッシク・クルガン」『足利惇氏博士喜寿記念オリエント学インド学論集』国書刊行会, 169-178頁
川本芳昭 1998.『魏晋南北朝時代の民族問題』汲古書院
九州国立博物館ほか編 2016.『黄金のアフガニスタン』産経新聞社
齊藤茂雄 2009.「唐代単于都護府考——その所在地と成立背景について」『東方学』118, 22-39頁
——— 2011.「突厥「阿史那感徳墓誌」訳注考——唐羈縻支配下における突厥集団の性格」『内陸アジア言語の研究』26, 1-38頁
——— 2013.「突厥第二可汗国の内部対立——古チベット語文書(P.t.1283)にみえるブグチョル('Bug-čhor)を手がかりに」『史学雑誌』122-9, 36-62頁
——— 2015.「突厥有力者と李世民——唐太宗期の突厥羈縻支配について」『関西大学東西学術研究所紀要』48, 77-99頁
——— 2016.「古代トルコ系遊牧民の広域秩序」『アステイオン』84, 99-114頁
齋藤勝 1999.「唐・回鶻絹馬交易再考」『史学雑誌』108-10, 1749-74頁
佐川英治 2007.「遊牧と農耕の間——北魏平城の鹿苑の機能とその変遷」『岡山大学文学部紀要』47, 137-164頁〔再録：同『中国古代都城の設計と思想』勉誠出版, 2016, 133-168頁〕
サリアニディ, ヴィクトル (加藤九祚訳) 1988.『シルクロードの黄金遺宝』岩波書店
沢田勲 2015a.『匈奴——古代遊牧国家の興亡』(新訂版) 東方書店
——— 2015b.『冒頓単于』山川出版社

初期王権研究会編 2003.『古代王権の誕生Ⅲ　中央ユーラシア・西アジア・北アフリカ編』角川書店
鈴木宏節 2005.「突厥阿史那思摩系譜考——突厥第一可汗国の可汗系譜と唐代オルドスの突厥集団」『東洋学報』87-1, 37-68頁
―― 2006.「三十姓突厥の出現——突厥第二可汗国をめぐる北アジア情勢」『史学雑誌』115-10, 1665-1700, 1830-28(逆頁)頁
―― 2008a.「突厥可汗国の建国と王統観」『東方学』115, 157-141頁(逆頁)
―― 2008b.「突厥トニュクク碑文箚記——斥候か逃亡者か」『待兼山論叢』(史学編) 42, 55-79頁
―― 2009.「突厥チョイル碑文再考」『内陸アジア史研究』24, 1-24頁
―― 2011.「唐代漠南における突厥可汗国の復興と展開」『東洋史研究』70-1, 35-66頁
―― 2013.「内モンゴル自治区発現の突厥文字銘文と陰山山脈の遊牧中原」『内陸アジア言語の研究』28, 67-100頁
妹尾達彦 1999.「中華の分裂と再生」『岩波講座世界歴史9　中華の分裂と再生』岩波書店, 3-82頁
―― 2001.『長安の都市計画』(講談社選書メチエ) 講談社
草原考古研究会編 2011.『鍑の研究——ユーラシア草原の祭器・什器』雄山閣
高濱秀 2000.「北方草原地帯の美術」高濱秀・岡村秀典編『世界美術大全集　東洋編1　先史・殷・周』小学館, 309-348; 421-434頁
田村實造 1964.『中国征服王朝の研究　上』京都大学文学部東洋史研究会
東京国立博物館編 1997.『大草原の騎馬民族——中国北方の青銅器』東京国立博物館
ドルジスレン, S (志賀和子訳) 1988-90.「北匈奴」(1)-(5)『古代学研究』117, 1-12頁; 118, 20-34頁; 119, 26-42頁; 120, 20-30頁; 121, 45-57頁
内藤みどり 1988.『西突厥史の研究』早稲田大学出版部
中島琢美 1983.「南走派ウイグル史の研究」『史游』12, 19-33頁
畠山禎 1992.「北アジアの鹿石」『古文化談叢』27, 207-225頁
羽田亨 1957.「唐代回鶻史の研究」『羽田博士史学論文集　上巻　歴史編』(東洋史研究叢刊之三之一) 東洋史研究会, 157-324頁
林俊雄 1976.「ソ連イェニセイ河源流域の城郭址」『考古学ジャーナル』126, 24-27頁
―― 1983a.「匈奴における農耕と定着集落」護雅夫編『内陸アジア・西アジアの社会と文化』山川出版社, 3-22頁
―― 1983b.「鮮卑・柔然における農耕と城塞」『古代オリエント博物館紀要』5, 377-394頁
―― 1985.「略奪・農耕・交易から観た遊牧国家の発展——突厥の場合」『東洋史研究』44-1, 110-136頁
―― 1992.「ウイグルの対唐政策」『創価大学人文論集』4, 111-143頁
―― 2005.『ユーラシアの石人』雄山閣
―― 2006.「遊牧社会論」『歴史と地理』596, 30-33頁
―― 2007.『スキタイと匈奴』(興亡の世界史02) 講談社 (増補改訂, 学術文庫, 2017)

────── 2011a.「中央ユーラシアにおける考古学研究」『内陸アジア史研究』26, 52-57頁
────── 監修 2011b.『ウクライナの至宝展──スキタイ黄金美術の煌めき』プレーントラスト
────── 2012.「ユーラシアにおける人間集団の移動と文化の伝播」窪田順平監修／奈良間千之編『中央ユーラシア環境史1　環境変動と人間』臨川書店, 164-208頁
────── 2013.「遊牧国家における集落と都市──匈奴から柔然まで」佐川英治編『大青山一帯の北魏城址の研究』(科研報告書) 東京大学大学院人文社会系研究科, 161-207頁
────── 2014a.「ヤールホト(交河故城)溝西墓地発見の匈奴・サルマタイ様式装飾品」高濱秀先生退職記念論文集編集委員会編『ユーラシアの考古学』六一書房, 155-169頁
────── 2014b.「中央アジアの王墓」アジア考古学四学会編『アジアの王墓』高志書院, 119-139頁
────── 2017a.「ユーラシア草原における遊牧国家の形成と展開」大沼克彦・久米正吾編『キルギスとその周辺における遊牧社会の形成』(科研論文集), 95-105頁
────── 2017b.「モンゴル中北部の鹿石」『考古学研究』64-2, 112-114頁
────── 2017c.「中央アジアにおける農耕の起源と展開」アジア考古学四学会編『アジアの考古学4　農耕の起源と拡散』高志書院, 273-285頁
ピオトロフスキー, ボリスほか (加藤九祚訳) 1981.『スキタイ黄金美術』講談社
藤川繁彦編 1999.『中央ユーラシアの考古学』同成社
船木勝馬 1989.『古代遊牧騎馬民の国──草原から中原へ』誠文堂新光社
堀敏一 2006.『東アジア世界の形成』汲古書院
町田隆吉 1984.「北魏太平真君四年拓跋燾石刻祝文をめぐって──「可寒」・「可敦」の称号を中心として」『岡本敬二先生退官記念論集　アジア諸民族における社会と文化』国書刊行会, 96-107頁
松下憲一 2007.『北魏胡族体制論』(北海道大学大学院文学研究科 研究叢書11) 北海道大学出版会
松田壽男 1986.「アルタイ山とエフタル族」『松田壽男著作集2』六興出版, 195-210頁〔原著 1960〕
────── 1987.「東西交渉とモンゴリア遊牧民」『松田壽男著作集3』六興出版, 89-125頁〔原著 1962〕
村井恭子 2003.「押蕃使の設置について──唐玄宗期における対異民族政策の転換」『東洋学報』84-4, 29-60頁
────── 2015.「河西と代北──九世紀前半の唐北辺藩鎮と遊牧兵」『東洋史研究』74-2, 47-82頁
村上正二 1951.「蒙古史研究の動向」『史学雑誌』60-3, 45-54頁
籾山明 1999.『漢帝国と辺境社会──長城の風景』(中公新書) 中央公論新社
護雅夫 1967.「突厥第一帝国における官称号の研究」同『古代トルコ民族史研究Ⅰ』山川出版社, 225-438頁〔原著 1954, 1961, 1964〕
────── 編 1970.『漢とローマ』(東西文明の交流1) 平凡社
────── 1992a.『李陵』(中公文庫) 中央公論社〔原著 1974〕

―――― 1992b.「突厥第二可汗国における「ナショナリズム」」同『古代トルコ民族史研究Ⅱ』山川出版社, 98-132頁〔原著 1976〕
―――― 1992c.「突厥文字の起源に関する二研究」同『古代トルコ民族史研究Ⅱ』山川出版社, 608-623頁〔原著 1990〕
―――― 1997a.「古代東アジアにおける遊牧国家と農耕国家」同『古代トルコ民族史研究Ⅲ』山川出版社, 89-115頁〔原著 1950〕
―――― 1997b.「古代北アジア遊牧国家史概観」同『古代トルコ民族史研究Ⅲ』山川出版社, 1-85頁〔原著 1981〕
護雅夫ほか 1974.『中国文明と内陸アジア』(人類文化史 4) 講談社
森川哲雄 1981.「最近のソビエトにおける「遊牧封建」論争について」『歴史学・地理学年報』(九州大学教養部) 5, 29-56頁
森部豊 2010.『ソグド人の東方活動と東ユーラシア世界の歴史的展開』(関西大学東西学術研究所研究叢刊36) 関西大学東西学術研究所
―――― 2013.『安禄山――「安史の乱」を起こしたソグド人』(世界史リブレット人18) 山川出版社
――――編 2014.『ソグド人と東ユーラシアとの文化交渉』勉誠出版
森安孝夫 1977.「チベット語史料中に現われる北方民族――DRU-GU と HOR」『アジア・アフリカ言語文化研究』14, 1-48頁
―――― 1979.「増補 ウイグルと吐蕃の北庭争奪戦及びその後の西域情勢について」流沙海西奨学会編『アジア文化史論叢3』山川出版社, 199-238頁
―――― 2002.「ウイグルから見た安史の乱」『内陸アジア言語の研究』17, 117-170頁
―――― 2007.『シルクロードと唐帝国』(興亡の世界史05) 講談社〔学術文庫 2016〕
――――編 2011.『ソグドからウイグルへ――シルクロード東部の民族と文化の交流』汲古書院
―――― 2015.『東西ウイグルと中央ユーラシア』名古屋大学出版会
森安孝夫／A・オチル編 1999.『モンゴル国現存遺蹟・碑文調査研究報告』中央ユーラシア学研究会
森安孝夫・鈴木宏節・齊藤茂雄・田村健・白玉冬 2009.「シネウス碑文訳注」『内陸アジア言語の研究』24, 1-92頁
山下将司 2011.「唐のテュルク人蕃兵」『歴史学研究』881, 1-11頁
山田信夫 1985.『草原とオアシス』(世界の歴史 ビジュアル版10) 講談社
―――― 1986.「九世紀ウイグル亡命移住史者集団の崩壊」『史憲』42, 1-22頁〔再録：山田 1989, 157-188頁〕
―――― 1989.『北アジア遊牧民族史研究』東京大学出版会〔原著 1952-87〕〔書評：林俊雄『東洋史研究』48-3, 1989〕
雪嶋宏一 2008.『スキタイ――騎馬遊牧国家の歴史と考古』雄山閣
吉田愛 2005.「北魏雁臣考」『史滴』27, 81-117頁
吉田順一 1975.「遊牧社会の発展に関する松田説とラティモア説」松田壽男博士古稀記念出版委員会編『東西文化交流史』雄山閣出版, 186-200頁

吉田豊 2011.「ソグド人と古代のチュルク族との関係に関する三つの覚え書き」『京都大学文学部紀要』50, 1-41頁
吉田豊・森安孝夫 1999.「ブグト碑文」森安／オチル編 1999, 122-125頁
ラティモア, オーエン（後藤富男訳）1940.「ステップと歴史」『農業支那と遊牧民族』生活社〔原著 1938〕
呉玉貴 2009.『突厥第二汗国漢文史料編年輯考』（全3冊）北京：中華書局
潘玲 2007.『伊沃尓加城址和墓地及相関匈奴考古問題研究』北京：科学出版社
札奇斯欽 1973.『北亜游牧民族與中原農業民族間的和平戰爭與貿易之關係』台北：正中書局
宿白 1977.「東北・内蒙古地区的鮮卑遺跡」『文物』5, 42-54頁
岑仲勉 1958.『突厥集史』北京：中華書局
孫海・藺新建編 2010.『東胡・烏桓・鮮卑研究集成』全12冊，鄭州：中州古籍出版社
中国科学院歴史研究所史料編纂組編 1962.『柔然資料輯録』北京：中華書局
内蒙古自治区文物考古研究所・蒙古国游牧文化研究国際学院 2015.「蒙古国布爾干省達欣其楞蘇木詹和碩遺址発掘簡報」『草原文物』2015-2, 8-31頁
馮志文・呉平凡編 1992.『回鶻史編年』烏魯木斉：新疆大学出版社
林幹編 1988.『匈奴史料彙編』北京：中華書局

Alekseev, Andrey Yu. 2004. "Some Chronological Problems of European Scythia: Archaeology and Radiocarbon", in E. M. Scott et al., eds., *Impact of the Environment on Human Migration in Eurasia*, Dordrecht: Kluwer Academic Publishers, pp. 9-19.

Allard, Francis et al. 2006. "Recent Archaeological Research in the Khunuy River Valley, Central Mongolia", in D. L. Peterson et al., eds., *Beyond the Steppe and the Sown*, Leiden: Brill Academic Publishers, pp. 202-224.

Anthony, David W. 2007. *The Horse, the wheel, and Language: How Bronze-age Riders from the Eurasian Steppes Shaped the Modern World*, Princeton: Princeton University Press.

Arzhantseva, Irina A. et al. 2011. "Por-Bajin: An Enigmatic Site of the Uighurs in Southern Siberia", *The European Archaeologist* 35, pp. 6-11.

Aydın, E., R. Alimov and F. Yıldırım 2013. *Yenisey-Kırgızistan Yazıtları ve Irk Bitig*, Ankara: BilgeSu.

Bahar, Hasan 2009. "The Excavation and the Conservation of Bilge Khan Monumental Grave Complex in Mongolia", 22nd CIPA Symposium, Kyoto.

Barfield, Thomas J. 1989. *The Perilous Frontier: Nomadic Empires and China*, Cambridge/Massachusetts: Basil Blackwell.

Brosseder, Ursula 2009. "Xiongnu Terrace Tombs and Their Interpretation as Elite Burials", *Bonn Contribution to Asian Archaeology* 4, pp. 247-280.

Clauson, Gerard 1972. *An Etymological Dictionary of Pre-Thirteenth-Century Turkish*, Oxford: Oxford University Press.

Čugunov, Konstantin V. et al. 2010. *Der skythenzeitliche Fürstenkurgan Aržan 2 in Tuva*, Mainz: Philipp von Zabern.

Dähne, Burkart 2017. *Karabalgasun - Stadt den Nomaden*, Wiesbaden: Reichert Verlag.

Davydova, Antonina V. 1968. "The Ivolga Gorodishche", *Acta Archaeologica Academiae Scientiarum Hungaricae* 20, pp. 209-245.

Desroches, J.-P. and G. André 2002. "Une tombe princière Xiongnu à Gol Mod, Mongolie (campagnes de fouilles 2000-2001)", *Arts Asiatiques* 57, pp. 194-205.

Di Cosmo, Nicola 2002. *Ancient China and Its Enemies*, Cambridge: Cambridge University Press.

Drews, Robert 2004. *Early Riders: The Beginnings of Mounted Warfare in Asia and Europe*, New York: Routledge.

Drompp, M. R. 2005. *Tang China and the Collapse of the Uighur Empire*, Leiden: Brill.

Durkin-Meisterernst, Reck and Chr., Weber, D. eds. 2009, *Literarische Stoffe und ihre Gestaltung in mitteliranischer Zeit*, Wiesbaden: Dr. Ludwig Reichert Verlag, pp. 349-362.

Eberhard, Wolfram, *Das Toba-Reich Nordchinas: Eine soziologische Untersuchung*, Leiden: E.J. Brill, 1949.

Enoki Kazuo 1998. "The Yüeh-chih-Scythians Identity: A Hypothesis", 『榎一雄著作集別巻　欧文篇』汲古書院〔原著 1959〕

Eredenebaatar, Diimaajav 2016. *The Cultural Heritage of Xiongnu Empire*, Ulaanbaatar: Munkhiin Useg.

Frachetti, M. D., R. N. Spengler, G. J. Fritz and A. N. Mar'yashev 2010. "Earliest Direct Evidence for Broomcorn Millet and Wheat in the Central Eurasian Steppe Region", *Antiquity* 84, pp. 993-1010.

Franken, Ch. 2014. "Karabalgasun und Karaorum, Mongolei: Die Arbeiten der Jahre 2012 und 2013", *e-Forschungsberichte des Deutschen Archäologischen Instituts* 2014-1, pp. 93-99.

Gass, A. 2016. *Das Siebenstromland zwischen Bronze- und Früheisenzeit*, Berlin De Gruyter.

Golden, Peter 2013. "Some Notes on the Avars and Rouran", in F. Curta et al., eds., *The Steppe Lands and the World beyond them: Studies in Honor of Victor Spinei on his 70th Birthday*, Editura Universităţii "Al. I. Cuza", pp. 43-66.

Grjaznov, Mikhail P. 1984. *Der Grosskurgan von Aržan in Tuva, Südsibirien*. München: C.H. Beck.

Hayashi Toshio 2011. "Trends in Central Eurasian Archaeology since the Late 1980s", in *Asian Research Trends New Series* 6, Tokyo: The Toyo Bunko, pp. 1-22.

――― 2013. "The Birth and the Maturity of Nomadic Powers in the Eurasian Steppes: Growing and Downsizing of Elite Tumuli", *Ancient Civilizations from Scythia to Siberia* 19, pp. 105-141.

――― 2014. "Huns were Xiongnu or not? From the Viewpoint of Arhcaeological Material", in İlhan Şahin et al., eds., *Altay Communities: Migrations and Emergence of Nations*, Istanbul: İstanbul Esnaf ve Sanatkarlar Odaları Birliği, pp. 13-26.

――― 2015. "Illig Qaγan or Illik Qaγan? A Small Inscription on a Roof Tile", in I. Nevskaya and M. Erdal, eds., *Interpreting the Turkic Runiform Sources and the Position of the Altai Corpus*, Berlin: Klaus Schwarz Verlag, pp. 46-54.

――― 2016a. "Fire-steels in Eastern and Western Eurasia", *International Journal of Eurasian Studies*, N. S. 4, Beijing, pp. 1-14.

―――― 2016b. "Kypchak Stone Statues: From Kazakhstan through South Russia to Mongolia", *Altai among the Eurasian Antiquities*, Novosibirsk: Institute of Archaeology and Ethnography, Siberian Branch of the Russian Academy of Sciences, pp. 479-486.

Hiebert, Frederik and Pierre Cambon 2008. *Afghanistan: Hidden Treasures from the National Museum, Kabul*, Washington, D.C.: National Geographic Society.

Hüttel, Hans-Georg et al. 2011. *Karabalgasun and Karakorum: Two Late Nomadic Urban Settlements in the Orkhon Valley*, Berlin: Deutsches Archäologisches Institut.

Jagchid, Sechin and Van J. Symons 1989. *Peace, War, and Trade along the Great Wall: Nomadic-Chinese Interaction through Two Millennia*, Bloomington: Indiana University Press.

Jisl, Lumir 1997. "The Orkhon Türks and Problems of the Archaeology of the Second Eastern Türk Kaghanate", *Annals of the Náprstek Museum Praha* 18, pp. 1-112.

Khazanov, Anatoly M. 1984. *Nomads and the Outside World*, Cambridge: Cambridge University Press.

Kohl, Philip L. 2007. *The Making of Bronze Age Eurasia*, Cambridge: Cambridge University Press.

Kollautz, Arnulf and Miyakawa Hisayuki 1970. *Geschichte und Kultur eines völkerwanderungszeitlichen Nomadenvolkes: Die Jou-Jan der Mongolei und die Awaren in Mitteleuropa*, Klagenfurt: Geschichtsverein für Kärnten.

Kradin, Nikolai N. 2010. "Settled Population in the Xiongnu Empire: Ivolga Fortress Settlement Example", in *New Perspectives on Xiongnu Studies in Ancient East Asian Culture (PKNU-KACAS International Conference 2010)*, Seoul: Korean Association of Central Asian Studies & Pukyong National University, pp. 70-90.

Mackerras, Colin 1978. *Uighur Empire: According to the T'ang Dynastic Histories*, 2nd rev. ed., Camberra: Australian National University.

Menghin, Wilfried et al., eds. 2007. *Im Zeichen des goldenen Greifen: Königsgräber der Skythen*, München: Prestel.

Miller, Bryan K. 2015. "The Southern Xiongnu in Northern China: Navigating and Negotiating the Middle Ground", in J. Bemmann and M. Schmauder, eds., *Complexity of Interaction along the Eurasian Steppe Zone in the First Millennium CE*, Bonn Contributions to Asian Archaeology, Vol. 7, Vor- und Frühgeschichtliche Archäologie/Rheinische Friedlich-Williams-Universität, pp. 127-198.

Miniaev, Sergei. S. et al. 2007. "Investigation of a Xiongnu Royal Tomb Complex in the Tsaraam Valley", *The Silk Road* 4-1, 2006, 47-51; 5-1, pp. 44-56.

Minorsky, Vladimir 1948. "Tamīm ibn Bahr's Journey to the Uyghurs", *Bulletin of the School of Oriental and African Studies* 12-2, pp. 275-305.

Nevskaya, I. and M. Marcel Erdal, eds. 2015. *Interpreting the Turkic runiform sources and the position of the Altai corpus*, Berlin: Klaus Schwarz.

Piotrovsky, Boris B. 1986. *Scythian Art*, Leningrad: Aurora Art Publishers.

Pshenichniuk, Anatolii Kh. 2000. "The Filippovka Kurgans at the heart of the Eurasian Steppes", in J. Aruz, ed., *The Golden Deer of Eurasia*, New York: The Metropolitan Museum of Art, pp.

21-30.
Rudenko, Sergei I. 1970. *Frozen Tombs of Siberia: The Pazyryk Burials of Iron-Age Horsemen*, Berkeley/Los Angeles: University of California Press.
Sarianidi, V. 1985. *Bactrian Gold*, Leningrad: Aurora Art Publishers.
Simpson, St J. and S. Pankova 2017. *Scythians: Warriors of Ancient Siberia*, London: Thames & Hudson.
Skaff, Jonathan Karam 2012. *Sui-Tang China and Its Turko-Mongol Neighbors: Culture, Power, and Connections, 580-800*, Oxford Studies in Early Empires, New York: Oxford University Press.
Spengler, R. N. III et al. 2016. "The Spread of Agriculture into Northern Central Asia: Timing, Pathways, and Environmental Feedbacks", *The Holocene* 26-10, pp. 1-14.
Takahama Shu et al. 2006. "Preliminary report of the archaeological investigations in Ulaan Uushig (Uushigiin Övör) in Mongolia", 『金沢大学考古学紀要』28, pp. 61-102.
Tekin, T. 1968. *A Grammar of Orkhon Turkic*, Bloomington: Indiana University.
Waugh, Daniel C. 2010. "Nomads and Settlement: New Perspectives in the Archaeology of Mongolia", *The Silk Road* 8, pp. 97-124.
Wright, Joshua et al. 2009. "The Xiongnu Settlements of Egiin Gol, Mongolia", *Antiquity* 83, pp. 372-387.
Yoshida, Yutaka. 2009. "The Karabalgasun Inscription and the Khotanese Documents", in D. Durkin-Meisterernst, Chr. Reck and D. Weber, eds., *Literarische Stoffe und ihre Gestaltung in mitteliranischer Zeit*, Wiesbaden: Reichert Verlag, pp. 349-362.
Zasetskaya, Irina P. 1993. "To the Dating of the Dagger from Borovoye-Lake Find in Kazakhstan", in F. Vallet and M. Kazanski, eds., *L'armée romaine et les barbares du IIIe au VIIe siècle*, Association Française d'Archéologie Mérovingienne et Musée des Antiquités Nationales, pp. 437-443.
Zasetskaya, Irina. P. 2011. *Treasures from the Khokhlach Barrow: Novocherkassk Hoard* (in Russian with English summary), st.-Petersburg: Hermitage.
Войтов, Владимир Е. 1996. Древнетюркский пантеон и модель мироздания: В культово-поминальных памятниках Монголии VI-VIII вв., Москва: Государственный Музей Востока.
Полосьмак, Наталья В. 2001. *Всадники Укока*, Новосибирск: INFOLIO.
Полосьмак, Наталья В. и др. *Двадцатый ноин-улинский курган*, Новосибирск: INFOLIO.

コラム2　騎馬遊牧民
吉田順一　1980.「モンゴルの遊牧の根底」『モンゴル研究』11, 39-49頁
─── 1983.「モンゴルの遊牧における移動の理由と種類について」『早稲田大学大学院文学研究科紀要』28, 327-342頁
─── 1989.「遊牧民にとっての自然の領有」板垣雄三編『歴史における自然』(シリーズ世界史への問い1) 岩波書店, 175-197頁

第2章　オアシス都市の発展

第1節　東トルキスタン

赤木崇敏 2013.「金輪聖王から菩薩の人王へ——一〇世紀敦煌の王権と仏教」『歴史の理論と教育』139, 3-17頁

赤松明彦 2001.「楼蘭・ニヤ出土カロシュティー文書の和訳　カロシュティー文書に見る西域南道」「楼蘭・ニヤ出土カロシュティー文書について」冨谷至編『流沙出土の文字資料——楼蘭・尼雅文書を中心に』京都大学学術出版会

——— 2005.『楼蘭王国——ロプ・ノール湖畔の四千年』（中公新書）中央公論新社

安部健夫 1955.『西ウィグル王国の研究』彙文堂書店

荒川正晴 2003.『オアシス国家とキャラヴァン交易』（世界史リブレット62）山川出版社

——— 2010.『ユーラシアの交通・交易と唐帝国』名古屋大学出版会

——— 2011.「唐の西北軍事支配と敦煌社会」『唐代史研究』14, 71-98頁

——— 2014.「トゥルファンにおけるソグド人」森部豊編 2014, 101-118頁

池田温編 1980.『敦煌の社会』（講座敦煌3）大東出版社

——— 2003.『敦煌文書の世界』名著刊行会

伊瀬仙太郎 1955.『中国西域経営史研究』巌南堂書店

市川良文 2001.「職掌からみたカローシュティー文書中のCojhboと漢語の主簿」『西南アジア研究』54, 23-53頁

伊藤敏雄 1983.「魏晋期楼蘭屯戍の基礎的整理（一）」『東洋史論』5, 38-58頁

——— 2002.「李柏文書小考——出土地と書写年代を中心に」野口鐵郎先生古稀記念論集刊行委員会編『中華世界の歴史的展開』汲古書院, 21-45頁

——— 2017.「日本における楼蘭研究一〇〇年」『歴史研究』54, 57-83頁

岩尾一史 2003.「吐蕃支配下の漢人部落——行人部落を中心に」『史林』86-4, 1-31頁

石見清裕 1999.「ラティモアの辺境論と漢〜唐間の中国北辺」唐代史研究会編『東アジア史における国家と地域』刀水書房, 278-299頁

———編 2016.『ソグド人墓誌研究』汲古書院

梅村坦 1977a.「違約罰納官文言のあるウィグル文書」『東洋学報』58-3/4, 1-40頁

——— 1977b.「13世紀ウイグリスタンの公権力」『東洋学報』59-1/2, 1-31頁

——— 1999.「ウイグル人社会とウイグル文化」『中央アジア史』（アジアの歴史と文化8）同朋舎, 106-117頁

——— 2000.「オアシス世界の展開」小松久男編『新版世界各国史4　中央ユーラシア史』山川出版社, 89-142頁

江上波夫 1986.「中央アジアの東西交易と文化交流」江上編『中央アジア史』（世界各国史16）山川出版社, 177-316頁

榎一雄 1960.「所謂シノ゠カロシュティー銭について」『東洋学報』42-3, 1-56頁〔再録：『中央アジア史1』（榎一雄著作集1）汲古書院 1992〕

——— 1971.「中央アジア・オアシス都市国家の性格」『岩波講座世界歴史6　古代6　東アジア世界の形成3　内陸アジア世界の形成』岩波書店, 327-358頁〔再録：『中央ア

ジア史1』(榎一雄著作集1) 汲古書院 1992〕
―――編 1980.『敦煌の歴史』(講座敦煌2) 大東出版社
大阪大学歴史教育研究会編 2014.『市民のための世界史』大阪大学出版会
荻原裕敏・慶昭蓉 2012.「新出トゥムシュク語契約文書について」『内陸アジア言語の研究』29, 7-55頁
小谷仲男 1999.「シノ・カロシュティ貨幣の年代――付録『後漢書』西域伝訳注」『富山大学人文学部紀要』30, 17-48頁
片山章雄 1988.「李柏文書の出土地」栗原益男先生古稀記念論集編集委員会編『中国古代の法と社会――栗原益男先生古稀記念論集』汲古書院, 161-179頁
橘堂晃一 2010.「東トルキスタンにおける仏教の受容とその展開」奈良康明・石井公成編『新アジア仏教史5 中央アジア――文明・文化の交差点』佼成出版社, 68-112頁
嶋崎昌 1977.『隋唐時代の東トゥルキスタン研究――高昌国史研究を中心として』東京大学出版会
白須淨眞 2012.「シルクロードの古墳から出土した「玉手箱」――2006年発掘・アスターナ古墳群西区(Ⅱ区)603号墓出土の「木函」」『内陸アジア言語の研究』27, 1-42頁
杉山正明 2005.『疾走する草原の征服者――遼 西夏 金 元』(中国の歴史8) 講談社
妹尾達彦 1999.「中華の分裂と再生」『岩波講座世界歴史9 中華の分裂と再生』岩波書店, 3-82頁
――― 2001.『長安の都市計画』(講談社選書メチエ) 講談社
曽布川寛・吉田豊編 2011.『ソグド人の美術と言語』臨川書店
竺沙雅章監修・間野英二責任編集 1999.『中央アジア史』(アジアの歴史と文化8) 同朋舎・角川書店
『東西文明の交流』1970-71. 全6巻, 平凡社
『東洋史料集成』1956. 平凡社
冨谷至 2003.『木簡・竹簡の語る中国古代――書記の文化史』岩波書店
内藤みどり 1978.「シルクロード論」『歴史公論』4-12, 158-165頁
――― 1988.『西突厥史の研究』早稲田大学出版部
『内陸アジア・西アジア』(アジア歴史研究入門4) 1984. 同朋舎
長澤和俊 1963.『楼蘭王国』(角川新書) 角川書店
――― 1979.『シルク・ロード史研究』国書刊行会
――― 1996.『楼蘭王国史の研究』雄山閣出版
中田美絵 2016.「唐代中國におけるソグド人の佛教「改宗」をめぐって」『東洋史研究』75-3, 34-70頁
羽田明 1969.『西域』(世界の歴史10) 河出書房新社〔再刊 1989〕
――― 1971.「ソグド人の東方活動」『岩波講座世界歴史6 古代6 東アジア世界の形成3 内陸アジア世界の形成』岩波書店, 409-434頁〔再録:同『中央アジア史研究』臨川書店 1982, 322-348頁〕
羽田亨 1931.『西域文明史概論』弘文堂書房〔再録:同『西域文明史概論・西域文化史』(東洋文庫) 平凡社 1992〕

―― 1957.『羽田博士史学論文集』上・下，東洋史研究会
濱田正美 2000.「中央ユーラシアの「イスラーム化」と「テュルク化」」小松久男編『新版世界各国史4 中央ユーラシア史』山川出版社，143-173頁
ハンセン，ヴァレリー（田口未和訳）2016.『図説シルクロード文化史』原書房
福島恵 2017.『東部ユーラシアのソグド人――ソグド人漢文墓誌の研究』汲古書院
ヘルマン（Herrmann, A.）（松田壽男訳）1963.『楼蘭――流砂に埋もれた王都』（東洋文庫）平凡社
堀直 1995.「草原の道」歴史学研究会編『世界史とは何か――多元的世界の接触の転機』（講座世界史1）東京大学出版会，285-311頁（とくに293-295頁）
町田隆吉 2002.「麴氏高昌国時代における僧侶の経済活動」野口鐵郎先生古稀紀念論集刊行委員会編『中華世界の歴史的展開』汲古書院，47-71頁
松田壽男 1956.『古代天山の歴史地理学的研究(初版)』早稲田大学出版部〔増補版 1970〕
―― 1971.『アジアの歴史――東西交渉からみた前近代の世界像』（NHK市民大学叢書21）日本放送出版協会〔再刊：『松田壽男著作集5』六興出版 1987; 同時代ライブラリー，岩波書店 1994〕
間野英二 1977.『中央アジアの歴史――草原とオアシスの世界』（講談社現代新書 新書東洋史8），講談社
―― 1978.「中央アジア史とシルクロード――シルクロード史観との決別」『朝日アジアレビュー』33（1978春季号），30-36頁
―― 1984.「トルコ・イスラム時代」『内陸アジア・西アジア』（アジア歴史研究入門4）同朋舎，81-142頁
―― 1999.「トルコ・イスラム社会とトルコ・イスラム文化」『中央アジア史』（アジアの歴史と文化8）同朋舎，94-106頁
―― 2004.「テュルク・イスラーム時代の中央アジア――テュルク化とイスラーム化」『中央アジアの歴史・社会・文化』放送大学教育振興会，60-82頁
―― 2008.「「シルクロード史観」再考――森安孝夫氏の批判に関連して」『史林』91-2，402-422頁
籾山明 2001.「魏晋楼蘭簡の形態――封検を中心として」富谷至編『流砂出土の文字資料――楼蘭・尼雅文書を中心に』京都大学学術出版会
護雅夫 1978a.「ソグド人と中央アジア史――間野英二氏の見解について」『月刊シルクロード』4-2, 57-62頁
―― 1978b.「遊牧民とシルクロード」『歴史公論』4-12, 54-65頁
森部豊 2010.『ソグド人の東方活動と東ユーラシア世界の歴史的展開』関西大学出版部
―― 2013.『安禄山――「安史の乱」を起こしたソグド人』（世界史リブレット18）山川出版社
――編 2014.『ソグド人と東ユーラシアの文化交渉』（アジア遊学175）勉誠出版
―― 2017.「（書評）森安孝夫著『東西ウイグルと中央ユーラシア』」『東洋史研究』75-4, 161-184頁
森安孝夫 1979.「増補 ウィグルと吐蕃の北庭争奪戦及びその後の西域情勢について」流

沙海西奨学会編『アジア文化史論叢』3，山川出版社，199-238頁〔増補改訂：森安 2015, 230-274頁〕
―― 1980.「イスラム化以前の中央アジア史研究の現況について」『史学雑誌』89-10, 50-71頁
―― 1984.「吐蕃の中央アジア進出」『金沢大学文学部論集(史学科篇)』4, 1-85頁〔増補改訂：森安 2015, 132-229頁〕
―― 1987.「敦煌と西ウイグル王国――トゥルファンからの書簡と贈り物を中心に」『東方学』74, 58-74頁〔増補改訂：森安 2015, 336-354頁〕
―― 1991.『ウイグル=マニ教史の研究』『大阪大学文学部紀要』(大阪大学文学部) 31・32
―― 1995.「日本における内陸アジア史並びに東西交渉史研究の歩み――イスラム化以前を中心に」『内陸アジア史研究』10, 1-26頁(とくに11-12頁)
―― 1997.「《シルクロード》のウイグル商人――ソグド商人とオルトク商人のあいだ」杉山正明ほか編『岩波講座世界歴史11 中央ユーラシアの統合(9-16世紀)』岩波書店，93-119頁
―― 2000.「沙州ウイグル集団と西ウイグル王国」『内陸アジア史研究』15, 21-35頁〔増補改訂：森安 2015, 355-374頁〕
―― 2004.「シルクロード東部における通貨――絹・西方銀銭・官布から銀錠へ」森安編『中央アジア出土文物論叢』朋友書店，1-40頁〔増補改訂：森安 2015, 436-489頁〕
―― 2007.『シルクロードと唐帝国』(興亡の世界史05)講談社
―― 2011.「日本におけるシルクロード上のソグド人研究の回顧と近年の動向(増補版)」同編『ソグドからウイグルへ』汲古書院，3-46頁
―― 2015.『東西ウイグルと中央ユーラシア』名古屋大学出版会
森安孝夫・吉田豊 2000.「ベゼクリク出土ソグド語・ウイグル語マニ教徒手紙文」『内陸アジア言語の研究』15, 135-178頁
家島彦一 1991.『イスラム世界の成立と国際商業――国際商業ネットワークの変動を中心に』岩波書店
山下将司 2005.「隋・唐初の河西ソグド人軍団――天理図書館蔵『文館詞林』「安修仁墓碑銘」残巻をめぐって」『東方学』110, 65-78頁
―― 2012.「唐の太原挙兵と山西ソグド軍府――「唐・曹怡墓誌」を手がかりに」『東洋学報』93-4, 31-59頁
山田信夫 1971.「トルキスタンの成立」『岩波講座世界歴史6(古代6)』岩波書店，463-490頁〔再録：同『北アジア遊牧民族史研究』東京大学出版会, 1989, 189-213頁〕
―― 1985.『草原とオアシス』(世界の歴史 ビジュアル版10)講談社
―― 1993. 小田寿典／ピータ・ツィーメ／梅村坦／森安孝夫編『ウイグル文契約文書集成』全3巻，大阪大学出版会
山本光朗 1989.「漢代中央アジアの地理概念」藤岡謙二郎ほか編『講座 考古地理学5 生産と流通』学生社，116-136頁
―― 1999.「鄯乾墓誌銘について」『史林』82-1, 102-121頁

―― 2002「鄯善(楼蘭)国の王権について」『西南アジア研究』57, 1-12頁
―― 2006a.「鄯善(楼蘭)国の村落と王権について」『西南アジア研究』64, 1-14頁
―― 2006b.「古代中央アジアの鄯善国における裁判制度について」『北海道教育大学紀要(人文科学・社会科学編)』56-2, 45-55頁
吉田豊 1997.「ソグド語資料から見たソグド人の活動」杉山正明ほか編『岩波講座世界歴史11　中央ユーラシアの統合(9-16世紀)』岩波書店, 227-248頁
―― 1999.「中央アジアオアシス定住民の社会と文化」竺沙雅章監修／間野英二責任編集『中央アジア史』(アジアの歴史と文化8) 同朋舎・角川書店, 42-54頁
―― 2006.『コータン出土8～9世紀のコータン語世俗文書に関する覚え書き』(神戸市外国語大学研究叢書38) 神戸市外国語大学外国学研究所
―― 2011.「ソグド本土の政治，経済，文化」曽布川寛・吉田豊編『ソグド人の美術と言語』臨川書店, 31-47頁
―― 2012.「ソグド人の交易活動の実態――ソグド人の通商文書などを題材に」帯谷知可ほか編『中央アジア』朝倉書房, 393-406頁
―― 2015.「漢語仏典と中央アジアの諸言語・文字――中世イラン語，特にソグド語仏典の場合」新川登亀男編『仏教文明の転回と表現――文字・言語・造形と思想』勉誠出版, 24-51頁
―― 2017.「コータンのユダヤ・ソグド商人？」土肥義和・氣賀澤保規編『敦煌・吐魯番文書の世界とその時代』東洋文庫, 263-285頁
吉田豊・森安孝夫・新疆ウイグル自治区博物館 1989.「麹氏高昌国時代ソグド文女奴隷売買文書」『内陸アジア言語の研究』4, 1-50頁
吉田豊・荒川正晴 2009.「ソグド人の商業(四世紀初)」歴史学研究会編『世界史史料3　東アジア・内陸アジア・東南アジアⅠ』岩波書店, 342-345頁
栄新江 1996.『帰義軍史研究――唐宋時代敦煌歴史考察』上海：上海古籍出版社
―― 1999.「北朝隋唐粟特人之遷徙及其聚落」『国学研究』6, 27-86頁〔再録：同『中古中国与外来文明』北京：生活・読書・新知三聯書店 2001, 37-110頁〕
―― 2003.「仏像還是祆神？――従于闐看絲路宗教的混同形態」『九州学林』1-2, 93-115頁
―― 2007.「闞氏高昌王国与柔然，西域的関系」『歴史研究』2007-2, 4-14頁〔再録：孟憲実・栄新江・李肖編『秩序与生活――中古時期的吐魯番社会』2011, 329-344頁〕
―― (高田時雄監訳・西村陽子訳) 2012.『敦煌の民族と東西交流』東方書店
―― 2014.『中古中国与粟特文明』北京：生活・読書・新知三聯書店
栄新江・朱麗双 2013.『于闐与敦煌』蘭州：甘粛教育出版社
王小甫 1992.『唐・吐蕃・大食政治関係史』北京：北京大学出版社
王素 1997.『吐魯番出土高昌文献編年』(泰国華僑崇聖大学中華文化研究院・香港敦煌吐魯番研究中心合作研究叢刊) 台北：新文豊出版公司
―― 1998.『高昌史稿　統治編』北京：文物出版社
―― 2000.『高昌史稿　交通編』北京：文物出版社
魏良弢 1986.『喀喇汗王朝史稿』烏魯木斉：新疆人民出版社

姜伯勤 1994.『敦煌吐魯番文書与絲綢之路』北京：文物出版社
慶昭蓉 2012.「唐代"税抄"在亀茲的発行——以新発現的吐火羅B語詞彙 sau 為中心」『北京大学学報』49-4, 137-144頁
——— 2017.『吐火羅語世俗文献与古代亀茲歴史』北京：北京大学出版社
黄文弼 1958. 中国科学院考古研究所編『塔里木盆地考古記』北京：科学出版社
新疆吐魯番地区文物局・柳洪亮編 2000.『吐魯番新出摩尼教文献研究』北京：文物出版社
宋曉梅 2003.『高昌国——公元五至七世紀絲綢之路上的一個移民小社会』中国社会科学出版社
曽問吾 1936.『中国経営西域史』上海：商務印書館
段晴 2010.「関於古代于闐的"村"」張広達先生八十華誕祝寿論文集編集委員会編『張広達先生八十華誕祝寿論文集』台北：新文豊出版, 581-604頁
張広達・栄新江 1993.『于闐史叢考』上海書店〔増訂：『于闐史叢考（増訂本）』北京：中国人民大学出版社 2008〕
張湛・時光 2008.「一件考発現猶太波斯語信劄的断代与釈読」『敦煌吐魯番研究』11, 71-99頁
陳国燦 2002.『吐魯番出土唐代文献編年』（香港敦煌吐魯番研究中心研究叢刊）台北：新文豊出版公司
田衛疆 2006.『高昌回鶻史稿』烏魯木斉：新疆人民出版社
馮培紅 2013.『敦煌的帰義軍時代』蘭州：甘粛教育出版社
孟憲実 2004.『漢唐文化与高昌歴史』済南：斉魯書社
孟凡人 1995.『楼蘭鄯善国簡牘年代学研究』新疆：新疆人民出版社
林梅村 1988.『沙海古巻——中国所出佉盧文書(初集)』北京：文物出版社

Beckwith, Christopher I. 1987. *The Tibetan Empire in Central Asia. A History of the Struggle for Great Power among Tibetans, Turks, Arabs, and Chinese during the Early Middle ages*, Princeton: Princeton University Press.

Burrow, T. 1940. *A Translation of the Kharoṣṭhī Documents from Chinese Turkestan*, London: Royal Asiatic Society.

Ching Chao-jung 2011. "Silk in Ancient Kucha: on the Toch.B word kaum found in the documents of the Tang period", *Tocharian and Indo-European Studies*, Vol. 2, pp. 111-144.

Ching Chao-jung and Ogihara Hiroshi 2010. "Internal Relationships and Dating of the Tocharian B Monastic Accounts in the Berlin Collection", *Studies on the Inner Asian Languages* 25, pp. 75-141.

Dankoff, R. (tr.) 1983. Yūsuf Khāss Hājib, *Wisdom of royal glory (kutadgu Bilig)*, A Turko-Islamic Mirror for Princes, Chicago: University of Chicago Press.

Dankoff, R. and J. Kelly (tr. and ed.) 1982-85. Maḥmūd al-Kāšγarī, *Compendium of the Turkic dialects (Dīwān Luγāt at-Turk)*, 3 vols., Cambridge, MA: Harvard University Print Office.

Duan Qing（段晴）2008. "*Bisā-* and *hālaa-* in a new Chinese-Khotanese bilingual document", *JIAAA* 3, pp. 65-73.

Franke. H. 1990. "The forest peoples of Manchuria: Kitans and Jurchens" Sinor, D., ed. *The Cambridge History of Early Inner Asia*, Cambridge: Cambridge University Press, pp. 400-

423.

Gabain, Annemarie von 1973. *Das Leben im uigurischen Königreich von Qočo (850-1250)*, 2 vols., Wiesbaden: In Kommission bei O. Harrassowitz.

Golden, P.B. 1990. "The Karakhanids and early Islam" Sinor, D., ed. *The Cambridge History of Early Inner Asia*, Cambridge: Cambridge University Press, pp. 343-370.

Hansen, Valerie 2012. *The Silk Road: A New History*, New York: Oxford University Press.

Harmatta, János, ed. 1979. *Prolegomena to the Sources on the History of Pre-Islamic Central Asia*, Budapest: Akademiai Riado.

Lattimore, O. 1950. *Pivot of Asia: Sinkiang and the Inner Asian Frontiers of China and Russia*, Boston: Little Brown (rep. 1975 by AMS Press New York).

Litvinsky, B. A. et al., eds. 1996. *The Crossroads of Civilizations: A.D.250 to 750 (History of Civilizations of Central Asia* Vol. 3*)*, Paris: UNESCO.

Matsui D.（松井太）2009. "Recent Situation and Research Trends of Old Uigur Studies", *Asian Research Trends*, New Series 4, pp. 37-59.

Narain, A.K. 1990. "Indo-Europeans in Inner Asia" Sinor, D., ed. *The Cambridge History of Early Inner Asia*, Cambridge: Cambridge University Press, pp. 151-176.

Ogihara Hiroshi 2011. "Notes on some Tocharian Vinaya fragments in the London and Paris collection", *Tocharian and Indo-European Studies*, Vol. 2, pp. 63-82.

Pinault, Georges-Jean 1987. "Laissez-passer de caravanes", *Sites divers de la région de Koutcha. Épigraphie Koutchéene. Mission Paul Pelliot*, tome 8, Paris: Instituts d'Asie du Collè ge de France, pp. 65-121.

Pritsak, O. 1981. *Studies in Medieval Eurasian History*, London: Variorum Reprints.

Sims-Williams, Nicholas 2001. "The Sogdian Ancient Letter II", *Philologica et linguistica: Historia, Pluralitas, Universitas: Festschrift fur Helmut Humbach zum 80. Geburtstag am 4. Dezember 2001*, Trier: Wissenschaftlicher Verlag Trier, pp. 267-280.

Sinor, D. 1990. "The establishment and dissolution of the Türk empire" ditto ed., *The Cambridge History of Early Inner Asia*, Cambridge: Cambridge University Press, pp. 285-316.

Skaff, Jonathan Karam 2012. *Sui-Tang China and Its Turko-Mongol Neighbors: Culture, Power, and Connections, 580-800*, Oxford Studies in Early Empires, New York: Oxford University Press, 2012.

Takeuchi Tsuguhito（武内紹人）1998. *Old Tibetan manuscripts from East Turkestan in the Stein Collection of the British Library*, Vol. 2, Descriptive catalogue, Bibliotheca codicum Asiaticorum, 12, Tokyo: Centre for East Asian Cultural Studies for Unesco, The Toyo Bunko; London: British Library.

――― 2009. "*Tshar, srang, and tshan*: A administrative Units in Tibetan-ruled Khotan", *Journal of Inner Asian Art and Archaeology* 3, pp. 145-148.

Thierry, François 1997. "On the Tang Coins Collected by Pelliot in Chinese Turkestan (1906-1909)", in *Studies in Silk Road Coins and Culture: Papers in Honour of Professor Ikuo Hirayama on his 65th Birthday*, The Institute of Silk Road Studies, pp. 149-179.

de la Vaissière, Étienne (tr. by James Ward) 2005. *Sogdian Traders: A History*, HdO. Section eight, Central Asia; Vol. 10, Brill (ibid., *Histoire des Marchands Sogdiens*, Paris, Collège de France, 2002).

Wang, Helen 2004. *Money on the Silk Road*, London: The British Museum Press.

Zhang Guang-da 1996. "The city-states of the Tarim basin" "Kocho (Kao-Ch'ang)", in B. A. Litvinsky et al., eds., *The Crossroads of Civilizations: A.D.250 to 750 (History of Civilizations of Central Asia* Vol. 3*)*, Paris: UNESCO, pp. 281-301, 303-314.

コラム3　ウイグルの定住化

梅村坦 1997.「第2部　中央ユーラシアのエネルギー」伊原弘・梅村坦『宋と中央ユーラシア』（世界の歴史7）中央公論社，241-438頁〔再刊：中公文庫 2008, 277-499, 542-548頁〕

────── 2010.「ウイグル人のタリム盆地定住(10世紀末)」歴史学研究会編『世界史史料4　東アジア・内陸アジア・東南アジアⅡ』岩波書店，12-14頁

松井太 2014.「ソグドからウイグルへ」森部豊編『ソグド人と東ユーラシアの文化交渉』勉誠出版，261-275頁

コラム4　オアシスについて

堀直 2005「オアシスに生きた人々」松原正毅ほか編『ユーラシア草原からのメッセージ──遊牧研究の最前線』平凡社，63-82頁

第2節　西トルキスタン

アッリアノス（大牟田章訳註）1996.『アレクサンドロス東征記およびインド誌』全2巻，東海大学出版会〔のち，岩波文庫より簡略版：アッリアノス（大牟田章訳）2001.『アレクサンドロス大王東征記 付インド誌』全2巻〕

稲葉穣 2004a.「アフガニスタンにおけるハラジュの王国」『東方学報』（京都）76, 382-313頁(逆頁)

────── 2004b.「アーリア時代の中央アジアの文化」間野英二・堀川徹編『中央アジアの歴史・文化・社会』放送大学出版会，197-222頁

────── 2011.「モンゴル時代以前の西トルキスタン──ソグディアナからガンダーラまで」『内陸アジア史研究』26, 58-63頁

────── 2013.「前近代のカーブル──東部アフガニスタンにおける大都市の変遷」『東方学報』（京都）88, 402-359頁(逆頁)

岩井俊平 2004.「トハーリスターンにおける地域間関係の考古学的検討」『西南アジア研究』60, 1-18頁

────── 2013.「バクトリアにおける仏教寺院の一時的衰退」『東方学報』（京都）88, 422-403頁(逆頁)

榎一雄 1950.「メンヘン＝ヘルフェン氏「月氏問題の再検討」」『史学雑誌』59-8, 95-101頁〔再録：『榎一雄著作集1』汲古書院 1992〕

小谷仲男 1999.『大月氏——中央アジアに謎の民族を尋ねて』東方書店
影山悦子 2011.「ソグド人の壁画」曽布川寛・吉田豊編『ソグド人の美術と言語』臨川書店，119-143頁
加藤九祚 1997.『中央アジア北部の仏教遺跡の研究』シルクロード学研究センター(奈良)
────── 2013.『シルクロードの古代都市——アムダリヤ遺跡の旅』(岩波新書) 岩波書店
桑原隲蔵 1933.「張騫の遠征」『東西交通史論叢』弘文堂書房，1-117頁〔再録：『桑原隲蔵全集3』岩波書店 1968, 261-351頁〕
桑山正進 1990.『カーピシー＝ガンダーラ史研究』京都大学人文科学研究所
────編 1992.『慧超往五天竺国伝研究』京都大学人文科学研究所
高野太輔 2014.『マンスール——イスラーム帝国の創建者』(世界史リブレット人20) 山川出版社
後藤敏文 2013.「アーリヤ諸部族の侵入と南アジア基層世界」長田俊樹編『インダス——南アジア基層世界を探る』京都大学学術出版会，295-316頁
島田虔次ほか編 1984.『アジア歴史研究入門』全5巻，同朋舎
清水和裕 2005.『軍事奴隷・官僚・民衆』山川出版社
白鳥庫吉 1917-19.「塞民族考」『東洋学報』7(3), 339-410頁; 8(3), 389-418頁; 9(3), 309-346頁〔再録：『白鳥庫吉全集6』岩波書店 1970, 361-479頁〕
菅原睦 2014.「ユースフ『クタドゥグ・ビリグ』とカーシュガリー『チュルク語諸方言集成』——11世紀チュルク諸語とイスラーム」柳橋博之編『イスラーム　知の遺産』東京大学出版会，133-154頁
羽田亨 1930.「大月氏及び貴霜に就いて」『史学雑誌』41-9〔再録：『羽田博士史学論文集』上，東洋史研究会 1957, 538-561頁〕
濱田正美 2000.「中央ユーラシアの「イスラーム化」と「テュルク化」」小松久男編『中央ユーラシア史』(新版世界各国史4) 山川出版社，143-173頁
────── 2008.『中央アジアのイスラーム』(世界史リブレット70) 山川出版社
バラーズリー (花田宇秋訳) 2012-14.『諸国征服史』全3巻，岩波書店
樋口隆康 2003.『アフガニスタン　遺跡と秘宝——文明の十字路の五千年』NHK出版
プトレマイオス (中務哲郎訳) 1986.『プトレマイオス地理学』東海大学出版会
前嶋信次 1959.「タラス戦考」『史学』32-1, 1-37頁
前田耕作 1992.『バクトリア王国の興亡』(レグルス文庫) 第三文明社
間野英二 1977.『中央アジアの歴史』(講談社現代新書) 講談社
────── 2004.「テュルク・イスラーム時代の中央アジア——テュルク化とイスラーム化」間野英二・堀川徹編『中央アジアの歴史・社会・文化』放送大学出版会，60-82頁
──── 訳註 2014-15.『バーブル・ナーマ——ムガル帝国創設者の回想録』全3巻（東洋文庫）平凡社
三田昌彦 2013.「中世ユーラシア世界の中の南アジア——地政学的構造から見た帝国と交易ネットワーク」『現代インド研究』3, 27-48頁
宮本亮一 2012.「バクトリア語文書中にみえるカダグスタンについて」『東方学報』(京都) 87, 413-448頁

森部豊 2010.『ソグド人の東方活動と東ユーラシア世界の歴史的展開』関西大学出版部
―――― 2013.『安禄山――「安史の乱」を起こしたソグド軍人』(世界史リブレット人18) 山川出版社
森本一夫編 2009.『ペルシア語が結んだ世界――もうひとつのユーラシア史』北海道大学出版会
吉田豊 2011.「ソグド人とソグド人の歴史」曽布川寛・吉田豊編『ソグド人の美術と言語』臨川書店, 7-78頁
―――― 2013.「バクトリア語文書研究の近況と課題」『内陸アジア言語の研究』28, 39-65頁
ルトヴェラゼ, E (帯谷知可訳) 2006.『アレクサンドロス大王東征を掘る』NHKブックス
―――― (加藤九祚訳) 2011.『考古学が語るシルクロード史――中央アジアの文明・国家・文化』平凡社

Akasoy, A. et al., eds. 2011. *Islam and Tibet—Interactions along the Musk Routes*, Farnham: Ashgate.
Alram, M. 1996. "Alchon und Nēzak", in G. Gnoli et al., eds., *La Persia e l'Asia Centrale da Alessandro al X secolo*, Rome: Academia Nationale dei Lincei, pp. 517-554.
Asimov, M. S. and C. E. Bosworth, eds. 1998. *The Age of Achievement: A.D. 750 to the End of the Fifteenth Century, The Historical, Social and Economic Setting*, History of Civilizations of Central Asia Vol. 4, Part 1, Paris: UNESCO.
Azad, A. 2013. *Sacred Landscape in Medieval Afghanistan*, Oxford: Oxford University Press.
Barthold, W. 1928. *Turkestan down to the Mongol Invasion*, London: Oxford University Press.
Bendez-Sarmiento, J., ed. 2013. *L'archéologie française en Asie centrale*, Cahiers d'Asie centrale 21/22, Tashkent: L'Institut Française d'Études sur l'Asie centrale.
Bernard, P. et al. 1973-2013. *Fouilles d'Aï Khanoum*, I-IX, (MDAFA 21, 26-31, 33-34), Paris: Klincksieck, De Boccard.
Bosworth, C. E. 1973. *The Ghaznavids: Their Empire in Afghanistan and Eastern Iran*, 2nd ed., Beirut: Librairie de Liban.
―――― 1977. *The Later Ghaznavids: Splendour and Decay*, Edinburgh: Edinburgh University Press.
―――― tr. 2011. *The ornament of histories: a history of the Eastern Islamic lands AD 650-1041: the original text of Abū Saʿīd ʿAbd al-Ḥayy Gardīzī*, London: I.B.Tauris.
Bosworth, C. E. and M. S. Asimov, eds. 2000. *The Age of Achievement: A.D. 750 to the End of the Fifteenth Century, The Achievements*, History of Civilizations of Central Asia Vol. 4, Part 2, Paris: UNESCO.
Bosworth, C. E. and M. Ashtiany 2011. *The History of Beyhaqi: (The History of Sultan Masʿud of Ghazna, 1030-1041)*, 3 vols., Washington D.C.: Harvard University Press.
Dani, A. H. and V. M. Masson, eds. 1992. *The Dawn of Civilization: Earliset Times to 700 B.C.*, History of Civilizations of Central Asia Vol. 1, Paris: UNESCO.
Denwood, P. 2008. "The Tibetans in the West, Part I", *Journal of Inner Asian Art and Archaeology* 3, pp. 7-21.

―――― 2009. "The Tibetans in the West, Part II", *Journal of Inner Asian Art and Archaeology* 4, pp. 149-160.

Falk, H. 2001. "The yuga of Sphujiddhvaja and the era of the Kuṣâṇas", *Silk Road Art and Archaeology* 7, pp. 121-136.

―――― 2004. "The Kaniṣka era in Gupta records", *Silk Road Art and Archaeology* 10, pp. 167-176.

Fraser, Peter M. 1996. *Cities of Alexander the Great*, Oxford: Clarendon Press.

Frye, R. N. 1954. *The History of Bukhara: translated from a Persian abridgement of the Arabic original by Narshakhī*, Cambridge, Mass.: Medieval Academy of America.

Ghirshman, R. 1946. *Bégram: recherches archéologiques et historiques sur les Kouchans*, MDAFA 12, Le Caire: Institut française d'archéologie orientale.

Gibb, H. A. R. 1923. *The Arab Conquests in Central Asia*, London: The Royal Asiatic Society.

Göbl, R. 1967. *Dokumente zur Geschichte der iranischen Hunnen*, 4 vols., Wiesbaden: Otto Harrassowitz.

Grenet, F. 1996. "Crise et sortie de crise en bactriane-sogdiane aux IVe-Ve siècles: De l'héritage antique à l'adoption de modéles sassanides", in G. Gnoli et al., eds., *La Persia e l'Asie Centrale da Alessandro al X secolo*, Roma: Accademia Nazionale dei Lincei, pp. 367-390.

―――― 2007. "Nouvelles données sur la localisation des cinq *yabghus* des Yuezhi. L'arrière plan politique de l'itinéraire des marchands de Maès Titianos", *Journal Asiatique* 294-2, pp. 325-341.

Grenet, F. and É. de la Vaissière 2002. "The Last Days of Panjikent", *Silk Road Art and Archaeology* 8, pp. 155-196.

Hackin, J. and J.-R. Hackin 1939. *Recherches archéologiques à Begram*, MDAFA 9, Paris: Édition d'art et d'histoire.

Hackin, J. et al. 1954. *Nouvelles recherches archéologiques à Begram*, MDAFA 11, Paris: Impr. nationale.

Harmatta, J. et al., eds. 1994. *The Development of Sedentary and Nomadic Civilizations: 700 B.C. to A.D. 250*, History of Civilizations of Central Asia Vol. 2, Paris: UNESCO.

Hodgson, M. G. S. 1974. *The Venture of Islam*, 3 vols., Chicago/London: University of Chicago Press.

Inaba M. (稲葉穣) 2010. "Arab soldiers in China at the Time of the An-Shi Rebellion", *Memoirs of the Research Department of the Toyo Bunko* 38, pp. 35-61.

Karev, Y. 2005. "Qarakhanid Wall Paintings in the Citadel of Samarqand: First Report and Preliminary Observations", *Muqarnas* 22, pp. 45-84.

―――― 2015. *Samarqand et le Sughd à l'époque 'abbāside: Histoire politique et sociale*, Paris: Association pour l'avancementdes études iraniennes.

Khan, G. 2008. *Arabic Documents from Early Islamic Khurasan*, London: Nour Foundation.

La Vaissière, É. de 2005a. "Is There a 'Nationality of the Hephthalites'?", *Bulletin of the Asia Institute* 17, pp. 119-132.

―――― 2005b. *Sogdian Traders: A History*, tr. by J. Ward, Leiden: Brill.

―――― 2007. *Samarcande et Samarra. Elites d'Asie centrale dans l'empire abbasside*, Louvain: Peeters.

―――― 2010. "De Bactres à Balkh, par le Nowbahār", *Journal Asiatique* 298-2, pp. 517-533.

Litvinsky, B. A. et al., eds. 1996. *The Crossroads of Civilizations: A.D.250 to 750*, History of Civilizations of Central Asia Vol. 3, Paris: UNESCO.

Marquart, J. 1901. *Ērānšahr nach der Geographie des Ps. Moses Xorenacʻi*, Berlin: Weidmannsche Buchhandlung.

Marshak, B. I. 2002. "Panjkant", *Encyclopædia Iranica*, online edition, 2016, available at http://www.iranicaonline.org/articles/panjikant (accessed on 20 September 2016).

Naveh, J. and S. Shaked 2012. *Aramaic Documents from Ancient Bactria*, London: The Khalili Family Trust.

Paul, J. 1996. *Herrscher, Gemeinwesen, Vermittler: Ostiran und Transoxanien in vormongolischer Zeit*, Beirut: Franz Steiner Verlag.

Peacock, A. C. S. and D. G. Tor, eds. 2015. *The Medieval Central Asia and the Persianate World: Iranian Tradition and Islamic Civilisation*, London: I.B.Tauris.

Pfisterer, M. 2013. *Hunnen in Indien*, Vienna: Austrian Academy of Science.

ur-Rahman, Aman et al. 2006. "A Hunnish Kushan-shah", *Journal of Inner Asian Art and Archaeology* 1, pp. 125-131.

Schindel, N. 2011. "Ardashir 1 Kushanshah and Vasudeva the Kushan: Numismatic Evidence for the Date of the Kushan King Kanishka 1", *Journal of the Oriental Numismatic Society* 220, pp. 27-30.

Schlumberger, D. et al. 1983-90. *Surkh Kotal en Bactrien*, I-II, (MDAFA 25, 32), Paris: De Boccard.

Sims-Williams 2000-12. *Bactrian Documents from Northern Afghanistan*, 3 vols., London/Oxford: Oxford University Press, Nour Foundation.

Starr, S. F. 2013. *Lost Enlightenment: Central Asia's Golden Age from the Arab Conquest to Tamerlane*, Princeton/Oxford: Princeton University Press.

Thiery, F. 2005. "Yuezhi et Kouchans: pièges et dangers des sources chinoises", in O. Bopearachchi and M.-F. Boussac, eds., *Afghanistan ancien caffefour entre l'Est et l'Ouest*, Turnhout: Brepolis, pp. 421-539.

Tor, D. G. 2007. *Violent Order: Religious Warfare, Chivalry, and the 'Ayyār Phenomenon in the Medieval Islamic World*, Istanbul: Orient-Institut.

Vondrovec, K. 2014. *Coinage of the Iranian Huns and their Successors from Bactria to Gandhara (4th to 8th century CE)*, 2 vols., Vienna: Austrian Academy of Science.

Yarshater, E., ed. 1985-99. *The history of al-Tabari*, (tr. by various scholars,) 40 vols., Albany: SUNY Press.

Фрейман, А. А. et al. 1962-63. *Согдийские документы с горы Муг*. 2 тома, Москва: Издатерьство восточной литературы.

コラム 7　中央ユーラシアのイスラーム化とテュルク化
濱田正美 2008『中央アジアのイスラーム』（世界史リブレット70）山川出版社

第3章　遼・金・西夏の時代

荒川慎太郎 1997.「西夏語通韻字典」『言語学研究』16, 1-151頁
───── 2014.『西夏文金剛経の研究』松香堂
荒川慎太郎・佐藤貴保 2003.「西夏関連研究文献目録　2002年度版」中尾正義ほか編『瀚海蒼茫──ユーラシア歴史学の構築をめざして』オアシスプロジェクト研究会
荒川慎太郎・澤本光弘・高井康典行・渡辺健哉編 2013.『契丹[遼]と10〜12世紀の東部ユーラシア』（アジア遊学160）勉誠出版
荒川慎太郎・高井康典行・渡辺健哉編 2008〜10.『遼金西夏研究の現在』1〜3，東京外国語大学アジア・アフリカ言語文化研究所
飯山知保 2003.「金元代華北における州県祠廟祭祀からみた地方官の系譜──山西平遙県応潤侯廟を中心に」『東洋学報』85-1, 1-30頁
───── 2004.「金初華北における科挙と土人層──天眷2年以前を対象として」『中国社会と文化』19, 136-152頁〔再録：飯山 2011, 47-71頁〕
───── 2005a.「金代漢地在地社会における女真人の位相と「女真儒士」について」『満族史研究』5, 163-183頁〔再録：飯山 2011, 127-155頁〕
───── 2005b.「科挙・学校政策の変遷からみた金代士人層」『史学雑誌』114-12, 1967-2000頁〔再録：飯山 2011, 71-106頁〕
───── 2007.「金代地方吏員の中央陞轉について」記念論集刊行会編『古代東アジアの社會と文化　福井重雅先生古稀・退職記念論集』汲古書院, 507-521頁
───── 2010.「遼金史研究」遠藤隆俊ほか編『日本宋史研究の現状と課題』汲古書院
───── 2011.『金元時代の華北社会と科挙制度』早稲田大学出版部
井黒忍 2001.「金代提刑司考──章宗朝官制改革の一側面」『東洋史研究』60-3, 1-31頁〔再録：井黒 2013, 291-331頁〕
───── 2009.「区田法実施に見る金・モンゴル時代農業政策の一断面」『東洋史研究』67-4, 577-611頁〔再録：井黒 2013, 332-368頁〕
───── 2010.「金初の外交史料に見るユーラシア東方の国際関係」荒川慎太郎・高井康典行・渡辺健哉編『遼金西夏研究の現在』3, 31-45頁
───── 2013a.「受書礼に見る十二〜十三世紀ユーラシア東方の国際秩序」平田茂樹・遠藤隆俊編『外交史料から十〜十四世紀を探る』汲古書院, 211-236頁
───── 2013b.『分水と支配──金・モンゴル時代華北の水利と農業』早稲田大学出版部
池内宏 1933.『満鮮史研究』中世1, 岡書院〔再刊：荻原星文館 1943; 吉川弘文館 1979〕
───── 1937.『満鮮史研究』中世2, 座右宝刊行会〔再刊：吉川弘文館 1979〕
───── 1951.『満鮮史研究』上世篇, 祖国社〔再刊：吉川弘文館 1979〕
───── 1960.『満鮮史研究』上世2 中世3, 吉川弘文館〔再刊：吉川弘文館 1979〕
───── 1972.『近世』中央公論美術出版〔再刊：吉川弘文館 1979〕

井上正夫 1996.「遼北宋間の通貨問題——太平銭偽造の経緯について」『文明のクロスロード Museum Kyushu』51, 3-10頁

今井秀周 1983.「金代女真の信仰——仏教の受容について」『東海女子短期大学紀要』9, 1-27頁

岩崎力 2003.「唐最晩期のタングートの動向」『人文研紀要』48, 53-83頁

—— 2008, 09.「五代のタングートについて」(上)『人文研紀要』64, 1-43頁：(下)『中央大学アジア史研究』33, 37-86頁

臼杵勲 2009.「金上京路の北辺——アムール流域の女真城郭」『遼金西夏研究の現在』2, 東京外国語大学アジア・アフリカ言語文化研究所, 49-72頁

—— 2012.「契丹の地域土器生産」『札幌学院大学人文学会紀要』91, 47-67頁

—— 2015.『東アジアの中世城郭——女真の山城と平城』吉川弘文館

臼杵勲ほか 2008.『特集 北東アジアの中世考古学』(アジア遊学107) 勉誠出版

臼杵勲／エンフトゥル 2009.『2006-2008年度モンゴル日本共同調査の成果』札幌学院大学総合研究所

臼杵勲ほか 2010.『北東アジア中世城郭集成』札幌学院大学総合研究所

内田吟風・田村實造 1971.『騎馬民族史1 正史北狄伝』(東洋文庫) 平凡社

遠藤和男編 2000.『契丹(遼)史研究文献目録(1892～1999年)』(自己出版) 大阪

大西啓司 2015.「西夏王国に於ける巫祝について——『天盛旧改新定禁令』を中心に」『東洋史苑』83, 49-75頁

岡崎精郎 1972.『タングート古代史研究』東洋史研究会

愛宕松男 1954.『契丹古代史の研究』東洋史研究会〔再録：『愛宕松男著作集3』三一書房 1990〕

—— 1969.『アジアの征服王朝』河出書房

小野裕子 2008.「西夏文軍事法典『貞観玉鏡統』の成立と目的及び「軍統」の規定について」荒川慎太郎・高井康典行・渡辺健哉編『遼金西夏研究の現在1』東京外国語大学アジア・アフリカ言語文化研究所, 71-100頁

—— 2010.「西夏の軍職体制に関する一考察——軍事法典『貞観玉鏡統』の諸条文をもとに」前掲『遼金西夏研究の現在3』, 107-134頁

上川通夫 2012.『日本中世仏教と東アジア世界』塙書房

京都大学大学院文学研究科編 2005.『遼文化・慶陵一帯調査報告書』京都大学

——編 2006.『遼文化・遼寧省調査報告書』京都大学

——編 2011.『遼文化・慶陵一帯調査報告書』京都大学

金成奎 2000.『宋代の西北問題と異民族政策』汲古書院

クチャーノフ(加藤九祚訳) 1976.「西夏の社会体制に関する新史料」『立命館文学』367・368, 119-123頁

窪徳忠 1963.「金代の新道教と仏教——三教調和思想からみた」『東方学』25, 68-82頁

桂華淳祥 1983.「金代の寺観名額発売について——山西の石刻資料を手掛かりに」『大谷大学真宗総合研究所紀要』1, 25-41頁

—— 1985.「金明昌元年建「西京普恩寺重修釈迦如来成道碑」について」『大谷学報』

64-4, 68-80頁
―――― 1988.「真定府獲鹿県霊巌院について――金代買額寺院の形態」『大谷大学研究年報』68-1, 40-53頁
―――― 2000.「宋金代山西の寺院」『大谷大学研究年報』52, 45-102頁
―――― 2013.「金代における宗室と佛教」『大谷学報』92-2, 24-45頁
小高裕次 1999, 2000.「西夏語における名詞後置詞の分類」(1)『東アジア言語研究』3, 22-36頁;(2)『東アジア言語研究』4, 15-29頁
佐藤貴保 2004.「十二世紀後半における西夏と南宋の通交」『待兼山論叢』(史学篇) 38, 1-24頁
―――― 2006.「西夏の用語集に現れる華南産の果物――12世紀後半における西夏貿易史の解明の手がかりとして」『内陸アジア言語の研究』21, 93-127頁
―――― 2007.「西夏の二つの官僚集團――12世紀後半における官僚登用法」『東洋史研究』66-3, 400-432頁
―――― 2009.「西夏語文献における「首領」の用例について――法令集『天盛禁令』の条文から」『環日本海研究年報』16, 12-24頁
―――― 2013.「西夏王国の官印に関する基礎的研究――日本・中国・ロシア所蔵資料から」『資料学研究』10, 1-24頁
澤本光弘 2008a.「契丹(遼)における渤海人と東丹国」荒川慎太郎・高井康典行・渡辺健哉編『遼金西夏研究の現在』1, 33-50頁
―――― 2008b「契丹の旧渤海領統治と東丹国の構造――「耶律羽之墓誌」をてがかりに」『史学雑誌』117-6, 1097-1122頁
島田正郎 1952.『遼代社会史研究』三和書房〔再刊：巖南堂書店 1978〕
―――― 1954.『遼律之研究』中沢印刷
―――― 1956.『祖州城』中沢印刷
―――― 1978.『遼朝官制の研究』創文社
―――― 1979.『遼朝史の研究』創文社
―――― 1997.『契丹国――遊牧の民キタイの王朝』東方書店〔再刊：東方書店 2015〕
―――― 2003.『西夏法典初探』創文社
正司哲朗／エンフトル編 2012-15.『モンゴル国における大型城郭都市のディジタルアーカイブ』奈良大学
白石典之 2001.『チンギス＝カンの考古学』同成社
―――― 2008.「ヘルレン河流域における遼(契丹)時代の城郭遺跡」荒川慎太郎・高井康典行・渡辺健哉編『遼金西夏研究の現在』1, 1-21頁
杉山正明 1997.「日本における遼金元時代史研究」『中国 社会と文化』12, 329-342頁
―――― 2005.『疾駆する草原の征服者 遼西夏金元』講談社
関野貞・竹島卓一 1934-35.『遼金時代ノ建築ト其仏像 図版』上・下，東方文化学院東京研究所
園田一亀 1933.『大金得勝陀頌碑に就て――女真文字研究の新資料』奉天図書館
高井康典行 2002.「オルド(斡魯朶)と藩鎮」『東洋史研究』62-1, 230-256頁

―――― 2004.「11世紀における女真の動向――東女真の入寇を中心として」『特集 波騒ぐ東アジア』(アジア遊学70) 勉誠出版, 45-56頁
―――― 2007.「遼代の遼西路について」記念論集刊行会編『古代東アジアの社會と文化 福井重雅先生古稀・退職記念論集』汲古書院, 467-486頁
―――― 2013.「景宗・聖宗期の政局と遼代科挙制度の確立」『史滴』168, 38-57頁
―――― 2016.『渤海と藩鎮――遼代地方統治の研究』汲古書院
高橋学而 1984.「ソ連領沿海州に於ける金代城郭についての若干の考察」『古文化談叢』14, 208-232頁
―――― 1987.「中国東方地方に於ける遼代州県城――その平面構造・規模を中心として」岡崎敬先生退官記念事業会編『東アジアの考古と歴史――岡崎敬先生退官記念論集』上巻, 同朋舎, 279-324頁
―――― 1998.「遼寧省本渓市出土金総領提控所印について――出土官印より見た金末東北の混乱」『古代文化』50-4, 211-224頁
―――― 1999.「遼代の従家戸を構成の主体とする頭下州について」『古文化談叢』42, 105-136頁
高橋弘臣 1991.「金末行省の性格と実態」『社会文化史学』27, 33-53頁
―――― 2000.『元朝貨幣政策成立過程の研究』東洋書院
竹島卓一 1944.『遼金時代の建築と其仏像』龍文書局
武田和哉 1994.「遼朝の蕭姓と国舅族の構造」『立命館文学』537, 257-284頁
―――― 1989.「遼朝の北院大王・南院大王について」『立命館史学』10, 139-167頁
―――― 2001.「契丹国(遼朝)の北・南枢密使制度と南北二重官制について」『立命館東洋史学』24, 25-83頁
――――編 2006.『草原の王朝契丹国(遼朝)の遺跡と文物』勉誠出版
―――― 2009.「契丹国(遼朝)の宰相制度と南北二元官制」宋代史研究会編『『宋代中国』の相対化』(宋代史研究会研究報告第9集)汲古書院, 213-270頁
―――― 2010.「契丹国の成立と中華文化圏の拡大」菊池俊彦編『北東アジアの歴史と文化』北海道大学出版会, 357-380頁
―――― 2013.「契丹国(遼朝)の北面官制とその歴史的変質」『契丹[遼]と10～12世紀の東部ユーラシア――契丹(遼)の社会・文化』(アジア遊学160) 勉誠出版, 115-128頁
谷井俊仁 1993.「契丹仏教政治史論」『中国仏教石経の研究』京都大学学術出版会, 131-191頁
田村實造 1964.『中国征服王朝の研究』上, 東洋史研究会
―――― 1971.『中国征服王朝の研究』中, 東洋史研究会
田村實造・小林行雄 1952-53.『慶陵――東モンゴリアにおける遼代帝王陵とその壁画に関する考古学的調査報告』京都大学文学部
竺沙雅章 1977.『征服王朝の時代』(講談社現代新書) 講談社
―――― 2000.『宋元佛教文化史研究』汲古書院
―――― 2003.「黒水城出土の遼刊本について」『汲古』43, 20-27頁
津田左右吉 1918.「遼の制度の二重体系」『満鮮地理歴史報告』5, 181-298頁〔再録：『津

田左右吉全集12』岩波書店 1984, 321-391頁〕
外山軍治 1964.『金朝史研究』東洋史研究会
豊島悠果 2014.「金朝の外交制度と高麗使節——二〇四年賀正使節行程の復元試案」『東洋史研究』73-3, 351-385頁
鳥居龍蔵 1928.『満蒙の探査』萬里閣書房
——— 1936.『考古学上より見たる遼之文化図譜』1〜4，東方文化学院東京研究所
——— 1937.『遼の文化を探る』章華社
鳥居龍蔵ほか 1932.『満蒙を再び探る』六文館
鳥山喜一 1935.『満鮮文化史観』刀江書院
中澤寛将 2012.『北東アジア中世考古学の研究』六一書房
長澤和俊 1963.「西夏の河西進出と東西交通」『東方学』26, 56-77頁
長田夏樹 1997.「西夏語と近代漢語の成立について——包括・排除の代名詞と方向を表わす助動詞」『京都産業大学国際言語科学研究所所報』18, 1-21頁
——— 2006.「西夏語資料略解——涼州感通塔碑の発見と造塔縁起」『東洋学術研究』45-2, 180-205頁
西尾尚也 2000.「金の外交使節とその人選」『史泉』91, 36-52頁
——— 2005.「金宋真における天眷年間の和議に関する再検討——西夏の動向に関連して」『史泉』102, 34-49頁
西田龍雄 1964-66.『西夏語の研究——西夏語の再構成と西夏文字の解読』全2巻，座右宝刊行会
——— 1997.『西夏王国の言語と文化』岩波書店
野上俊静 1953.『遼金の仏教』平楽寺書店
橋口兼夫 1939.「遼代の国舅帳について」『史学雑誌』50-2：153-191頁，50-3：326-357頁
畑地正憲 1974.「北宋・遼間の貿易と歳贈について」『史淵』111, 113-140頁
蜂谷邦夫 1992.『金代道教の研究——王重陽と馬丹陽』汲古書院
日野開三郎 1984.『日野開三郎著作集10』，三一書房
藤枝晃 1948.『征服王朝』秋田屋
藤島建樹 1984.「征服王朝期における信仰形態——金，元交替期の河東の場合」『大谷大学真宗総合研究所紀要』1, 14-24頁
藤本匡 2010.「西夏法典『天盛旧改新定禁令』に於ける宗教規程」『龍谷大学大学院文学研究科紀要』32, 64-79頁
藤原崇人 2000.「金代節度・防禦使考」『大谷大学史学論究』6, 67-99頁
——— 2004.「金室・按出虎完顔家における主権確立と通婚家の選択——遼代女真の氏族集団構造を手がかりに」『大谷大学研究年報』56, 69-108頁
——— 2009.「契丹(遼)の立体曼荼羅——中京大塔初層壁面の語るもの」『仏教史学研究』52-1, 1-25頁
——— 2010a.「契丹(遼)後期政権下の学僧と仏教——鮮宜の事例を通して」『史林』93-6, 748-780頁
——— 2010b.「栴檀瑞像の坐す都——金の上京会寧府と仏教」『環東アジア研究センター

年報』5, 3-17頁
────2011.「北塔発現文物に見る11世紀遼西の仏教的諸相」『関西大学東西学術研究所紀要』44, 191-209頁
────2013.「草原の仏教王国──石刻・仏塔文物に見る契丹の仏教」前掲『契丹[遼]と10～12世紀の東部ユーラシア──契丹(遼)の社会・文化』88-100頁
────2015.『契丹仏教史の研究』法藏館
古松崇志 2003.「女真開国伝説の形成──『金史世紀の研究』」『論集 古典の世界像』(文部科学省科学研究費補助金特定領域研究「古典学の再構築──20世紀後半の研究成果総括と文化横断的研究による将来の展望」A04「古典の世界像」調整班) 184-197頁
────2005.「東モンゴリア遼代契丹遺跡調査の歴史」京都大学大学院文学研究科編『遼文化・慶陵一帯調査報告書』27-65頁
────2006.「法均と燕京馬鞍山の菩薩戒壇──契丹(遼)における大乗菩薩戒の流行」『東洋史研究』65-3, 407-444頁
────2007.「契丹・宋間の澶淵体制における国境」『史林』90-1, 28-61頁
────2013.「十～十二世紀における契丹の興亡とユーラシア東方の国際情勢」前掲『契丹[遼]と10～12世紀の東部ユーラシア──契丹(遼)の社会・文化』8-20頁
────2014.「契丹・宋間の国信使と儀礼」『東洋史研究』73-2, 211-254頁
────2016.「五代・契丹・宋・金」宮谷至・森田憲司編『概説中国史(下) 近世～近現代』昭和堂, 1-63頁
増井寛也 1984.「初期完顔氏政権とその基礎的構造」『立命館文学』418-421合併号, 387-420頁
枡本哲 2001.「ロシア極東ウスリー川右岸パクロフカⅠ遺跡出土の銅鏡」『古代文化』53-9, 522-530頁
町田吉隆編 2008.『契丹陶磁──遼代陶磁の資料と研究』朋友書店
松井太 2003.「金代のキタイ系武将とその軍団──蕭恭の事跡を中心に」『東北アジア研究シリーズ5 東北アジアの民俗と政治』The Center for Notheast Asian Studies, 120-142頁
────2012.「敦煌出土西夏語仏典に挿入されたウイグル文雑記」『弘前大学人文学部人文社会論叢人文科学篇』27, 59-64頁
松浦茂 1978.「金代女真氏族の構成について──『金史』百官志に見える封号の規定をめぐって」『東洋史研究』36-4, 509-546頁
松澤博 1988, 92, 96.「西夏文・穀物貸借文書私見」(1) (2) (3)『東洋史苑』30/31, 121-140頁; 38, 1-36頁; 46, 5-24頁
────1990, 94, 2005, 08.「敦煌出土西夏語佛典研究序説」(1)『東洋史苑』36, 1-98頁; (2)『龍谷史壇』103/104, 144-180頁; (3)『東洋史苑』63, 49-75頁; (4)『東洋史苑』70/71, 1-103頁
────1999-2000.「西夏穀物貸借文書研究餘滴」(1)『東洋史苑』52/53, 19-46頁; (2)『龍谷史壇』112, 25-62頁; (3)『東洋史苑』55, 29-74頁
────2001, 03, 05, 08.「西夏文献拾遺」(1)『龍谷史壇』116, 1-93頁; (2)『東洋史苑』

60/61, 75-167頁;(3)『龍谷史壇』122, 73-116頁;(4)『龍谷史壇』129, 1-44頁
松下道信 2000.「全真教南宗における性命説の展開」『中国哲学研究』15, 1-82頁
——— 2004.「白玉蟾とその出版活動——全真教南宗における師授意識の克服」『東方宗教』104, 23-42頁
——— 2007.「日本における全真教南宗研究の動向について——附：全真教南宗研究文献目録略」『中国哲学研究』22, 52-77頁
——— 2014.「『還丹秘訣養赤子神方』と『抱一函三秘訣』について——内丹諸流派と全真教の融合の一様相」『集刊東洋学』110, 21-40頁
——— 2016.「牧牛図頌の全真教と道学への影響——円明老人『上乗修真三要』と譙定「牧牛図詩」を中心に」『東方学』131, 39-51頁
三上次男 1970, 72, 73.『金史研究』1 (1972); 2 (1970); 3 (1973) 中央公論美術出版
三宅俊成 1944.『林東遼代遺蹟踏査記』満洲古蹟古物名勝天然記念物保存協会・満洲事情案内所〔再録：同『東北アジア考古学の研究』国書刊行会 1975, 285-348頁〕
三宅俊彦 2005a.『中国の埋められた銭貨』同成社
——— 2005b.「10-13世紀の東アジアにおける鉄銭の流通」『日本考古学』12-20, 93-110頁
毛利英介 2006.「澶淵の盟の歴史的背景——雲中の会盟から澶淵の盟へ」『史林』89-3, 413-443頁
——— 2008.「一〇九九年における宋夏元符和議と遼宋事前交渉——遼宋並存期における国際秩序の研究」『東方学報』(京都) 82, 119-167頁
——— 2013a.「澶淵の盟について——盟約から見る契丹と北宋の関係」前掲『契丹[遼]と10〜12世紀の東部ユーラシア——契丹(遼)の社会・文化』44-55頁
——— 2013b.「冊封する皇帝と冊封される皇帝——契丹(遼)皇帝と北漢皇帝の事例から」『関西大学東西学術研究所紀要』46, 213-228頁
——— 2013c.「遼宋間における「白箚子」の使用について」平田茂樹・遠藤隆俊編『外交史料から十〜十四世紀を探る』汲古書院
——— 2015.「国信使の成立について」『アジア史学論集』9, 27-49頁
——— 2016.「「関南誓書」初探」『関西大学東西学術研究所紀要』49, 549-567頁
森田憲司 2006.「金・元」礪波護ほか編『中国歴史研究入門』名古屋大学出版会, 172-189頁
森部豊 2013.『安禄山——「安史の乱」を起こしたソグド軍人』(世界史リブレット人18) 山川出版社
——— 2015.「唐前半期の営州における契丹と霫靡州」『内陸アジア言語の研究』30, 131-157頁
——— 2016.「唐代奚・契丹史研究と石刻史料」『関西大学東西学術研究所紀要』49, 105-126頁
森安孝夫 2006.「遼・西夏」礪波護ほか編『中国歴史研究入門』名古屋大学出版会, 158-171頁
——— 2007.『シルクロードと唐帝国』講談社
弓場紀知ほか 1988.『世界美術大全集・東洋編5 五代・北宋・遼・西夏』小学館

横内裕人 2008.「高麗続蔵経と中世日本」同『日本中世の仏教と東アジア』塙書房，365-404頁

吉池孝一ほか編 2016.『遼西夏金元対音対訳資料選』古代文字資料館

吉野正史 2014.「「耶律・蕭」と「移剌・石抹」の間――『金史』本紀における契丹・奚人の姓の記述に関する考察」『東方学』127, 83-99頁

吉本道雅 2011.「遼史世表疏証」『京都大学文学部研究紀要』50, 31-92頁

―― 2012.「契丹國志疏證」『京都大学文学部研究紀要』51, 1-69頁

内蒙古文物考古研究所ほか 2002.『内蒙古東南部航空撮影考古報告』科学出版社

王晶辰ほか 2002.『遼寧碑誌』遼寧人民出版社

蓋之庸 2007.『内蒙古遼代石刻文研究(増補)』呼和浩特；内蒙古大学出版社

葛承雍 2003.「対西安市東郊唐墓出土契丹王墓誌的解読」『考古』2003-9, 844-849頁

韓蔭成編 2000.『党項與西夏史料滙編』銀川；寧夏人民出版社

中国遼金史学会(のち中国遼金契丹女真史学会)編 1987- .『遼金史論集』1-14(続刊中) 書目文献出版社ほか

韓茂莉 2006.『草原与田園』北京：三聯書店

魏堅・呂学明編 2014.『東北亜古代聚落与城市考古国際学術研討会論文集』(中国人民大学北方民族考古研究叢書之二) 北京：科学出版社

牛達生 2004.『西夏活字印刷研究』銀川：寧夏人民出版社

―― 2007.『西夏遺跡』北京：文物出版社

金毓黻 1993.『静晤室日記』《金毓黻文集》編輯整理組校點，瀋陽；遼瀋書社

杭天 2010.『西夏瓷器』北京：文物出版社

向南 1995.『遼代石刻文編』石家莊：河北教育出版社

向南ほか 2010.『遼代石刻文編続編』瀋陽，遼寧人民出版社

呉広成編 1826.『西夏書事』(のち，各種刊行あり)

国家図書館善本金石組編 2012.『遼金元石刻文献全編』北京，北京図書館出版社

山西省文物局ほか 1991.『應縣木塔遼代秘蔵』北京，文物出版社

史金波 2004.『西夏出版研究』銀川：寧夏人民出版社

―― 2015.『西夏文化研究』北京：中国社会科学出版社

史金波ほか 1988.『西夏文物』北京：文物出版社

沙元章 2007.『遼金銅鏡』哈爾浜：黒龍江美術出版社

聶鴻音 2009.『西夏文《新集慈孝伝》研究』銀川：寧夏人民出版社

趙永軍 2016.「金上京的考古学研究――歴程・現状与思考」董新林・陳永志編『東亜都城和帝陵考古与契丹遼文化国際学術研討会論文集』北京：科学出版社

張景明 2011.『遼代金銀器研究』北京：文物出版社

陳述 1982.『全遼文』北京：中華書局

董新林 2004.「遼代墓葬形成与分期略論」『考古』2004年8期，62-75頁

―― 2006.「遼上京城址的発見和研究述論」『北方文物』2006年3期，23-31頁

―― 2008.「遼上京城址考古発掘和研究新議」『北方文物』2008年2期，43-45頁

―― 2013.「遼祖陵陵園遺跡の考古学的新発見と研究」前掲『契丹[遼]と10～12世紀の

東部ユーラシア――契丹(遼)の社会・文化』221-231頁
徳新ほか 1994.「内蒙古巴林右旗慶州白塔発現遼代仏教文物」『文物』1994-12, 4-33頁
杜建録・波波娃編 2014.『《天盛律令》研究』上海古籍出版社
寧夏回族自治区文物管理委員会 1995.『西夏仏塔』北京:文物出版社
寧夏文物考古研究所 2007.『山嘴溝西夏石窟』北京:文物出版社
寧夏文物考古研究所ほか 1995.『西夏陵』北京:東方出版社
寧夏文物考古研究所・銀川西夏陵区管理所 2007.『西夏三号陵――地面遺跡発掘報告』北京:科学出版社
寧夏文物考古研究所・銀川西夏陵区管理所 2013.『西夏六号陵』北京:科学出版社
彭善国 2013.『遼金元陶瓷考古研究』北京:科学出版社
楊森 2007.『西夏銭幣匯考』銀川:寧夏人民出版社
羅福頤 1937a.『満洲金石志』大連:満日文化協会
――― 1937b.『満洲金石志補遺』大連:満日文化協会
羅福成 1933.『遼陵石刻収録』奉天:奉天図書館
羅豊・寧夏回族自治区文物考古研究所 2006.『西夏方塔出土文献』甘粛人民出版社・敦煌文芸出版社
李文信 2009.『李文信考古文集(増訂本)』瀋陽:遼寧人民出版社
劉未 2016.『遼代墓葬的考古学研究』北京:科学出版社
K. A. Wittfogel・馮家昇 1949. *History of Chinese society: Liao, 907-1125*, New York: American Philosophical Society, distributed by the Macmillan.

コラム 8　西夏の出土文字資料

荒川慎太郎 2014.『西夏文金剛経の研究』松香堂
佐藤貴保 2007a.「西夏時代末期における黒水城の状況――二つの西夏語文書から」『オアシス地域史論叢――黒河流域2000年の点描』松香堂, 57-79頁
――― 2007b.「西夏の二つの官僚集団――十二世紀後半における官僚登用法」『東洋史研究』66-3, 34-66頁
――― 2013.「西夏王国の官印に関する基礎的研究――日本・中国・ロシア所蔵資料から」『資料学研究』10, 1-24頁
――― 2014.「西夏王国における交通制度の復原――公的旅行者の通行証・身分証の種類とその機能の分析を中心に」關尾史郎編『環東アジア地域の歴史と「情報」』知泉書院, 119-149頁
――― 2015.「モンゴル帝国軍侵攻期における西夏王国の防衛態勢――1210年に書かれた行政文書の解読を通して」『比較文化研究』25, 83-95頁
佐藤貴保・赤木崇敏・坂尻彰宏・呉正科 2007.「漢蔵合璧西夏「黒水橋碑」再考」『内陸アジア言語の研究』22, 1-38頁
島田正郎 2003.『西夏法典初探』創文社
西田龍雄 1997.『西夏王国の言語と文化』岩波書店
松井太・荒川慎太郎編 2017.『敦煌石窟多言語資料集成』東京外国語大学アジア・アフリ

カ言語文化研究所
松澤(野村)博 1979.「西夏文・土地売買文書の書式」『東洋史苑』14, 23-51頁; 15, 37-54頁
松澤博 2002.「西夏文《瓜州監軍司審判案》遺文——以橘瑞超帯来在龍谷大学大宮図書館館蔵品為中心」『国家図書館学刊』2002年増刊, 73-83頁
―― 2010.「武威西夏博物館蔵亥母洞出土西夏文契約文書について」『東洋史苑』75, 21-64頁
―― 2014.「西夏文取引契約文書集1——普渡寺関係取引契約文書について」『東洋史苑』82, 1-181頁
俄羅斯科学院東方研究所聖彼得堡分所(俄羅斯科学院東方研究所)・中国社会科学院民族研究所(中国社会科学院民俗学人類学研究所)・上海古籍出版社編 1996- .『俄蔵黒水城文献』1-25(続刊中), 上海：上海古籍出版社
史金波 1988.『西夏仏教史略』銀川：寧夏人民出版社
史金波・聶鴻音・白濱 2000.『天盛改旧新定律令』北京：法律出版社
西北第二民族学院・上海古籍出版社・英国国家図書館編 2005-10.『英蔵黒水城文献』1-5, 上海：上海古籍出版社
西北第二民族学院・上海古籍出版社・法国国家図書館編 2007.『法蔵敦煌西夏文文献』上海：上海古籍出版社
孫継民・宋坤・陳瑞青ほか 2012.『俄蔵黒水城漢文非仏教文献整理与研究』上・中・下, 北京：北京師範大学出版社
杜建録 2005.『《天盛律令》与西夏法制研究』銀川：寧夏人民出版社
杜建録・史金波 2012.『西夏社会文書研究』上海：上海古籍出版社
寧夏大学西夏学研究中心・国家図書館・甘粛五涼古籍整理研究中心編 2005.『中国蔵西夏文献』1-20, 蘭川：甘粛人民出版社, 敦煌文芸出版社
武宇林・荒川慎太郎編 2011.『日本蔵西夏文文献』上・下, 北京：中華書局
羅豊編 2006.『西夏方塔出土文献』上・下, 甘粛人民出版社・敦煌文芸出版社
Кычанов, Е. И., 1987-89. *Измененный и заново утвержденный кодекс девиза царствования Небесное процветание (1149-1169)*, 4 vols., Москва: .

第4章 モンゴル帝国の成立と展開

赤坂恒明 1992.「ジュチ・ウルスの分封」『史滴』13, 1-20頁(逆頁)〔再録：赤坂 2005, 121-136頁「ジュチ・ウルスの分民と国家構造」〕
―― 2000.「14世紀中葉～16世紀初めにおけるウズベク——イスラーム化後のジュチ・ウルスの総称」『史学雑誌』109-3, 1-39頁〔再録：赤坂 2005, 213-236頁〕
―― 2004.「「金帳汗国」史の解体——ジュチ裔諸政権史の再構成のために」『内陸アジア史研究』19, 23-41頁
―― 2005.『ジュチ裔諸政権史の研究』風間書房
―― 2007.「バイダル裔系譜情報とカラホト漢文書」『西南アジア研究』66, 43-66頁
―― 2009.「ホシラの西行とバイダル裔チャガタイ家」『東洋史研究』67-4, 36-69頁

―― 2011.「ジュチ・ウルス史研究の展望と課題より」早稲田大学モンゴル研究所編 2011, 91-105頁

アブー=ルゴド, ジャネット・L（佐藤次高ほか訳）2001.『ヨーロッパ覇権以前――もうひとつの世界システム』上・下, 岩波書店

アンビス, ルイ（吉田順一・安斎和雄訳）1974.『ジンギスカン――征服者の生涯』（クセジュ文庫）白水社

飯山知保 2011.『金元時代の華北社会と科挙制度――もうひとつの「士人層」』（早稲田大学学術叢書14）早稲田大学出版部

池内功 1984.「フビライ政権の成立とフビライ麾下の漢軍」『東洋史研究』43-2, 1-36頁

―― 2002.「河南における非漢族諸族軍人の家系」松田編 2002, 27-53頁

井黒忍 2013.『分水と支配――金・モンゴル時代華北の水利と農業』（早稲田大学学術叢書26）早稲田大学出版部

石濱裕美子 1994.「パクパの仏教思想に基づくフビライの王権像について」『日本西蔵学会会報』40, 35-44頁〔再録：石濱 2001, 25-44頁〕

―― 2001.『チベット仏教世界の歴史的研究』東方書店

―― 2002.「パクパの著作に見るフビライ政権最初期の燕京地域の状況について」『史滴』24, 6-29(249-226)頁

磯貝健一・矢島洋一 2007.「ヒジュラ暦742年カラコルムのペルシア語碑文」『内陸アジア言語の研究』22, 119-156頁〔再録：松田／オチル編 2013, 237-266頁〕

井谷鋼造 1980a.「西暦十三世紀の小アジア」『東洋史研究』38-4, 664-674頁

―― 1980b.「モンゴル侵入後のルーム――兄弟間のスルタン位争いをめぐって」『東洋史研究』39-2, 358-387頁

―― 1989.「モンゴル軍のルーム侵攻について」『オリエント』31, 125-139頁

稲葉正就 1965.「元の帝師に関する研究――系統と年次を中心として」『大谷大学研究年報』17, 79-156頁

岩武昭男 1992.「ガザン・ハンのダールッスィヤーダ(dār al-siyāda)」『東洋史研究』50-4, 554-588頁

―― 1994.「ラシードゥッディーンの著作活動に関する近年の研究動向」『西南アジア研究』40, 55-72頁

―― 1995.「ラシード区ワクフ文書補遺写本作成指示書」関西学院大学東洋史研究室編『アジアの文化と社会』法律文化社, 277-310頁

―― 1997.「ラシード著作全集の編纂――『ワッサーフ史』著者自筆写本の記述より」『東洋学報』78-4, iii-v, 1-31(528-498)頁

―― 2000.「モンゴルのイスラーム文化の諸相」『関西学院史学』27, 71-100頁

―― 2001.『西のモンゴル帝国――イルハン朝』関西学院大学出版会

植村清二 1941-42.「茶合台汗国の興亡」(1)～(4)『蒙古』112, 15-26頁; 113, 2-21頁; 114, 63-74頁; 115, 76-92頁

牛根靖裕 2001.「元代の輦昌都總帥府の成立とその展開について」『立命館東洋史学』24, 85-132頁

―― 2007.「モンゴル時代オルドス地方のチャガン・ノール分地」『立命館史学』28, 83-112頁
―― 2012.「大元贈敦武校尉軍民萬戸府百夫長唐兀公碑銘の録文と系図」『13, 14世紀東アジア史料通信』17, 11-18頁
宇野伸浩 1988.「モンゴル帝国のオルド」『東方学』76, 47-62頁
―― 1989.「オゴデイ・ハンとムスリム商人――オルドにおける交易と西アジア産の商品」『東洋学報』70-3・4, 71-104頁
―― 1990.「モンゴル帝国の駅伝制に関する一考察」『内陸アジア史研究』5, 55-76頁
―― 1993.「チンギス・カン家の通婚関係の変遷」『東洋史研究』52-3, 69-104頁
―― 1999.「チンギス・カン家の通婚関係にみられる対称的婚姻縁組」『国立民族学博物館研究報告別冊』20, 1-68頁
―― 2002a.「『集史』の構成における「オグズ・カン説話」の意味」『東洋史研究』61-1, 34-61(137-110)頁
―― 2002b.「チンギス・カンの大ヤサ再考」『中国史学』12, 147-169頁
―― 2003.「ラシード・ウッディーン『集史』の増補加筆のプロセス」『人間環境学研究』1-1・2, 39-62頁
―― 2006.「ラシードッディーン『集史』第1巻「モンゴル史」の諸写本に見られる脱落」『人間環境学研究』5-1, 95-113頁
―― 2008.「フレグ家の通婚関係にみられる交換婚」『北東アジア研究』別冊1, 27-45頁
―― 2009.「チンギス・カン前半生研究のための『元朝秘史』と『集史』の比較考察」『人間環境学研究』7, 57-74頁
梅村坦 1977a.「違約罰納官文言のあるウィグル文書――とくにその作成地域と年代決定について」『東洋学報』58-3・4, 1-40(502-463)頁
―― 1977b.「13世紀ウィグリスタンの公権力」『東洋学報』59-1・2, 1-31(256-226)頁
―― 1987.「イナンチ一族とトゥルファン――ウィグル人の社会」『東洋史研究』45-4, 90-120頁
海老澤哲雄 1966.「元朝探馬赤軍研究序説」『史流』7, 50-65頁
―― 1972.「モンゴル帝国の東方三王家に関する諸問題」『埼玉大学紀要教育学部(人文・社会科学)』21, 31-46頁
―― 1979.「モンゴル帝国の対外文書をめぐって」『加賀博士退官記念中国文史哲学論集』講談社, 731-754頁
―― 1987.「モンゴル帝国対外文書管見」『東方学』74, 86-100頁
―― 1990a.「モンゴル帝国と教皇使節――シモン修道士の対モンゴル交渉記録の再検討」『埼玉大学紀要教育学部(人文・社会科学Ⅱ)』39-1, 29-42頁
―― 1990b.「西欧とモンゴル帝国」『シリーズ世界史への問い3 移動と交流』岩波書店, 317-342頁
―― 2015.『マルコ・ポーロ――『東方見聞録』を読み解く』(世界史リブレット人35)山川出版社
大塚修 2014.「史上初の世界史家カーシャーニー――『集史』編纂に関する新見解」『西

南アジア研究』80, 25-48頁

大葉昇一 1982.「モンゴル帝国＝元朝の称海屯田について」『史観』106, 82-95頁

岡田英弘 1958.「元の順帝と済州島」『国際基督教大学アジア文化研究論叢』1, 47-60頁〔再録：岡田 2010, 165-182頁(第1部5「元の恵宗と済州島」)〕

―― 1959.「元の瀋陽と遼陽行省」『朝鮮学報』14, 533-544頁〔再録：岡田 2010, 146-164頁(第1部4)〕

―― 1962.「蒙古資料に見える初期の蒙蔵関係」『東方学』23, 95-108頁〔再録：岡田 2010, 127-145頁(第1部3「モンゴル史料に見える初期のモンゴル・チベット関係」)〕

―― 1981.「モンゴルの統一」護雅夫・神田信夫編『北アジア史』(新版世界各国史12)山川出版社, 135-182頁〔再録：岡田 2010, 19-108頁「概説 モンゴル帝国から大清帝国へ」〕

―― 1986.『チンギス・ハーン』(中国の英傑9) 集英社〔再刊：『チンギス・ハーン』(朝日文庫) 朝日新聞社 1994;『チンギス・ハンとその子孫』ビジネス社 2015〕

―― 1992.『世界史の誕生』(ちくまライブラリー) 筑摩書房〔再刊：ちくま文庫 1999〕

―― 2010.『モンゴル帝国から大清帝国へ』藤原書店

―― 2013.『岡田英弘著作集II 世界史とは何か』藤原書店

乙坂智子 1986.「リゴンパの乱とサキャパ政権――元代チベット関係史の一断面」『仏教史学研究』29-2, 59-82頁

―― 1989.「サキャパの権力構造――チベットに対する元朝の支配力の評価をめぐって」『筑波大学 史峯』3, 21-46頁

―― 1990.「元朝チベット政策の始動と変遷――関係樹立に至る背景を中心として」『史境』20, 49-65頁

小野浩 1993.「「とこしえの天の力のもとに」――モンゴル時代発令文の冒頭定型句をめぐって」『京都橘女子大学研究紀要』20, 107-129(209-187)頁

―― 1997.「とこしえなる天の力のもとに」杉山ほか編 1997, 203-226頁

―― 2012.「トクタミシュのアラビア文字テュルク語ヤルリグ一通」窪田編 2012, 65-82頁

―― 2015.「テュルクメン王朝カラ・コユンルとモンゴル政権の継続性――カラ・ユースフの場合」近藤編 2015, 73-93頁

加藤和秀 1978.「チャガタイ＝ハン国の成立」日本オリエント学会編『足利惇氏博士喜寿記念オリエント学・インド学論集』143-160頁〔再録：加藤 1999, 28-42頁「チャガタイ・カン国の成立」〕

―― 1982.「ケベクとヤサウル――チャガタイ・ハン国支配体制の確立」『東洋史研究』40-4, 58-84頁〔再録：加藤 1999, 43-71頁「クベクとヤサウル――チャガタイ・カン国支配体制の確立」〕

―― 1999.『ティムール朝成立史の研究』北海道大学図書刊行会

川口琢司 1997.「キプチャク草原とロシア」杉山ほか編 1997, 275-302頁

―― 2008.「ティムールとトクタミシュ――トクタミシュ軍のマーワラーアンナフル侵攻とその影響」『北海道武蔵女子短期大学紀要』40, 125-155頁

川口琢司・長峰博之編／菅原睦校閲 2008.『ウテミシュ・ハージー著『チンギズ・ナーマ(Čingīz-nāma)』』東京外国語大学アジア・アフリカ言語文化研究所
川口琢司・長峰博之 2013.「ジョチ・ウルス史再考」『内陸アジア史研究』28, 27-51頁
川本正知 2000.「中央アジアのテュメンなる地域区分について」『西南アジア研究』53, 24-60頁
―― 2010.「モンゴル帝国における戦争――遊牧民の部族・軍隊・国家とその定住民支配」『アジア・アフリカ言語文化研究』80, 113-151頁
―― 2013.『モンゴル帝国の軍隊と戦争』山川出版社
北川誠一 1997.「モンゴルとイスラーム」杉山正明・北川誠一『大モンゴルの時代』(世界の歴史9) 中央公論社, 291-451頁
窪田順平編／小野浩・杉山正明・宮紀子 2010.『ユーラシア中央域の歴史構図――13-15世紀の東西』総合地球環境学研究所
窪田順平編／小野浩・杉山正明・中西竜也・宮紀子 2012.『ユーラシアの東西を眺める――歴史学と環境学の間』総合地球環境学研究所
栗生沢猛夫 2007.『タタールのくびき――ロシア史におけるモンゴル支配の研究』東京大学出版会
黒田明伸 1999.「貨幣が語る諸システムの興亡」樺山紘一ほか編『岩波講座世界歴史15 商人と市場』岩波書店, 263-285頁
―― 2003.『貨幣システムの世界史――〈非対称性〉をよむ』岩波書店
小林高四郎 1960.『ジンギスカン』(岩波新書) 岩波書店
近藤信彰編 2015.『近世イスラーム国家史研究の現在』東京外国語大学アジア・アフリカ言語文化研究所
斎藤寛海 2002.『中世後期イタリアの商業と都市』知泉書館
―― 2013.「モンゴルの平和と黒海のイタリア商人」渡辺昭一編『ヨーロピアン・グローバリゼーションの歴史的位相』(アジア遊学165) 勉誠出版, 163-174頁
佐口透 1942a, 1942b.「チャガタイ・ハンとその時代――13, 14世紀トルキスタン史序説として」上・下,『東洋学報』29-1, 78-119頁; 29-2, 104-145頁
―― 1943.「モンゴル人支配時代のウイグリスタン」上・下,『史学雑誌』54-8, 1-71頁; 54-9, 72-97頁
―― 1944.「元代のタリム盆地南辺地帯」『北亜細亜学報』2, 313-349頁
櫻井智美 2009.「元代カルルクの仕官と科挙――慶元路を中心に」『明大アジア史論集』13, 173-187頁
櫻井智美・姚永霞 2012.「元至元9年「皇太子燕王嗣香碑」をめぐって」『駿台史学』145, 23-49頁
佐竹靖彦ほか 1996.『宋元時代史の基本問題』(中国史学の基本問題3) 汲古書院
佐藤長 1963.「元末明初のチベット状勢」佐藤長・田村實造編『明代滿蒙史研究』京都大学文学部, 485-585頁〔再録: 佐藤 1986, 89-172頁「パクモトゥパ政権初期のチベット状勢」〕
―― 1986.『中世チベット史研究』(東洋史研究叢刊38) 同朋舎

志茂碩敏 1980.「Īl Khān 国成立後の「Ādherbaījān 軍政府」起源の軍隊について——Ghāzān Khān の即位時前後にみられる Īl Khān 国におけるモンゴル諸勢力の消長」『アジア・アフリカ言語文化研究』19, 15-48頁〔再録：志茂 1995, 97-132頁「「アゼルバイジャン鎮守府」起源の軍隊」〕
――― 1995.『モンゴル帝国史研究序説――イル汗国の中核部族』東京大学出版会
――― 2013.『モンゴル帝国史研究　正篇――中央ユーラシア遊牧諸政権の国家構造』東京大学出版会
白石典之 2001.『チンギス゠カンの考古学』（世界の考古学19）同成社
――― 2002.『モンゴル帝国史の考古学的研究』同成社
――― 2006.『チンギス・カン――"蒼き狼"の実像』（中公新書）中央公論新社
―――編 2015.『チンギス・カンとその時代』勉誠出版
杉山正明 1978.「モンゴル帝国の原像――チンギス・カンの一族分封をめぐって」『東洋史研究』37-1, 1-34頁〔再録：杉山 2004, 28-61頁「モンゴル帝国の原像――チンギス・カン王国の出現」〕
――― 1982a.「豳王チュベイとその系譜――元明史料と「ムイッズル－アンサーブ」の比較を通じて」『史林』65-1, 1-40頁〔再録：杉山 2004, 242-287頁〕
――― 1982b.「クビライ政権と東方三王家――鄂州の役前後再論」『東方学報』（京都）54, 257-315頁〔再録：杉山 2004, 62-126頁「モンゴル帝国の変容――クビライの奪権と大元ウルスの成立」〕
――― 1983.「ふたつのチャガタイ家」小野和子編『明清時代の政治と社会』京都大学人文科学研究所研究班報告書, 651-700頁〔再録：杉山 2004, 288-333頁「ふたつのチャガタイ家――チュベイ王家の興亡」〕
――― 1984.「クビライと大都」梅原郁編『中国近世の都市と文化』京都大学人文科学研究所研究班報告書, 485-518頁〔再録：杉山 2004, 128-167頁「クビライと大都――モンゴル型「首都圏」と世界帝都」〕
――― 1987.「西暦1314年前後大元ウルス西境をめぐる小札記」『西南アジア研究』27, 24-56頁〔再録：杉山 2004, 334-370頁「西暦1314年前後大元ウルス西境――『オルジェイト史』より」〕
――― 1990a.「元代蒙漢合璧命令文の研究（一）」『内陸アジア言語の研究』5, 1-31頁+2pls.〔再録：杉山 2004, 372-402頁, 口絵26-27「モンゴル命令文研究導論――真定路元氏県開化寺聖旨碑の呈示をかねて」〕
――― 1990b.「草堂寺闊端太子令旨碑」『史窓』47, 87-106頁+2pls.〔再録：杉山 2004, 425-456頁, 口絵28-29「草堂寺闊端太子令旨碑の訳註」〕
――― 1991a.「東西文献によるコデン王家の系譜」『史窓』48, 181-202頁＋3pls.〔再録：杉山 2004, 457-489頁, 口絵30-32〕
――― 1991b.「日本におけるモンゴル時代史研究」『中国史学』1, 211-231頁
――― 1992.『大モンゴルの世界――陸と海の巨大帝国』（角川選書）角川書店
――― 1993.「八不沙大王の令旨碑より」『東洋史研究』52-3, 105-154頁〔再録：杉山 2004, 187-240頁「八不沙大王の令旨碑より――モンゴル諸王領の実態」〕

―――― 1995a.『クビライの挑戦――モンゴル海上帝国への道』(朝日選書) 朝日新聞社
―――― 1995b.「大元ウルスの三大王国――カイシャンの奪権とその前後(上)」『京都大学文学部紀要』34, 92-150頁
―――― 1996.「モンゴル時代史研究の現状と課題」佐竹ほか編 1996, 497-528頁
―――― 1997a.「はるかなる大モンゴル帝国」杉山正明・北川誠一『大モンゴルの時代』(世界の歴史9) 中央公論社, 9-290頁
―――― 1997b.『遊牧民から見た世界史――民族も国境もこえて』日本経済新聞出版社〔再刊:『遊牧民から見た世界史』(日経ビジネス人文庫) 日本経済新聞出版社 2003〕
―――― 1997c.「日本における遼金元時代史研究」『中国――社会と文化』12, 329-342頁
―――― 1999.「大都と上都の間――居庸関北口をめぐる小事件より」『中国歴代王朝の都市管理に関する総合的研究』科学研究費補助金研究成果報告書(代表;礪波護), 57-71頁〔再録:杉山 2004, 168-186頁〕
―――― 2000.「モンゴル時代史の研究――過去・現在・将来」『世界史を変貌させたモンゴル――時代史のデッサン』(角川叢書) 角川書店, 147-226頁
―――― 2004.『モンゴル帝国と大元ウルス』(東洋史研究叢刊65) 京都大学学術出版会
―――― 2005.『疾駆する草原の征服者』(中国の歴史8) 講談社
―――― 2008.『モンゴル帝国と長いその後』(興亡の世界史09) 講談社
杉山正明編／岩本佳子・小野浩・中西竜也・宮紀子 2014.『続・ユーラシアの東西を眺める』京都大学大学院文学研究科
杉山正明ほか編 1997.『岩波講座世界歴史11 中央ユーラシアの統合(9-16世紀)』岩波書店
高木小苗 2009.「フレグ遠征時のイランにおけるモンゴル王族の権限と私財」『史滴』31, 1-24(156-133)頁
―――― 2011.「モンゴルと西アジア」早稲田大学モンゴル研究所編 2011, 106-123頁
―――― 2014.「フレグのウルスと西征軍」『内陸アジア史研究』29, 17-41頁
高田英樹 2013.『マルコ・ポーロ／ルスティケッロ・ダ・ピーサ『世界の記』――『東方見聞録』対校訳』名古屋大学出版会
高橋英海 2001.「シリア正教会の歴史から――グレゴリウス・バルヘブラエウス」『エイコーン』24, 37-54頁
高橋文治 2011.『モンゴル時代道教文書の研究』汲古書院
チョクト 2010.『チンギス・カンの法』(山川歴史モノグラフ21) 山川出版社
堤一昭 1989.「クビライ政権の成立とスベエテイ家」『東洋史研究』48-1, 120-147頁
―――― 1992.「元代華北のモンゴル軍団長の家系」『史林』75-3, 32-67頁
―――― 1996.「元朝江南行台の成立」『東洋史研究』54-4, 71-102頁
―――― 1998.「大元ウルスの江南駐屯軍」『大阪外国語大学論集』19, 173-198頁
―――― 2000a.「大元ウルス治下江南初期政治史」『東洋史研究』58-4, 1-32(840-809)頁
―――― 2000b.「大元ウルス江南統治首脳の二家系」『大阪外国語大学論集』22, 193-218頁
―――― 2003.「大元ウルス高官任命命令文研究序説」『大阪外国語大学論集』29, 175-194頁
ドーソン, C(佐口透訳注) 1968-76.『モンゴル帝国史』全5巻, (東洋文庫) 平凡社

内藤雋輔 1931.「高麗風俗に及せる蒙古の影響に就いて」『桑原博士還暦記念東洋史論叢』(同祝賀会編), 弘文堂書房, 651-682頁〔再録：内藤『朝鮮史研究』(東洋史研究叢刊10) 東洋史研究会, 1961, 81-117頁〕

中田義信 1997.「元代のムスリム——その活動の概観と研究文献」『就実女子大学史学論集』12, 69-222頁

中村健太郎 2009.「14世紀前半のウイグル語印刷仏典の奥書に現れる「Könčök イドゥクト王家」をめぐって」『内陸アジア言語の研究』24, 131-171頁

中村淳 1993.「元代法旨に見える歴代帝師の居所——大都の花園大寺と大護国仁王寺」『待兼山論叢』(史学篇) 27, 57-82頁

——— 1997.「チベットとモンゴルの邂逅——遥かなる後世へのめばえ」杉山ほか編 1997, 121-146頁

——— 1999a.「元代大都の勅建寺院をめぐって」『東洋史研究』58-1, 63-83頁

——— 1999b.「クビライ時代初期における華北仏教界——曹洞宗教団とチベット仏僧パクパとの関係を中心にして」『駒沢史学』54, 79-97頁

——— 2005.「元代チベット命令文の総合的研究にむけて」『駒澤大学文学部紀要』63, 35-56頁

——— 2008.「2通のモンケ聖旨から——カラコルムにおける宗教の様態」『内陸アジア言語の研究』23, 55-92頁

——— 2010.「モンゴル時代におけるパクパの諸相——大朝国師から大元帝師へ」『駒澤大学文学部研究紀要』68, 35-69頁

——— 2013.「元代大都勅建寺院の寺産——大護国仁王寺を中心として」『駒澤大学文学部研究紀要』71, 1-28頁

中村淳・松川節 1993.「新発現の蒙漢合璧少林寺聖旨碑」『内陸アジア言語の研究』8, 1-92頁

野上俊静 1978.『元史釈老伝の研究』野上俊静博士頌寿記念刊行会

羽田亨一 1995.「ペルシア語訳『王叔和脈訣』の中国語原本について」『アジア・アフリカ言語文化研究』48・49, 719-726頁

羽田正 1993.「東方イスラーム世界の成立」鈴木董編『パクス・イスラミカの世紀』(講談社現代新書) 講談社, 41-86頁

濱本真実 2009.『「聖なるロシア」のイスラーム——17-18世紀タタール人の正教政策』東京大学出版会

ハルパリン, チャールズ・J (中村正己訳) 2008.『ロシアとモンゴル——中世ロシアへのモンゴルの衝撃』図書新聞〔原著：Halperin, Charles J. 1985. *Russia and the Golden Horde: The Mongol Impact on Medieval Russian History*, Bloomington: Indiana University Press〕

福島伸介 1985.「12～13世紀のモンゴル社会における uruq について——親族構造論としての外婚集団の分析」『モンゴル研究』16, 31-47頁

福田洋一・石濱裕美子 1986.『西蔵仏教宗義研究 第四巻——トゥカン『一切宗義』モンゴルの章』(Studia Tibetica 11) 東洋文庫

藤島建樹 1967.「元朝「宣政院」考——その二面的性格を中心として—」『大谷学報』46-

4, 60-72頁
―― 1973.「元朝における権臣と宣政院」『大谷学報』52-4, 17-31頁
藤野彪・牧野修二 2012.『元朝史論集』牧野修二，汲古書院(発売)
舩田善之 1999.「『元典章』読解のために――工具書・研究文献一覧を兼ねて」『開篇』18, 113-128頁
―― 2004.「書評：杉山正明著『モンゴル帝国と大元ウルス』」『史学雑誌』113-11, 100-110頁
―― 2007.「蒙文直訳体の展開――「霊巌寺聖旨碑」の事例研究」『内陸アジア史研究』22, 1-20頁
―― 2009.「日本宛外交文書からみた大モンゴル国の文書形式の展開――冒頭定型句の過渡的表現を中心に」『史淵』146, 1-23頁
―― 2014a.「モンゴル時代華北地域社会における命令文とその刻石の意義――ダーリタイ家の活動とその投下領における全真教の事業」『東洋史研究』73-1, 35-66頁
―― 2014b.「モンゴル(Mongol)帝国(大元)の華北投下領研究」『中国史学』24, 139-156頁
堀江雅明 1982.「モンゴル=元朝時代の東方三ウルス研究序説」小野勝年博士頌寿記念会編『小野勝年博士頌寿記念東方学論集』龍谷大学東洋史学研究会, 377-410頁
―― 1985.「テムゲ=オッチギンとその子孫」『東洋史苑』24・25, 225-270頁
―― 1990.「ナヤンの反乱について(上)」『東洋史苑』34・35, 73-91頁
―― 1995.「フビライ時代の石碑と城址――1991年モンゴル旅行報告」小田義久先生還暦記念事業会編『小田義久博士還暦記念東洋史論集』龍谷大学東洋史学研究会, 495-515頁
本田実信 1967.「阿母河等処行尚書省考」『北方文化研究』2, 89-110頁〔再録：本田 1991, 101-126頁「阿母河等処行尚書省」〕
―― 1976.「イルハンの冬営地・夏営地」『東洋史研究』34-4, 81-108頁〔再録：本田 1991, 357-381頁〕
―― 1982.「モンゴルの遊牧的官制――ユルトチとブラルグチ」小野勝年博士頌寿記念会編『小野勝年博士頌寿記念東方学論集』龍谷大学東洋史学研究会, 359-375頁〔再録：本田 1991, 69-82頁「モンゴルの遊牧的官制」〕
―― 1987.「スルターニーヤ建都考」『東方学会創立四十周年記念東方学論集』東方学会, 733-748頁〔再録：本田 1991, 343-356頁「スルターニーヤの建設」〕
―― 1991.『モンゴル時代史研究』東京大学出版会
前田直典 1945.「元朝行省の成立過程」『史学雑誌』56-6, 1-72頁〔再録：前田『元朝史の研究』東京大学出版会, 1973, 145-202頁〕
牧野修二 1966.「元朝中書省の成立」『東洋史研究』25-3, 60-84頁〔再録：藤野・牧野 2012, 139-243頁〕
―― 2012.「チンギス汗の金国侵攻 附章 蒙古探馬赤軍の中原駐留」藤野・牧野 2012, 942-1111頁
桝屋友子 2014.『イスラームの写本絵画』名古屋大学出版会
松井太 1998.「モンゴル時代ウイグリスタン税役制度とその淵源――ウイグル文供出命令

文書にみえる Käzig の解釈を通じて」『東洋学報』79-4, 26-55（423-394）頁
─── 2004.「モンゴル時代のウイグル農民と仏教教団──U5330 (USp77) 文書の再検討から」『東洋史研究』63-1, 1-32（202-171）頁
─── 2007.「和寧郡忠愍公廟碑」松田孝一・大阪国際大学『内陸アジア諸言語資料の解読によるモンゴルの都市発展と交通に関する総合研究』（課題番号17320113）平成17年度～19年度科学研究費補助金基盤研究(B)ニューズレター 1, 25-35頁〔再録：松田・オチル編 2013, 33-45頁〕
─── 2008a.「ドゥア時代のウイグル語免税特許状とその周辺」『人文社会論叢』（人文科学篇）19, 13-24頁+1pl.
─── 2008b.「東西チャガタイ系諸王家とウイグル人チベット仏教徒──敦煌新発現モンゴル語文書の再検討から」『内陸アジア史研究』23, 25-46頁+2pls.
松川節 1995.「大元ウルス命令文の書式」『待兼山論叢』（史学篇）29, 25-52頁
松田孝一 1978.「モンゴルの漢地統治制度──分地分民制度を中心として」『待兼山論叢』（史学篇）11, 33-54頁
─── 1979.「元朝期の分封制──安西王の事例を中心として」『史学雑誌』88-8, 37-74頁
─── 1980a.「フラグ家の東方領」『東洋史研究』39-1, 35-62頁
─── 1980b.「雲南行省の成立」『立命館文学』418～421（三田村博士古稀記念東洋史論叢），251-272頁
─── 1982.「カイシャンの西北モンゴリア出鎮」『東方学』64, 73-87頁
─── 1983.「ユブクル等の元朝投降」『立命館史学』4, 28-62頁
─── 1987.「河南淮北蒙古軍都万戸府考」『東洋学報』68-3・4, 37-65頁
─── 1988.「メリク・テムルとその勢力」『内陸アジア史研究』4, 91-102頁
─── 1992.「モンゴル帝国東部国境の探馬赤軍団」『内陸アジア史研究』7・8, 94-110頁
─── 1994.「トゥルイ家のハンガイの遊牧地」『立命館文学』537, 285-304頁
─── 1995.「モンゴル時代中国におけるイスラームの拡大」堀川徹編『世界に広がるイスラーム』（板垣雄三監修『講座イスラーム』3），栄光教育文化研究所，157-192頁
─── 1996.「宋元軍制史上の探馬赤(タンマチ)問題」佐竹ほか編 1996, 153-184頁
─── 2000.「中国交通史──元時代の交通と南北物流」松田孝一編『東アジア経済史の諸問題』阿吽社，135-157頁
───編 2002.『碑刻等史料の総合的分析によるモンゴル帝国・元朝の政治・経済システムの基礎的研究』（平成12～13年度科学研究費補助金基礎研究(B) (1)研究成果報告書）大阪国際大学
─── 2003.「チャガタイ家千戸の陝西南部駐屯軍団（補遺）」『国際研究論叢』16-2, 11-19頁
─── 2010a.「窩闊台汗の「丙申年分撥」再考(1)──「答里真官人位」の寧海州分地について」『西域歴史語言研究所集刊』4, 科学出版社，115-134頁
─── 2010b.「オゴデイ・カンの「丙申年分撥」再考(2)──分撥記事考証」『立命館文学』619, 51-66（722-707）頁
─── 2010c.「モンゴル帝国の興亡と環境」白石典之編『チンギス・カンの戒め──モ

ンゴル草原と地球環境問題』同成社,84-100頁
——— 2012.「モンゴル帝国時代の漢地の探馬赤とその草地について」『13, 14世紀東アジア史料通信』19, 38-47頁
——— 2013.「投下領」岡本隆司編『中国経済史』名古屋大学出版会,173-174頁
——— 2015.「チンギス・カンの国づくり」白石編 2015, 1-28頁
松田孝一・オチル編 2013.『モンゴル国現存 モンゴル帝国・元朝碑文の研究——ビチェース・プロジェクト成果報告書』大阪国際大学
間野英二 1977.『中央アジアの歴史』(講談社現代新書 新書東洋史8)講談社
宮紀子 2006.『モンゴル時代の出版文化』名古屋大学出版会
——— 2007.『モンゴル帝国が生んだ世界図——地図は語る』日本経済新聞出版社
——— 2010a.「東から西への旅人:常徳——劉郁『西使記』より」窪田編 2010, 167-190頁
——— 2010b.「Tānksūq nāmah の『脈訣』原本を尋ねて——モンゴル時代の書物の旅」窪田編 2010, 191-218頁
宮澤知之 2007.『中国銅銭の世界——銭貨から経済史へ』思文閣出版
宮脇淳子 1996.「ロシアにおけるチンギス統原理」『ロシア史研究』58, 16-24頁
向正樹 2013.「モンゴル・シーパワーの構造と変遷——前線組織からみた元朝期の対外政策」秋田茂・桃木至朗編『グローバルヒストリーと帝国』(阪大リーブル44)大阪大学出版会,71-106頁
村岡倫 1985.「シリギの乱——元初モンゴリアの争乱」『東洋史苑』24・25, 307-344頁
——— 1988.「カイドゥと中央アジア——タラスのクリルタイをめぐって」『東洋史苑』30・31, 175-205頁
——— 1992.「オゴデイ=ウルスの分立」『東洋史苑』39, 20-48頁
——— 1996.「元代モンゴル皇族とチベット仏教——成宗テムルの信仰を中心にして」『仏教史学研究』39-1, 79-97頁
——— 2001.「モンゴル時代初期の河西・山西地方——右翼ウルスの分地成立をめぐって」『龍谷史壇』117, 1-22頁
——— 2002.「モンゴル時代の右翼ウルスと山西地方」松田編 2002, 151-170頁
——— 2007.「チンカイ城と長春真人アルタイ越えの道——2004年現地調査報告をかねて」『龍谷史壇』126, 1-28頁+15pls.
——— 2010.「山西省夏県廟前鎮楊村「忽失歹碑」について」『13, 14世紀東アジア史料通信』12, 1-7頁
——— 2011.「石刻史料からみた探馬赤軍の歴史」『13, 14世紀東アジア史料通信』15, 1-9頁
——— 2013a.「宣威軍碑」松田/オチル編 2013, 25-31頁
——— 2013b.「モンケ・カアンの後裔たちとカラコルム」松田/オチル編 2013, 91-121頁
——— 2014.「『混一疆理歴代国都之図』に見えるモンゴル高原の諸都市」渡邊久編 2014, 51-62頁
——— 2015a.「『和林兵馬劉公去思碑』より——元代カラコルム行政の一端」『九州大学東洋史論集』43, 1-21頁(逆頁)
——— 2015b.「チンギス・カン世界戦略の「道」」白石編 2015, 53-76頁

村上正二 1975.「古代モンゴルの都城カラコルム(1)」『遊牧社会史探究』48, 1-21頁
モーガン，デイヴィド（杉山正明・大島淳子訳）1993.『モンゴル帝国の歴史』（角川選書）角川書店
森平雅彦 2011.『モンゴル帝国の覇権と朝鮮半島』（世界史リブレット99）山川出版社
────2013.『モンゴル覇権下の高麗──帝国秩序と王国の対応』名古屋大学出版会
森安孝夫 1983.「元代ウィグル仏教徒の一書簡──敦煌出土ウィグル語文献補遺」護雅夫編『内陸アジア・西アジアの社会と文化』山川出版社, 209-231頁〔再録：森安 2015, 511-533頁〕
────1988.「敦煌出土元代ウイグル文書中のキンサイ緞子」『榎博士頌寿記念東洋史論叢』汲古書院, 417-441頁〔再録：森安 2015, 490-510頁〕
────1997.「《シルクロード》のウイグル商人──ソグド商人とオルトク商人のあいだ」杉山ほか編 1997, 93-119頁〔再録：森安 2015, 407-435頁〕
────2004a.「シルクロード東部における通貨──絹・西方銀銭・官布から銀錠へ」森安編 2004b, 1-40頁〔再録：森安 2015, 436-489頁〕
────編 2004b.『中央アジア出土文物論叢』朋友書店
────2015.『東西ウイグルと中央ユーラシア』名古屋大学出版会
森安孝夫・オチル責任編集 1999.『モンゴル国現存遺蹟・碑文調査研究報告』中央ユーラシア学研究会
矢澤知行 2004.『モンゴル時代の兵站政策に関する研究──大元ウルスを中心として』東京大学大学院人文社会系研究科博士論文ライブラリー, BookPark, customizing & Internet publishing.
矢島洋一 1998.「'Alā' al-dawla Simnānī とその教団」『史林』81-5, 113-143頁
────2000.「モンゴルのイスラーム改宗と Kubrawiyya」『西南アジア研究』53, 61-75頁
家島彦一訳注 1996-2002. イブン・バットゥータ（イブン・ジュザイイ編）『大旅行記』全8巻，（東洋文庫）平凡社
────2006.『海域から見た歴史──インド洋と地中海を結ぶ交流史』名古屋大学出版会
────2013.『イブン・ジュバイルとイブン・バットゥータ──イスラーム世界の交通と旅』（世界史リブレット人28）山川出版社
山口修 1957.「蒙古軍の高麗侵入」『法文論叢』（文科篇）9, 15-26頁
────1972.「蒙古と高麗〈一二三一〉──蒙古の第一次高麗侵入」『聖心女子大学論叢』40, 27-55頁
山田慶児 1980.『授時暦の道──中国中世の科学と国家』みすず書房
山本明志 2008.「モンゴル時代におけるチベット・漢地間の交通と站赤」『東洋史研究』67-2, 95-120頁
────2011.「13・14世紀モンゴル朝廷に赴いたチベット人をめぐって──チベット語典籍史料から見るモンゴル時代」『待兼山論叢』（史学篇）45, 27-52頁
吉田順一 1968.「元朝秘史の歴史性──その年代記的側面の検討」『史観』78, 40-56頁
────1993.「オン・カンとテムジンの後期の関係──父子を言い交わしたという伝承の分析」『蒙古史研究』4, 11-24頁

―――― 1996.「テムジンとオン・カンの前期の関係――二人の父子関係についての伝承の分析」南京大学元史研究室編『内陸亜洲歴史文化研究――韓儒林先生紀念文集』南京：南京大学元史研究室，21-48頁

―――― 2009a.「『モンゴル秘史』研究」『早稲田大学モンゴル研究所紀要』5, 79-105頁

―――― 2009b.「クイテンの戦いの実像」『早稲田大学モンゴル研究所紀要』5, 107-117頁

―――― 2011.「『モンゴル秘史』研究の新たな展開にむけて」早稲田大学モンゴル研究所編 2011, 9-23頁

吉野正史 2008.「ナヤンの乱における元朝軍の陣容」『早稲田大学大学院文学研究科紀要』（第4分冊）54, 21-37頁

―――― 2009.「元朝にとってのナヤン・カダアンの乱――二つの乱における元朝軍の編成を手がかりとして」『史観』161, 34-58頁

四日市康博 2000.「元朝宮廷における交易と廷臣集団」『早稲田大学大学院文学研究科紀要』（第4分冊）45, 3-15頁

―――― 2002a.「元朝の中賣寶貨――その意義および南海交易・オルトクとの関わりについて」『内陸アジア史研究』17, 41-59頁

―――― 2002b.「ジャルグチとビチクチに関する一考察――モンゴル帝国時代の行政官」『史観』147, 33-52頁

―――― 2005.「ジャルグチ考――モンゴル帝国の重層的国家構造および分配システムとの関わりから」『史学雑誌』114-4, 1-30頁

―――― 2006a.「元朝南海交易経営考――文書行政と銭貨の流れから」『九州大学東洋史論集』34, 133-156頁

―――― 2006b.「元朝斡脱政策にみる交易活動と宗教活動の諸相――附『元典章』斡脱関連条文訳註」『東アジアと日本――交流と変容』3, 11-32頁

―――― 2007a.「『元典章』斡脱関連条文訳注(2)」『東アジアと日本――交流と変容』4, 11-19頁

―――― 2007b.「モンゴル帝国の国家構造における富と所有と分配――遊牧社会と定住社会，中華世界とイラン世界」今西裕一郎編『九州大学21世紀COEプログラム「東アジアと日本――交流と変容」：統括ワークショップ報告書』165-181頁

―――― 2008a.「モンゴル帝国と海域アジア」桃木至朗編『海域アジア史研究入門』岩波書店，23-30頁

―――― 2008b.『モノから見た海域アジア史――モンゴル〜宋元時代のアジアと日本の交流』（九大アジア叢書11）九州大学出版会

―――― 2011.「モンゴル帝国時代の移動と交流」早稲田大学モンゴル研究所編 2011, 124-149頁

早稲田大学モンゴル研究所編 2011.『モンゴル史研究――現状と展望』明石書店

渡辺健哉 1999.「元代の大都南城について」『集刊東洋学』82, 103-121頁

―――― 2012.「金の中都から元の大都へ」『中国――社会と文化』27, 9-28頁

渡邊久編 2014.『「混一疆理歴代国都之図」の歴史的分析――中国・北東アジア地域を中心として』（平成23年度〜25年度科学研究費補助金（挑戦的萌芽研究）課題番号

23652165研究成果報告書),龍谷大学文学部

渡部良子 2002.「『書記典範』の成立背景——14世紀におけるペルシア語インシャー手引書編纂とモンゴル文書行政」『史学雑誌』111-7, 1-31頁

――― 2003.「モンゴル時代におけるペルシア語インシャー術指南書」『オリエント』46-2, 197-224頁

――― 2008.「イルハーン朝とティムール朝」小杉泰ほか編『イスラーム世界研究マニュアル』名古屋大学出版会,160-168頁

――― 2015.「13-14世紀イル・ハン朝期イランの徴税制度とバラート制度——簿記術指南書に基づく再構成」近藤編 2015, 15-56頁

烏雲高娃 2012.『元朝与高麗関係研究』(欧亜歴史文化文庫) 蘭州:蘭州大学出版社

華涛 1986-87.「賈瑪爾・喀爾施和他的《蘇拉赫詞典補編》」上・下,『元史及北方民族史研究集刊』10, 60-69頁; 11, 92-109+53頁

蔡美彪編 1955.『元代白話碑集録』北京:科学出版社

沈衛榮 1988.「元朝中央政府対西蔵的統治」『歴史研究』1988-3, 136-148頁

――― 1995.「論烏思蔵十三万戸的建立」『元史論叢』5, 76-96頁

――― (岩尾一史訳) 2003.「元,明代ドカムのリンツァン王族史考證——『明実録』チベット史料研究 (一)」『東洋史研究』61-4, 76-114頁

周清澍 2001.『元蒙史札』呼和浩特:内蒙古大学出版社

石守謙・葛婉章編 2001.『大汗的世紀——蒙元時代的多元文化輿藝術』台北:国立故宮博物院

宋峴 2000.『回回薬方考釈』北京:中華書局

陳慶英 1992.『元朝帝師八思巴』北京:中国蔵学出版社

陳慶英・史為民 1985.「蒙哥汗時期的蒙蔵関係」『蒙古史研究』1, 3-10頁

陳高華 (舩田善之訳) 2002.「『述善集』所伝二編所見の元代探馬赤軍戸」『史滴』24, 126-140(129-115)頁

陳得芝 2005.『蒙元史研究叢稿』北京:人民出版社

党宝海 2006.『蒙元駅站交通研究』(季羨林主編東方文化集成 朝鮮韓国蒙古文化編) 北京:崑崙出版社

李治安 2007.『元代分封制度研究(増訂本)』北京:中華書局

劉迎勝 2006.『察合台汗国史研究』上海:上海古籍出版社

Akasoy, Anna et al., eds. 2013. *Rashīd al-Dīn. Agent and Mediator of Cultural Exchanges in Ilkhanid Iran*, London: The Warburg Institute/Turin: Nino Aragno.

Allsen, Thomas T. 1987. *Mongol Imperialism: The Policies of the Grand Qan Möngke in China, Russia, and the Islamic Lands, 1251-1259*, Berkley/Los Angels: University of California Press.

――― 1994. "The Rise of the Mongolian Empire and Mongolian Rule in North China", in Herbert Franke and Denis Twitchett, eds., *The Cambridge History of China* Vol. 6: *Alien Regimes and Border States, 907-1368*, Cambridge: Cambridge University Press, pp. 321-413.

――― 1996. "Biography of a Cultural Broker, Bolad Ch'eng-Hsiang in China and Iran", in J. Raby and T. Fitzherbert, eds., *The Court of the Il-khans 1290-1340*, Oxford Studies in Islamic Art

　　　　12, Oxford: Oxford University Press, pp. 7-22.
────── 1997. *Commodity and Exchange in the Mongol Empire, A Cultural History of Islamic Textiles,* Cambridge: Cambridge University Press.
────── 2001. *Culture and Conquest in Mongol Eurasia,* Cambridge: Cambridge University Press.
────── 2009. "Mongols as Vectors for Cultural Transmission", in Di Cosmo et al., eds., 2009, pp. 135-154.
Amitai-Preiss, Reuven 1996. "Ghazan, Islam and Mongol Tradition: A View from the Mamluk Sultanate", *Bulletin of the School of Oriental and African Studies* 59, pp. 1-10.
────── 1999. "Sufis and Shamans: Some Remarks on the Islamization of the Mongols in the Ilkhanate", *Journal of the Economic and Social History of the Orient* 42-1, pp. 27-46.
Amitai-Preiss, Reuven and Michal Biran, eds. 2004. *Mongols, Turks, and Others: Eurasian Nomads and the Sedentary World,* Leiden: E.J.Brill.
Amitai-Preiss, Reuven and Michal Biran, eds. 2015. *Nomads as Agents of Cultural Change: The Mongols and Their Eurasian Predecessors "Perspectives on the Global Past",* Honolulu: University of Hawai'i Press.
Ayalon, David 1971-73. "The Great Yāsa of Chingiz Khan: A Re-examination", *Studia Islamica,* (A), 33, pp. 97-140; (B), 34, pp. 151-180; (C1), 36, pp. 113-158; (C2), 38, pp. 107-156; David Ayalon, *Outsiders in the Land of Islam: Mamluks, Mongols and Eunachs,* London: Variorum Reprints, 1988, IVa-IVd.
Azzouna, Nourane Ben 2014. "Rashīd al-Dīn Faḍl Allāh al-Hamadānī's Manuscript Production Project in Tabriz Reconsidered", in Pfeiffer, ed., 2014b, pp. 187-200.
Barthold, V. V. 1962a. "A Short History of Turkestan", *Four Studies on the History of Central Asia,* trans. from the Russian by V. and T. Minorsky, I, 2nd printing, Leiden: E.J.Brill, pp. 1-68.
────── 1962b. "History of the Semirechyé", *Four Studies on the History of Central Asia,* trans. from the Russian by V. and T. Minorsky, I, 2nd printing Leiden: E.J.Brill, pp. 73-165.
────── 1977. "Turkestan under Mongol Domination (1227-69)", *Turkistan down to the Mongol Invasion,* 4th ed., Cambridge: EJW Gibb Memorial Trust, pp. 463-519.
Biran, Michal 1997. *Qaidu and the Rise of the Independent Mongol State in Central Asia,* Surrey: Curzon.
────── 2007. *Chinggis Khan,* Oxford: Oneworld Publications.
────── 2013. "The Mongol Empire in World History: The State of the Field", *History Compass* 11-11, pp. 1021-33.
────── 2015a. "Introduction: Nomadic Culture", in Amitai-Preiss and Biran, eds., 2015, pp. 1-9.
────── 2015b. "The Mongol Empire and Inter-civilizational Exchange", in B. Z. Kedar and M. E. Wiesner-Hanks, eds., *The Cambridge World History* Vol. 5: *Expanding Webs of Exchange and Conflict, 500CE-1500CE,* Cambridge: Cambridge University Press, pp. 534-558.
Boyle, John A. 1972. "The Seasonal Residences of the Great Khan Ögedei", *Central Asiatic Journal* 16-2, pp. 125-131.
Ciocîltan, Virgil 2012. *The Mongols and the Black Sea Trade in the Thirteenth and Fourteenth*

Centuries: East Central and Eastern Europe in the Middle Ages, 450-1450, Leiden: Brill.
Dardess, John. W. 1972-73. "From Mongol Empire to Yüan Dynasty: Changing Forms of Imperial Rule in Mongolia and Central Asia", *Monumenta Serica* 30, pp. 117-165.
De Nicola, Bruno and Charles Melville eds. 2016. *The Mongols' Middle East: Continuity and Transformation in Ilkhanid Iran*, Leiden: E.J.Brill.
DeWeese, Devin 1994. *Islamization and Native Religion in the Golden Horde: Baba Tükels and Conversion to Islam in Historical and Epic Tradition*, University Park: Pennsylvania State University Press.
―――― 2009. "Islamization in the Mongol Empire", in Di Cosmo et al., eds., 2009, pp. 120-134 (125-128).
Di Cosmo, Nicola et al., eds. 2009. *The Cambridge History of Inner Asia: the Chinggisid Age*, Cambridge: Cambridge University Press.
Dunnell, Ruth W. 2010. *Chinggis Khan: World Conqueror*, New York: Longman.
Durand-Guédy, David ed. 2013. *Turko-Mongol Rulers, Cities and City Life*, Leiden: E.J.Brill.
Ess, Josef van 1981. *Der Wesir und Seine Gelehrten: zu Inhalt und Entstehungsgeschichte der theologischen Schriften des Rašīduddīn Fażlullāh (gest. 718/1318)*, Wiesbaden: Franz Steiner.
Franke, Herbert 1981. "Tibetans in Yüan China", in John D. Langlois, Jr. ed., *China under Mongol Rule*, Princeton: Princeton University Press, pp. 296-328.
Hambis, Louis 1973. *Gengis-Khan*, Paris: Presses universitaires de France. 〔邦訳：アンビス 1974〕
Henthorn, William E. 1963. *Korea: The Mongol Invasions*, Leiden: E.J.Brill.
Hillenbrand, Robert et al., eds., 2013. *Ferdowsi, the Mongols and the History of Iran: Art, Literature and Culture from Early Islam to Qajar Persia*, New York: I.B.Tauris.
Honda Minobu 1958. "On the Genealogy of the Early Northern Yüan", *Ural-Altaische Jahrbücher*, 30-3・4, pp. 232-248. 〔再録：本田 1991, 594-619頁〕
Hsiao, Ch'i-Ch'ing（蕭啓慶）1978. *The Military Establishment of the Yuan Dynasty* 元代軍事制度, *Harvard East Asian Monographs* 77, Cambridge, MA: Harvard University Press.
Isahaya Yoichi 2013. "The *Tārīkh-i Qitā* in the *Zīj-i Īlkhānī*: The Chinese Calendar in Persian", *SCIAMVS: Sources and Commentaries in Exact Sciences* 14, pp. 149-258.
Jackson, Peter 1990. *The Mission of Friar William of Rubruck, His Journey to the Court of the Great Khan Möngke, 1253-1255*, London: The Hakluyt Society.
―――― 2005. *The Mongols and the West, 1221-1410*, Harlow: Pearson, Longman Press.
Kadoi Yuka 2009. *Islamic Chinoiserie: The Art of Mongol Iran*, Edinburgh: Edinburgh University Press.
Kamola, Stefan T. 2013. "Rashīd al-Dīn and the Making of History in Mongol Iran", Ph.D. Dissertation, University of Washington, pp. i-x, 1-326.
Kolbas, Judith 2010. *The Mongols in Iran: Chingiz Khan to Uljaytu 1220-1309*, London: Routledge.
Komaroff, Linda, ed. 2006. *Beyond the Legacy of Genghis Khan*, Leiden: Brill.

Komaroff, Linda and Stefano Carboni, eds. 2002. *The Legacy of Genghis Khan: Courtly Arts and Culture in Western Asia, 1256-1353*, New York: The Metropolitan Museum of Art.

Krawulsky, Dorothea 2011. *The Mongol Īlkhāns and their Vizier Rashīd al-Dīn*, Frankfurt a.M.: Peter Lang.

Kunst- und Ausstellungshalle der Bundesrepublik Deutschland, ed. 2005, *Dschingis Khan und seine Erben: das Weltreich der Mongolen*, München: Hirmer.

Kuroda Akinobu 2009. "The Eurasian Silver Century, 1276-1359: Commensurability and Multiplicity", *Journal of Global History* 4-2, pp. 245-269.

Lane, George 2003. *Early Mongol Rule in Thirteenth-Century Iran: A Persian Renaissance*, London: RoutledgeCurzon.

―――― 2004. *Genghis Khan and Mongol Rule*, Westport: Greenwood Press.

Masuya Tomoko 2002. "Ilkhanid Courtly Life", in Komaroff and Carboni, eds., 2002, pp. 74-103.

Melville, Charles 1990a. "Pādshāh-i Islām: The Conversion of Sultan Maḥmūd Ghāzān", *Pembroke Papers* 1, pp. 159-177.

―――― 1990b. "The Itineraries of Sultan Öljeitü, 1304-1316", *Iran* 28, pp. 55-70.

―――― 2006. "The *Keshig* in Iran: the Survival of the Royal Mongol Household", in Komaroff, ed., 2006, pp. 135-164.

Morgan, David O. 1986. *The Mongols*, Oxford: Basil Blackwell. 〔邦訳：モーガン 1993〕

―――― 2004. "The Mongols in Iran: A Reappraisal", *Iran: Journal of the British Institute of Persian Studies* 42, pp. 131-136.

―――― 2005. "The 'Great *Yasa* of Chinggis Khan' revisited", in Amitai-Preiss and Biran, eds., 2005, pp. 291-308.

―――― 2006. "The Mongol Empire in World History", in Komaroff, ed., 2006, pp. 425-437.

Nyamaa, B. 2005. *The Coins of Mongol Empire and Clan Tamgha of Khans (XIII-XIV)*, Ulaanbaatar.

Petech, Luciano 1980a. "The Mongol Census in Tibet", in Michael Aris and Aung San Suu Kyi, eds., *Tibetan Studies in Honour of Hugh Richardson*, Warminster: Aris and Phillips, pp. 233-238.

―――― 1980b. "Sang-Ko, a Tibetan Statesman in Yüan China", *Acta Orientalia Academiae Scientiarum Hung* 34 (1-3), pp. 193-208.

―――― 1990. *Central Tibet and the Mongols: The Yüan-Sa-skya Period of Tibetan History*, Rome: Instituto Italiano per il Medio ed Estremo Oriente.

Pfeiffer, Judith 1999. "Conversion Versions: Sultan Öljeitü's Conversion to Shi'ism (709/1309) in Muslim Narrative Sources", *Mongolian Studies* 22, pp. 35-67.

―――― 2006. "Reflections on a 'Double Rapprochement': Conversion to Islam among the Mongol Elite during the Early Ilkhanate", in Komaroff, ed., 2006, pp. 369-389.

―――― 2013. "The Canonization of Cultural Memory: Ghāzān Khān, Rashīd al-Dīn, and the Construction of the Mongol Past", in Akasoy et al., eds., 2013, pp. 57-70.

―――― 2014a. "Confessional Ambiguity vs. Confessional Polarization: Politics and the Negotiation of Religious of Boundaries in the Ilkhanete", in Pfeiffer, ed., 2014b, pp. 129-168.

―――, ed. 2014b. *Politics, Patronage and the Transmission of Knowledge in 13th–15th Century Tabriz*, Leiden: E.J.Brill.

Pohl, Ernst et al. 2012. "Production Sites in Karakorum and its Environment: A New Archaeological Project in the Orkhon Valley", *The Silk Road* 10, pp. 49–65.

Raby, Julian and Teresa Fitzherbert, eds. 1996. *The Court of the Il-khans 1290–1340*, Oxford Studies in Islamic Art XII, Oxford: Oxford University Press.

Rachewiltz, Igor de 1993. "Some Reflections on Činggis Qan's J̌asag", *East Asian History* 6, pp. 91–104.

Ratchnevsky, Paul 1974. "Die Yasa(Jasaq) Chinggis-Khans und ihre Problematik", in G. Hazai and P. Zieme eds., *Sprache, Geschichte, und Kultur der altaischen Völker*, Berlin: Akademie, pp. 471–487.

――― 1983. *Činggis-khan, sein Leben und Wirken*, Wiesbaden: F. Steiner Verlag. 〔英訳：Ratchnevsky 1991.〕

――― 1991. *Genghis Khan: His Life and Legacy*, Oxford: Basil Blackwell.

Rossabi, Morris 1992. *Voyager from Xanadu: Rabban Sauma and the First Journey from China to the West*, 東京：講談社インターナショナル.

Shiraishi Noriyuki 2009. "Searching for Genghis: Excavation of the Ruins at Avraga", in W. Fitzhugh, M. Rossabi and W. Honeychurch, eds., *Genghis Khan and the Mongol Empire*, Seattle: University of Washington Press, pp. 132–135.

Shiraishi N. and B. Tsogtbaatar 2009. "A Preliminary Report on the Japanese-Mongolian Joint Archaeological Excavation at Avraga Site: The Great Ordu of Chinggis Khan", in J. Bemmann et al., eds., *Current Archaeological Research in Mongolia. Bonn Contributions to Asian Archaeology*, Vol. 4, Bonn: Bonn University, pp. 549–562.

Sneath, Dabid, ed. 2006. *Imperial Statecraft: Political Forms and Techniques of Governance in Inner Asia, Sixth-twentieth Centuries*, Studies on East Asia Vol. 26, Bellingham: Western Washington University Center for East Asian Studies.

Sugiyama Masaaki 1996. "New Developments in Mongol Studies: A Brief and Selective Overview", *Journal of Sung-Yuan Studies* 26, pp. 217–227.

Szerb, János 1980. "Glosses on the Oeuvre of Bla-ma 'Phags-pa. II: Some Notes on the Events of the Years 1251–1254", *Acta Orientalia Academiae Scientiarum Hungaricae* 34 (1-3), pp. 263–285.

Takahashi Hidemi 2005. *Barhebraeus: A Bio-Bibliography*, Piscataway: Gorgias Press.

Togan, İsenbike 1998. *Flexibility and Limitation in Steppe Formations: The Kerait Khanate and Chinggis Khan*, Leiden: E.J.Brill.

Tucci, Guisppe 1949. *Tibetan Painted Scrolls*, 3 vols., Roma: La Libreria delle Stato (rpt. Kyoto: Rinsen, 1980, 2 vols.).

Tumurtogoo D. 2006. *Mongolian Monuments in Uighur-Mongolian Script (XIII–XVI Centuries), Introduction, Transcription and Bibliography*, ed. by D. Tumurtogoo; with the Collaboration of G. Cecegdari, Language and Linguistics Monograph Series A-11, Taipei: Institute of Linguistics, Academia Sinica.

——— 2010. *Mongolian Monuments in 'Phags-pa Script, Introduction, Transliteration, Transcription and Bibliography*, ed. by D. Tumurtogoo; with the Collaboration of G. Cecegdari, Language and Linguistics Monograph Series 42, Taipei: Institute of Linguistics, Academia Sinica.

Vásáry, István 2009. "The Jochid Realm: The Western Steppe and Eastern Europe", in Di Cosmo et al., eds., 2009, pp. 67-85.

Ward, Rachel, ed. 2014. *Court and Craft: A Masterpiece from Northern Iraq*, London: The Courtauld Gallery.

Wylie, Turrell V. 1977. "The First Mongol Conquest of Tibet Reinterpreted", *Harvard Journal of Asiatic Studies* 37-1, pp. 103-133.

——— 1984. "Khubilai Khan's First Viceroy of Tibet", in Louis Ligeti ed., *Tibetan and Buddhist Studies 29-2, Commemorating the 200th Anniversary of the Birth of Alexander Csome de Kőrös*, Budapest: Akadémiai Kiadó, pp. 391-404.

Yokkaichi Yasuhiro 2009. "Horses in the East-West Trade between China and Iran under the Mongol Rule", in B. G. Fragner et al., eds., *Pferde in Asien: Geschichte, Handel und Kultur (The Horses in Asia: History, Trade and Culture)*, Wien: Österreichische Akademie der Wissenschaften, pp. 87-97, 278-279.

Арэндс, А. К. et al. 1979. *Бухарский вакф XIII в*, Памятники письменности Востока 52, Москва: Наука.

Бартольд, В. В. 1898. "Jamāl al-Qarshī, Mulhaqāt al-surāh", *Туркестан в эпоху монгольского нашествия* I, Тексты, pp. 128-152, СПб.

Чехович, О. Д. 1965. *Бухарские документы XVI века*, Ташкент: Издательство АН УзССР.

Давидович, Е. А. 1972. *Денежное хозяйство средней Азии после монгольского завоевания и реформа масуд-бека*, Москва: Наука.

Киселев, С. В. et al. 1965. *Древнемонгольские города*, Москва: Наука.

Вохидов, Ш. Х. and Б. Б. Аминов 2005. *История Казахстана в персидских источниках*, Том I: *Джамāл ал-Қаршū, ал-Мулхақāт би-ç-çурāх*, Алматы: Дайк-Пресс.

コラム9　海域世界のモンゴル

アブー゠ルゴド, ジャネット (佐藤次高ほか訳) 2001.『ヨーロッパ覇権以前――もうひとつの世界システム』上・下, 岩波書店〔原著：Janet L. Abu-Lughod, *Before European Hegemony: The World System A.D.1250-1350*, New York: Oxford University Press, 1989〕

飯島明子 2001.「『タイ人の世界』再考――初期ラーンナー史上の諸問題」石澤良昭責任編集『岩波講座東南アジア史2　東南アジア古代国家の成立と展開』岩波書店, 257-286頁

池内宏 1931.『元寇の新研究』東洋文庫

榎本渉 2007.『東アジア海域と日中交流――九～一四世紀』吉川弘文館

黒田明伸 2014.『貨幣システムの世界史 増補新版〈非対称性をよむ〉』岩波書店〔初版2003〕

桑田六郎 1993.『南海東西交通史論考』汲古書院

杉山正明 2010.『クビライの挑戦——モンゴル海上帝国への道』講談社〔初版：朝日新聞社 1995〕
丹羽友三郎 1953.『中国・ジャバ交渉史』明玄書房
深見純生 2004.「元代のマラッカ海峡——通路か拠点か」『東南アジア 歴史と文化』33, 100-118頁
向正樹 2013.「第二章 モンゴル・シーパワーの構造と変遷——前線組織からみた元朝期の対外関係」秋田茂・桃木至朗編『グローバルヒストリーと帝国』大阪大学出版会, 71-106頁
桃木至朗 1990.「一〇～一五世紀の南海交易とヴェトナム——中越関係への一視覚」『シリーズ世界史への問い 3 移動と交流』岩波書店
――― 2011.『中世大越国家の成立と変容』大阪大学出版会
森平雅彦 2013a.『モンゴル覇権下の高麗——帝国秩序と王国の対応』名古屋大学出版会
森平雅彦ほか 2013b.「第Ⅰ部 ひらかれた海 1250-1350年」小島毅監修・羽田正編『東アジア海域に漕ぎだす 1 海から見た歴史』東京大学出版会
山本達郎 1950.『安南史研究Ⅰ 元明両朝の安南征略』山川出版社
四日市康博編 2008.『モノから見た海域アジア史』九州大学出版会

第5章 ポスト・モンゴル期

第1節 チャガタイ・ウルスからティムール朝へ

安藤志朗 1985.「ティムール朝 Shāh Rukh 麾下の中核 amīr」『東洋史研究』43-4, 88-122頁
――― 1994a.「ティムール朝国制——Diez A. Fol. 74 未成ミニアチュールより」『東方学』87, 119-135頁
――― 1994b.「王朝支配とスーフィー——ジャームのシャイフの場合」『西南アジア研究』41, 1-20頁
諫早庸一 2008.「ペルシア語文化圏における十二支の年始変容について——ティムール朝十二支考」『史林』91-3, 42-73頁
井谷鋼造 2003.「サマルカンドの通称ビービー・ハヌム・マスジドの定礎碑文について」『アジア文化学科年報』(追手門学院大学文学部) 6, 1-20頁
――― 2004.「トゥルキスタン市のアフマド・ヤサヴィー廟について」『アジア観光学年報』(追手門学院大学文学部) 5, 59-67頁
今澤浩二 1990.「アンカラ会戦前史——14世紀末のアナトリアをめぐる諸情勢」『史学雑誌』99-3, 309-344頁
岩武昭男 1990.「ティムール朝アミールのワクフの一事例——ヤズドにおけるチャクマーク・シャーミーのワクフについて」『西南アジア研究』32, 56-80頁
――― 1995.「14世紀イランにおける統治者の権威——ムザッファル朝の場合」(発表要旨)『東洋史研究』54-3, 172頁
――― 1997.「ムバーリズッディーン・ムハンマドの廃位——ムザッファル朝史の史料について」『人文論究』(関西学院大学人文学会) 47-3, 78-93頁

ウルンバーエフ,A(久保一之訳)1997.「15世紀マーワラーンナフルとホラーサーンの社会・政治状況におけるナクシュバンディズムの位置——『ナヴァーイー・アルバム』所収書簡に基づいて」『西南アジア研究』46, 60-69頁

大塚修 2015.「ハーフィズ・アブルーの歴史編纂事業再考——『改訂版修史』を中心に」『東洋文化研究所紀要』(東京大学東洋文化研究所)168, 32-76頁

小野浩 1988.「サドル(ṣadr)職の成立に関する史料——G. Herrmann, "Zur Entstehung des Ṣadr-Amtes" より」『西南アジア研究』28, 83-90頁

―― 2002.「テムル朝アブー・サイードのアク・コユンル朝ウズン・ハサン宛てウイグル文字テュルク語書簡文書簡介」『平成11年度〜13年度文部科学省科学研究費補助金 基盤研究(B)「ポスト・モンゴル期におけるアジア諸帝国に関する総合的研究」研究成果報告書』課題番号11410100(研究代表者:志茂碩敏),93-120頁

―― 2006.「テムル朝シャールフのウイグル文字テュルク語文書再読」『平成14年度〜17年度文部科学省科学研究費補助金 基盤研究(A)(1)「中央アジアにおけるムスリム・コミュニティーの成立と変容に関する歴史的研究」研究成果報告書』課題番号14201037(研究代表者:堀川徹),48-62頁

―― 2010.「ギヤースッディーン・ナッカーシュのティムール朝遣明使節行記録 全訳・註解——ハーフィズィ・アブルー『バイスングルの歴史精華』から」窪田順平編『ユーラシア中央域の歴史構図——13-15世紀の東西』総合地球環境学研究所(イリプロジェクト),273-430頁

―― 2014.「ウマル・シャイフ発令ウイグル文字テュルク語文書再読——サンクトペテルブルク東洋学写本研究所蔵SI Uig.1」杉山正明編『続・ユーラシアの東西を眺める』京都大学大学院文学研究科, 67-74頁

加藤和秀 1985.「草原の英雄, ティムール」牟田口義郎編『イスラムの戦争』(世界の戦争3)講談社, 259-318頁

―― 1999a.『ティームール朝成立史の研究』北海道大学図書刊行会

―― 1999b.「「モンゴル帝国」と「チャガタイ・ハーン国」」間野英二編『中央アジア史』(アジアの歴史と文化8)同朋舎・角川書店, 118-129, 228-229頁

川口琢司 2007.『ティムール帝国支配層の研究』北海道大学出版会〔紹介:磯貝健一『東洋史研究』68-2 (2009)〕

―― 2011.「ハーフィズ・アブルーの地理書におけるマー・ワラー・アンナフルの条について」近藤信彰編『ペルシア語文化圏史研究の最前線』東京外国語大学アジア・アフリカ言語文化研究所, 61-85頁

―― 2013.「ティムールの冬営地と帝国統治・首都圏」『史学雑誌』122-10, 1-38頁

―― 2014.『ティムール帝国』(講談社選書メチエ)講談社

川本正知 1986.「ホージャ・アフラールとアブー・サイード——ティムール朝における聖者と支配者」『西南アジア研究』25, 25-50頁

――訳注 2005. マウラーナー・シャイフとして知られる弟子編『15世紀中央アジアの聖者伝 ホージャ・アフラールのマカーマート』東京外国語大学アジア・アフリカ言語文化研究所〔書評:今松泰『史林』89-6 (2006)〕

—— 2008.「ナクシュバンディー教団の修行法について(2)——アブド・アッラフマーン・ジャーミー著『ホージャガーンの修行法についての論考』より」『西南アジア研究』69, 1-32頁

—— 2012.「バハー・ウッディーン・ナクシュバンドの生涯とチャガタイ・ハン国の終焉」『東洋史研究』70-4, 1-31頁

久保一之 1990.「ミール・アリー・シールの学芸保護について」『西南アジア研究』32, 21-55頁

—— 1995.「研究案内 中央アジア(前近代)」三浦徹・東長靖・黒木英充編『講座イスラーム世界別巻 イスラーム研究ハンドブック』栄光教育文化研究所, 141-154頁

—— 1997a.「ビナーイーのシャイバーニー・ナーマについて」『平成6〜8年度文部省科学研究費補助金 基盤研究(A)「トルコ・イスラム時代中央アジア文化の総合的研究」研究成果報告書』課題番号06301043(研究代表者：間野英二), 26-60頁

—— 1997b.「ティムール朝とその後——ティムール朝の政府・宮廷と中央アジアの輝き」杉山正明ほか編『岩波講座世界歴史11 中央ユーラシアの統合(9-16世紀)』岩波書店, 147-176頁

—— 1999.「ティムール帝国」間野英二編『中央アジア』(アジアの歴史と文化8) 同朋舎・角川書店, 130-149, 229頁

—— 2001a.「いわゆるティムール朝ルネサンス期のペルシア語文化圏における都市と韻文学——15世紀末ヘラートのシャフル・アーシューブを中心に」『西南アジア研究』54, 54-83頁

—— 2001b.「ティムール朝末期ヘラートのシャフル・アーシューブ——サイフィー・ブハーリー作『驚くべき者たちの技芸』抄訳」『平成10〜14年度文部科学省科学研究費補助金 特定領域研究(A)118「古典学の再構築」第Ⅰ期公募研究論文集』「古典学の再構築」総括班, 37-48頁

—— 2008.「ナヴァーイー(ミール・アリーシール)の社会観——Maḥbūb al-qulūb 第1章日本語訳(付 ローマ字転写校訂テキスト)」『京都大学文学部研究紀要』47, 183-295頁

—— 2012.「ミール・アリーシールと〝ウイグルのバフシ〟」『西南アジア研究』77, 39-73頁

—— 2014a.「ミール・アリーシールの家系について——ティムール朝における近臣・乳兄弟・譜代の隷臣・アミール」『京都大学文学部研究紀要』53, 141-233頁

—— 2014b.『ティムール』(世界史リブレット人36) 山川出版社

—— 2016.「Niẓām al-mulk 著『統治の書』とティムール朝——イラン・イスラーム的政治文化の継承をめぐって」『西南アジア研究』85, 40-72頁

ケーレン, リュシアン編 (杉山正樹訳) 1998.『遥かなるサマルカンド』原書房

小松久男 1991.「中央アジア」羽田・三浦 1991, 265-310頁

—— 2001.「バルトリド(ワシーリー・ウラジーミロヴィチ) 1869-1930」『20世紀の歴史家たち(4) 世界編 下』(刀水歴史全書) 刀水書房, 37-53頁

清水宏祐 2007.『イスラーム農業書の世界』(世界史リブレット85) 山川出版社

志茂碩敏 1995.『モンゴル帝国史研究序説』東京大学出版会
菅原睦 2001.「チャガタイ文学とイラン的伝統」『総合文化研究』(東京外国語大学総合文化研究所) 5, 49-62頁
杉山雅樹 2006.「ムザッファル朝における支配の正統性——Mubāriz al-Dīn Muḥammad 治世の政策の変遷」『史林』89-5, 70-98頁
——— 2012.「*Tarassul-i Muʿīn al-dīn Muḥammad Isfizārī* に関する一考察」『西南アジア研究』76, 42-71頁
——— 2013.「ティムール朝末期における書簡作成の規定と実践——*Makhzan al-Inshā'* の記述を基に」『オリエント』56-1, 71-83頁
谷口淳一編 2010- .「アフマド・イブン・ファドル・アッラー・ウマリー著『高貴なる用語の解説』訳注(1)- 」『史窓』(京都女子大学史学会) 67- (連載中)
羽田正 1991.「イラン」羽田・三浦編 1991, 217-263頁
羽田正・三浦徹編 1991.『イスラム都市研究［歴史と展望］』東京大学出版会
早川尚志 2015.「ティムール朝期の「一日行程」と駅伝制」『内陸アジア史研究』30, 23-49頁
堀川徹 1977.「ティムール朝末期の内訌をめぐって」『東洋史研究』35-4, 1-28頁
——— 2000.「モンゴル帝国とティムール帝国」小松久男編『中央ユーラシア史』(新版世界各国史4) 山川出版社, 174-244頁
本田実信 1984.「イラン」島田虔次ほか編『内陸アジア・西アジア』(アジア歴史研究入門4) 同朋舎, 593-662頁
——— 1991.『モンゴル時代史研究』東京大学出版会
松本耿郎 2004.「イスラーム存在一性論と教育思想——ジャーミーの「春の薗」についての考察」『サピエンチア(英知大学論叢)』38, 55-86頁
間野英二 1976.「アミール・ティムール・キュレゲン——ティムール家の系譜とティムールの立場」『東洋史研究』34-4, 109-133頁 (間野 2001に改訂して再録)
——— 1977a.『中央アジアの歴史』(講談社現代新書) 講談社
——— 1977b.「ティムール朝における一貴顕の系譜——Chākū Barlās 家の場合」『オリエント』20-1, 37-61頁 (間野 2001に再録)
——— 1984.「トルキスタン」島田虔次ほか編『内陸アジア・西アジア』(アジア歴史研究入門4) 同朋舎, 41-142頁
——— 1998.『バーブル・ナーマの研究Ⅲ 訳注』松香堂
——— 2001.『バーブル・ナーマの研究Ⅳ バーブルとその時代』松香堂
——— 2005.「十五・十六世紀,中央アジアにおける君臣儀礼——その一 会見の儀礼」『東方学』109, 1-23頁
——— 2013.『バーブル——ムガル帝国の創設者』(世界史リブレット人46) 山川出版社
———訳注 2014-15.『バーブル・ナーマ——ムガル帝国創設者の回想録』全3巻 (東洋文庫),平凡社
間野英二・堀川徹編 2004.『中央アジアの歴史・社会・文化』放送大学教育振興会
森本一夫 2015.「ティムール家のアリー裔血統主張に関する新証拠」『オリエント』57-2,

77-90頁

家島彦一訳注 1996-2002. イブン・バットゥータ（イブン・ジュザイイ編）『大旅行記』全8巻, （東洋文庫）平凡社

ヤマンラール水野美奈子 1988.「イスラームの画論と画家列伝」『オリエント』31-1, 161-172頁

ユスーポワ, D・Iu（磯貝健一訳）1998.「16世紀中央アジア文化史の史料としてのホーンデミールの作品」『西南アジア研究』49, 93-103頁

渡部良子 2008.「研究案内　イルハーン朝とティムール朝」小杉泰・林佳世子・東長靖編『イスラーム世界研究マニュアル』名古屋大学出版会, 160-168頁

Abdullaeva, F. and C. Melville 2008. *The Persian Book of Kings: Ibrahim Sultan's Shahnama*, Oxford: Bodleian Library, University of Oxford.

Afṣaḥzād, A. 1999. *Naqd va barrasī-yi āṣār va šarḥ-i aḥvāl-i Jāmī*, Tehran: Markaz-e Moṭāle'āt-e Īrānī. 〔タジク語初版 1980〕

Aka, İ. 1994. *Mirza Şahruh ve Zamanı (1405-1447)*, Ankara: Türk Tarih Kurumu.

Allen, T. 1981. *A Catalogue of the Toponims and Monuments of Timurid Herat*, Cambridge, MA: Massachusetts Institute of Technology.

Ando S.（安藤志朗）1992. *Timuridische Emire nauch dem Muʿizz al-ansāb: Untersuchung zur Stammesaristokratie Zentralasiens im 14. und 15. Jahrhundert*, Berlin: Klaus Schwarz Verlag.

――― 1995a. "Die timuridische Historiographie II: Šaraf al-Dīn ʿAlī Yazdī", *Studia Iranica* 24-2, pp. 219-246.

――― 1995b. "The Shaykh al-Islām as a Timurid Office: A Preliminary Study", *Islamic Studies* 33-2/3, pp. 253-280.

Ansari, A. M. 2016. "Mīrkhwānd and Persian Historiography", *Journal of the Royal Asiatic Society* (3rd series) 26-1/2, pp. 249-259.

Ashrafi, M. M. 2003. "Arts of the Book and Miniatures", in: Bosworth, C. E. and the late M. S. Asimov, eds., *History of Civilizations of Central Asia*, Vol. 4, Part 2, Delhi: Motilal Banarsidass Publishers Private Limited, pp. 461-485.

Aubin, J. 1963. "Comment Tamerlan prenait les villes", *Studia Islamica* 19, pp. 83-122.

――― 1969. "L'Ethnogénèse des Qaraunas", *Turcica* 1, pp. 65-94.

――― 1976. "Le khanat de Čaġatai et le Khorasan (1334-1380)", *Turcica* 8-2, pp. 16-60.

Bahari, E. 1997. *Bihzad: Master of Persian Painting*, London/New York: I.B.Tauris.

Barthold, V. (trs. V. and T. Minorsky) 1956. *Four Studies on the History of Central Asia,* Vol. 1: *A Short History of Turkestan*; *History of Semirechiye*, Leiden: E.J.Brill. 〔ロシア語初版 1898〕

――― (trs. V. and T. Minorsky) 1958. *Four Studies on the History of Central Asia,* Vol. 2: *Ulugh-Beg.* Leiden: E.J.Brill. 〔ロシア語初版 1918〕

――― (trs. V. and T. Minorsky) 1962. *Four Studies on the History of Central Asia,* Vol. 3: *Mīr ʿAlī-Shīr; A History of the Turkman People*, Leiden: E.J.Brill. 〔ロシア語初版 1928〕

Bernardini, M., ed. 1996. *La Civiltà Timuride comme fenomeno internazionale (Oriente Moderno*, Numero monografico; Nuova serie 15/1-2), Vol. 1, Roma: Istituto per l'Oriente.

―――― 2008. *Mémoire et propagande à l'époque timouride*, Paris: Association pour l'avancement des études iraniennes.

Biran, M. 2002. "The Chaghadaids and Islam: The Conversion of Tarmashirin Khan (1331–34)", *Journal of the American Oriental Society* 122-4, pp. 742–752.

―――― 2013. "Rulers and City Life in Mongol Central Asia (1220–1370)", in Durand-Guédy, ed., 2013, pp. 257–284.

Blair, S. 1996. "Timurid Signs of Sovereignty", in Bernardini, ed., 1996, pp. 551–576.

Bodrogligeti, A. J. E. 2001. *A Grammar of Chagatay* (Languages of the World/Materials 155), Muenchen: Lincom GmbH.

Broadbridge, A. F. 2010. "Spy or Rebel? The Curious Incident of the Temürid Sulṭān-Ḥusayn's Defection to the Mamluks at Damascus in 803/ 1400–1", *Mamlūk Studies Review* 14, pp. 29–42.

Crowe, Y. 1992. "Some Timurid Designs and Their Far Eastern Connections", in Golombek and Subtelny, eds., 1992, pp. 168–178.

Dale, S. F. 2004. *The Garden of the Eighth Paradises: Bābur and the Culture of Empire in Central Asia, Afghanistan and India (1483–1530)*, Leiden/Boston: Brill.

―――― 2009. "The Later Timurids c. 1450–1526", in Di Cosmo et al., eds. 2009, pp. 199–217.

DeWeese, D. 1996a. "The Mashā'ikh-i Turk and the Khojagān: Rethinking the Links between the Yasavī and Naqshbandī Sufi Tradition", *Journal of Islamic Studies* 7-2, pp. 180–207.

―――― 1996b. "Yasavī Šayḫs in the Timurid Era: Notes on the Second and Political Role of Communal Sufi Affiliations in the 14th and 15th Centuries", in Bernardini, ed., 1996, pp. 173–188.

Di Cosmo, N. et al., eds. 2009. *The Cambridge History of Inner Asia: The Chinggisid Age*, Cambridge: Cambridge University Press.

Durand-Guédy, D., ed. 2013. *Turko-Mongol Rulers, Cities and City Life*, Leiden/Boston: Brill.

Elwell-Sutton, L. P. 1984. "A Royal Tīmūrid Nativity Book", in R. M. Savory and D. A. Agius, eds., *Logos Islamikos: Studia Islamica in Honorem Georgii Michaelis Wickens*, Toronto: Pontifical Institute of Medieval Studies, pp. 119–136.

Eslami, K. 1998a. "Manṣūr Muṣavvir, 'the Pride of the Painters' and His Son Shāh Muẓaffar, 'the Party of the Age'", in Eslami, ed. 1998b, pp. 58–89.

――――, ed. 1998b. *Iran and Iranian Studies: Essays in Honor of Iraj Afshar*, Princeton: Zagros.

Fragner, B. 1986. "Social and Internal Economic Affairs", in Jackson and Lockhart, eds., 1986, pp. 491–567.

Gandjeï, T. 1964. "Note on the Colophon of the «Laṭāfat-nāma» in Uighur Characters from the Kabul Museum", *Annali* (Istituto Universitario Orientale di Napoli), Nuova Serie 14-1, pp. 161–165.

Golombek, L. 1995. "The Gardens of Timur: New Perspectives", *Muqarnas* 12, pp. 137–147.

Golombek, L. and M. Subtelny, eds. 1992. *Timurid Art and Culture: Iran and Central Asia in the Fifteenth Century*, Studies in Islamic Art and Architecture: Supplement to Muqarnas 6, Leiden/ New York/Köln: E.J.Brill.

Golombek, L and D. Wilber 1988. *The Timurid Architecture of Iran and Turan*, 2 vols., Princeton:

Princeton University Press.

Gray, B. 1979a. "The School of Shiraz from 1392-1453", in Gray, ed., 1979b, pp. 121-145.

―――, ed. 1979b. *The Arts of the Book in Central Asia: 14th-16th Centuries*, Paris/London: UNESCO/Serindia Publications.

Gross, J. 1992. "Authority and Miraculous Behavior: Reflections on *Karāmat* Stories of Khwāja 'Ubaydullāh Aḥrār", in L. Lewisohn, ed., *The Legacy of Medieval Persian Sufism*, London: Khaniqahi Nimatullahi Publications in association with the SOAS Centre of Near and Middle Eastern Studies, University of London, pp. 159-172.

――― 2001. "Naqshbandī Appeals to the Herat Court: A Preliminary Study of Trade and Property Issues", in D. DeWeese, ed., *Studies on Central Asian History in Honor of Yuri Bregel*, Bloomington: Research Institute for Inner Asian Studies, Indiana University, pp. 113-128.

Gross, J. and A. Urunbaev 2002. *The Letters of Khwāja 'Ubayd Allāh Aḥrār and His Associates*, Leiden/Boston/Köln: Brill.〔書評：久保一之『オリエント』47-1（2004）〕

Grube, E. J. and E. Sims 1979. "The School of Herat from 1400 to 1450", in Gray, ed., 1979b, pp. 146-178.

Haidar, M. 2004. *Medieval Central Asia: Polity, Economy and Military Organization (Fourteenth to Sixteenth Centuries)*, New Delhi: Manohar.

Herrmann, G. 1974. "Zur Intitulatio timuridischer Urkunden", *Zeitschrift der Deutschen Morgenländischen Gesellschaft*, Supplement II, pp. 498-521.

――― 1979. "Zur Enstehung des Ṣadr-amtes", in Haarmann, U. and P. Bachmann, eds., *Die islamische Welt zwischen Mittelalter und Neuzeit: Festschrift für Hans Robert Roemer zum 65. Geburstag*, Wiesbaden/Beirut: In Kommission bei F. Steiner Verlag, pp. 278-295.

Hiravī, N. M. 1998. *Šayḫ 'Abd al-raḥmān Jāmī*, Tehran: Ṭarḥ-e Now.

――― 2011. "Kātebān-e dīvānī: dar šenāḫt-e ādāb-e kātebān-e dīvān-e siyāsī/ Farhang-e ṣenfī va mardomī-ye Teymūriyān-e Herāt", *Owrāq-e 'Atīq* 2, pp. 81-140.

Ito T.（伊藤隆郎）2015. "Al-Maqrīzī's Biography of Tīmūr", *Arabica* 62, pp. 308-327.

Jackson, P. and L. Lockhart, eds. 1986. *The Cambridge History of Iran* Vol. 6: *The Timurid and Safavid Periods*, Cambridge/London/New York/New Rochelle/Melbourne/Sydney: Cambridge University Press.

Jacobi, J. 1992. "Agriculture between Literary Tradition and Firsthand Experience: The *Irshād al-zirā'a* of Qasim b. Yusuf Abu Nasri Haravi", in Golombek and Subtelny, eds., 1992, pp. 201-208.

Kauz, R. 2005. *Politik und Handel zwichen Ming und Timuriden: China, Iran und Zentralasien im Spätmittelalter*, Wiesbaden: Reichert.

Keshavarz, F. 1984. "The Horoscope of Iskandar Sultan", *Journal of the Royal Asiatic Society* 116-2, pp. 197-208.

Khalidov, A. B. and M. E. Subtelny 1995. "The Curriculum of Islamic Higher Learnning in Timurid Iran in the Light of the Sunni Revival under Shāh-Rukh", *Journal of the American Oriental Society* 115-2, pp. 210-236.

Kim, H. 1999. "The Early History of the Mongol Nomads: The Legacy of the Chaghatai Khanate", in Amitai-Preiss, R. and D. O. Morgan, eds., *The Mongol Empire and Its Legacy*, Leiden/Boston/Köln: Brill, pp. 290-318.

Komaroff, L. 1986. "The Epigraphy of Timurid Coinage: Some Preliminary Remarks", *Museum Notes* (The American Numismatic Society) 31, pp. 207-232+pls. 37-38.

Krawulsky, D. 1984. *Ḫorāsān zur Timuridenzeit nach dem Tārīḫ-e Ḥāfeẓ-e Abrū (verf. 817-823 h.), II. Übersetzung und Ortsnamenkommentar*, Wiesbaden: Dr. Ludwig Reichert Verlag.

Lentz, T. W. and G. D. Lowry, eds. 1989. *Timur and the Princely Vision: Persian Art and Culture in the Fifteenth Century*, Washington, D.C.: Smithsonian Institution Press.

Linbert, J. 2004. *Shiraz in the Age of Hafez: The Glory of a Medieval Persian City*, Seattle/London: University of Washington Press.

Lukens-Swietochowski, M. 1979. "The School of Herat from 1450 to 1506", in Gray, ed., 1979b, pp. 179-214.

Manz, B. F. 1989. *The Rise and Rule of Tamerlane*, Cambridge/New York: Cambridge University Press. 〔書評：間野英二『東洋史研究』49-4, 1991〕

―― 2007. *Power, Politics and Religion in Timurid Iran*, Cambridge/New York: Cambridge University Press.

―― 2008. "Ulugh Beg, Transoxania and Turco-Mongolian Traditions", in Ritter, Kauz and Hoffmann, eds., 2008, pp. 20-27.

―― 2009. "Temür and the Early Timurids to c. 1450", in Di Cosmo et al., eds., 2009, pp. 182-198.

―― 2010. "The Rule of the Infidels: the Mongols and the Islamic World", in Morgan and Reid, eds., 2010, pp. 128-168.

―― 2016. "The Empire of Tamerlane as an Adaptation of the Mongol Empire: An Answer to David Morgan, 'The Empire of Tamerlane: An Unsuccessful Re-Run of the Mongol State?'", *Journal of the Royal Asiatic Society* (3rd series) 26-1/2, pp. 281-291.

Masson, M. E. and G. A. Pugachenkova (tr. by J. M. Rogers) 1978-80. "Shahr-i Sabz from Timur to Ulugh Beg, I-II", *Iran* 16, pp. 103-126; 17, pp. 121-143.

Matsui D., R. Watabe and H. Ono (松井太・渡部良子・小野浩) 2015. "A Turkic-Persian Decree of Timurid Mīrān Šāh of 800 AH/ 1398 CE", *Orient* (The Society for Near Eastern Studies in Japan) 50, pp. 53-75.

McChesney, R. M. 1991. *Waqf in Central Asia: Four Hundred Years in the History of a Muslim Shrine, 1480-1889*, Princeton: Princeton University Press.

―― 2006. "A Note on the Life and Works of Ibn ʿArabshāh", in Pfeiffer, J., S. A. Quinn and E. Tucker, eds., *History and Historiography of Post-Mongol Central Asia and the Middle East: Studies in Honor of John E. Woods*, Wiesbaden: Harrassowitz, pp. 205-249.

Melikian-Chirvani, A. S. 1988. "Khʷāje Mīrak Naqqāsh", *Journal Asiatique* 276-1/2, pp. 97-146.

Melville, C. 1994. "The Chinese Uighur Animal Calendar in Persian Historiography of Mongol Period", *Iran* 32, pp. 83-98.

―― 2008. "Between Tabriz and Herat: Persian Historical Writing in the 15th Century", in Ritter, Kauz and Hoffmann, eds., 2008, pp. 28-38.

―― 2013. "The Itineraries of Shahrukh b. Timur (1405-47)", in Durand-Guédy, ed., 2013, pp. 285-316.

Mitchell, C. P. 2003. "To Preserve and Protect: Husayn Vaʻiz-i Kashifi and Perso-Islamic Chancellery Culture", in Subtelny, ed., 2003, pp. 485-507.

Monfared, M. F. 2008. "Sharaf al-Dīn ʻAlī Yazdī: Historian and Mathematician", *Iranian Studies* 41-4, pp. 537-547.

Morgan, D. and A. Reid, eds. 2010. *The New Cambridge History of Islam*, Vol. 3: *The Eastern Islamic World Eleventh to Eighteenth Centuries*, Cambridge/Tokyo: Cambridge University Press.

Mukminova, R. G. 1999. "The Timurid States in the Fifteenth and Sixteenth Centuries", in Asimov, M. S. and C. E. Bosworth, eds., *History of Civilizations of Central Asia*, Vol. 4, Part 1, Delhi: Motilal Banarsidass Publishers Private Limited, pp. 347-363.

Muminov, A. and Sh. Ziyadov 1999. "L'horizon intellectuel d'un érudit XVe siècle: nouvelles découvertes sur la bibliothèque de Muhammad Pârsâ", in A. Muminov et al., eds., *Patrimoine manuscript et vie intellectuelle de l'Asie cetrale islamique*, Cahiers d'Asie centrale 7, Tashkent/ Aix-en-Provence: IFÉAC/ Éditions ÉDISUD pp. 77-98.

Muminov, A. and B. Babadzhanov 2001. "Amîr Temur and Sayyid Baraka", *Central Asiatic Journal* 45-1, pp. 28-62.

O'Kane, B. 1993. "From Tens to Pavilions: Royal Mobility and Persian Palace Design", *Ars Orientalis* 23, pp. 249-268.

Paul, J. 1990. "Scheiche und Herrscher im Khanat Čaġatay", *Der Islam* 67-2, pp. 278-321.

―― 1991. *Die politische und soziale Bedeutung der Naqšbandiyya in Mittelasien im 15. Jahrhundert*, Berlin/New York: Walter de Gruyter.〔書評：安藤志朗『イスラム世界』39・40, 1993〕

―― 1998. *Doctrine and Organization: The Khwājagān/ Naqshbandīya in the First Generation after Bahā'uddīn*, Berlin: Das Arabische Buch.

―― 2004. "Wehrhafte Städter: Belagerungen von Herat, 1448-1468", *Asiatische Studien/Études Asiatiques* 58-1, pp. 163-193.

Potter, L. G. 1992. "The Kart Dynasty of Herat: Religion and Politics in Medieval Iran", Ph.D. dissertation, Columbia University.

Qureshi, H. A., tr. 2007. *Central Asia in Fifteenth Century (1405-1500 A.D.): Habib-us-Siyar (Translation)*, Lucknow: New Royal Book Company.

――, tr. 2012. *Khwand Mir's Habib-us-Siyar (1501-1524 A.D.): Central Asia in Early Sixteenth Century (Translation)*, Lucknow: New Royal Book Company.

Reid, J. J. 1984. "The Je'ün-i Qurbān Oirat Clan in the Fourteenth Century", *Journal of Asian History* 18-2, pp. 189-200.

Richard, F. 1996. "Un témoignage inexploité concernant le mécénat d'Eskandar Solṭān à Eṣfahān", in Bernardini, ed., 1996, pp. 45-72.

Ritter, M., R. Kauz and B. Hoffmann, eds. 2008. *Iran und iranisch geprägte Kulturen: Studien zum*

65. Geburtstag von Bert G. Fragner (Beiträge zur Iranistik 27), Wiesbaden: Dr. Ludwig Reichert Verlag.

Robinson, B. W. 1957. "Prince Bāysonghor's Niẓāmī: A Speculation", *Ars Orientalis (The Arts of Islam and the East)* 2, pp. 383–391.

Roemer, H. R. 1986a. "Tīmūr in Iran", in Jackson and Lockhart, eds., 1986, pp. 42–97.

―― 1986b. "Tīmūr's Successors", in Jackson and Lockhart, eds., 1986, pp. 98–146.

―― 1986c. "The Türkmen Dynasties", in Jackson and Lockhart, eds., 1986, pp. 147–188.

Rogers, J. M. 1974. "V. V. Bartol'd's Article *O pogrebenii Timura* ("The Burial of Tīmūr")", *Journal of Persian Studies* 12, pp. 65–87. 〔ロシア語初版 1916〕

Rossabi, M. 1976. "Two Ming Envoys to Inner Asia", *T'ung Pao*（通報）62-1/3, pp. 1–34.

―― 1983. "A Translation of Ch'en Ch'eng's HSI-YÜ FAN-KUO CHIH", *Ming Studies*（明史研究）17, pp. 49–59.

Roxburg, D. J. 1995. "Heinrich Friedrich von Diez and His Eponymous Albums: Mss. Diez A. Fols.70-74", *Muqarnas* 12, pp. 112–136.

Sela, R. 2011. *The Legendary Biographies of Tamerlane: Islam and Heroic Apocrypha in Central Asia*, Cambridge/New York: Cambridge University Press.

Sertkaya, A. G. 2004. "Semerkandlı Şeyh-zade Abdürrezzâk Bahşı'nın Ali Şir Nevayî'ye Anadolu'da Yazdığı Nazireler", *Ali Şir Nevayî'nın 560. Doğum, 500. Ölüm Yıl Dönümleri Anma Toplantısı bildirileri*, Ankara: Ankara Üniversitesi.

Sertkaya, O. F. 1977. *İslâmî devrenin uygur harfli eserlerine toplu bir bakış*, Bochm: Sofortdruckerei der Studentenschaft an der Ruhr-Universität Bochum.

Sims, E. 1992. "Ibrāhīm-Suṭlān's *Ẓafar-nāmeh* of 839/1436", *Islamic Art: Abiennial Dedicated to the Art and Culture of the Muslim World* IV: 1990-1991, pp. 175–217.

Smith, Jr., J. M. 1970. *The History of the Sarbadar Dynasty 1336-1381 A.D. and Its Sources*, The Haglue/Paris: Mouton.

Soucek, P. P. 1992. "The Manuscripts of Iskandar Sultan: Structure and Content", in Golombek and Subtelny, eds., 1992, pp. 116–131.

―― 1996. "Eskandar b. 'Omar šayx b. Timur: A Biography", in Bernardini, ed., 1996, pp. 73–87.

―― 1998. "Ibrāhīm Suṭlān's Military Career", in Eslami, ed., 1998b, pp. 24–41.

Subtelny, M. E. 1988. "Socioeconomic Bases of Cultural Patronage under the Later Timurids", *International Journal of Middle East Studies* 20-4, pp. 479–505.

―― 1991. "The Vaqfīya of ʿAlī Šīr Navāʾī as Apologia", *Journal of Turkish Studies* 15, pp. 257–286.

―― 1995. "Mīrak-i Sayyid Ghiyās̲ and the Timurid Tradition of Landscape Architecture", *Studia Iranica* 24-1, pp. 19–60.

―― 2002. *Le monde est un jardin: Aspects de l'histoire culturelle de l'Iran medieval*, Paris: Association pour l'avancement des études iraniennes.

――, ed. 2003. *Husayn Vāʿiz-i Kashifi (Iranian Studies* 36-4).

―― 2007. *Timurids in Transition: Turko-Persian Politics and Acculturation in Medieval Iran*,

Leiden/Boston: Brill. 〔書評:久保一之『西南アジア研究』71, 2009〕

—— 2010. "Tamerlane and His Descendants: from Paladins to Patrons", in Morgan and Reid, eds., 2010, pp. 169-200.

Szuppe, M. 1996. "The Female Intellectual Milieu in Timurid and post-Timurid Herat: Faxri Heravi's Biography of Poetesses, *Javāher al-'ajāyeb*", in Bernardini, ed., 1996, pp. 119-137.

——, ed. 1997. *L'Heritage timouride. Iran - Asie centrale - Inde. XVe-XVIIe siècles*, Cahiers d'Asie centrale 3-4), Tachkent/Ax-en-Provence: IFÉAC/ Éditions ÉDISUD.

Thackston, W. M., tr. and ed. 1989. *A Century of Princes: Sources on Timurid History and Art*, Cambridge, MA: The Aga Khan Program for Islamic Architecture, Harvard University and Massachusetts Institute of Technology.

—— tr. and ed. 1993. Zahiruddin Muhammad Babur Mirza, *Baburnama: Chaghatay Turkish Text with Abdul-Rahim Khankhanan's Persian Translation*, 3 parts (Sources of Oriental Languages & Literatures 18), Cambridge: The Department of Near Eastern Languages and Civilizations, Harvard University.

—— tr. and ed. 1994. Khwandamir, *Habibu's-siyar: Tom Three*, 2 parts (Sources of Oriental Languages & Literatures 24), Cambridge: The Department of Near Eastern Languages and Civilizations, Harvard University.

——, tr. 1996. Mirza Haydar Dughlat, *Tarikh-i-Rashidi: A History of the Khans of Moghulistan, English Translation & Annotation,* Sources of Oriental Languages & Literatures 38, Cambridge: The Department of Near Eastern Languages and Civilizations, Harvard University.

—— 2001. *Album Prefaces and Other Documents on the History of Calligraphers and Painters*, Studies and Sources in Islamic Art and Architecture: Supplements to Muqarnas 10, Leiden/Boston/Köln: Brill.

Togan, Z. V. 1958. "Timurs Osteuropapolitik", *Zeitschrift der Deutschen Morgenländischen Gesellschaft* 108-2, pp. 279-298.

Toḫtīyef, 'E. 1998-99. *Siyāsat-e pūlī-mālī-ye Teymūr va ḫāndān-e ū va sekkehā-ye ānhā*, Qom: Ketābḫāne-ye Bozorg-e Āyatollāh al-'oẓmā Mar'ašī-ye Najafī.

Watanabe H.(渡邊宏)1975. "An Index of Embassies and Tribute Missions from Islamic Countries to Ming China (1368-1644) as Recorded in the *Ming Shi-lu* 明實錄 Classified According to Geographic Area", *Memoirs of the Research Department of the Toyo Bunko* 33, pp. 285-347.

Wilber, D. 1979. "The Timurid Court: Life in Gardens and Tents", *Iran* 17, pp. 127-133.

Woods, J. E. 1984. "Turco-Iranica II: Notes on a Timurid Decree of 1396/798", *JNES* 43-4, pp. 331-337.

—— 1987. "The Rise of Tīmūrid Historiography", *Journal of the Near Eastern Studies* 46-2, pp. 81-108.

—— 1990a. *The Timurid Dynasty* (Papers on Inner Asia 14), Bloomington: Research Institute for Inner Asian Studies, Indiana University.

—— 1990b. "Timur's Genealogy", in M. M. Mazzaoui and V. B. Moreen, eds., *Intellectual Studies on Islam: Essays Written in Honor of Martin B. Dickson*, Bloomington: Research Institute for Inner Asian Studies, Indiana University, pp. 85-125.

――― 1999. *The Aqquyunlu: Clan, Confederation, Empire*, rev. and expanded ed., Salt Lake City: University of Utah Press.

Акимушкин, О. Ф. 1994. "Байсонгур-мирза и его роль в культурной и политической жизни Хорасанского султаната Тимуридов первой трети XV века", *Петербургское востоковедение* 5, pp. 143-168.

Ахмедов, Б. А. 1965а. "Улугбек и политическая жизнь Мавераннахра первой половины XV в.", Аренде А. К. (отв. ред.) *Из истории эпохи Улугбека. Сборник статей*, Ташкент: Издательство «Наука/ Фан» УзССР.

――― 1965b. *Государство кочевых узбеков*, Москва: Издательство «Наука».

Байтанаев, Б. А. et al. 2014-15. *Сайрамский клад тимуридских монет: Каталог*, книга 1-2. Алматы: Институт археологии им. А. Х. Маргулана КН МОН РК.

Бертельс, Е. Э. 1965. *Избранные труды: Навои и Джами*, Москва: Издательство «Наука».

Болдырев, А. Н. 1957. *Зайнаддин Васифи. Таджикский писатель XVI в. (Опыт творческой биографии)*, Сталинабад [= Душанбе]: Таджикгосиздат. 〔再刊 1989〕

Давидович, Е. А. 1972. *Денежное хозяйство Средней Азии после монгольского завоевания и реформа Масʻуд-бека (XIII в.)*, Москва: Издательство «Наука».

――― 1983. *История денежного обращения средневековой Средней Азии (медные монеты XV-первой четверти XVI в. в Мавераннахре)*, Москва: Издательство «Наука».

Мирзоев, А. М. 1976. *Кадал ад-Дин Бинаи*, Москва: Издательство «Наука». 〔タジク語初版 1957〕

Мукминова, Р. Г. 1985. *Социальная дифференция населения городов Узбекистана. Конец XV-XVI в.*, Ташкент: Издательство «Фан» УзССР.

Пищулина, К. А. 1977. *Юго-восточный Казахстан в середине XIV-начале XVI веков. Вопросы политической и социально-экономической истории*, Алма-Ата: Издательство «Наука» КазССР. 〔書評：澤田稔『東洋学報』65-3/4, 1984〕

Султан, Иззат 1985. (Прозаич. Текст пер. А. Зырин. Стихи С. Иванов), *Книга признаний Навои: Жизнь и творчество великого поэта со слов его самого и современников*, Ташкент: Издательство литературы и искусства имени Гафура Гуляма. 〔ウズベク語初版 1969; 同第 2 版 1973〕

Султанов, Т. И. 1982. *Кочевые племена Приаралья в XV-XVII вв. (Вопросы этнической и социальной истории)*, Москва: Издательство «Наука».

Тўхтиев, И. 1992. *Темур ва темурийлар сулоласининг тангалари*, Тошкент: ЎзР ФА «Фан» нашриёти.

Умняков, И. И. 1960. "Из истории международных отношений Средней Азии с Западной Европой в начале XV века", *Известия АН УзССР, Серия общественных наук* 1, pp. 27-33.

Урунваев, А. 1995. "Письма-автографы из Альбома Навои: Источник по изучению налообложения в Хорасане XV в.", *Восточное историческое источниковедение и специальные исторические дисциплины* 3, Москва: Издательская фирма «Восточная литература» РАН, pp. 121-157.

Юнусходжаева, М. Ю. 1978. "Об одном малоизученном документе по истории северного Афганистана XV-начала XVI в.", *Афганистан: вопросы истории, экономики и филологии*, Ташкент: Издательство «Фан» УзССР, pp. 95-99.

Юсупова, Д. Ю. 2006. *Жизнь и труды Хондамира*, Ташкент: Издательство «Фан» АН РУз.

第2節　ウズベク諸ハン国とカザフ

赤坂恒明 2005. 『ジュチ裔諸政権史の研究』風間書房

秋山徹 2016. 『遊牧英雄とロシア帝国——あるクルグズ首領の軌跡』東京大学出版会

アブドゥライモフ, M・А（小松久男訳）1992. 「ブハラのコシュベギ官房文庫研究序説」『西南アジア研究』37, 19-57頁

磯貝健一 1999. 「17世紀初頭ブハラの死地蘇生文書について」『史林』82-2, 32-68頁

——— 2002. 「中央アジア古文書学における書式研究の可能性——合法売買文書によるケース・スタディー」新免康（研究代表者）『中央アジアにおける共属意識とイスラムに関する歴史的研究』（平成11年度〜13年度科学研究費補助金・基盤研究A(2)研究成果報告書, 課題番号11691011), 51-66頁

——— 2009. 「イスラーム法とペルシア語——前近代西トルキスタンの法曹界」森本一夫編『ペルシア語が結んだ世界——もうひとつのユーラシア史』北海道大学出版会, 97-128頁

宇山智彦 1995. 「中央アジア（近現代）」三浦徹・黒木英充・東長靖編『イスラーム研究ハンドブック』（講座イスラム世界別巻）栄光教育文化研究所, 154-159頁

——— 1998. 「地域構造の長期変動と文明史——中央アジアを中心に」『スラブ・ユーラシアの変動——自存と共存の条件』（平成9年度重点領域研究公開シンポジウム報告集）北海道大学スラブ研究センター, 27-34頁

——— 1999. 「カザフ民族史再考——歴史記述の問題によせて」『地域研究論集』2-1, 85-116頁

小沼孝博 2014. 『清と中央アジア草原——遊牧民の世界から帝国の辺境へ』東京大学出版会

小沼孝博・新免康・河原弥生 2013. 「国立故宮博物院所蔵1848年コーカンド文書再考」『東北学院大学論集——歴史と文化』49, 1-24頁

カリーモワ, スライヤー（木村暁訳）2010. 「ウズベキスタンにおけるイスラーム期文献史料の研究——成果と課題」『イスラーム地域研究ジャーナル』2, 64-76頁

川口琢司・長峰博之編／菅原睦校閲 2008. 『ウテミシュ・ハージー(Ötämiš Ḥājī)著『チンギズ・ナーマ(Čingīz-nāma)』』解題・訳註・転写・校訂テクスト, 東京外国語大学アジア・アフリカ言語文化研究所

川口琢司・長峰博之 2013. 「ジョチ・ウルス史再考」『内陸アジア史研究』28, 27-51頁

河原弥生 2005. 「コーカンド・ハーン国におけるマルギランのトラたち——ナクシュバンディー教団系の聖者一族に関する一考察」『日本中東学会年報』20-2, 269-294頁

——— 2006. 「『ホージャ・ハサン・サーヒブキラーン伝』——フェルガナ盆地における民間所蔵史料の研究」『アジア・アフリカ言語文化研究』71, 205-257頁

―――― 2010.「コーカンド・ハーン国期フェルガナ盆地におけるムジャッディディーヤの発展」『内陸アジア史研究』25, 31-54頁

木村暁 2008.「中央アジアとイラン――史料に見る地域認識」宇山智彦編『地域認識論――多民族空間の構造と表象』(講座スラブ・ユーラシア学2)講談社, 39-72頁

―――― 2014.「ウズベキスタン伝存の西徳二郎書簡をめぐって」『アジア・アフリカ言語文化研究』88, 5-41頁

―――― 2016.「マンギト朝政権の対シーア派聖戦とメルヴ住民の強制移住」守川知子編『移動と交流の近世アジア史』北海道大学出版会, 59-85頁

久保一之 1995.「中央アジア(前近代)」三浦徹・黒木英充・東長靖編『イスラーム研究ハンドブック』(講座イスラーム世界別巻)栄光教育文化研究所, 141-154頁

―――― 1996.「イスラーム期中央アジア古文書学の成果と16世紀ブハーラーの法廷文書書式集」『東洋学報』78-2, 029-053頁

―――― 1997.「ビナーイー著『シャイバーニー・ナーマ』校訂テキスト」間野英二(研究代表者)『トルコ・イスラム時代中央アジア文化の総合的研究』(平成6年度〜8年度科学研究費補助金基盤研究(A) (1)研究成果報告書, 課題番号06301043), 61-67(解説); 1-93(ペルシア語校訂テキスト)頁

小前亮 2001.「コングラト朝ムハンマド・ラヒーム・ハンの政権について――*Firdaws al-Iqbāl* による考察」『内陸アジア史研究』16, 39-59頁

小松久男 1996.『革命の中央アジア――あるジャディードの肖像』(中東イスラム世界7)東京大学出版会

―――― 1998.「危機と応戦のイスラーム世界」『岩波講座世界歴史21　イスラーム世界とアフリカ』3-78頁

――――編 2000.『中央ユーラシア史』(新版世界各国史4)山川出版社

―――― 2008a.「中央アジア」小杉泰・林佳世子・東長靖編『イスラーム世界研究マニュアル』名古屋大学出版会, 261-267頁

―――― 2008b.「聖戦から自治構想へ――ダール・アル・イスラームとしてのロシア領トルキスタン」『西南アジア研究』69, 59-91頁

―――― 2014.『激動の中のイスラーム――中央アジア近現代史』(イスラームを知る18)山川出版社

坂井弘紀 2001.「叙事詩に見るアブライ=ハンの系譜と生い立ち」『千葉大学ユーラシア言語文化論集』4, 121-140頁

―――― 2002.『中央アジアの英雄叙事詩――語り伝わる歴史』(ユーラシア・ブックレット35)東洋書店

澤田稔 1996.「ホージャ・イスハーク派の形成――17世紀前半のタリム盆地西辺を中心に」『西南アジア研究』45, 39-61頁

―――― 2005.「オアシスを支配した人びと――17世紀ヤルカンドの事例」松原正毅・小長谷有紀・楊海英編『ユーラシア草原からのメッセージ――遊牧研究の最前線』平凡社, 290-315頁

―――― 2012.「『タズキラ・イ・ホージャガーン』の諸写本にみえる相違――書名と系譜

について」『西南アジア研究』76, 72-85頁
——訳注 2014-18.「『タズキラ・イ・ホージャガーン』日本語訳注（1-8）」『富山大学人文学部紀要』61-68:（1）:59-86頁;（2）:89-118頁;（3）:33-57頁;（4）:81-106頁;（5）:21-44頁;（6）:55-82頁;（7）:31-60頁;（8）:27-43頁
塩谷哲史 2014a.『中央アジア灌漑史序説——ラウザーン運河とヒヴァ・ハン国の興亡』風響社
—— 2014b.「ヒヴァ・ハン国と企業家——イチャン・カラ博物館の一勅令を手がかりに」堀川ほか編 2014, 59-77頁
島田志津夫 2001.「20世紀初頭ブハラの断食月——サドリッディーン・アイニーの『回想録』より」『総合文化研究』5, 36-48頁
新免康・河原弥生 2007.「ブズルグ・ハーン・トラとカッタ・ケナガス村の墓廟」『シルクロード学研究』28, 79-101頁
菅原純ほか編 2006-07.『新疆およびフェルガナのマザール文書（影印）第1-3集』東京外国語大学アジア・アフリカ言語文化研究所
長峰博之 2003.「「キプチャク草原の港」スグナク——1470〜90年代のトルキスタン地方をめぐる抗争とカザクのスグナク領有を中心に」『史朋』36, 1-23頁
—— 2009.「「カザク・ハン国」形成史の再考——ジョチ・ウルス左翼から「カザク・ハン国」へ」『東洋学報』90-4, 01-026頁
—— 2014.「カーディル・アリー・ベグの史書について——ジョチ・ウルス継承政権史料の史料的価値とその歴史認識」『イスラム世界』81, 1-31頁
中村朋美 2012.「19世紀前半コーカンド・ハン国の遣露使節とロシア帝国の中央アジア政策」『アジア史学論集』5, 1-18頁
野田仁 2007.「カザフ・ハン国とトルキスタン——遊牧民の君主埋葬と墓廟崇拝からの考察」『イスラム世界』68, 1-24頁
—— 2011.『露清帝国とカザフ＝ハン国』東京大学出版会
ババジャーノフ，バフティヤール（磯貝健一訳）1999.「16世紀ナクシュバンディーヤの指導者——マフドゥーメ・アッザムの著作における政治理論」『西南アジア研究』50, 33-47頁
濱田正美 1998.「モグール・ウルスから新疆へ——東トルキスタンと明清王朝」『岩波講座世界歴史13 東アジア・東南アジア伝統社会の形成』97-119頁
—— 1999.「聖者の墓を見つける話」『国立民族学博物館研究報告別冊』20, 287-326頁
—— 2002a.「中央アジアと東アジアの境界——中央アジアから見た中華世界」中見立夫編『境界を越えて——東アジアの周辺から』（アジア理解講座1）山川出版社, 69-98頁
—— 2002b.「聖者の見る夢・見せる夢」池田紘一・眞方忠道編『ファンタジーの世界』九州大学出版会, 97-109頁
—— 2006.『東トルキスタン・チャガタイ語聖者伝の研究』京都大学大学院文学研究科
—— 2007.「帰真総義——中央アジアにおけるその源流」京都大学人文科学研究所編『中国宗教文献研究』臨川書店, 447-458頁

―――― 2008a.『中央アジアのイスラーム』山川出版社
―――― 2008b.「北京第一歴史檔案館所蔵コーカンド関係文書9種」『西南アジア研究』68, 82-111頁
バルトリド, V・V（小松久男監訳）2011.『トルキスタン文化史1-2』平凡社〔ロシア語初版 1927〕
堀川徹 2004.「中央アジアの古文書研究プロジェクト」『歴史と地理』579, 57-61頁
―――― 2005.「タリーカ研究の現状と展望――道, 流派, 教団」赤堀雅幸ほか編『イスラームの神秘主義と聖者信仰』（イスラーム地域研究叢書7）東京大学出版会, 161-185頁
――――編（研究代表者）2006.『中央アジアにおけるムスリム・コミュニティーの成立と変容に関する歴史学的研究』（平成14年度～17年度科学研究費補助金（基盤研究(A)(1)）研究成果報告書, 課題番号14201037）
―――― 2011.「モンゴル時代以降の西部内陸アジア史――実証研究の深化と展開の可能性」『内陸アジア史研究』26, 35-51頁
―――― 2012.「中央アジア文化における連続性について――テュルク化をめぐって」森部豊・橋寺知子編『アジアにおける文化システムの展開と交流』関西大学出版部, 35-56頁
堀川徹・大江泰一郎・磯貝健一編 2014.『シャリーアとロシア帝国――近代中央ユーラシアの法と社会』臨川書店
間野英二編（竺沙雅章監修）1999.『中央アジア史』（アジアの歴史と文化8），同朋舎
―――― 2000.「内陸アジア史研究の回顧と今後の課題」『東方学』100, 137-145頁
ムクミーノワ, R・G（久保一之訳）1998.「15世紀～19世紀半ばの中央アジア都市」『西南アジア研究』49, 85-92頁
ムハンマド・ハキーム・ハーン（河原弥生・羽田亨一校訂）2009-2006.『選史 I-II』東京外国語大学アジア・アフリカ言語文化研究所
守川知子 1997.「サファヴィー朝支配下の聖地マシュハド――16世紀イランにおけるシーア派都市の変容」『史林』80-2, 1-41頁
歴史学研究会編 2010.『東アジア・内陸アジア・東南アジアII』（世界史史料4）岩波書店
Abdurasulov, U. 2012. "Atā'ī Mulk and Yārlīqlī-Mulk: Features of Land Tenure in Khiva", Der Islam 80-2, pp. 308-323.
Adle, Ch. and I. Habib, eds. 2003. History of Civilizations of Central Asia, Vol. 5 (Development in Contrast: From the Sixteenth to the Mid-Nineteenth Century), Co-Editor: K. M. Baipakov, Paris: UNESCO.
Āgahī, Muḥammad Riżā Mīrāb 2012. Jāmi' al-vāqi'āt-i sulṭānī, Edited in the Original Central Asian Turki with an Introduction and Notes by N. Tashev, Samarkand/Tashkent: International Institute for Central Asian Studies.
Allworth, E. A. 2000. The Preoccupations of 'Abdalrauf Fitrat, Bukharan Nonconformist (An Analysis and List of His Writings), Berlin: Das Arabische Buch.
―――― 2002. Evading Reality: The Devices of 'Abdalrauf Fitrat, Modern Central Asian Reformist,

Leiden: Brill.

Allworth, E. A. et al., eds. 2004. *The Personal History of a Bukharan Intellectual: The Diary of Muḥammad-Sharīf-i Ṣadr-i Żiyā*, Leiden/Boston: Brill.

'Aynī, Ṣadr al-Dīn 2010. *Bukhārā inqilābīning ta'rīkhī*, Nashrga ṭayyārlāvchīlar: Sh. Shimada va Sh. Tosheva, TIAS Central Eurasian Research Series 4, Tokyo: TIAS.

Babadjanov, B., A. Muminov and J. Paul, eds. 1997. *Schaibanidische Grabinschriften*, Wiesbaden: Reichert.

Babadjanov, B. and Y. Kawahara, eds. 2012. *History and Culture of Central Asia*, Supervised by Y. Morita, B. Abdukhalimov and H. Komatsu, Tokyo: TIAS.

Babadžanov, B. M. 1996. "On the History of the Naqšbandīya Muğaddidīya in Central Māwarā' annahr in the Late 18th and Early 19th Centuries", in Kemper et al., eds., 1996, pp. 385–413.

Babajanov, B. and M. Szuppe 2002. *Les inscriptions persanes de Chār Bakr, nécropole familiale des khwāja Jūybārī près de Boukhara*, London: School of Oriental and African Studies.

Beisembiev, T. K. 2000. "Migration in the Qöqand Khanate in Eighteenth and Nineteenth Centuries", in H. Komatsu, Ch. Obiya and J. S. Schoeberlein, eds., *Migration in Central Asia: Its History and Current Problems*, Osaka: The Japan Center for Area Studies, National Museum of Ethnology, pp. 35–40.

———, ed. and tr. 2003. *The Life of 'Alimqul: A Narrative Chronicle of Nineteenth Century Central Asia*, London/New York: RoutledgeCurzon.

——— 2008. *Annotated Indices to the Kokand Chronicles*, Fuchu: Research Institute for Languages and Cultures of Asia and Africa, Tokyo University of Foreign Studies.

Bregel, Y. 1996. *Notes on the Study of Central Asia*, Papers on Inner Asia 28, Bloomington: Research Institute for Inner Asian Studies, Indiana University.

———, tr. and annot. 1999. *Firdaws al-Iqbāl: History of Khorezm by Shīr Muḥammad Mīrāb Mūnis and Muḥammad Riżā Mīrāb Āgahī*, Leiden/Boston: Brill.

——— 2000. *The Administration of Bukhara under the Manghïts and Some Tashkent Manuscripts*, Papers on Inner Asia 34, Bloomington: Research Institute for Inner Asian Studies, Indiana University.

——— 2007. *Documents from the Khanate of Khiva (17th–19th Centuries)*, Papers on Inner Asia 40, Bloomington: Research Institute for Inner Asian Studies, Indiana University.

Burton, A. 1997. *The Bukharans: A Dynastic, Diplomatic and Commercial History, 1550–1702*, Richmond: Curzon.

——— 1998. "Marchands et négociants boukhares, 1558–1920", *Boukhara-la-Noble*, Cahiers d'Asie centrale 5–6, Tachkent/Aix-en-Provence: IFÉAC, pp. 37–62.

Davidovich, E. A. 2001. "The Monetary Reform of Muḥammad Shïbānī Khān in 913–914/1507–08", in DeWeese, ed., 2001b, pp. 129–185.

DeWeese, D. 1999. "The Politics of Sacred Lineages in 19th-Century Central Asia: Descent Groups Linked to Khwaja Ahmad Yasavi in Shrine Documents and Genealogical Charters", *International Journal of Middle East Studies* 31, pp. 507–530.

―― 2001a. "The Sayyid Atā'ī Presence in Khwārazm during the 16th and Early 17th Centuries", in DeWeese, ed., 2001b, pp. 245-281.

――, ed. 2001b. *Studies on Central Asian History in Honor of Yuri Bregel*, Bloomington: Research Institute for Inner Asian Studies, Indiana University.

―― 2012a. *Studies on Sufism in Central Asia*, Farnham: Ashgate Variorum.

―― 2012b. "Sacred Descent and Sufi Legitimation in a Genealogical Text from Eighteenth-Century Central Asia: The Sharaf Atā'ī Tradition in Khwārazm," in K. Morimoto, ed., *Sayyids and Sharifs in Muslim Societies: The Living Links to the Prophet*, London/New York: Routledge, pp. 210-230.

―― 2012c. "'Disordering' Sufism in Early Modern Central Asia: Suggestions for Rethinking the Sources and Social Structures of Sufi History in the 18th and 19th Centuries", in Babadjanov and Kawahara, eds., 2012, pp. 259-279.

―― 2013. "The Yasavī Presence in the Dasht-i Qïpchaq from the 16th to 18th Century", in N. Pianciola and P. Sartori, eds., *Islam, Society and States across the Qazaq Steppe (18th-Early 20th Centuries)*, Wien: Österreichische Akademie der Wissenschaften, pp. 27-67.

Di Cosmo, N. 1997. "A Set of Manchu Documents Concerning a Khokand Mission to Kashgar (1807)", *Central Asiatic Journal* 41, pp. 160-199.

Di Cosmo, N. et al., eds. 2009. *The Cambridge History of Inner Asia: The Chinggisid Age*, Cambridge: Cambridge University Press.

Dodkhudoeva, L. 1998. "La bibliothèque de Khwâja Mohammad Pârsâ", *Boukhara-la-Noble*, Cahiers d'Asie centrale 5-6, Tachkent/Aix-en-Provence: IFÉAC, pp. 125-146.

Dudoignon, S. A. 1996. "La question scolaire à Boukhara et au Turkestan russe, du 'premier renouveau' à la soviétisation (fin du XVIIIᵉ siècle-1937)", *Cahiers du Monde russe* 37-1/2, pp. 133-210.

Erkinov, A. 2009. "Les Timourides, modèles de légitimité et les recueils poétiques de Kokand", in Richard and Szuppe, eds., 2009, pp. 285-330.

―― 2010. "A. N. Samojlovich's Visit to the Khanate of Khiva in 1908 and His Assessment of the Literary Environment", *International Journal of Central Asian Studies* 14, pp. 109-146.

―― 2011. "How Muḥammad Raḥīm Khān II of Khiva (1864-1910) Cultivated His Court Library As a Means of Resistance against the Russian Empire", *Journal of Islamic Manuscripts* 2-1, pp. 36-49.

Fragner, B. G. 2001. "The Concept of Regionalism in Historical Research on Central Asia and Iran (A Macro-Historical Interpretation)", in DeWeese, ed., 2001b, pp. 341-354.

Frank, A. J. 2012. *Bukhara and the Muslims of Russia: Sufism, Education, and the Paradox of Islamic Prestige*, Leiden/Boston: Brill.

―― 2013. "A Month among the Qazaqs in the Emirate of Bukhara: Observations on Islamic Knowledge in a Nomadic Environment", in Sartori, ed., 2013, pp. 247-266.

Germanov, V. A. 2007. "Shiite-Sunnite Conflict of 1910 in the Bukhara Khanate", *Oriente moderno* 1 (Nuova serie, Anno 26 (87)), pp. 117-140.

Haidar, M. 2002. *Central Asia in the Sixteenth Century*, New Delhi: Manohar.

Hamada M.（濱田正美）2002. "Le mausolée et le culte de Satuq Bughra Khan", *Journal of the History of Sufism* 3, pp. 63-87.

Holzwarth, W. 2005. "Relations between Uzbek Central Asia, the Great Steppe and Iran, 1700-1750", in S. Leder and B. Streck, eds., *Shifts and Drifts in Nomad-Sedentary Relations*, Wiesbaden: Ludwig Reichert, pp. 179-216.

――― 2006. "The Uzbek State as Reflected in Eighteenth Century Bukharan Sources", *Asiatische Studien: Zeitschrift der Schweizerischen Asiengesellschaft* 60-2, pp. 321-353.

――― 2015. "Bukharan Armies and Uzbek Military Power, 1670-1870: Coping with the Legacy of a Nomadic Conquest", in K. Franz and W. Holzwarth, eds., *Nomad Military Power in Iran and Adjacent Areas in the Islamic Period*, Wiesbaden: Ludwig Reichert, pp. 273-354.

Horikawa T.（堀川徹）2012. "Islamic Court Documents As Historical Sources in Central Asia", in Babadjanov and Kawahara, eds., 2012, pp. 73-84.

Isogai K.（磯貝健一）1997. "Yasa and Shari'a in Early 16th Century Central Asia", in Szuppe, ed., 1997, pp. 91-103.

――― 2003. "A Commentary on the Closing Formula Found in the Central Asian Waqf Documents", in N. Kondo, ed., *Persian Documents: Social History of Iran and Turan in the Fifteenth to Nineteenth Centuries*, London/New York: RoutledgeCurzon, pp. 3-12.

Kaganovich, A. 2007. *The Mashhadi Jews (Djedids) in Central Asia*, Berlin: Klaus Schwarz.

Karmīnagī, Muḥammad Qāżī Vafā' 2015. *Tuḥfat al-Khānī or Tārīkh-i Raḥīm Khānī: An Early Manghit Chronicle in Central Asia*, ed. by Mansur Sefatgol, with Collaboration of N. Kondo, Fuchu: ILCAA, Tokyo University of Foreign Studies.

Károly, L., ed., tr. and annot. 2015. *A Turkic Medical Treatise from Islamic Central Asia: A Critical Edition of a Seventeenth-Century Chagatay Work by Subḥān Qulï Khan*, Leiden/Boston: Brill.

Kawahara Y.（河原弥生）2012a. "On Private Archives Related to the Development of the Naqshbandīya-Mujaddidīya in the Ferghana Valley", in Babadjanov and Kawahara, eds., 2012, pp. 241-257.

――― 2012b. *Private Archives on a Makhdūmzāda Family in Marghilan*, TIAS Central Eurasian Research Series 7, Tokyo: TIAS.

Kawahara Y. and U. Mamadsherzodshoev 2013-15. *Documents from Private Archives in Right-Bank Badakhshan (Facsimiles; Introduction)*, TIAS Central Eurasian Research Series 8, 10, Tokyo: TIAS.

Kazakov, B. 2001. *Bukharan Documents. The Collection in the District Library, Bukhara*, Translated. from the Russian by J. Paul, Berlin: Das Arabische Buch.

Kemper, M. et al., eds. 1996. *Muslim Culture in Russia and Central Asia from the 18th to the Early 20th Centuries*, Vol. 1, Berlin: Schwarz.

Khairullaev, M. et al., eds. 2001-04. *Oriental Miniatures*, Vol. I-III, Tashkent: The Beruni Institute of Oriental Studies.

Khalid, A. 2000. "Society and Politics in Bukhara, 1868-1920", *Central Asian Survey* 19-3/4, pp.

367-396.

Khumūlī, Mullā Jum'a-Qulī 2013. *Tārīkh-i Khumūlī*, ed. by G. Karimiy and I. Qayumova; Editor-in-chief: H. Yuldashkhojayev, Samarkand/Tashkent: International Institute for Central Asian Studies.

Kılıç, N. 1997. "Change in Political Culture: The Rise of Sheybani Khan", in Szuppe, ed., 1997, pp. 57-68.

Kim, Hodong 2010. "Eastern Turki Royal Decrees of the 17th Century in the Jarring Collection", in Millward et al., eds., 2010, pp. 59-119.

Kimura S.（木村暁）2011. "Sunni-Shi'i Relations in the Russian Protectorate of Bukhara, As Perceived by the Local 'Ulama", in T. Uyama, ed., *Asiatic Russia: Imperial Power in Regional and International Contexts*, London: Routledge, pp. 189-215.

Kochnev, B. 1997. "Les relations entre Astrakhanides, khans kazaks et 'Arabshahides (dernières données numismatiques)", in Szuppe, ed., 1997, pp. 157-167.

Kočnev, B. D. 1996. "The Last Period of Muslim Coin Minting in Central Asia (18th-Early 20th Century)", in Kemper et al., eds., 1996, pp. 431-444.

Komatsu H.（小松久男）2001. "Bukhara and Istanbul: A Consideration about the Background of the *Munāzara*", in S. A. Dudoignon and H. Komatsu, eds., *Islam in Politics in Russia and Central Asia (Early Eighteenth to Late Twentieth Centuries)*, London/New York: Kegan Paul, pp. 167-180.

――― 2006a. "Bukhara and Kazan", *Journal of Turkic Civilization Studies* 2, pp. 101-115.

――― 2006b. "Khoqand and Istanbul: An Ottoman Document Relating to the Earliest Contacts between the Khan and Sultan", *Asiatische Studien: Zeitschrift der Schweizerischen Asiengesellschaft* 60-4, pp. 963-986.

――― 2009. "From Holy War to Autonomy: Dār al-Islām Imagined by Turkestani Muslim Intellectuals", in S. Gorshenina and S. Abashin, eds., *Le Turkestan russe: Une colonie comme les autres?*, Cahiers d'Asie central 17/18, Tachkent/Paris: IFÉAC, pp. 449-475.

Kubo K.（久保一之）2003. "Central Asian History: Japanese Historiography of Islamic Central Asia", *Orient* (The Reports of the Society for Near Eastern Studies in Japan) 38, pp. 135-152.

von Kügelgen, A. 1996. "Buchara im Urteil europäischer Reisender des 18. und 19. Jahrhunderts", in Kemper et al., eds., 1996, pp. 415-430.

――― 1998. "Die Entfaltung der Naqšbandīya muğaddidīya im mittleren Transoxanien vom 18. bis zum Beginn des 19. Jahrhunderts: Ein Stück Detektivarbeit", in A. von Kügelgen, M. Kemper and A. J. Frank, eds., *Muslim Culture in Russia and Central Asia from the 18th to the Early 20th Centuries*, Vol. 2, Berlin: Schwarz, pp. 101-151.

――― 2000. "Sufimeister und Herrscher im Zwiegespräch: Die Schreiben des Faḍl Aḥmad aus Peschawar an Amīr Ḥaydar in Buchara", in A. von Kügelgen, A. Muminov and M. Kemper, eds., *Muslim Culture in Russia and Central Asia*, Vol. 3, Berlin: Schwarz, pp. 219-351.

――― 2002. *Die Legitimierung der mittelasiatischen Mangitendynastie in den Werken ihrer Historiker (18.-19. Jahrhundert)*, Istanbul: Orient-Institut.

Lee, J. L. 1996. *The 'Ancient Supremacy': Bukhara, Afghanistan and the Battle for Balkh, 1731-1901*, Leiden/New York/Köln: E.J.Brill.

Levi, S. C. 2002. *The Indian Diaspora in Central Asia and Its Trade, 1550-1900*, Leiden: Brill.

―――, ed. 2007. *India and Central Asia: Commerce and Culture, 1500-1800*, New Delhi: Oxford University Press.

Levi, S. C. and R. Sela, eds., 2010. *Islamic Central Asia: An Anthology of Historical Sources*, Bloomington/Indiana Polis: Indiana University Press.

Malikov, A. M. 2014. "The Russian Conquest of the Bukharan Emirate: Military and Diplomatic Aspects", *Central Asian Survey* 33-2, pp. 180-198.

McChesney, R. D. 1996a. *Central Asia: Foundations of Change*, Princeton: Darwin Press.

――― 1996b. "'Barrier of Heterodoxy'? Rethinking the Ties between Iran and Central Asia in the 17th Century", in Ch. Melville, ed., *Safavid Persia: The History and Politics of an Islamic Society*, London: I.B.Tauris, pp. 231-267.

――― 1999. "Bukhara's Suburban Villages: Juzmandūn in the Sixteenth Century", in Petruccioli, ed., 1999, pp. 93-119.

――― 2001. "Reconstructing Balkh: The *Vaqfīya* of 947/1540", in DeWeese, ed., 2001b, pp. 187-243.

――― 2009. "The Lives and Meanings of a Sixteenth-Century Bukharan Notarial Document", in Richard and Szuppe, eds., 2009, pp. 195-229.

――― 2012. "Historiography in Central Asia since the 16th Century", in Ch. Melville, ed., *A History of Persian Literature*, Vol. 10 (Persian Historiography), London/New York: I.B.Tauris, pp. 503-531.

Millward, J. et al., eds. 2010. *Studies on Xinjiang Historical Sources in 17-20th Centuries*, Toyo Bunko Research Library 12, Tokyo: The Toyo Bunko.

Mīrzā 'Abd al-'Aẓīm Būstānī Buḫārā'ī 2010. *Tuḥfa-'i šāhī*, taṣḥīḥ, taḥšiya va ta'līq-i Nādira Jalālī, Tihrān: Anjuman-i āṣār va mafāḫir-i farhangī, 1388 HŠ.

Muḥammad Amīn b. Mīrzā Muḥammad Zamān Bukhārī (Ṣūfīyānī) 2014. *Muḥīṭ al-Tavārīkh (The Sea of Chronicles)*, Critical Edition and Introduction by M. Fallahzadeh and F. Hashabeiky, Leiden/Boston: Brill.

Muḥammad Badī' b. Muḥammad Šarīf Malīḥā Samarqandī 2006. *Tazkira-'i muẕākir[sic] al-aṣḥāb yā Tazkirat al-šu'arā-yi Malīḥā-yi Samarqandī*, matn-i intiqādī bar asās-i čahār nusḫa-'i muhimm ba ihtimām-i Kamāl al-Dīn Ṣadr al-Dīn-zāda 'Aynī, Dušanba: Pažūhišgāh-i ḫāvaršināsī va mīrās-i ḫaṭṭī-'i Ākādimī-'i 'ulūm-i Jumhūrī-'i Tājīkistān, 1385 HŠ.

Muḥammad Yūsuf Munšī 2001. *Tazkira-'i Muqīm-ḫānī*, muqaddama, taṣḥīḥ va taḥqīq-i Firišta Ṣarrāfān, Tihrān: Mīrās-i maktūb, 1380 HŠ.

Mukminova, R. G. 1996. "Recent Uzbek Historical Studies on Thirteenth-Nineteenth Century Uzbekistan", *Asian Research Trends* 6, pp. 107-126.

Mullā Mīr Maḥmūd b. Mīr Rajab Dīvānī Begī Namangānī 2010. *Chahār Faṣl (Bidān), Muhimmāt al-Muslimīn*, 濱田正美解説／濱田正美・塩野崎信也校訂, 京都大学大学院文学研究科.

Muminov, A. et al., eds. 1999. *Patrimoine manuscrit et vie intellectuelle de l'Asie centrale islamique*, Cahiers d'Asie centrale 7, Tachkent/Aix-en-Provence: IFÉAC.

Muminov, A. and Sh. Ziyadov 1999. "L'horizon intellectual d'un érudit du XVe siècle: nouvelles découvertes sur la bibliothèque de Muḥammad Pârsâ", in Muminov et al., eds., 1999, pp. 77–98.

Muminov, A. K. et al. 2009. "«Bibliothèque de Khwāja Muḥammad Pārsā» revisitée", in Richard and Szuppe, eds., 2009, pp. 17–41.

Muṭribī, Sulṭān Muḥammad Samarqandī 1999. *Taẕkirat al-šuʻarāʼ*, ba-kūšiš-i Aṣġar Jānfidā; bā muqaddama va taḥšiya va taʻlīqāt-i ʻAlī Rafīʻī ʻAlā-Marvdaštī, Tihrān: Āyina-ʼi mīrāṣ, 1377 HŠ.

Nekrasova, Y. 1996. "The Burial Structures at the Čor-Bakr Necropolis near Bukhara from the Late 18th to the Early 20th Centuries", in Kemper et al., eds., 1996, pp. 369–384a.

——— 1999. *Die Basare Bucharas vom 16. bis zum frühen 20. Jahrhundert: Das Antlitz einer Handelsstadt im Wandel*, Aus dem Russischen übersetzt von M. Kemper und A. von Kügelgen, Berlin: Das Arabische Buch.

Newby, L. 2005. *The Empire and the Khanate: A Political History of Qing Relations with Khoqand c. 1760–1860*, Leiden: Brill.

Noda J. (野田仁) and T. Onuma (小沼孝博) 2010. *A Collection of Documents from the Kazakh Sultans to the Qing Dynasty*, TIAS Central Eurasian Research Series Special Issue 1, Tokyo: TIAS.

O'Kane, B. 2000. "The Uzbek Architecture of Afghanistan", *La Mémoire et ses supports en Asie centrale*, Cahiers d'Asie centrale 8, Tachkent/Aix-en-Provence: IFÉAC, pp. 123–160.

Papas, A. et al., eds. 2012. *Central Asian Pilgrims: Hajj Routes and Pious Visits between Central Asia and Hijaz*, Berlin: Klaus Schwarz.

Paul, J. 1997. "La propriété foncière des cheikhs Juybari", in Szuppe, ed., 1997, pp. 183–202.

Petruccioli, A. ed. 1999. *Bukhara: The Myth and the Architecture*, Cambridge: Aga Khan Program for Islamic Architecture at Harvard University and the Massachusetts Institute of Technology.

Porter, Y. 1999. "Le *kitâb-khâna de ʻAbd al-ʻAzîz Khân (1645–1680) et le mécénat de la peinture* à *Boukhara*", in Muminov et al., eds., 1999, pp. 117–136.

Rāqim, Mīr Sayyid Šarīf Samarqandī 2001/02. *Tārīḫ-i Rāqim*, ba-kūšiš-i Manūčihr Sutūda, Tihrān: Bunyād-i mavqūfāt-i duktur-i Maḥmūd-i Afšār, 1380 HŠ.

Richard, F. and M. Szuppe, eds. 2009. *Écrit et culture en Asie centrale et dans le monde turco-iranien, X^e–XIXe siècles*, Paris: Association pour l'avancement des études iraniennes.

Šakūrī, Muḥammadjān Buḫārāʼī, ed. 2003/04. *Rūznāma-ʼi Ṣadr-i Żiyāʼ*, Tihrān: Markaz-i asnād va ḫadamāt-i pažūhišī, 1382 HŠ.

Sartori, P. 2012. "Murder in Manghishlaq: Notes on an Instance of Application of Qazaq Customary Law in Khiva (1895)", *Der Islam* 88-2, pp. 217–257.

———, ed. 2013. *Explorations in the Social History of Modern Central Asia (19th–Early 20th Century)*, Leiden/Boston: Brill.

Sawada M. (澤田稔) 2010. "Three Groups of *Tadhkira-i khwājagān*: Viewed from the Chapter on

Khwāja Āfāq", in Millward et al., eds., 2010, pp. 9-30.

Schiewek, E. 1998. "À propos des exilés de Boukhara et de Kokand à Shahr-i Sabz", *Boukhara-la-Noble*, Cahiers d'Asie centrale 5-6, Tachkent/Aix-en-Provence: IFÉAC, pp. 181-197.

Schwarz, F. 1999. "Bukhara and Its Hinterland: The Oasis of Bukhara in the Sixteenth Century in the Light of the Juybari Codex", in Petruccioli, ed., 1999, pp. 79-92.

Sefatgol, M. 2015. "Persian Historical Writing in Central Asia during the Transitional Period: Introduction to an Early Manghit Chronicle, *Tuḥfat al-Khānī*", in N. Kondo, ed., *Studies on Early Modern Islamic Dynasties: The State of the Art*, Fuchu: ILCAA, Tokyo University of Foreign Studies, pp. 277-297.

Sela, R. 2003. *Ritual and Authority in Central Asia: The Khan's Inauguration Ceremony*, Papers on Inner Asia 37, Bloomington: Research Institute for Inner Asian Studies, Indiana University.

——— 2006. "Invoking the Russian Conquest of Khiva and the Massacre of the Yomut Turkmens: The Choices of a Central Asian Historian", *Asiatische Studien: Zeitschrift der Schweizerischen Asiengesellschaft* 60-2, pp. 459-477.

——— 2011. *The Legendary Biographies of Tamerlane: Islam and Heroic Apocrypha in Central Asia*, New York: Cambridge University Press.

Ṣifatgul, Manṣūr 2006. *Pažūhišī dar-bāra-'i maktūbāt-i tārīḫī-'i fārsī-'i Īrān va Mā varā' al-nahr (Ṣafaviyān, Ūzbakān va Amārat-i Buḫārā) hamrāh bā guzīda-'i maktūbāt*, bā hamkārī-'i Nūbū'ākī Kundū, Fūčū: Mu'assasa-'i muṭāla'āt-i zabānhā va farhanghā-yi Āsiyā va Afrīqā, Dānišgāh-i muṭāla'āt-i ḫārijī-'i Tūkiyū.

Soucek, S. 2000. *A History of Inner Asia*, Cambridge: Cambridge University Press.

Subtelny, M. A. 2001. "The Making of *Bukhārā-yi Sharīf*: Scholars and Libraries in Medieval Bukhara (The Library of Khwāja Muḥammad Pārsā)", in DeWeese, ed., 2001b, pp. 79-111.

Szuppe, M., ed. 1997. *L'Héritage timouride: Iran – Asie centrale – Inde, XVe–XVIIIe siècles*, Cahiers d'Asia centrale 3-4, Tachkent/Aix-en-Provence: IFÉAC.

——— 1999. "Lettrés, patrons, libraires. L'apport des recueils biographiques sur le rôle du livre en Asie centrale aux XVIe et XVIIe siècles", in Muminov et al., eds., 1999, pp. 99-115.

——— 2009. "Dispositions pédagogiques et cursus scolaire à Khiva: un *waqf-nāma* de fondation de madrasa, 1214/1799-1800", in Richard and Szuppe, eds., 2009, pp. 251-284.

Welsford, T. 2013. *Four Types of Loyalty in Early Modern Central Asia: The Tūqāy-Tīmūrid Takeover of Greater Mā Warā al-Nahr, 1598-1605*, Leiden/Boston: Brill.

Welsford, T. and N. Tashev 2012. *A Catalogue of Arabic-Script Documents from the Samarqand Museum*, Samarqand: International Institute for Central Asian Studies.

Wennberg, F. 2002. *An Inquiry into Bukharan Qadīmism: Mīrzā Salīm-bīk*, Berlin: Klaus Schwarz.

——— 2013. *On the Edge: The Concept of Progress in Bukhara during the Rule of the Later Manghits*, Uppsala: Acta Universitatis Upsaliensis.

Wilde, A. 2013. "Creating the Façade of a Despotic State: On *Āqsaqāls* in Late 19th-Century Bukhara", in Sartori, ed., 2013, pp. 267-298.

Wood, W. A. 1999. *The Sariq Turkmens of Merv and the Khanate of Khiva in the Early Nineteenth*

Century, Ph.D. Dissertation, Indiana University, Ann Arbor: UMI Dissertation Service.

―――― 2005. *A Collection of Tarkhan Yarlïqs from the Khanate of Khiva*, Papers on Inner Asia 38, Bloomington: Research Institute for Inner Asian Studies, Indiana University.

Yakubov, Y. 2008. "The 'Declaration of Rights of Native Jews'—the Final Legislative Act Induced by the 'Bukharan Jewish Question'", in I. Baldauf, M. Gammer and T. Loy, eds., *Bukharan Jews in the 20th Century: History, Experience and Narration*, Wiesbaden: Reichert, pp. 11-21.

Zarcone, T. 2009. *Sufi Pilgrims from Central Asia and India in Jerusalem*, Kyoto Series of Islamic Area Studies 1, Kyoto: KIAS.

Абусеитова, М. Х. 1998. *Казахстан и Центральная Азия в XV-XVII вв.: история, политика, дипломатия*, Алматы: Дайк-Пресс.

Андреев, И. Г. 1998. *Описание Средней орды киргиз-кайсаков*, Алматы: Ғылым. 〔初版：СПб 1785〕

Бабаджанов, Б. М. 2010. *Кокандское ханство: власть, политика, религия*, Токио/Ташкент: Yangi nashr.

Бабаджанов, Б., У. Берндт, А. Муминов and Ю. Пауль, eds. 2002. *Каталог суфийских произведений XVIII-XX вв. из собраний Института востоковедения им. Абу Райхана ал-Бируни Академии наук Республики Узбекистан*, Stuttgart: Steiner.

Бороздин, С. 2013. *Туркестан и Бухарский эмират под властью Российской империи*, Saarbrücken: LAP LAMBERT Academic Publishing.

Ботяков, Ю. М. 2002. *Аламан. Социально-экономические аспекты института набега у туркмен (середина XIX-первая половина XX века)*, Санкт-Петербург: МАЭ РАН.

Гуломов, С. 2012. "О некоторых подлинных документах из коллекции рукописных произведений фонда ИВ АН РУз", in Babadjanov and Kawahara, eds., 2012, pp. 135-170.

Ерофеева, И. В. 1997. "Казахские ханы в ханские династии в XVIII-середине XIX вв.", in *Культура и история Центральной Азии и Казахстана: проблемы и перспективы исследования*, Алматы: Сорос-Казахстан, pp. 46-144.

Зиёев, Ҳ. 1998. *Туркистонда Россия тажовузи ва ҳукмронлигига қарши кураш (XVIII-XX аср бошлари)*, Тошкент: Шарқ.

Игамбердиев, А. and А. Амирсаидов 2007. *История Кокандского ханства. Библиографический указатель с иллюстрациями, XVIII век-1876 г.*, Ташкент: Davr Press.

Каримов, Э. 2007. *Регесты казийских документов и ханских йарлыков Хивинского ханства XVII-начала XX в.*, Ташкент: Фан АН РУз.

Козыбаев, М. К. et al., eds. 2000. *История Казахстана с древнейших времен до наших дней*, в пяти томах, т. 3, Алматы: Атамұра.

Курбанов, Г. 2006. *Материалы по среднеазиатской сфрагистике. Бухара. XIX-начало XX вв.*, Ташкент: Издательско-полиграфический творческий дом имени Гафура Гуляма.

фон Кюгельген, А. 2004. *Легитимация среднеазиатской династии мангитов в произведениях их историков (XVIII-XIX вв.)*, Алматы: Дайк-Пресс. 〔ドイツ語初版：Istanbul 2002〕

Лёвшин, А. 1996. *Описание киргиз-казачьих или киргиз-кайсацких орд и степей*, Алматы: Санат. 〔初版：СПб 1832〕

Махдум-и А'зам (Пер. с персид. Б. М. Бабаджанова) 2001. "Трактат о назидании султанам. Рисала-йи танбих ас-салатин", *Мудрость суфиев*, Санкт-Петербург: Азбука и Петербургское Востоковедение, pp. 373-428.

Музалевский, М. В. 2006. *Бухара под Российской короной и ее награды*, Москва: РИЦ Кавалеръ.

Мустафаев, Ш. and М. Серин, eds. 2011-12. *История Центральной Азии в османских документов*, т. I-III, Самарканд: Международный институт центральноазиатских исследований.

Мухамеджанов, А. Р., ed. 2001. *Населенные пункты Бухарского эмирата (конец XIX-нач. XX вв.). Материалы к исторической географии Средней Азии*, Ташкент: Уневерситет.

Муҳаммад Толиб ибн Тожиддин Ҳасанхожа Ҳусайний Сиддиқий 2012. *Матлаб ут-Толибин*, Илмий-танқидий матн, Тошкент: Movarounnahr.

Ртвеладзе, Э. В. et al., eds. 2004. *Евреи в Средней Азии: вопросы истории и культуры*, Сборник научных статей и докладов, Ташкент: Фан АН РУз.

Рычков, П. И. 1999. *Топография Оренбургской губернии*, Уфа: Китап. 〔初版：Оренбург 1762〕

Саййид Муҳаммад Носир ибн Музаффар 2009. *Таҳқиқоти арки Бухоро. Бухоро арки ҳақида тадқиқот*, Форс тилидан таржима, сўзбоши, изоҳлар ва кўрсаткичлар Ғ. Каримовники, Тошкент: Tafakkur.

Соловьева, О. А. 2002. *Лики власти Благородной Бухары*, Санкт-Петербург: МАЭ РАН.

Тошев, Н. 2012. "Хива хонлари титулатураси", *Sharqshunoslik* 15/2011, pp. 73-85.

Урунбаев, А., ed. 1998. *Собрание восточных рукописей Академии наук Республики Узбекистан. История*, Ташкент: Фан АН РУз.

Урунбаев, А., Г. Джураева and С. Гуломов, eds., 2007. *Каталог среднеазиатских жалованных грамот из фонда Института востоковедения им. Абу Райхана Беруни Академии наук Республики Узбекистан*, Halle: Orientwissenschaftliches Zentrum der Martin-Luther-Universität Halle-Wittenberg.

Урунбаев, А., Т. Хорикава et al., eds., 2001. *Каталог хивинских казийских документов XIX-начало XX вв.*, Ташкент/Киото: Международный институт по изучению языков и мира Киотского университета по изучению зарубежных стран.

Худойберганов, К. 2008. *Хива хонлари тарихидан*, Урганч: Хоразм.

Эркинов, А. 2012. "Культурный перфекционизм в хивинской придворной среде при Мухаммад Рахим-хане II как способ противостояния режиму Российского протектората", in Babadjanov and Kawahara, eds., 2012, pp. 35-69.

コラム11　中央アジア古文書研究セミナー

Урунбаев, А., Т. Хорикава et al., eds., 2001. *Каталог хивинских казийских документов XIX-*

начало XX вв., Ташкент/Киото: Международный институт по изучению языков и мира Киотского университета по изучению зарубежных стран.（19-20世紀初頭ヒヴァのカーディ文書カタログ）

第3節　元朝北遷からリグデン・ハーンまで

青木富太郎 1957a.「センゲの順義王承襲について」『東方学』14, 75-97頁
────── 1957b.「テュルゲの順義王承襲について」『史学雑誌』66-8, 47-66頁
────── 1965.「明末蒙古の女酋把漢比妓について」『北アジア民族学論集』1, 24-58頁
────── 1966a.「ボショクトの順義王承襲について（上）」『北アジア民族学論集』2, 1-24頁
────── 1966b.「ボショクトの順義王承襲について（下）」『北アジア民族学論集』3, 39-62頁
────── 1971.「明代内蒙古のオルドについて」『東洋史研究』30-1, 121-140頁
────── 1972.『万里の長城』近藤出版社
井上治 2002.『ホトクタイ・セチェン・ホンタイジの研究』風間書房
江國真美 1986.「青海モンゴル史の一考察」『東洋学報』67-3・4, 279-311頁
岡田英弘訳注 2004.『蒙古源流』刀水書房
岡田英弘 2010.『モンゴル帝国から大清帝国へ』藤原書店
川越泰博 1970.「瓦剌政権に関する一考察──とくに支配権力の様態について」『東方学』39, 88-102頁
────── 1972.「脱々不花王の女直経略をめぐって──明代蒙古史上の一問題」『軍事史学』7-4, 62-73頁
楠木賢道 2009.『清初対モンゴル政策史の研究』汲古書院
佐藤長 1986.『中世チベット史研究』同朋舎
城地孝 2011.「明嘉靖馬市考」『史学雑誌』120-3, 293-327頁
谷光隆 1972.『明代馬政の研究』東洋史研究会
谷口昭夫 1980.「斉王ボルナイとボルフ・ジノン」『立命館文学』418・419・420・421, 290-317頁
永井匠 1991.「アルタン・ハーンのハーン号について」『早稲田大学大学院文学研究科紀要』別冊第18集哲学・史学編, 125-136頁
────── 1999.「恰台吉の事績──特に対明関係における右翼モンゴルの秩序維持に関る活動について」『史滴』21, 34-48頁
────── 2001.「隆慶和議と右翼モンゴルの漢人」『史観』145, 21-34頁
────── 2003.「隆慶和議をめぐるアルタン＝ハーンと右翼モンゴル諸王公との関係について」『日本モンゴル学会紀要』33, 39-48頁
野口鐵郎 1986.『明代白蓮教史の研究』雄山閣出版
萩原淳平 1980.『明代蒙古史研究』同朋舎
林章 1952.「明代後期の北辺の馬市について」『名古屋大学文学部研究論集』2, 211-223頁
原田理恵 1983.「オイラートの朝貢について」佐久間重男教授退休記念中国史・陶磁史論集編集委員会編『佐久間重男教授退休記念中国史・陶磁史論集』81-97頁

―――― 1985a.「オイラトの擡頭」『茅茨』1, 53-59頁
―――― 1985b.「オイラトの朝貢貿易と商人たち」『史潮』新17, 130-148頁
―――― 1988.「一五世紀モンゴルの支配権力の変容」『青山学院大学文学部紀要』30, 77-95頁
夫馬進 1976.「明代白蓮教の一考察――経済闘争との関連と新しい共同体」『東洋史研究』35-1, 1-26頁
包慕萍 2005.『モンゴルにおける都市建築史研究――遊牧と定住の重層都市フフホト』東方書店
間野英二 1964.「十五世紀初頭のモグーリスターン――ヴァイス汗の時代」『東洋史研究』23-1, 1-27頁
宮脇淳子 1986.「オイラットの高僧ザヤ＝パンディタの伝記」山口瑞鳳監修『チベットの仏教と社会』春秋社, 603-627頁
―――― 1991a.「トルグート部の発展――17〜18世紀中央ユーラシアの遊牧王権」『アジア・アフリカ言語文化研究』42, 71-104頁
―――― 1991b.「オイラット・ハーンの誕生」『史学雑誌』100-1, 36-73頁
―――― 1995.『最後の遊牧帝国――ジューンガル部の興亡』講談社
―――― 2002.『モンゴルの歴史――遊牧民の誕生からモンゴル国まで』刀水書房
森川哲雄 1972.「ハルハ・トゥメンとその成立について」『東洋学報』55-2, 168-199頁
―――― 1973a.「中期モンゴルのハーンとサイトの関係について」『待兼山論叢』6（史学篇）, 19-40頁
―――― 1973b.「オルドス・十二オトク考」『東洋史研究』32-3, 32-60頁
―――― 1976.「チャハル・八オトクとその分封について」『東洋学報』58-1・2, 127-162頁
―――― 1977.「トゥメト・十二オトク考」江上波夫教授古稀記念事業会編『江上波夫教授古稀記念論集　歴史篇』529-549頁
―――― 1978.「『四オイラト史記』に見られる諸集団について」『九州大学教養部歴史学・地理学年報』2, 37-56頁
―――― 1985.「十七世紀初頭の内蒙古における三人の仏教の高揚者について」『蒙古史研究』1, 161-173頁
―――― 1986.「把漢那吉の降明事件について」『九州大学教養部歴史学・地理学年報』10, 135-150頁
―――― 1988.「Barsu bolad の事績」『九州大学教養部歴史学・地理学年報』12, 1-22頁
―――― 2007.『モンゴル年代記』白帝社
屋敷健一 1981.「バートゥル＝フンタイジの登場――ジューン・ガル王国勃興史に関する一考察」『史朋』13, 1-25頁
山口瑞鳳 1963.「顧実汗のチベット支配に至る経緯」岩井博士古稀記念事業会編『岩井博士古稀記念典籍論集』741-773頁
―――― 1993a.「十七世紀初頭の青海トゥメト部」『成田山仏教研究所紀要』16, 1-26頁
―――― 1993b.「十七世紀初頭のチベットの抗争と青海モンゴル」『東洋学報』74-1・2, 1-25頁

若松寛 1976.「ロシア史料より見たグシ汗の事績」『史林』59-6, 42-69頁
―― 1978.「アルトゥン＝ハーン伝考証」内田吟風博士頌寿記念会編『内田吟風博士頌寿記念東洋史論集』同朋舎, 519-542頁
―― 1985.「明末内蒙古土黙特人の青海地区進出――ホロチ＝ノヤンの事跡」『京都府立大学学術報告』人文37, 87-96頁
和田清 1959.『東亜史研究(蒙古篇)』東洋文庫
宝音徳力根 1997.「満官嗔‐土黙特部的変遷」『蒙古史研究』5, 呼和浩特：内蒙古人民出版社, 177-197頁
―― 2000a.「15世紀中葉前的北元可汗世系及政局」『蒙古史研究』6, 呼和浩特：内蒙古人民出版社, 131-155頁
―― 2000b.「兀良哈万戸牧地考」『内蒙古大学学報(人文社会科学版)』32-5, 1-9頁
―― 2003.「応紹不万戸的変遷」『西北民族論叢』2, 北京：中国社会科学出版社, 149-169頁
薄音湖 1982a.「俺答汗征兀良哈史実」『内蒙古大学紀念校慶二十五周年学術論文集』93-105頁
―― 1982b.「俺答汗征衛郭特和撒拉衛郭爾史実」『内蒙古大学学報(哲学社会科学版)』1982-3・4, 1-10頁
―― 1983.「俺答汗征衛拉特史実」『内蒙古大学学報(哲学社会科学版)』1983-4, 25-37頁
曹永年 2002.『蒙古民族通史』(第3巻) 呼和浩特：内蒙古大学出版社
達力扎布 1997.『明代漠南蒙古歴史研究』海拉爾：内蒙古文化出版社
―― 2003.『明清蒙古史論稿』北京：民族出版社
侯仁之 1938.「明代大同山西三鎮馬市考」『燕京学報』23, 183-237頁
李文君 2008.『明代西海蒙古史研究』北京：中央民族大学出版社
喬吉 2008.『蒙古仏教史――北元時期(1368-1634)』呼和浩特：内蒙古人民出版社
烏雲畢力格 2005.『喀喇沁万戸研究』呼和浩特：内蒙古人民出版社
―― 2016.『五色四藩――多語文本中的内亜民族史地研究』上海：上海古籍出版社
―― 2017.『青册金鬘――蒙古部族与文化史研究』上海：上海古籍出版社
烏雲畢力格ほか 2002.『蒙古民族通史』(第4巻) 呼和浩特：内蒙古大学出版社
楊紹猷 1992.『俺答汗評伝』北京：中国社会科学出版社

Buyandelger, jaγačidai 1998. "Qaγučin čaqar, tabun otuγ čaqar, naiman otuγ čaqar tümen――17 duγar-ača emüneki čaqar-un teüken-eče", *Öbür mongγul-un yeke surγaγuli-yin erdem sinǰilegen-ü sedkül: gün uqaγan neyigem-ün sinǰilekü uqaγan*, 1998-3, pp. 1-18.

―― 1999. "Abatai qaγan ba tümed-ün Altan qaγan-u qaričaγan-ača qalq_a-yin erten-ü teüken deki kedün asaγudal-i sedübleků ni", *Öbür mongγul-un yeke surγaγuli-yin erdem sinǰilegen-ü sedkül*, 1999-1, pp. 78-93.

Honda Minobu 1958. "On the Genealogy of the Early Northern Yuan", *Ural-Altaische Jahrbücher*, 30-4, pp. 232-248.

Serruys, Henry 1975. *Trade relations: the Horse fairs (1400-1600)*, Bruxelles: Institut belge des hautes études chinoises.

―――― 1980. *The mongols in China during the Hung-wu period (1368-1398)*, Bruxelles: Institut belge des hautes études chinoises.

コラム12　モンゴル史研究とモンゴル年代記
森川哲雄 2007.『モンゴル年代記』白帝社

第6章　チベット，モンゴル，満洲に広がる仏教世界の成立と展開

池尻陽子 2013.『清朝前期のチベット仏教政策――扎薩克喇嘛制度の成立と展開』(汲古叢書) 汲古書院

石濱裕美子 2001.『チベット仏教世界の歴史的研究』東方書店

―――― 2011.『清朝とチベット仏教』早稲田大学出版部

―――― 2014a.「ダライラマ13世の著作に見る自称表現と政体表現の変遷について」『早稲田大学教育学研究科紀要』24, 1-18頁

―――― 2014b.「ジェブツンダンパ8世の即位礼にみるダライラマの即位礼の影響について」『日本モンゴル学会紀要』44, 39-52頁

稲葉正就 1966.「元の帝師に関する研究――系統と年次を中心として」『大谷大学研究年報』17, 79-156頁

岩田啓介 2009a.「ラサン＝ハン即位前後の青海ホシュート部――清朝とジューン＝ガル部の狭間で」『社会文化史学』52, 49-74頁

―――― 2009b.「新ダライ＝ラマ六世認定をめぐる清朝の対青海ホシュート部・チベット政策」『満族史研究』8, 1-23頁

―――― 2011.「リタンの童子擁立と青海ホシュート部内の権力構造の変容」『史境』63, 36-53頁

―――― 2012.「ラサン＝ハンによる新ダライ＝ラマ六世ガワン＝イェシェー＝ギャムツォ擁立の背景――ラサン＝ハンと青海ホシュート部首長層の抗争との関連から」『内陸アジア史研究』27, 1-18頁

岡本隆司 2013.「「主権」の生成と「宗主権」――20世紀初頭の中国とチベット・モンゴル」石川禎浩・狭間直樹編『近代東アジアにおける翻訳概念の展開』京都大学人文科学研究所

乙坂智子 1989.「サキャパの権力構造――チベットに対する元朝の支配力の評価をめぐって」『史峯』3, 21-46頁

―――― 1991.「明勅建弘化寺考――ある青海ゲルクパ寺院の位相」『史峯』6, 31-68頁

―――― 1997.「元代「内附」序論――元朝の対外政策をめぐる課題と方法」『史境』34, 29-46頁

―――― 2003.「元朝の対チベット政策に関する研究史的考察」『横浜市立大学論叢 人文科学系列』55-1, 247-266頁

―――― 2010.「楊璉真伽の発陵をめぐる元代漢文文書――チベット仏教に対する認知と言論形成の一側面」『横浜市立大学論叢 人文科学系列』61-1, 185-295頁

――― 2011.「「元之天下，半亡於僧」の原像――国家仏事に関する元代漢民族史官の記事採録様」『社会文化史学』54, 1-56頁

――― 2014.「元の崇仏に対する漢民族官員の諫奏――「聖」と「異端」の刻印(金子文雄教授 退職記念号)」『横浜市立大学論叢 人文科学系列』65-2・3, 198-268頁

クンガードルジェ（稲葉正就・佐藤長共訳）1964.『フゥラン・テプテル――チベット年代記』法蔵館

小林亮介 2004.「19世紀末，カムの統治をめぐる清朝とダライラマ政庁――四川総督鹿傳霖のニャロン回収案を中心に」『社会文化史学』46, 15-40頁

――― 2006.「清代，東チベットにおける在地有力者の政治行動」『史潮』60, 20-44頁

――― 2008.「ダライラマ政権の東チベット支配(1865-1911)」『アジア・アフリカ言語文化研究』76, 51-85頁

――― 2012.「辛亥革命期のチベット」辛亥革命百周年記念論集編集委員会編『総合研究 辛亥革命』岩波書店，323-345頁

――― 2014.「チベットの政治的地位とシムラ会議――翻訳概念の検討を中心に」岡本隆司編『宗主権の世界史』名古屋大学出版会，262-290頁

小松原ゆり 2002.「18世紀後半期におけるダライラマの親族――その政治的役割を中心に」『文学研究論集 文学・史学・地理学』17, 39-57頁

――― 2010.「18世紀後半期のカロンから見たチベット・清関係」『内陸アジア史研究』25, 55-73頁

佐藤長 1986.『中世チベット史研究』朋友書店

ソナムゲルツェン（今枝由郎監訳）2015.『チベット仏教王伝』岩波書店

高橋誠 2013.「カルマパ転生者とツルプ寺座主の関係について」『日本西蔵学会会報』59, 1-14頁

武内紹人 2009.「古チベット文献研究の現段階」『東洋史研究』67-4, 123-129頁

橘誠 2014.「モンゴル「独立」をめぐる翻訳概念――自治か，独立か」岡本隆司編『宗主権の世界史』名古屋大学出版会，234-261頁

棚瀬慈郎 2005.「ドルジェフ自伝」『人間科学』17, 14-23頁; 18, 29-38頁

――― 2009.『ダライラマの外交官ドルジーエフ――チベット仏教世界の20世紀』岩波書店

玉井陽子 2001.「1904年ラサ条約交渉における駐箚大臣の役割――ダライラマ政庁との関係を中心に」『中央大学アジア史研究』25, 63-79頁

ツォンカパほか（石濱裕美子・福田洋一訳）2008.『聖ツォンカパ伝』大東出版社

トゥカン＝ロサンチュキニマ『西蔵仏教宗義研究』東洋文庫（一巻サキャ派 1974; 二巻シチェ派 1978; 三巻ニンマ派 1982; 四巻モンゴル 1986; 五巻カギュ派 1987; 六巻チョナン派 1993; 七巻ゲルク派 1995; 八巻インドの思想と仏教 2007; 九巻カダム派 2011; ボン教 2014）

中野美代子 1994.『沙漠に埋もれた文字――パスパ文字のはなし』（ちくま学芸文庫）筑摩書房

中村淳 1994.「モンゴル時代の「道仏論争」の実像――クビライの中国支配への道」『東洋学報』75-3・4, 229-259頁

―― 1999.「クビライ時代初期における華北仏教界――曹洞宗教団とチベット仏僧パクパとの関係を中心にして」『駒沢史学』54, 79-97頁

―― 2010.「モンゴル時代におけるパクパの諸相――大朝国師から大元帝師へ」『駒澤大学文学部研究紀要』68, 35-69頁

村上信明 2011.「駐蔵大臣の「瞻礼」問題にみる18世紀後半の清朝・チベット関係」『アジア・アフリカ言語文化研究』81, 45-69頁

山口瑞鳳 1992.「ダライラマ五世の統治権――活仏シムカンゴンマと管領ノルブの抹殺」『東洋学報』73-3・4, 285-322頁

―― 2006.「第一次ダライラマ政権の崩壊と清朝・青海の関与」『成田山仏教研究所紀要』29, 47-99頁

山田勅之 2011.『雲南ナシ族政権の歴史――中華とチベットの狭間で』(東京外国語大学AA研叢書),慶友社

山本明志 2008.「モンゴル時代におけるチベット・漢地間の交通と站赤」『東洋史研究』67-2, 255-280頁

―― 2009.「チベットにおけるジャムチの設置」『日本西蔵学会会報』55, 3-13頁

柳静我 2004.「「駐蔵大臣」派遣前夜における清朝の対チベット政策――一七二〇～一七二七年を中心に」『史学雑誌』113-12, 2025-49頁

中国第一歴史檔案館編 2000.『清初五世達頼喇嘛檔案史料選編』北京:中国蔵学出版社

――編 2002.『清末十三世達頼喇嘛檔案史料選編』北京:中国蔵学出版社

――編 2005.『清内閣蒙古堂檔』呼和浩特:内蒙古人民出版社

――編 2010.『清代軍機処満文熬茶檔』上海:上海古籍出版社

中国第一歴史檔案館・雍和宮管理處合編 2004.『清代雍和宮檔案史料』北京:中国民族撮影芸術出版社

Chultuun, Sampildondov and Uradyn E. Bulag, eds. 2013. *The Thirteenth Dalai Lama on the run (1904-1906) Archival Documents from Mongolia*, Leiden/Boston: Brill.

Goldstein, Melvyn C. 1989. *A History of Modern Tibet, 1913-1951: the Demise of the Lamaist State*, Berkeley: University of California Press.

Jampa Samten & Nikolai Tsyrempilov 2012. *From Tibet Confidentially*, Dharamsala: Library of Tibetan Works & Archives.

Petech, Luciano 1973. *China and Tibet in the early 18th century: History of the establishment of Chinese protectorate in Tibet*, Westport: Hyperion Press.

Shakabpa, W. D. 1984. *Tibet: A Political History*, New York: Potala Publications.

Tashi Tsering et al., eds. 2013. *The centennial of the Tibeto-Mongol treaty, 1913-2013*, Dharamshala: Amnye Machen Institute.

Tucci, Giuseppe 1980. *Tibetan Painted Scrolls*, 京都:臨川書店.

Vostrikov, Andrei Ivanovich 1994. *Tibetan Historical Literature*. trans. by Harish Chandra Gupta, Richmond: Curzon Press.

Белов, Е. А. ed. 2005. *Россия и Тибет: сборник русских архивных документов, 1900-1914*, Москва: Восточная литература.

第7章　露清関係の展開と中央ユーラシア

石濱裕美子 2001.『チベット仏教世界の歴史的研究』東方書店
大坪慶之 2011.「イリ問題にみる清朝中央の政策決定過程と総理衙門」『東洋史研究』70-3, 39-68頁
片岡一忠 1991.『清朝新疆統治研究』雄山閣
加藤直人 2016.『清代文書資料の研究』汲古書院
澤田稔 1993.「セミレチエからカシュガルへ――ワリハーノフの調査紀行」『帝塚山学院短期大学研究年報』41, 216-234頁
塩谷哲史 2017.「伊犁通商条約(1851年)の締結過程から見たロシア帝国の対清外交」『内陸アジア史研究』32, 23-46頁
澁谷浩一 1994.「キャフタ条約以前のロシアの北京貿易――清側の受入れ体制を中心にして」『東洋学報』75-3・4, 65-97頁
――― 1996.「康熙年間の清のトルグート遣使――所謂密命説の再検討を中心に」『人文科学論集』(茨城大学人文学部紀要) 29, 71-93頁
――― 2000.「イズマイロフ使節団と儀礼問題――康熙帝直筆の一件の理藩院書簡をめぐって」『人文学科論集』(茨城大学人文学部紀要) 33, 27-37頁
――― 2003.「キャフタ条約締結過程の研究――国境貿易条項の成立と清側ロシア文条約」『人文学科論集』(茨城大学人文学部紀要) 40, 57-75頁
――― 2007a.「ウンコフスキー使節団と1720年代前半におけるジューン＝ガル, ロシア, 清の相互関係」『人文コミュニケーション学科論集』(茨城大学人文学部紀要) 2, 107-128頁
――― 2007b.「康熙年間の清のトルグート遣使とロシア」『史朋』39, 69-87頁
――― 2008.「1723-26年の清とジューン＝ガルの講和交渉について――18世紀前半における中央ユーラシアの国際関係」『満族史研究』7, 19-50頁
――― 2010.「キャフタ条約の条文形成過程について」『人文コミュニケーション学科論集』(茨城大学人文学部紀要) 9, 55-74頁
承志 2009.『ダイチン・グルンとその時代――帝国の形成と八旗社会』名古屋大学出版会
シンメルペンニンク＝ファン＝デル＝オイェ, デイヴィド 2013.『ロシアのオリエンタリズム――ロシアのアジア・イメージ, ピョートル大帝から亡命者まで』成文社
田中克彦 2013.『シベリアに独立を!――諸民族の祖国をとりもどす』岩波書店
棚瀬慈郎 2009.『ダライラマの外交官ドルジーエフ――チベット仏教世界の20世紀』岩波書店
鉄山博 1995.「内蒙古の近代化と地商経済」鹿児島大学地域総合研究所編『近代東アジアの諸相』勁草書房, 1-80頁
野田仁 2009.「イリ事件再考――ロシア統治下のイリ地方(1871-1881年)」窪田順平・承志・井上充幸編『イリ河流域歴史地理論集――ユーラシア深奥部からの眺め』松香堂, 141-188頁
――― 2011.『露清帝国とカザフ＝ハン国』東京大学出版会

英修道 1956.「ヤクブ汗国と英露の関係」『法学研究』29-1・2・3, 45-74頁
藤本幸夫 1991.「『北征録』について」畑中幸子・原山煌編『東北アジアの歴史と社会』名古屋大学出版会, 73-106頁
プルジェヴァリスキー, ニコライ・M 1939.『蒙古と青海』上・下, 生活社
松浦茂 2006.『清朝のアムール政策と少数民族』京都大学学術出版会
――― 2011.「清朝の遣口使節とロシアの外交姿勢」『アジア史学論集』4, 1-22頁
――― 2014a, 2014b, 2015.「ウラジスラヴィッチ 1726年 北京」上・中・下,『アジア史学論集』7: 1-33頁, 8: 1-26頁, 9: 1-26頁
松浦茂ほか訳 2016.「ヴラジスラヴィッチ著『清朝の実力と現状に関する秘密報告』第1章訳稿」『アジア史学論集』10, 79-98頁
宮脇淳子 1991.「トルグート部の発展――17～18世紀中央ユーラシアの遊牧王権」『アジア・アフリカ言語文化研究』42, 71-104頁
村田雄二郎 2014.「非対称な隣国――近代中国の自己像におけるロシア・ファクター」望月哲男編『ユーラシア地域大国の文化表象』ミネルヴァ書房, 105-127頁
森川哲雄 1985.「外モンゴルのロシア帰属運動と第二代ジェブツンダムバ・ホトクト」『歴史学・地理学年報』(九州大学教養部) 9, 1-40頁
――― 2004.「乾隆期におけるキャフタ貿易停止と大黄問題」九州大学21世紀COEプログラム『東アジアと日本』1, 53-73頁
森永貴子 2010.『イルクーツク商人とキャフタ貿易――帝政ロシアにおけるユーラシア商業』北海道大学出版会
柳澤明 1988.「キャフタ条約への道程――清の通商停止政策とイズマイロフ使節団」『東洋学報』69-1・2, 29-54頁
――― 1989.「キャフタ条約以前の外モンゴル-ロシア国境地帯」『東方学』77, 70-84頁
――― 2003.「1768年の「キャフタ条約追加条項」をめぐる清とロシアの交渉について」『東洋史研究』62-3, 1-33頁
――― 2009.「清朝とロシア――その関係の構造と変遷」岡田英弘編『清朝とは何か』藤原書店, 191-200頁
――― 2013.「1750～60年代のキャフタ貿易と関税問題」『早稲田大学大学院文学研究科紀要』(第4分冊) 58, 5-18頁
――― 2014.「キャフタにおける清朝の「官営隊商」について――"bederge 回子"の活動」『史滴』36, 232-253頁
矢野仁一 1925.『近代蒙古史研究』弘文堂書房
柳静我 2008.「カンチュンネー暗殺と清朝の対応――雍正期, 対チベット政策の一側面」『満族史研究』7, 51-79頁
吉田金一 1963.「ロシアと清の貿易について」『東洋学報』45-4, 39-86頁
――― 1974.『近代露清関係史』近藤出版社
――― 1984.『ロシアの東方進出とネルチンスク条約』東洋文庫近代中国研究センター
――― 1992.『ロシアと中国の東部国境をめぐる諸問題』環翠堂
若松寛 1973, 74.「ガンチムールのロシア亡命事件をめぐる清・ロシア交渉」上・下,『京

都府立大学学術報告:人文』25: 25-39頁, 26: 1-12頁

宝音朝克図 2005.『清代北部辺疆卡倫研究』北京:中国人民大学出版社

蔡鴻生 2006.『俄羅斯館紀事』(増訂本)北京:中華書局

陳維新 2012.『清代対俄外交礼儀体制及藩属帰属交渉(1644~1861)』哈爾濱:黒龍江教育出版社

故宮博物院明清檔案部編 1979.『清代中俄関係檔案史料選編』第三編, 北京:中華書局

侯德仁 2006.『清代西北辺疆史地学』北京:群言出版社

李斉芳 2000.『中俄関係史』台北:聯経

林士鉉 2001.『清季東北移民実辺政策之研究』台北:国立政治大学歴史学系

米鎮波 2005.『清代西北辺境地区中俄貿易——従道光朝到宣統朝』天津:天津社会科学院出版社

王開璽 2009.『清代外交礼儀的交渉与論争』北京:人民出版社

王遠大 1993.『近代俄国与中国西蔵』北京:生活・読書・新知三聯書店

薛銜天・周新民主編 2002.『中俄関係中文文献目録(17-20世紀)』成都:四川人民出版社

閻国棟 2010.「俄羅斯的中国形象——歴史的回顧」孫芳, 陳金鵬等『俄羅斯的中国形象』北京:人民出版社, 1-35頁

尤淑君 2013.『賓礼到礼賓——外使覲見与晩清渉外体制的変化』北京:社会科学文献出版社

張維華・孫西 1997.『清前期中俄関係』済南:山東教育出版社

張玉全 1944.「俄羅斯館始末記」『文献専刊』〔再録『文献特刊論叢専刊合集』台北:台聯国風出版社 1967, 49-61頁〕

中国第一歴史檔案館編 1981.『清代中俄関係檔案史料選編』第一編, 北京:中華書局

Baddeley, John F. 1919. *Russia, Mongolia, China: Being some Record of the Relations between them from the beginning of the XVIIth Century to the Death of the Tsar Alxei Mikhailovich*, London: Macmillan.

Cahen, Gaston 1912. *Histoire des relations de la Russie avec la Chine sous Pierre le Grand (1689-1730)*, Paris: Librairie Félix Alcan.

Dudgeon, John 1872. *Historical Sketch of the Ecclesiastical, Political, and Commercial Relations of Russia with China*, Peking.

Foust, Clifford M. 1969. *Muscovite and Mandarin: Russia's Trade with China and Its Setting, 1727-1805*, Chapel Hill: The University of North Carolina Press.

Khodarkovsky, Michael 1992. *Where Two Worlds Met: the Russian State and the Kalmyk Nomads, 1600-1771*, Ithaca/London: Cornell University Press.

Lukin, Alexander 2003. *The Bear Watches the Dragon: Russia's Perceptions of China and the Evolution of Russian-Chinese Relations Since the Eighteenth Century*, Armonk/London: M. E. Sharpe.

Mancall, M. 1971. *Russia and China: Their Diplomatic Relations to 1728*, Cambridge, MA: Harvard University Press.

Namsaraeva, Sayana 2012. "Saddling up the Border: A Buriad Community within the Russian-Chinese Frontier Space", in Zsombor Rajkai and Ildikó Bellér-Hann, eds., *Frontiers and*

Boundaries: Encounters on China's Margins, Wiesbaden: Harrassowitz Verlag, pp. 223-245.

Paine, S. C. M. 1996. *Imperial Rivals: China, Russia and Their Disputed Frontier*, Armonk/London: M. E. Sharpe.

Sergeev, Evgeny 2013. *The Great Game 1856-1907: Russo-British Relations in Central and East Asia*, Washington, D.C.: Woodrow Wilson Center Press/Baltimore: The Johns Hopkins University Press.

Widmer, Eric. 1976. *The Russian Ecclesiastical Mission in Peking during the 18th Century*, Cambridge, MA/London: Harvard University Press.

Академия наук СССР: Институт Дальнего Востока 1969, 1972. *Русско-китайские отношения в XVII веке*, том 1: 1608-1683, том 2: 1686-1691, Москва: Издательство «Наука», Главная редакция восточной литературы.

Академия наук СССР/Российская Академия наук: Институт Дальнего Востока 1978, 1990, 2006, 2016, 2011. *Русско-китайские отношения в XVIII веке*, том 1: 1700-1725, том 2: 1725-1727, том 3: 1727-1729, том 5: 1729-1733, том 6: 1752-1765, Москва Издательство «Наука», Главная редакция восточной литературы (том 1, 2), «Памятники исторической мысли» (том 3, 5, 6).

Российская Академия наук: Институт Дальнего Востока 1995. *Русско-китайские отношения в XIX веке*, том 1: 1803-1807, Москва: «Памятники исторической мысли».

Бантыш-Каменский, Н. 1882. *Дипломатическое собрание дел между Российским и Китайским государствами с 1619 по 1792-й год*, Казань: Типография Императорского Университета.

Воскресенский, А. Д. 1995. *Дипломатическая история русско-китайского Санкт-Петербургского договора 1881 года*, Москва: «Памятники исторической мысли».

И не распалась связь времен. . . : К 100-летию со дня рождения П. Е. Скачкова 1993. Москва: Издательская фирма «Восточная литература».

Курц, Б. Г. 1929. *Государственная монополия в торговле России с Китаем в первой половине XVIII ст.*, Киев: «Киев Печать».

Моисеев, В. А. 1983. *Цинская империя и народы Саяно-Алтая: В XVIII в.*, Москва: Издательство «Наука», Главная редакция восточной литературы.

Мясников, В. С. 2001. *Россия и Китай: 400 лет междугосударственных отношений*, Lewiston/Queenston/Lampeter: The Edwin Mellen Press.

Силин, Е. П. 1947. *Кяхта в XVIII веке: Из истории русско-китайской торговли*, Иркутск: Огиз иркутское областное издательство.

Скачков, П. Е. 1977. *Очерки истории русского китаеведения*, Москва: Издательство «Наука», Главная редакция восточной литературы.

Тимковский, Е. 1824. *Путешествие в Китай чрез Монголию, в 1820 и 1821 годах*, Часть II. Санктпетербург: Типография медицинского департмента Министерства внутренних дел.

Шастина, Н. П.1958. *Русско-монгольские посольские отношения XVII века*, Москва: Издательство восточной литературы.

コラム14　カザフをめぐる露清関係
野田仁　2011.『露清帝国とカザフ＝ハン国』東京大学出版会
中国辺疆史地研究中心・中国第一歴史檔案館合編　2012.『清代新疆満文檔案彙編』桂林：
　　広西師範大学出版社

第8章　清朝から現代へ

Atwood, C. P. 2004. *Encyclopedia of Mongolia and the Mongol Empire*, New York: Facts On File.

第1節　中央ユーラシア国家としての清朝

阿南惟敬　1980.『清初軍事史論考』甲陽書房
石橋崇雄　1994.「清初皇帝権の形成過程——特に『丙子年四月〈秘録〉登ハン大位檔』に
　　みえる太宗ホン・タイジの皇帝即位記事を中心として」『東洋史研究』53-1, 98-135頁
―――　2011.『大清帝国への道』（講談社学術文庫）講談社〔初版：『大清帝国』講談社選
　　書メチエ 2001〕
石濱裕美子　1988.「グシハン王家のチベット王権喪失過程に関する一考察——ロブサン・
　　ダンジン（Blo bzang bstan 'dzin）の「反乱」再考」『東洋学報』69-3・4, 151-171頁
―――　2001.『チベット仏教世界の歴史的研究』東方書店
―――　2011.『清朝とチベット仏教——菩薩王となった乾隆帝』早稲田大学出版部
今西春秋　1967.「JUŠEN 国域考」『東方学紀要』2, 1-172頁＋折込地図2
―――訳　1992.『満和蒙和対訳満洲実録』刀水書房
岩井茂樹　1991.「乾隆期の「大蒙古包宴」——アジア政治文化のひとこま」河内良弘編『清
　　朝治下の民族問題と国際関係』科学研究費補助金総合研究（A）研究成果報告書
上田裕之　2003.「八旗俸禄制度の成立過程」『満族史研究』2, 21-40頁
梅山直也　2006.「八旗蒙古の成立と清朝のモンゴル支配——ハラチン・モンゴルを中心に」
　　『社会文化史学』48, 85-108頁
浦廉一　1931.「漢軍（烏真超哈）に就いて」『桑原博士還暦記念東洋史論叢』弘文堂書房，
　　815-849頁
―――　1938.「清朝の木蘭囲場に就て」『山下先生還暦記念東洋史論文集』六盟館，433-
　　548頁
江嶋寿雄　1999.『明代清初の女直史研究』中国書店
エリオット，マーク（林幸司訳）2008a.「満洲語文書資料と新しい清朝史」細谷良夫編
　　『清朝史研究の新たなる地平——フィールドと文書を追って』山川出版社，124-139頁
―――（松谷基和訳）2008b.「ヨーロッパ，米国における満洲学——過去，現在，未来」
　　『東洋文化研究』10, 309-325頁
岡洋樹　1993.「清朝とハルハ「八扎薩克」について」『東洋史研究』52-2, 75-101頁〔再
　　録：岡 2007, 75-90頁〕
―――　1994.「清朝国家の性格とモンゴル王公」『史滴』16, 54-58頁
―――　2002.「東北アジアにおける遊牧民の地域論的位相」岡洋樹・高倉浩樹編『東北ア

ジア地域論の可能性』東北大学東北アジア研究センター, 19-33頁
―― 2007.『清代モンゴル盟旗制度の研究』東方書店
岡田英弘 1972.「清の太宗嗣立の事情」『山本博士還暦記念東洋史論叢』山川出版社〔再録：岡田 2010, 428-440頁〕
―― 1979.『康熙帝の手紙』(中公新書)中央公論社〔再刊：藤原書店 2013〕
―― 1992.『世界史の誕生』(ちくまライブラリー)筑摩書房〔再刊：ちくま文庫 1999〕
―― 1994.「清初の満洲文化におけるモンゴル的要素」『松村潤先生古稀記念清代史論叢』汲古書院〔再録：岡田 2010, 441-451頁〕
――編 2009.『清朝とは何か』藤原書店
―― 2010.『モンゴル帝国から大清帝国へ』藤原書店
岡田英弘・神田信夫・松村潤 1968.『紫禁城の栄光』(大世界史11) 文藝春秋〔再刊：講談社学術文庫 2006〕
小沼孝博 2014.『清と中央アジア草原――遊牧民の世界から帝国の辺境へ』東京大学出版会
片岡一忠 1998.「朝賀規定からみた清朝と外藩・朝貢国の関係」『駒沢史学』52, 240-263頁〔再録：『中国官印制度研究』東方書店 2008, 129-151頁〕
加藤直人 2016.『清代文書資料の研究』汲古書院
河内良弘 1992.『明代女真史の研究』同朋舎出版
―― 1997.「明代女真の外交文書について」『東方学会創立五十周年記念東方学論集』財団法人東方学会, 457-472頁
――訳註・編著 2010.『中国第一歴史檔案館蔵内国史院満文檔案訳註　崇徳二・三年分』松香堂書店
神田信夫 1958.「清初の貝勒について」『東洋学報』40-4〔再録：神田 2005, 34-57頁〕
―― 1972.「満洲(Manju)国号考」『山本博士還暦記念東洋史論叢』山川出版社〔再録：神田 2005, 22-33頁〕
―― 1979.「『満文老檔』から『旧満洲檔』へ」『明治大学人文科学研究所年報』20〔再録：『満学五十年』刀水書房 1992, 12-48頁〕
―― 1990.「愛新覚羅考」『東方学』80〔再録：神田 2005, 3-21頁〕
―― 2005.『清朝史論考』山川出版社
楠木賢道 2009.『清初対モンゴル政策史の研究』汲古書院
承志 2009.『ダイチン・グルンとその時代――帝国の形成と八旗社会』名古屋大学出版会
杉山清彦 2001.「大清帝国史のための覚書――セミナー「清朝社会と八旗制」をめぐって」『満族史研究通信』10, 110-126頁
―― 2003.「ヌルハチ時代のヒヤ制――清初侍衛考序説」『東洋史研究』62-1, 97-136頁〔増補改訂：杉山 2015, 157-217頁「清初侍衛考」〕
―― 2008a.「明初のマンチュリア進出と女真人羈縻衛所制――ユーラシアからみたポスト=モンゴル時代の北方世界」菊池俊彦・中村和之編『中世の北東アジアとアイヌ――奴児干永寧寺碑文とアイヌの北方世界』高志書院, 105-134頁
―― 2008b.「大清帝国史研究の現在――日本における概況と展望」『東洋文化研究』10, 347-372頁

―――― 2010.「明代女真氏族から清代満洲旗人へ」菊池俊彦編『北東アジアの歴史と文化』北海道大学出版会，457-476頁
―――― 2015.『大清帝国の形成と八旗制』名古屋大学出版会
―――― 2016.「中央ユーラシア世界――方法から地域へ」羽田正編『地域史と世界史』ミネルヴァ書房，97-125頁
鈴木真 2003.「諸阿哥分封からみた康熙朝政権中枢の権力構造」『史峯』9, 18-39頁
―――― 2007.「清朝入関後，旗王によるニル支配の構造――康熙・雍正朝を中心に」『歴史学研究』830, 18-34頁
園田一亀 1948-53.『明代建州女直史研究』正・続篇，国立書院・財団法人東洋文庫
谷井陽子 2004.「清朝入関以前のハン権力と官位制」岩井茂樹編『中国近世社会の秩序形成』京都大学人文科学研究所，468-441頁（逆頁）〔再録：谷井 2015, 437-475頁〕
―――― 2015.『八旗制度の研究』京都大学学術出版会
―――― 2016a.「清朝と「中央ユーラシア的」国家――杉山清彦著『大清帝国の形成と八旗制』に寄せて」『新しい歴史学のために』289, 67-83頁
―――― 2016b.「八旗制度と「分封制」――杜家驥著「清初八旗政権の性格とその変遷」に寄せて」『満族史研究』15, 81-99頁
東洋文庫清代史研究室訳註 1972-75.『旧満洲檔――天聡九年』2冊，財団法人東洋文庫
杜家驥（前野利衣・林慶俊訳）2015.「清初八旗政権の性格とその変遷」『満族史研究』14, 1-22頁
内藤湖南 1912.「清朝姓氏考」『藝文』3-3・4〔再録：『読史叢録』弘文堂書房 1929; 内藤 1970, 312-320頁〕
―――― 1922.「清朝初期の継嗣問題」『史林』7-2〔再録：『読史叢録』弘文堂書房 1929; 内藤 1970, 353-367頁〕
―――― 1970.『内藤湖南全集7』筑摩書房
細谷良夫 1968.「清朝に於ける八旗制度の推移」『東洋学報』51-1, 1-43頁
―――― 1994.「烏真超哈（八旗漢軍）の固山（旗）」『松村潤先生古稀記念清代史論叢』汲古書院，165-182頁
増井寛也 1996-97.「明代の野人女直と海西女直（上）（下）」『大垣女子短期大学研究紀要』36, 55-66頁; 37, 37-49頁
―――― 1997.「明末建州女直のワンギャ部とワンギャ・ハラ」『東方学』93, 72-87頁
―――― 1999.「明末建州女直の有力ムクン〈シャジのフチャ・ハラ〉について」『立命館文学』559, 177-219頁
―――― 2001.「グチュ gucu 考――ヌルハチ時代を中心として」『立命館文学』572, 460-419頁（逆頁）
―――― 2004.「建州統一期のヌルハチ政権とボォイ゠ニャルマ」『立命館文学』587, 394-370頁（逆頁）
―――― 2006.「海西フルン四国王位継承考――ヌルハチ・シュルガチ兄弟の確執に寄せて」『立命館史学』27, 1-39頁
―――― 2007.「マンジュ国〈五大臣〉設置年代考」『立命館文学』601, 99-74頁（逆頁）

―――― 2008.「清初ニル類別考」『立命館文学』608, 370-348頁(逆頁)
―――― 2009.「マンジュ国〈四旗制〉初建年代考」『立命館東洋史学』32, 1-30頁
―――― 2010.「ギョロ＝ハラ Gioro hala 再考――特に外婚規制をてがかりに」『立命館文学』619, 681-662頁(逆頁)
松浦茂 1984.「ヌルハチ時代の世職制度について」『東洋史研究』42-4, 105-124頁
―――― 1995.『清の太祖 ヌルハチ』白帝社
松村潤 1969.「崇徳の改元と大清の国号について」『鎌田博士還暦記念歴史学論叢』鎌田博士還暦記念会〔再録：松村 2008, 72-86頁〕
―――― 2001.『清太祖実録の研究』(東北アジア文献研究叢刊2) 東北アジア文献研究会
―――― 2008.『明清史論考』山川出版社
満文老檔研究会訳註 1955-63.『満文老檔』7冊，財団法人東洋文庫
三田村泰助 1962.「初期満洲八旗の成立過程」『清水博士追悼記念明代史論叢』大安〔再録：三田村 1965, 283-322頁〕
―――― 1965.『清朝前史の研究』東洋史研究会
村上信明 2007.『清朝の蒙古旗人――その実像と帝国統治における役割』風響社
護雅夫 1952a.「Nökör 考序説――主として主従関係成立の事情について」『東方学』5, 56-68頁
―――― 1952b.「Nökür 考――「チンギス＝ハン国家」形成期における」『史学雑誌』61-8, 1-27頁
森川哲雄 1983.「チャハルのブルニ親王の乱をめぐって」『東洋学報』64-1・2, 99-129頁
柳澤明 1997.「清代黒龍江における八旗制の展開と民族の再編」『歴史学研究』698, 10-21頁
吉田金一 1984.『ロシアの東方進出とネルチンスク条約』東洋文庫近代中国研究センター
陸戦史研究普及会編 1968.『明と清の決戦』原書房
柳静我 2005.「「駐剳大臣」派遣前夜における清朝の対チベット政策――1720～1727年を中心に」『史学雑誌』113-12, 59-83頁
和田清 1955.『東亜史研究(満洲篇)』財団法人東洋文庫
祁美琴 2009.『清代内務府』瀋陽：遼寧大学出版社〔初版：中国人民大学出版社 1998〕
趙雲田 1989.『清代蒙古政教制度』北京：中華書局
趙志強 2007.『清代中央決策機制研究』北京：科学出版社
張永江 2001.『清代藩部研究――以政治変遷為中心』哈爾濱：黒龍江教育出版社
張晋藩・郭成康 1988.『清入関前国家法律制度史』瀋陽：遼寧人民出版社
陳文石 1991.『明清政治社会史論』上下冊，台北：学生書局
定宜荘 2003.『清代八旗駐防研究』瀋陽：遼寧民族出版社〔初版：天津古籍出版社 1992〕
杜家驥 1998.『清皇族与国政関係研究』台北：中華発展基金管理委員会・五南図書出版公司共同出版
―――― 2008.『八旗与清朝政治論稿』北京：人民出版社
―――― 2013.『清朝満蒙聯姻研究』上下，北京：故宮出版社〔初版：人民出版社 2003〕
―――― 2015.『清代八旗官制与行政』北京：中国社会科学出版社
哈斯巴根 2016.『清初満蒙関係演変研究』北京：北京大学出版社

孟森 1936.「八旗制度考実」『歴史語言研究所集刊』6-3〔再録：『明清史論著集刊』上冊，中華書局 1959／『孟森著作集　清史講義』北京：中華書局 2006〕
羅運治 1989.『清代木蘭囲場的探討』台北：文史哲出版社
劉小萌 2001.『満族従部落到国家的発展』瀋陽：遼寧民族出版社〔初版：『満族的部落与国家』吉林文史出版社 1995〕
Ahmad, Zahiruddin 1970. *Sino-Tibetan Relations in the Seventeenth Century*, Serie Orientale Roma XL, Roma: Instituto italiano per il Medio ed Estremo Oriente.
Allsen, Thomas T. 2006. *The Royal Hunt in Eurasian History*, Philadelphia: University of Pennsylvania Press.
Čimeddorji, Jaqa（斉木徳道爾吉）1990. *Die Briefe des K'ang-his-Kaisers aus den Jahren 1696-97 an den Kronprinzen Yin-ch'eng aus manschurischen Geheimdokumenten*, Asiatische Forschungen, Bd. 113, Wiesbaden: Harrassowitz
Elliott, Mark C. 2001. *The Manchu Way: The Eight Banners and Ethnic Identity in Late Imperial China*, Stanford: Stanford University Press.
Millward, James A., Ruth W. Dunnell, Mark C. Elliott and Philippe Forêt, eds. 2004. *New Qing Imperial History: The Making of Inner Asian Empire at Qing Chende*, London/New York: Routledge Curzon.
Oka Hiroki（岡洋樹）1998. "The Mongols and the Qing Dynasty: The North Asian Feature of Qing Rule over the Mongolia", in T. Yoshida and H. Oka, eds., *Facets of Transformation of the Northeast Asian Countries*, Northeast Asian Study Series 1, Sendai: Tohoku University, pp. 129-151.
Perdue, Peter C. 2005. *China Marches West: The Qing Conquest of Central Eurasia*, Cambridge, MA/London: The Belknap Press of Harvard University Press.

第2節　清代以後のモンゴル
青木雅浩 2011.『モンゴル近現代史研究――1921-1924年：外モンゴルとソヴィエト，コミンテルン』早稲田大学出版部
池尻陽子 2013.『清朝前期のチベット仏教政策――扎薩克喇嘛制度の成立と展開』汲古書院
石濱裕美子 2001.『チベット仏教世界の歴史的研究』東方書店
今堀誠二 1955.『中国封建社会の機構――帰綏(呼和浩特)における社会集団の実態調査』日本学術振興会
今西春秋 1966.「清文鑑――単体から5体まで」『朝鮮学報』39・40, 118-163頁
ウラヂミルツォフ（外務省調査部訳）1936.『蒙古社会制度史』外務省調査部〔再刊：原書房 1980〕
江夏由樹 2008.「近代東部内モンゴルにおける蒙地払い下げ――日露戦争後，土地利権攘奪をめぐる中国と日本の官民関係」細谷良夫編『清朝史研究の新たなる地平――フィールドと文書を追って』山川出版社
岡洋樹 1992.「乾隆帝の対ハルハ政策とハルハの対応」『東洋学報』73-1・2, 31-61頁
―――― 2007.『清代モンゴル盟旗制度の研究』東方書店

岡田英弘 1979.『康熙帝の手紙』中央公論社〔増補改訂版：藤原書店 2013〕
―― 2004.『蒙古源流』刀水書房
金岡秀郎 1986.「『メルゲッド・ガルヒン・オロン』研究序説――清代モンゴルにおける仏典翻訳に関する一資料」『大倉山論集』20, 151-177頁
―― 1987.「清代モンゴル翻訳文献概史――『メルゲッド・ガルヒン・オロン』成立の背景」『大倉山論集』21, 195-230頁
楠木賢道 2009.『清初対モンゴル政策史の研究』汲古書院
栗林均 2012.「近代モンゴル語辞典の成立過程――清文鑑から『蒙漢辞典』へ」『東北アジア研究』16, 127-148頁
佐藤公彦 1995.「内蒙古の近代化と地商経済」鹿児島経済大学地域総合研究所編『近代東アジアの諸相』勁草書房
佐藤憲行 2009.『清代ハルハ・モンゴルの都市に関する研究――18世紀末から19世紀半ばのフレーを例に』学術出版会
シーシキンほか（田中克彦編訳）2006.『ノモンハンの戦い』岩波書店
澁谷浩一 1996.「康熙年間の清のトルグート遣使――所謂密命説の再検討を中心に」『茨城大学人文学部紀要』（人文学科論集）29, 71-93頁
島田正郎 1982.『清朝蒙古例の研究』創文社
―― 1995.『北方ユーラシア法系通史』創文社
杉山清彦 2015.『大清帝国の形成と八旗制』名古屋大学出版会
鈴木仁麗 2011.『満洲国と内モンゴル――満蒙政策から興安省統治へ』明石書店
橘誠 2011.『ボグド・ハーン政権の研究――モンゴル建国史序説1911-1921』風間書房
田中克彦 2009.『ノモンハン戦争――モンゴルと満洲国』岩波書店
田山茂 1954.『清代に於ける蒙古の社会制度』文京書院
中見立夫 2013.『「満蒙問題」の歴史的構図』東京大学出版会
中村篤志 2005.「清代モンゴル旗社会におけるタイジの血統分枝と属民所有」『山形大学歴史・地理・人類学論集』6, 27-45頁
萩原守 2006.『清代モンゴルの裁判と裁判文書』創文社
広川佐保 2005.『蒙地奉上――「満洲国」の土地政策』汲古書院
二木博史 1984.「ダムバドルジ政権の内モンゴル革命援助」『一橋論叢』92-3, 364-381頁
宮脇淳子 1991.「トルグート部の発展――17～18世紀中央ユーラシアの遊牧王権」『アジア・アフリカ言語文化研究』42, 71-104頁
―― 1995.『最後の遊牧帝国――ジューンガル部の滅亡』講談社
―― 2002.『モンゴルの歴史――遊牧民の誕生からモンゴル国まで』刀水書房
村上信明 2007.『清朝の蒙古旗人――その実像と帝国統治における役割』風響社
森久男 2000.『徳王の研究』創土社
―― 2009.『日本陸軍と内蒙工作――関東軍はなぜ独走したか』講談社
森川哲雄 1983.「チャハルのブルニ親王の乱をめぐって」『東洋学報』64-1・2, 99-129頁
―― 1985.「外モンゴルのロシア帰属運動と第二代ジェプツンダムバ・ホトクト」『歴史学・地理学年報』9, 1-40頁

―― 2007.『モンゴル年代記』白帝社

楊海英 2009.『墓標なき草原――内モンゴルにおける文化大革命・虐殺の記録』上・下, 岩波書店

若松寛 1974.「ガルダンシレトゥ-フトクトゥ攷――清代の駐京フトクトゥ研究」『東洋史研究』33-2, 1-33頁

―― 1975.「ボグドチャガンラマとココホトのラマ教」『鷹陵史学』1, 9-40頁

―― 1983.「ザインゲゲン伝考証」護雅夫編『内陸アジア・西アジアの社会と文化』山川出版社, 391-409頁

早稲田大学モンゴル研究所編／吉田順一監修 2011.『モンゴル史研究――現状と展望』明石書店

Нацагдорж, Ш. 1963. *Манжийн эрхшээлд байсан үеийн халхын хураангуй түүх (1691-1911)*, Улаанбаатар: Улсын Хэвлэлийн Хэрэг Эрхлэх Хороо.〔ナツァグドルジ, Sh. 1963.『満州支配時代のハルハ概史(1691-1911年)』ウラーンバートル〕

第3節 清以後の新疆

アブリミティ, リズワン 2009.「中華人民共和国成立後の新疆における「民族学校」の漢語教育をめぐる一考察」『アジア・アフリカ言語文化研究』78, 43-77頁

梅村坦 2005.「天山山中に遊牧民をたずねて」松原正毅・小長谷有紀・楊海英編『ユーラシア草原からのメッセージ――遊牧研究の最前線』平凡社, 37-62頁

榎一雄 1992.『榎一雄著作集2 中央アジア史II』汲古書院, 113-224頁

王柯 1995.『東トルキスタン共和国研究――中国のイスラムと民族問題』東京大学出版会

大石真一郎 1996.「カシュガルにおけるジャディード運動――ムーサー・バヨフ家と新方式教育」『東洋学報』78-1, 1-26頁

―― 2003.「テュルク語定期刊行物における民族名称「ウイグル」の出現と定着」『東欧・中央ユーラシアの近代とネイションII』北海道大学スラブ研究センター, 49-61頁

小沼孝博 2007.「ベク制度の創設――清朝公文書による東トルキスタン史研究序説」『内陸アジア史研究』22, 39-59頁

―― 2014.『清と中央アジア草原――遊牧民の世界から帝国の辺境へ』東京大学出版会

―― 2016.「中央アジア・オアシスにおける政治権力と隊商交易――清朝征服前後のカシュガリアを事例に」『東洋史研究』75-1, 1-34頁

加々美光行 2008.『中国の民族問題――危機の本質』岩波書店

片岡一忠 1991.『清朝新疆統治研究』雄山閣

加藤直人 1977.「「七人のホージャたち」の聖戦」『史学雑誌』86-1, 60-72頁

―― 1992.「清代新疆の遣犯について」『神田信夫先生古稀記念論集 清朝と近代東アジア』山川出版社, 219-240頁

金子民雄 2002.『西域 探検の世紀』岩波書店

華立 1999.「清代の天山南路に進出する内地商民――人口移動と辺疆地域との視点から」『地域と社会』2, 123-144頁

―― 2003.「清代甘粛・陝西回民の新疆進出――乾隆期の事例を中心に」塚田誠之編

『民族の移動と文化の動態』風響社, 21-67頁
―― 2009.「清代イリにおける民人社会の形成とその諸相」窪田順平・承志・井上充幸編『イリ河流域歴史地理論集――ユーラシア深奥部からの眺め』松香堂, 107-139頁
木下恵二 2001.「楊増新の新疆統治――伝統的統治と国家主権」『法学政治学論究』48, 127-156頁
―― 2009.「一九三〇年代新疆盛世才政権下の「ソ連型」民族政策とその政治的矛盾」『史学』78-4, 31-59頁
―― 2011.「新疆における盛世才の統治と粛清――一九三七年～三八年」『法学政治学論究』89, 1-24頁
窪田順平監修／承志編 2012.『中央ユーラシア環境史2 国境の出現』臨川書店
熊谷瑞恵 2011.『食と住空間にみるウイグル族の文化――中国新疆に息づく暮らしの場』昭和堂
グリジャナティ，アナトラ 2015.『中国の少数民族教育政策とその実態――新疆ウイグル自治区における双語教育』三元社
河野敦史 2013.「18～19世紀における回部王公とベク制に関する一考察」『日本中央アジア学会報』9, 19-48頁
―― 2017.「ワリー・ハーンの侵入事件(1857年)とヤルカンド」『中央大学大学院研究年報』（文学研究科篇）46, 47-61頁
佐口透 1963.『十八～十九世紀東トルキスタン社会史研究』吉川弘文館
―― 1966.『ロシアとアジア草原』吉川弘文館
―― 1986.『新疆民族史研究』吉川弘文館
―― 1994.『新疆ムスリム史研究』吉川弘文館
真田安 1977.「オアシス・バーザールの静態研究――19世紀後半カシュガリアの場合」『中央大学大学院研究年報』6, 207-220頁
―― 1983.「創設期清伯克制からみたカシュガリア・オアシス社会」護雅夫編『内陸アジア・西アジアの社会と文化』山川出版社, 437-458頁
澤田稔編 2007.『中央アジアのイスラーム聖地――フェルガナ盆地とカシュガル地方』（『シルクロード学研究』28）シルクロード学研究センター
清水由里子 2010.「国民党系ウイグル人の文化・言論活動(1946-49年)について――『自由』紙に見る「テュルク」民族意識の検討を中心に」『日本中央アジア学会報』6, 23-45頁
―― 2011.「『新生活』紙にみる「ウイグル」民族意識再考」『中央大学アジア史研究』35, 45-69頁
―― 2014.「近代中国におけるムスリム・マイノリティの教育――新疆のウイグル人の学校教育を事例として」『中国新疆のムスリム史――教育，民族，言語』（『早稲田大学アジア・ムスリム研究所リサーチペーパー・シリーズ』2）, 1-22頁
清水由里子・新免康・鈴木健太郎 2007.『ムハンマド・エミン・ボグラ著『東トルキスタン史』の研究』NIHUプログラム「イスラーム地域研究」東京大学拠点
ジャリーロフ，アマンベク／河原弥生／澤田稔／新免康／堀直 2008.『ターリーヒ・ラ

シーディー』テュルク語訳附編の研究」NIHU プログラム「イスラーム地域研究」東京大学拠点

白須淨眞 1988.「清末民初のウルムチ(迪化城)の景観と大谷探検隊の記録——一九八七年訪中報告(三)」『東洋史苑』30/31, 83-120頁

新免康 1987.「ヤークーブ・ベグ政権の性格に関する一考察」『史学雑誌』97-4, 1-42頁

――― 1989.「新疆コムルのムスリム反乱(1931-32年)について」『東洋学報』70-3・4, 105-135頁

――― 1990.「新疆ムスリム反乱(1931-34年)と秘密組織」『史学雑誌』99-12, 1-42頁

――― 1994.「「東トルキスタン共和国」(1933-34年)に関する一考察」『アジア・アフリカ言語文化研究』46・47, 1-42頁

――― 2005.「ウイグル——トゥルファンのイスラーム聖廟の歴史と現在」末成道男・曽士才編『講座・世界の先住民族——ファースト・ピープルズの現在 01 東アジア』明石書店, 211-226頁

――― 2009.「『ターリヒ・ラシーディー』テュルク語訳附編の叙述傾向に関する一考察——カシュガルの歴代ハーキム・ベグに関する部分を中心に」『西南アジア研究』71, 111-131頁

新免康・真田安・王建新 2002.『新疆ウイグルのバザールとマザール』東京外国語大学アジア・アフリカ言語文化研究所

新免康・菅原純 2002.「カーシュガル・ホージャ家アーファーク等の活動の一端——ヤーリング・コレクション Prov. 219 について」『東洋史研究』61-3, 33-63頁

菅原純 2001.「創出される「ウイグル民族文化」——「ウイグル古典文学」の復興と墓廟の「発見」」『アジア遊学』1, 74-86頁

――― 2005.「ウイグル人と大日本帝国」『アジ研ワールド・トレンド』2005-1, 28-31頁

田中周 2010.「新疆ウイグル自治区における国家統合と民族区域自治政策——1950年代前半の自治区成立過程から考える」『早稲田大学政治公法研究』94, 63-76頁

――― 2013.「民族名称「ウイグル」の採用」鈴木隆・田中周編『転換期中国の政治と社会集団』国際書院, 181-207頁

張莉(村松弘一訳) 2011.「乾隆年間の天山北麓における土地と人々——環境史的視点からみた農業開発」『東洋文化研究』13, 53-92頁

寺山恭輔 2015.『スターリンと新疆——1931-1949年』社会評論社

中島幸宏 2010.「清末新疆における義塾教育」『東洋史論集』38, 38-56頁

中田吉信 1977.「新疆都督楊増新」『江上波夫教授古稀記念論集・歴史編』山川出版社, 551-569頁

中村哲夫 1978.「新疆省における辛亥革命」『内田吟風博士頌寿記念東洋史論集』同朋社, 351-369頁

野田仁 2009a.「イリ事件再考——ロシア統治下のイリ地方(1871-1881年)」窪田順平・承志・井上充幸編『イリ河流域歴史地理論集——ユーラシア深奥部からの眺め』松香堂, 141-188頁

――― 2009b.「中央アジアにおける露清貿易とカザフ草原」『東洋史研究』68-2, 1-31頁

―――― 2011.『露清帝国とカザフ＝ハン国』東京大学出版会
羽田明 1982.「清朝の東トルキスタン統治政策」『中央アジア史研究』臨川書店, 49-146頁
濱田正美 1973.「ムッラー・ビラールの「聖戦記」について」『東洋学報』55-4, 31-59頁
―――― 1983.「十九世紀ウイグル歴史文献序説」『東方学報』（京都）55, 353-401頁
―――― 1993.「「塩の義務」と「聖戦」との間で」『東洋史研究』52-2, 122-148頁
―――― 2008.「北京第一歴史檔案館所蔵コーカンド関係文書9種」『西南アジア研究』78, 82-111頁
日野強 1973.『伊犂紀行』芙蓉書房
堀直 1978.「清代回疆の交通事情――軍台と卡倫を中心として」『大手前女子論集』12, 95-107頁
―――― 1980.「清代回疆の貨幣制度――普爾鋳造制について」『中嶋敏先生古稀記念論集』上巻, 汲古書院, 581-602頁
―――― 1983a.「回疆都市ヤールカンド――景観の復原の試み」『甲南大学紀要』文学編63, 39-51頁
―――― 1983b.「トゥルファンのカーレーズ小考」護雅夫編『内陸アジア・西アジアの社会と文化』山川出版社, 459-480頁
―――― 1987.「歴史認識と歴史叙述」西川正雄・小谷汪之編『現代歴史学入門』東京大学出版会, 61-91頁
―――― 1992.「カシュガル旧城居住街区の点描―― Qona Orda Kocha にいたるまで」『甲南大学総合研究草書』26, 37-56頁
―――― 1993a.「清代回疆の耕地面積――流れる水から, 動かぬ大地へ」『甲南大学紀要』文学編90, 16-35頁
―――― 1993b.「回疆玉米考」『東洋史研究』52-2, 102-121頁
―――― 1999.「新疆の「地方志」」『内陸アジア史研究』14, 1-23頁
―――― 2005.「清代ヤルカンドの農村と水路」『甲南大学文学部紀要』文学編139, 153-191頁
マカートニ夫人（金子民雄訳）2007.『カシュガール滞在記』連合出版
松原正毅 2011.『カザフ遊牧民の移動――アルタイ山脈からトルコへ1934-1953』平凡社
松本和久 2010.「新疆生産建設兵団における党・政・軍関係」『早稲田大学政治公法研究』93, 43-57頁
宮脇淳子 1991.「トルグート部の発展――17〜18世紀中央ユーラシアの遊牧王権」『アジア・アフリカ言語文化研究』42, 71-104頁
吉田豊子 2001.「戦後国民政府の対ソ認識――北塔山事件への対処を通して」姫田光義編『戦後中国国民政府史の研究1945-1949年』中央大学出版部, 79-105頁
ラティモア（中国研究所訳）1951.『アジアの焦点』弘文堂
阿拉騰奥其爾 1995.『清代伊犂将軍論稿』北京：民族出版社
王東平 2003.『清代回疆法律制度研究（1759-1884年）』哈爾浜：黒龍江教育出版社
賈建飛 2012.『清乾嘉道時期新疆的内地移民社会』北京：社会科学文献出版社
華立 1995.『清代新疆農業開発史』哈爾浜：黒龍江教育出版社
呉元豊 1997.「清乾隆年間新疆普爾銭的鋳造流通及其作用」『西域研究』1997-1, 39-49頁

蔡家芸 2006.『清代新疆社会経済史綱』北京：人民出版社
賽副鼎 1993.『賽副鼎回憶録』北京：華夏出版社
《新疆通志》編撰委員会編 2008.『新疆歴史研究論文選編』清代巻（上下），民国巻，当代巻（上下），烏魯木斉：新疆人民出版社
新疆辺疆史地研究中心・新疆維吾爾自治区檔案局編 2012.『清代新疆檔案選輯』91冊，桂林：広西師範大学出版社
蘇北海・黄建華 1993.『哈密・吐魯番維吾爾王歴史』烏魯木斉：新疆大学出版社
中国第一歴史檔案館編 2010.『清代新疆満文檔案匯編』283冊，桂林：広西師範大学出版社
張大軍 1980.『新疆風暴七十年』12冊，台北：蘭渓出版社
陳慧生・陳超 1999.『民国新疆史』烏魯木斉：新疆人民出版社
潘志平 1991.『中亜浩罕国与清代新疆』北京：中国社会科学院出版社
包爾漢 1984.『新疆五十年』北京：中国文史史料出版社
Bellér-Hann, Ildikó 2008. *Community Matters in Xinjiang 1880-1949: Toward a Historical Anthropology of the Uyghur*, Leiden: Brill.
Benson, Linda 1990. *The Ili Rebellion: The Moslem Challenge to Chinese Authority in Xinjiang, 1944-1949*, Armonk, N.Y.: M. E. Sharpe.
Brophy, David 2008. "The Kings of Xinjiang: Muslims Elites and the Qing Empire", *Etudes Orientales* 25, pp. 69-90.
——— 2014. "High Asia and the High Qing: A Selection of Persian Letters from the Beijing Archives", in Alireza Korangy et al., eds., *No Tapping around Philology: A Festschrift in Honor of Wheeler McIntosh Thackston Jr.'s 70th Birthday*, Wiesbaden: Harrassowitz Verlag, pp. 325-367.
——— 2016. *Uyghur Nation: Reform and Revolution on the Russia-China Frontier*, Cambridge MA: Harvard University Press.
Fletcher, Joseph 1978. "Ch'ing Inner Asia c. 1800" and "The Heyday of the Ch'ing Order in Mongolia, Sinkiang and Tibet", in Denis Twitchett et al., eds., *The Cambridge History of China*, Vol. 10: *Late Ch'ing, 1800-1911*, Part. 1, Cambridge: Cambridge University Press, pp. 35-106; 351-408.
Forbes, Andrew 1986. *Warlords and Muslims in Chinese Central Asia: Apolitical of Republican Sinkiang 1911-1949*, Cambridge/New York: Cambridge University Press.
Forsyth, Thomas 1875. *Report of a Mission to Yarkund in 1873*, Calcutta: The Foreign Departmrnt Press.
Garnaut, Anthony 2008. "From Yunnan to Xinjiang: Governor Yang Zengxin and his Dungan Generals", *Etudes Orientales* 25, pp. 93-125.
Hamada Masami 1990. "La transmission du movement nationaliste au Turkestan oriental", *Central Asian Survey* 9-1, pp. 29-48.
Hsü, Immanuel C. Y. 1964. "British mediation of China's war with Yaqub Beg, 1877", *Central Asiatic Journal* 9-2, pp. 142-149.
Kim Hodong 2004. *Holy War in China: The Muslim Rebellion and State in Chinese Central Asia,*

1864-1877, Stanford: Stanford University Press.

Millward, James 1998. *Beyond the Pass: Economy, Ethnicity, and Empire in Qing Xinjiang, 1759-1864*, Stanford: Stanford University Press.

―― 2007. *Eurasian Crossroads: A History of Xinjiang*, London: Hurst.

Newby, Laura 2005. *The Empire and the Khanate: A Political History of Qing Relations with Khoqand C. 1760-1860*, Leiden/Boston: Brill Academic Pub.

―― 2007. "'Us and Them' in Eighteenth and Nineteenth Century Xinjiang", in Ildikó Bellér-Hann et al., eds., *Situating the Uyghurs between China and Central Asia*, Aldershot: Ashgate, pp. 15-29.

Noda Jin and Onuma Takahiro 2010. *A Collection of Documents from the Kazakh Sultans to the Qing Dynasty*, Tokyo: The University of Tokyo.

Rudelson, Justin 1997. *Oasis Identities: Uyghur Nationalism along China's Silk Road*, New York: Columbia University Press.

Schluessel, Eric T. 2014. *The World as Seen from Yarkand: Ghulām Muḥammad Khān's 1920s Chronicle Mā Tītayning wāqi ʿasi*, Tokyo: The University of Tokyo.

Shaw, Robert 1984. *Visits to High Tartary, Yarkand and Kashgar*, Hong Kong/New York: Oxford University Press.

Shinmen Yasushi and Onuma Takahiro 2012. "First Contact between Ya'qūb Beg and the Qing: The Diplomatic Correspondence of 1871", 『アジア・アフリカ言語文化研究』84, 5-37頁

Shinmn Yasushi, Sawada Minoru and Waite Edmund, eds., 2013. *Muslim Saints and Mausoleums in Central Asia and Xinjiang*, Paris: Libr. D'Amérique et d'Orient Jean Maisonneuve successeur.

Skrine, Clarmont 1926. *Chinese Central Asia*, Boston/New York: Houghton Mifflin.

Skrine, Clarmont and Pamela Nightingale 1973. *Macartney at Kashgar: New Light on British, Chinese and Russian Activities in Sinkiang, 1890-1918*, London: Methuen.

Sugawara Jun 2010. "Tradition and Adoption: Elements and Composition of Land-related Contractual Documents in Provincial Xinjiang (1884-1955)", in James. A. Millward et al., eds., *Studies on Xinjiang Historical Sources in 17-20th Centuries*, Tokyo: The Toyo Bunko, pp. 120-139.

Thum, Rian 2014. *The Sacred Routes of Uyghur History*, Cambridge MA: Harvard University Press.

Waley-Cohen, Joanna 1991. *Exile in Mid-Qing China: Banishment to Xinjiang, 1758-1820*, New Haven: Yale University Press.

Wu, Zhe 2015. "Caught between Opposing Han Chauvinism and Opposing Local Nationalism: The Drift toward Ethnic Antagonism in Xinjiang Society, 1952-1963", in Jeremy Brown and Matthew D. Johnson, eds., *Maoism at the Grassroots: Everyday Life in China's Era of High Socialism*, Cambridge: Harvard University Press: pp. 306-339; 441-445.

Ходжаев, Аблат 1979. *Цинская империя, Джунгария и восточный туркестан: колониальная политика цинското китая во второй половине XIX в.*, Москва: Наука. Главная редакция восточной литературы.

―― 1991. *Цинская империя и Восточный Туркестан в XIII в: из истории международных отношений в Центральной Азии*, Ташкент: Издательство "Фан" Узбекской ССР.

コラム15　大谷探検隊の活動と外務省外交記録
白須淨眞編 2011.『大谷光瑞と国際政治社会――チベット，探検隊，辛亥革命』勉誠出版
―― 2012.『大谷探検隊研究の新たな地平――アジア広域調査活動と外務省外交記録』勉誠出版
――編 2014.『大谷光瑞とスヴェン・ヘディン――接近，来日，チベット，楼蘭』勉誠出版

コラム17　「中央ユーラシア」の境界
Sinor, Denis 1963. *Introduction à l'étude de l'Eurasie central*, Wiesbaden: O.Harrassowitz.
中見立夫 2013.『『満蒙問題』の歴史的構図』東京大学出版会
―― 1999.「"北東アジア"からみた"東アジア"」浜下武志編『東アジア世界の地域ネットワーク』（シリーズ国際交流③）山川出版社，57-70頁

コラム18　著述家ムハンマド・サーディク・カシュガリー
澤田稔 2014-18.「『タズキラ・イ・ホージャガーン』日本語訳注」(1)-(8)『富山大学人文学部紀要』61, 59-86頁; 62, 89-118頁; 63, 33-57頁; 64, 81-106頁; 65, 21-44頁; 66, 55-82頁; 67, 31-60頁; 68, 27-43頁

第9章　帝政ロシア・ソ連時代およびソ連解体後

大塚和夫ほか編 2002.『岩波イスラーム辞典』岩波書店
川端香男里ほか監修 2004/2007.『[新版]ロシアを知る事典』平凡社
小松久男ほか編 2005.『中央ユーラシアを知る事典』平凡社
Dudoignon, Stéphane ed. 2008- . *Central Eurasian Reader: A Biennial Journal of Critical Bibliography and Epistemology of Central Eurasian Studies*, Vol. 1-2, Berlin: Klaus Schwarz Verlag.
Dudoignon, Stéphane and Komatsu Hisao eds. 2003-06. *Research Trends in Modern Central Eurasian Studies: Works Published between 1985 and 2000, A Selective and Critical Bibliography*, Part 1-2, Tokyo: The Toyo Bunko.
Прозоров,С. М.(ред.) 1998-2012. Ислам на территории бывшей Российской империи: Энциклопедический словарь, вып. 1-5. Москва: Издательская фирма «Восточная литература» РАН.

第1節　ロシアと中央ユーラシア草原
荒井幸康・井上岳彦 2008.「カルムイク人とブリヤート人の民族意識――「モンゴル」認識と「独自の道」」宇山智彦編『講座スラブ・ユーラシア学2　地域認識論――多民

族空間の構造と表象』講談社，202-228頁
石戸谷重郎 1986a.「イヴァン4世の東方政策——カザン・アストラハンの併合」『奈良文化女子短期大学紀要』17, 1-20頁
——— 1986b.「16世紀中葉におけるロシアとカザン」『奈良産業大学紀要』2, 3-25頁
宇山智彦 2012.「ロシア帝国論」ロシア史研究会編『ロシア史研究案内』彩流社，165-179頁
倉持俊一 1998.「ロシア史上のモンゴル」『法政史学』50, 15-33頁
栗生沢猛夫 2007.『タタールのくびき——ロシア史におけるモンゴル支配の研究』東京大学出版会
——— 2015.『『ロシア原初年代記』を読む——キエフ・ルーシとヨーロッパ，あるいは「ロシアとヨーロッパ」についての覚書』成文社
小松久男 1983.「ブハラとカザン」護雅夫編『内陸アジア・西アジアの社会と文化』山川出版社，481-500頁
櫻間瑛 2009.「「受洗タタール」から「クリャシェン」へ——現代ロシアにおける民族復興の一様態」『スラヴ研究』56, 127-153頁
豊川浩一 2006.『ロシア帝国民族統合史の研究——植民政策とバシキール人』北海道大学出版会
——— 2016.『18世紀ロシアの「探検」と変容する空間認識』山川出版社
長縄宣博 2008.「ロシア帝国のムスリムにとっての制度・地域・越境——タタール人の場合」宇山智彦編『講座スラブ・ユーラシア学2 地域認識論——多民族空間の構造と表象』講談社，258-279頁
——— 2013.「近代帝国の統治とイスラームの相互連関——ロシア帝国の場合」秋田茂・桃木至朗編『グローバルヒストリーと帝国』大阪大学出版会，158-184頁
野田仁 2011.『露清帝国とカザフ=ハン国』東京大学出版会
浜由樹子 2010.『ユーラシア主義とは何か』成文社
濱本真実 2009.『「聖なるロシア」のイスラーム——17-18世紀タタール人の正教改宗』東京大学出版会
——— 2011.『共生のイスラーム』(イスラームを知る5) 山川出版社
フェンネル，ジョン (宮野裕訳) 2017.『ロシア中世教会史』教文館〔原著 1995〕
松木栄三 2001.「ロシア史とタタール問題」『歴史評論』619, 66-78頁
宮脇淳子 1996.「ロシアにおけるチンギス統原理」『ロシア史研究』58, 16-24頁
森永貴子 2008.『ロシアの拡大と毛皮交易——16-19世紀シベリア・北太平洋の商人世界』彩流社

Azamatov, Danil D. 1996. "Russian Administration and Islam in Bashikiria", in Michael Kemper et al., eds., *Muslim Culture in Russia and Central Asia from the 18th to the Early 20th Centuries*, Vol. 1 (Islamkundliche Untersuchungen Band 200), Berlin: Schwarz, pp. 91-111.

Bennigsen, Alexandre 1967. "L'expédition Turque contre Astrakhan en 1569 d'après les Registres des «Affaires importantes» des Archives ottomanes", *Cahiers du Monde russe et soviétique* 8-3, pp. 427-446.

DeWeese, Devin 1994. *Islamization and Native Religion in the Golden Horde: Baba Tükles and Conversion to Islam in Historical and Epic Tradition*, University Park, PA: Pennsylvania State University Press.

Fisher, Alan W. 1978. *The Crimean Tatars*, Stanford: Hoover Institution Press.

Frank, Allen, J. 1998. *Islamic Historiography and 'Bulghar' Identity among the Tatars and Bashkirs of Russia*, Leiden: Brill.

─── 2012. *Bukhara and the Muslims of Russia: Sufism, Education, and the Paradox of Islamic Prestige*, Leiden/Boston: Brill.

Gökbilgin, Tayyib 1970. "L'expédition ottomane contre Astrakhan en 1569", *Cahiers du Monde russe et soviétique* 11-3, pp. 118-123.

Kämpfer, Frank 1969. "Die Eroberung von Kasan 1552 als Gegenstand der zeitgenössischen russischen Historiographie", *Forschungen zur osteuropäischen Geschichte* 14, pp. 7-161.

Kappeler, Andreas 1982. *Rußlands erste Nationalitäten. Das Zarenreich und die Völker der Mittleren Wolga vom 16. bis 19. Jahrhundert* (Beiträge zur Geschichte Osteuropas. Bd. 14), Köln/Wien: Böhlau.

─── 1992. *Rußland als Vielvölkerreich: Entstehung, Geschichte, Zerfall*, München: C. H. Beck (Каппелер, Андреас (1997) *Россия-многонациональная империя: возникновение, история, распад*, Москва: Прогресс-Традиция; (2001) *The Russian Empire: A Multi-ethnic History*, Harlow: Longman).

Keenan, Edward. L. 1967. "Moscovy and Kazan: Some Introductory Remarks on the Patterns of Steppe Diplomacy", *Slavic Review* 26, pp. 548-558.

Khodarkovsky, Michael 1992. *Where Two Worlds Met: the Russian State and the Kalmyk Nomads, 1600-1771*, Ithaca: Cornell University Press.

─── 2002. *Russia's Seppe Frontier. The Making of a Colonial Empire, 1500-1800*, Bloomington/Indianapolis: Indiana University Press.

Kurat, Akdes N. 1961. "The Turkish Expedition to Astrakhan in 1569 and the Problem of the Don-Volga Canal", *The Slavic and East European Review* 40, pp. 7-23.

Noda Jin 2016. *The Kazakh Khanates between the Russian and Qing Empires: Central Eurasian International Relations during the Eighteenth and Nineteenth Centuries*, Leiden/Boston: Brill.

Pelenski, Jaroslaw 1974. *Russia and Kazan: Conquest and Imperial Ideology (1438-1560s)*, The Hague/Paris: Mouton.

Pritsak, Omeljan 1981. *The Origin of Rus'*, Vol. 1: *Old Scandinavian Sources Other than the Sagas* (Harvard Ukrainian Research Institute Monograph Series), Cambridge, MA: Harvard University Press for the Harvard Ukrainian Research Institute.

Romaniello, Matthew P. 2012. *The Elusive Empire: Kazan and the Creation of Russia, 1552-1671*, Madison: University of Wisconsin Press.

Spannaus, Nathan 2013. "The Decline of the *Akhund* and the Transformation of Islamic Law under the Russian Empire", *Islamic Law and Society* 20-3, pp. 202-241.

Steinwedel, Charles 2007. "How Bashkiria Became Part of European Russia, 1762-1881", in Jane

Burbank et al., eds., *Russian Empire: Space, People, Power, 1700-1930*, Bloomington/Indianapolis: Indiana University Press, pp. 94-124.

―――― 2016. *Threads of Empire: Loyalty and Tsarist Authority in Bashkiria, 1552-1917*, Bloomington: Indiana University Press.

Sultangalieva, Gulmira 2012. "The Russian Empire and the Intermediary Role of Tatars in Kazakhstan: The Politics of Cooperation and Rejection", in Uyama Tomohiko, ed., *Asiatic Russia: Imperial Power in Regional and International Contexts*, London/New York: Routledge.

Sunderland, Willard 2012. "Ermak Timofeevich (1530s/40s-1585)", in Stephen M. Norris and Willard Sunderland, eds., *Russia's People of Empire: Life Stories from Eurasia, 1500 to the Present*, Bloomington: Indiana University Press, pp. 17-26.

Vernadsky, George 1953. *The Mongols and Russia*, New Haven: Yale University Press.

―――― 1959. *Russia at the Dawn of the Modern Age*, New Haven: Yale University Press. 〔ヴェルナツキー，G（松木栄三訳）1999.『東西ロシアの黎明――モスクワ公国とリトアニア公国』風光社〕

Yaşar, Murat 2011. "The North Caucasus in the Second Half of the Sixteenth Century: Imperial Entanglements and Shifting Loyalties", Ph.D. Dissertation, University of Toronto.

―――― 2016. "The North Caucasus between the Ottoman Empire and the Tsardom of Muscovy: The Beginnings, 1552-1570", *Iran and the Caucasus* 20-1, pp. 105-125.

Азаматов, Данил Д. 1999. *Оренбургское магометанское духовное собрание в конце XVIII-XIX вв.*, Уфа: Гилем.

Бахрушин, Сергей В. 1955. *Научные труды*, Т. III. *Избранные работы по истории Сибири XVI-XVII вв.*, Москва: Издательство Академии наук СССР.

Беляков, Андрей В. 2011. *Чингисиды в России XV-XVII веков: просопографическое исследование*, Рязань: Мир.

Вельяминов-Зернов, Владимир В. 1863-87. *Исследование о Касимовских царях и царевичах*, Санкт-Петербург: Типография Императорской Академии наук, Ч. I. 1863; Ч. II. 1864; Ч. III. 1866; Ч. IV. 1887.

Гибадуллина, Эльза М. 2013. *Татары в российской торговле на территории Казахской степи во второй половине XVIII-60-е гг. XIX вв*, Казань: Республиканский центр мониторинга качества образования.

Зайцев, Илья В. 2004a. *Астраханское ханство*, Москва: Институт востоковедения РАН.

―――― 2004b. *Между Москвой и Стамбулом. Джучидские государства, Москва и Османская империя (начало XV-первая половина XVI вв.)*, Москва: Рудомино.

Ислаев, Файзулхак Г. 2001. *Ислам и православие в Поволжье XVIII столетия: От конфронтации к терпимости*, Казань: Издательство Казанского университета.

История татар с древнейших времен, Том I: *Народы степной Евразии в древности*, Казань: Рухият 2002; Том II: *Волжская Булгария и Великая Степь*, Казань: РухИЛ 2006; Том III: *Улус Джучи (Золотая Орда). XIII-середина XV в.*, Казань: Институт истории АН РТ 2009; Том IV: *Татарские государства XV-XVIII вв.*, Казань: Институт истории АН РТ

2014; Том V: *Татарский народ в составе Российского государства (вторая половина XVI-XVIII вв.)*, Казань: Институт истории АН РТ 2014; Том VI: *Формирование татарской нации. XIX-начало XX в.*, Казань: Институт истории АН РТ 2013; Том VII: *Татары и Татарстан в XX-начале XXI в.*, Казань: Институт истории АН РТ 2013.

Исхаков, Дамир М. 1980. "Расселение и численность татар в поволжско-приуральской историко-этнографической области в XVIII-XIX вв.", *Советская этнография* 1980-4, pp. 25-39.

Кушева, Екатерина Н. 1963. *Народы Северного Кавказа и их связи с Россией (вторая половина XVI-30-е годы XVIII века)*, Москва: Издательство Академии наук СССР.

Макаров, Дмитрий М. 2000. *Самодержавие и христианизация народов Среднего Поволжья (XVI-XVIII вв.)*, Чебоксары: Чувашский государственный университет.

Михалева, Гульсум А. 1982. *Торговые и посольские связи России со среднеазиатскими ханствами через Оренбург*, Ташкент: ФАН.

Моисеев, Александр И. and Наталья И. Моисеева 2002. *История и культура калмыцкого народа (XVII-XVIII вв.)*, Элиста: Калмыцкое книжное издательство.

Моисеев, Максим В. (отв. ред.) 2016. *Посольская книга по связям Московского государства с Крымом 1567-1572 гг*, Москва: Фонд «Русские Витязи».

Новосельский, Алексей А. 1948. *Борьба Московского государства с татарами в первой половине XVII века*, Москва/Ленинград: Издательство Академии наук СССР.

Ногманов, Айдар 2005. *Самодержавие и Татары. Очерки истории законодательной политики второй половины XVI-XVIII вв*, Казань: Татарское книжное издательство.

Прозоров, С. М.(ред.) 1998-2012. Ислам на территории бывшей Российской империи: Энциклопедический словарь, вып. 1-5. Москва: Издательская фирма «Восточная литература» РАН.

Рахимзянов, Булат Р. 2009. *Касимовское ханство (1445-1552): Очерки истории*, Казань: Татарское книжное издательство.

Серия «Ислам в Российской Федерации». гл. редактор серии Д. З. Мухетдинов (Выпуск 1: *Ислам на Нижегородчине: Энциклопедический словарь*, Нижний Новгород: Медина 2007; Выпуск 2: *Ислам в Москве: Энциклопедический словарь*, Нижний Новгород: Медина 2008; Выпуск 3: *Ислам в Санкт-Петербурге: Энциклопедический Словарь*, Москва/Нижний Новгород: Медина 2009; Выпуск 4: *Ислам в центрально-европейской части России: Энциклопедический Словарь*, Москва/ Нижний Новгород: Медина 2009; Выпуск 5: *Ислам на Урале: Энциклопедический Словарь*, Москва/Нижний Новгород: Медина 2009; Выпуск 6: *Ислам в Поволжье: Энциклопедический Словарь*, Москва/Нижний Новгород: Медина 2013).

Стейнведел, Чарльз 2011. "Положение Башкирии в составе России: региональные особенности, параллели, общеимперский контекст (1552-1917)", in Наганава Н., Д. М Усманова, М. Хамамото (сост.) *Волго-Уральский регион в имперском пространстве XVIII-XX вв*, Москва: Восточная литература, pp. 59-80.

Татарская энциклопедия 2002-14. (в 6 т.), гл. ред. М. Х. Хасанов, отв. ред. Г. С. Сабирзянов, Казань: Институт Татарской энциклопедии.

Трепавлов, Вадим В. 2001. *История Ногайской Орды*, Москва: Восточная литература.

――― 2007. *Белый царь. Образ монарха и представления о подданстве у народов России XV-XVIII вв.*, Москва: Восточная литература.

Усманов М. А. 1992. "Татарское купечество в торговле России с восточными странами через Астрахань и Оренбург в XVII-XVIII столетиях", *Russian History* 19, pp. 505-513.

Хамамото, Мами 2011. "Связующая роль татарских купцов Волго-Уральского региона в Центральной Евразии: звено «Шелкового пути нового времени» (вторая половина XVIII-XIX в.)", in Наганава Н., Д. М Усманова, М. Хамамото (сост.), *Волго-Уральский регион в имперском пространстве XVIII-XX вв.*, Москва: Восточная литература, pp. 39-58.

Худяков, Михаил Г. 1923. *Очерки по истории Казанского ханства*, Казань: Комбинат издательства и печати (Москва: ИНСАН 1991).

第2節　ヴォルガ・ウラル地方

磯貝(生田)真澄 2009.「ロシア帝政末期ムスリム知識人による女性をめぐる議論――雑誌『スユム・ビケ(Sūyum Bīka)』(カザン，1913-1918)を中心に」『神戸大学史学年報』24, 1-32頁

磯貝真澄 2012.「19世紀後半ロシア帝国ヴォルガ・ウラル地域のマドラサ教育」『西南アジア研究』76, 1-31頁

――― 2014.「ヴォルガ・ウラル地域におけるムスリムの遺産分割――その制度と事例」堀川徹ほか編『シャリーアとロシア帝国――近代中央ユーラシアの法と社会』臨川書店，103-129頁

小松久男 2008.『イブラヒム，日本への旅――ロシア・オスマン帝国・日本』刀水書房

櫻間瑛 2009.「「受洗タタール」から「クリャシェン」へ――現代ロシアにおける民族復興の一様態」『スラヴ研究』56, 127-153頁

塩川伸明 2007.『多民族国家ソ連の興亡Ⅲ　ロシアの連邦制と民族問題』岩波書店

長縄宣博 2012.「総力戦のなかのムスリム社会と公共圏――20世紀初頭のヴォルガ・ウラル地域を中心に」塩川伸明ほか編『ユーラシア世界4　公共圏と親密圏』東京大学出版会，71-96頁

――― 2013.「近代帝国の統治とイスラームの相互連関――ロシア帝国の場合」秋田茂・桃木至朗編『グローバルヒストリーと帝国』大阪大学出版会，158-184頁

――― 2014.「イスラーム教育ネットワークの形成と変容――19世紀から20世紀初頭のヴォルガ・ウラル地域」橋本伸也編『ロシア帝国の民族知識人――大学・学知・ネットワーク』昭和堂，294-316頁

――― 2017.『イスラームのロシア――帝国・宗教・公共圏1905-1917』名古屋大学出版会

西山克典 2002.『ロシア革命と東方辺境地域――「帝国」秩序からの自立を求めて』北海道大学図書刊行会

濱本真実 2011.『共生のイスラーム――ロシアの正教徒とムスリム』山川出版社

松里公孝 2000.「エスノ・ボナパルティズムから集権的カシキスモへ——タタルスタン政治体制の特質とその形成過程」『スラヴ研究』47, 1-35頁

松長昭 2009.『在日タタール人——歴史に翻弄されたイスラーム教徒たち』東洋書店

山内昌之 2009.『スルタンガリエフの夢——イスラム世界とロシア革命』(岩波現代文庫) 岩波書店

Bennigsen, Alexandre and Chantal Lemercier-Quelquejay 1964. *La presse et le mouvement national chez les musulmans de Russie avant 1920*, Paris: Mouton.

Campbell, Elena I. 2015. *The Muslim Question and Russian Imperial Governance*, Bloomington: Indiana University Press.

Crews, Robert D. 2003. "Empire and the Confessional State: Islam and Religious Politics in Nineteenth-Century Russia", *American Historical Review* 108-1, pp. 50-83.

——— 2006. *For Prophet and Tsar: Islam and Empire in Russia and Central Asia*, Cambridge, MA.: Harvard University Press.

DeWeese, Devin 2002. "Islam and the Legacy of Sovietology: A Review Essay on Yaacov Ro'i's *Islam in the Soviet Union*", *Journal of Islamic Studies* 13-3, pp. 298-330.

Dowler, Wayne 2001. *Classroom and Empire: The Politics of Schooling Russia's Eastern Nationalities, 1860-1917*, Montreal: McGill-Queen's University Press.

Dudoignon, Stéphane A. 1997. "Qu'est-ce que la 'Qadîmiya'? Éléments pour une sociologie du traditionalisme musulman, en Islam de Russie et en Transoxiane (au tournant des XIXe et XXe siècles)", in Stéphane A. Dudoignon et al., eds., *L'Islam de Russie: Conscience communautaire et autonomie politique chez les Tatars de la Volga et de l'Oural depuis le XVIIIe siècle*, Paris: Maisonneuve et Larose, pp. 207-225.

——— 2000. "Un islam périphérique? Quelques réflexions sur la presse musulmane de Sibérie à la veille de la Première Guerre mondiale", *Cahiers du Monde russe* 41-2/3, pp. 297-340.

——— 2001. "Status, Strategies and Discourses of a Muslim 'Clergy' under a Christian Law: Polemics about the Collection of the *Zakât* in Late Imperial Russia", in Stéphane A. Dudoignon and Hisao Komatsu, eds., *Islam in Politics in Russia and Central Asia (Early Eighteenth to Late Twentieth Centuries)*, London: Kegan Paul, pp. 43-73.

Frank, Allen J. 1998. *Islamic Historiography and 'Bulghar' Identity among the Tatars and Bashkirs of Russia*, Leiden: Brill.

——— 2001. *Muslim Religious Institutions in Imperial Russia: The Islamic World of Novouzensk District and the Kazakh Inner Horde, 1780-1910*, Leiden: Brill.

Garipova, Rozaliya 2013. "The Transformation of the *Ulama* and the *Shari'a* in the Volga-Ural Muslim Community under Russian Imperial Rule", Ph.D. diss., Princeton University.

Geraci, Robert P. 2001. *Window on the East: National and Imperial Identities in Late Tsarist Russia*, Ithaca: Cornell University Press.

Kefeli, Agnès Nilüfer 2014. *Becoming Muslim in Imperial Russia: Conversion, Apostasy, and Literacy*, Ithaca: Cornell University Press.

Kemper, Michael 1998. *Sufis und Gelehrte in Tatarien und Baschkirien, 1789-1889: Der islamische*

Diskurs unter russischer Herrschaft, Berlin: Klaus Schwarz Verlag [Кемпер М. 2008. *Суфии и ученые в Татарстане и Башкортостане. Исламский дискурс под русским господством*, Казань: Российский исламский университет].

Kirmse, Stefan B. 2013. "Law and Empire in Late Tsarist Russia: Muslim Tatars Go to Court", *Slavic Review* 72-4, pp. 778-801.

Martin, Terry 2001. *The Affirmative Action Empire: Nations and Nationalism in the Soviet Union, 1923-1939*, Ithaca: Cornell University Press.〔テリー・マーチン（半谷史郎監修）2011.『アファーマティヴ・アクションの帝国——ソ連の民族とナショナリズム, 1923年〜1939年』明石書店〕

Meyer, James H. 2014. *Turks across Empires: Marketing Muslim Identity in the Russian-Ottoman Borderlands, 1856-1914*, New York: Oxford University Press.

Minnullin, Ilnur 2014. "Sunflower and Moon Crescent: Soviet and Post-Soviet Islamic Revival in a Tatar Village of Mordova", in Stéphane A. Dudoignon and Christian Noack, eds., *Allah's Kolkhozes: Migration, De-Stalinisation, Privatization and the New Muslim Congregations in the Soviet Realm (1950s-2000s)*, Berlin: Klaus Schwarz Verlag, pp. 421-451.

Motadel, David, ed. 2014. *Islam and the European Empires*, Oxford: Oxford University Press.

Naganawa Norihiro 2007. "Maktab or School? Introduction of Universal Primary Education among the Volga-Ural Muslims", in Tomohiko Uyama, ed., *Empire, Islam and Politics in Central Eurasia*, Sapporo: Slavic Research Center, pp. 65-97.

Noack, Christian 2000. *Muslimischer Nationalismus im russischen Reich: Nationsbildung und Nationalbewegung bei Tataren und Baschkiren; 1861-1917*, Stuttgart: Franz Steiner Verlag.

Ro'i, Yaacov 2000. *Islam in the Soviet Union: From the Second World War to Gorbachev*, New York: Columbia University Press.

Rorlich, Azade-Ayşe 1986. *The Volga Tatars: A Profile in National Resilience*, Stanford: Hoover Institution Press.

Ross, Danielle M. 2011. "From the Minbar to the Barricades: The Transformation of the Volga-Ural 'Ulama into a Revolutionary Intelligentsia, 1860-1918", Ph.D. diss., University of Wisconsin, Madison.

Schafer, Daniel E. 2001. "Local Politics and the Birth of the Republic of Bashkortstan, 1919-1920", in Ronald Grigor Suny and Terry Martin, eds., *A State of Nations: Empire and Nation-Making in the Age of Lenin and Stalin*, New York: Oxford University Press, pp. 165-190.

Schimmelpenninck van der Oye, David 2010. *Russian Orientalism: Asia in the Russian Mind from Peter the Great to the Emigration*, New Haven: Yale University Press.〔デイヴィド・シンメルペンニンク゠ファン゠デル゠オイェ（浜由樹子訳）2013.『ロシアのオリエンタリズム——ロシアのアジア・イメージ, ピョートル大帝から亡命者まで』成文社〕

Steinwedel, Charles 2016. *Threads of Empire: Loyalty and Tsarist Authority in Bashkiria, 1552-1917*, Bloomington: Indiana University Press.

Tuna, Mustafa 2015. *Imperial Russia's Muslims: Islam, Empire, and European Modernity, 1788-1914*, Cambridge: Cambridge University Press.

Usmanova, Dilyara et al. 2010. "Islamic Education in Soviet and post-Soviet Tatarstan", in Michael Kemper et al., eds., *Islamic Education in the Soviet Union and its Successor States*, London: Routledge, pp. 21-66.

Uyama Tomohiko 2002. "From "Bulgharism" through "Marrism" to Nationalist Myths: Discourses on the Tatar, the Chuvash and the Bashkir Ethnogenesis", *Acta Slavica Iaponica* 19, pp. 163-190.

Werth, Paul W. 2002. *At the Margins of Orthodoxy: Mission, Governance, and Confessional Politics in Russia's Volga-Kama Region, 1827-1905*, Ithaca: Cornell University Press.

Абдуллин, Х. М. ed. 2009. *Мусульмане и мусульманское духовенство в военном ведомстве Российской империи: Сборник законодательных актов, нормативно-правовых документов и материалов*, Казань: Институт истории им. Ш. Марджани АН РТ.

Азаматов, Д. Д. 1999. *Оренбургское магометанское духовное собрание в конце XVIII-XIX вв*, Уфа: Гилем.

Азаматова, Г. Б. 2011. *Башкиры в системе земского самоуправления 1870-1917 гг.: На примере Уфимской, Оренбургской и Пермской губерний*, Уфа: Гилем.

Арапов, Д. Ю. 2001. *Ислам в Российской империи (законодательные акты, описания, статистика)*, Москва: ИКЦ «Академкнига».

―― 2004. *Система государственного регулирования ислама в Российской империи (последняя треть XVIII-начало XX вв.)*, Москва: МПГУ.

―― 2010. *Ислам и советское государство (1917-1936)*, Сборник документов. Вып. 2, Москва: Изд. Дом Марджани.

―― 2011. *Ислам и советское государство (1944-1990)*, Сборник документов. Вып. 3, Москва: Изд. Дом Марджани.

Валидов, Дж. 1923. *Очерк истории образованности и литературы татар*, Москва: Гос. изд-во [Казань: Иман 1998].

Гилязов, И. А. 2005. *Легион «Идель-Урал». Представители народов Поволжья и Приуралья под знаменами «третьего рейха»*, Казань: Татарское книжное издательство.

Загидуллин И. К. 2007. *Исламские институты в Российской империи: Мечети в европейской части России и Сибири*, Казань: Татарское книжное издательство.

―― 2014. *Татарское национальное движение в 1860-1905 гг*, Казань: Татарское книжное издательство.

Исхаков, С. М. 2004. *Российские мусульмане и революция (весна 1917 г.-лето 1918 г.)*, Москва: Издательство «Социально-политическая мысль».

―― 2007. *Первая русская революция и мусульмане Российской империи*, Москва: Издательство «Социально-политическая мысль».

Каримуллин, А. Г. 1974. *Татарская книга начала XX века*, Казань: Татарское книжное издательство.

Ле Торривеллек, Ксавье 2007. "Татары и башкиры: История в зеркальном отражении: Этническая композиция, историографические дебаты и политическая власть в Республике Башкортостан", *Ab imperio* 2, pp. 259-301.

Малашенко, А. В. 1998. *Исламское возрождение в современной России*, Москва: Московский Центр Карнеги.

Материалы 1936. *Материалы по истории Татарии второй половины XIX века. Ч.1. Аграрный вопрос и крестьянское движение 50-70х годов XIX в*, Москва: Издательство Академии наук СССР.

Махмутова, А. Х. 2003. *Лишь тебе, народ, служенье! История татарского просветительства в судьбах династии Нигматуллиных-Буби*, Казань: Магариф.

Миннуллин, И. Р. 2006. *Мусульманское духовенство и власть в Татарстане, 1920-1930-е гг*, Казань: Институт истории им. Ш. Марджани АН РТ.

Мухаметшин, Р. 2005. *Ислам в общественной и политической жизни татар и Татарстана в XX веке*, Казань: Татарское книжное издательство.

Салихов, Р. 2001. *Татарская буржуазия Казани и национальные реформы второй половины XIX-начала XX в*, Казань: Издательство «Мастер Лайн».

Сибгатуллина, А.Т. 2010. *Контакты тюрок-мусульман Российской и Османской империй на рубеже XIX-XX вв*, Москва: Институт востоковедения РАН.

Силантьев, Р. 2006. *Новейшая история исламского сообщества России*, Москва: ИИПК «ИХТИОС».

Султангалиева, Г. С. 2002. *Западный Казахстан в системе этнокультурных контактов (XVIII-начало XX вв.)*, Уфа: РИО РУММЦ Госкомнауки РБ.

Тоган, З. В. 1997. *Воспоминания. Борьба мусульман Туркестана и других восточных тюрок за национальное существование и культуру*, Москва: Московская типография № 12.〔原文はトルコ語〕

Усманов, Х. Ф. 1981. *Развитие капитализма в сельском хозяйстве Башкирии в пореформенный период, 60-90-е годы XIX в.*, Москва: Наука.

Усманова, Д. М. 2005. *Мусульманские представители в российском парламенте. 1906-1916*, Казань: Фэн АН РТ.

Фархшатов, М. Н. 1994. *Народное образование в Башкирии в пореформенный период. 60-90е годы XIX в*, Москва: Наука.

―― 2000. *Самодержавие и традиционные школы башкир и татар в начале XX века (1900-1917 гг.)*, Уфа: Гилем.

Юнусова, А. Б. 1999. *Ислам в Башкортостане*, Уфа: Уфимский полиграфкомбинат.

Ямаева, Л. А. ed. 1998. *Мусульманские депутаты Государственной думы России 1906-1917 гг. Сборник документов и материалов*, Уфа: Китап.

コラム19　タタール人汎イスラーム主義者と日本

イブラヒム，アブデュルレシト（小松香織・小松久男訳）2013.『ジャポンヤ——イブラヒムの明治日本探訪記』岩波書店

小松久男 2008.『イブラヒム，日本への旅——ロシア・オスマン帝国・日本』刀水書房

第3節　中央アジア

秋葉淳 2016.「帝国とシャリーア――植民地イスラーム法制の比較と連関」宇山智彦編『ユーラシア近代帝国と現代世界』（ユーラシア地域大国論4）ミネルヴァ書房，44-65頁

秋山徹 2016.『遊牧英雄とロシア帝国――あるクルグズ首領の軌跡』東京大学出版会

味方俊介 2008.『カザフスタンにおける日本人抑留者』（ユーラシア・ブックレット127）東洋書店

岩﨑一郎 2004.『中央アジア体制移行経済の制度分析――政府‐企業間関係の進化と経済成果』東京大学出版会

岩﨑一郎・宇山智彦・小松久男編 2004.『現代中央アジア論――変貌する政治・経済の深層』日本評論社

岩﨑一郎・宇山智彦 2015.「近現代：中央アジア――19〜21世紀」水島司・加藤博・久保亨・島田竜登編『アジア経済史研究入門』名古屋大学出版会，246-262, 344-354頁

植田暁 2013.「帝政ロシア支配期のクルグズの社会経済的変容――フェルガナ州における天水農耕の普及を中心に」『内陸アジア史研究』28, 101-126頁

宇山智彦 1993.「カザフスタンにおける民族間関係――1986〜93年」『国際政治』104, 117-135頁

―― 1997.「20世紀初頭におけるカザフ知識人の世界観――M.ドゥラトフ『めざめよ，カザフ！』を中心に」『スラヴ研究』44, 1-36頁

―― 2005.「旧ソ連ムスリム地域における「民族史」の創造――その特殊性・近代性・普遍性」酒井啓子・臼杵陽編『イスラーム地域の国家とナショナリズム』（イスラーム地域研究叢書5）東京大学出版会，55-78頁

―― 2006.「「個別主義の帝国」ロシアの中央アジア政策――正教化と兵役の問題を中心に」『スラヴ研究』53, 27-59頁

―― 2012.「タジキスタン内戦と和平」帯谷知可・北川誠一・相馬秀廣編『朝倉世界地理講座5　中央アジア』朝倉書店，285-296頁

―― 2013.「セミパラチンスク州知事トロイニツキーとカザフ知識人弾圧――帝国統治における属人的要素」中嶋毅編『新史料で読むロシア史』山川出版社，74-91頁

―― 2014.「権威主義体制論の新展開に向けて――旧ソ連地域研究からの視角」日本比較政治学会編『体制転換／非転換の比較政治』ミネルヴァ書房，1-25頁

―― 2016.「周縁から帝国への「招待」・抵抗・適応――中央アジアの場合」宇山編『ユーラシア近代帝国と現代世界』（ユーラシア地域大国論4）ミネルヴァ書房，121-144頁

宇山智彦／クリストファー・レン／廣瀬徹也編 2009.『日本の中央アジア外交――試される地域戦略』北海道大学出版会

岡奈津子 1998.「ソ連における朝鮮人強制移住――ロシア極東から中央アジアへ」『岩波講座世界歴史24　解放の光と影――1930年代〜40年代』岩波書店，65-90頁

帯谷知可 1992.「フェルガナにおけるバスマチ運動 1916〜1924年――シル・ムハンメド・ベクを中心とした「コルバシュ」たちの反乱」『ロシア史研究』51, 15-30頁

―― 2012.「『トルキスタン集成』のデータベース化プロジェクトについて」『日本中央

アジア学会報』8, 63-69頁
菊田悠 2013.『ウズベキスタンの聖者崇敬——陶器の町とポスト・ソヴィエト時代のイスラーム』風響社
熊倉潤 2012.「民族自決の帝国——ソ連中央アジアの成立と展開」『国家学会雑誌』125-1・2, 41-104頁
小松久男 1986.「アンディジャン蜂起とイシャーン」『東洋史研究』44-4, 589-619頁
——— 1996.『革命の中央アジア——あるジャディードの肖像』東京大学出版会
——— 2008.「聖戦から自治構想へ——ダール・アル・イスラームとしてのロシア領トルキスタン」『西南アジア研究』69, 59-91頁
塩川伸明 2004.『多民族国家ソ連の興亡 I 民族と言語』岩波書店
——— 2007.『多民族国家ソ連の興亡 II 国家の構築と解体』岩波書店
須田将 2011.『スターリン期ウズベキスタンのジェンダー——女性の覆いと差異化の政治』(ブックレット《アジアを学ぼう》25) 風響社
ダダバエフ, ティムール 2006.『マハッラの実像——中央アジア社会の伝統と変容』東京大学出版会
——— 2010.『記憶の中のソ連——中央アジアの人々の生きた社会主義時代』筑波大学出版会
立石洋子 2011.『国民統合と歴史学——スターリン期ソ連における「国民史」論争』学術出版会
田中陽兒・倉持俊一・和田春樹編 1994-97.『世界歴史大系 ロシア史2・3』山川出版社
地田徹朗 2004.「ソ連時代の共和国政治——共産党体制と民族エリートの成長」岩﨑・宇山・小松編 2004, 29-52頁
——— 2012.「社会主義体制下での開発政策とその理念——「近代化」の視角から」窪田順平監修／渡邊三津子編『中央ユーラシア環境史3 激動の近現代』臨川書店, 23-76頁
東田範子 1999.「フォークロアからソヴィエト民族文化へ——「カザフ民族音楽」の成立 (1920-1942)」『スラヴ研究』46, 1-32頁
長沼秀幸 2015.「19世紀前半カザフ草原におけるロシア帝国統治体制の形成——現地権力機関と仲介者のかかわりを中心に」『スラヴ研究』62, 197-218頁
西山克典 2002.『ロシア革命と東方辺境地域——「帝国」秩序からの自立を求めて』北海道大学図書刊行会
野部公一 1990.「処女地開拓とフルシチョフ農政——カザフスタン 1957-1963年」『社会経済史学』56-4, 480-510頁
ババジャノフ, バフティヤール (小松久男訳) 2003.「ソ連解体後の中央アジア——再イスラーム化の波動」小松久男・小杉泰編『現代イスラーム思想と政治運動』(イスラーム地域研究叢書2) 東京大学出版会, 167-193頁
バルトリド, V・V (小松久男監訳) 2011.『トルキスタン文化史 1・2』(東洋文庫) 平凡社〔原著 1927〕
半谷史郎 2000.「ヴォルガ・ドイツ人の強制移住」『スラヴ研究』47, 181-216頁

樋渡雅人 2008.『慣習経済と市場・開発──ウズベキスタンの共同体にみる機能と構造』東京大学出版会

藤本透子 2011.『よみがえる死者儀礼──現代カザフのイスラーム復興』風響社

ホップカーク,ピーター(京谷公雄訳)1992.『ザ・グレート・ゲーム──内陸アジアをめぐる英露のスパイ合戦』中央公論社〔原著 1992〕

堀江典生編 2010.『現代中央アジア・ロシア移民論』ミネルヴァ書房

堀川徹・大江泰一郎・磯貝健一編 2014.『シャリーアとロシア帝国──近代中央ユーラシアの法と社会』臨川書店

マーチン,テリー(半谷史郎ほか訳)2011.『アファーマティヴ・アクションの帝国──ソ連の民族とナショナリズム,1923年〜1939年』明石書店〔原著 2001〕

山内昌之 1999.『納得しなかった男──エンヴェル・パシャ 中東から中央アジアへ』岩波書店

湯浅剛 2015.『現代中央アジアの国際政治──ロシア・米欧・中国の介入と新独立国の自立』明石書店

吉田世津子 2004.『中央アジア農村の親族ネットワーク──クルグズスタン・経済移行の人類学的研究』風響社

ロシア史研究会編 2012.『ロシア史研究案内』彩流社

Adams, Laura L. 2010. *The Spectacular State: Culture and National Identity in Uzbekistan*, Durham: Duke University Press.

Baldauf, Ingeborg 2001. "Jadidism in Central Asia within Reformism and Modernism in the Muslim World", *Die Welt des Islams* 41-1, pp. 72-88.

Brower, Daniel 2003. *Turkestan and the Fate of the Russian Empire*, London: RoutledgeCurzon.

Calvo, Alex 2014. "The Second World War in Central Asia: Events, Identity, and Memory", in Sevket Akyildiz and Richard Carlson, eds., *Social and Cultural Change in Central Asia: The Soviet Legacy*, London: Routledge, pp. 99-110.

Crews, Robert D. 2006. *For Prophet and Tsar: Islam and Empire in Russia and Central Asia*, Cambridge, MA: Harvard University Press.

Deutschmann, Moritz 2016. *Iran and Russian Imperialism: The Ideal Anarchists, 1800-1914*, London: Routledge.

DeWeese, Devin 2002. "Islam and the Legacy of Sovietology: A Review Essay on Yaacov Ro'i's *Islam in the Soviet Union*", *Journal of Islamic Studies* 13-3, pp. 298-330.

Eden, Jeff et al. 2016. "Moving Beyond Modernism: Rethinking Cultural Change in Muslim Eurasia (19th-20th Centuries)", *Journal of the Economic and Social History of the Orient* 59-1/2, pp. 1-36.

Edgar, Adrienne Lynn 2004. *Tribal Nation: The Making of Soviet Turkmenistan*, Princeton: Princeton University Press.

Fierman, William 1991. *Language Planning and National Development: The Uzbek Experience*, Berlin: Mouton de Gruyter.

Haugen, Arne 2003. *The Establishment of National Republics in Soviet Central Asia*, Basingstoke:

Palgrave Macmillan.

Heathershaw, John 2009. *Post-conflict Tajikistan: The Politics of Peacebuilding and the Emergence of Legitimate Order*, London: Routledge.

İğmen, Ali 2012. *Speaking Soviet with an Accent: Culture and Power in Kyrgyzstan*, Pittsburgh: University of Pittsburgh Press.

Isaacs, Rico 2011. *Party System Formation in Kazakhstan: Between Formal and Informal Politics*, London: Routledge.

Kalinovsky, Artemy M. 2013. "Not Some British Colony in Africa: The Politics of Decolonization and Modernization in Soviet Central Asia, 1955-1964", *Ab Imperio* 2, pp. 191-222.

Kamp, Marianne 2006. *The New Woman in Uzbekistan: Islam, Modernity, and Unveiling under Communism*, Seattle: University of Washington Press.

――― ed. 2016. *Muslim Women of the Fergana Valley: A 19th-Century Ethnography from Central Asia*, Indina University.

Keller, Shoshana 2001. *To Moscow, Not Mecca: The Soviet Campaign Against Islam in Central Asia, 1917-1941*, Westport, CT: Praeger.

Khalid, Adeeb 1998. *The Politics of Muslim Cultural Reform: Jadidism in Central Asia*, Berkeley: University of California Press.

――― 2015. *Making Uzbekistan: Nation, Empire, and Revolution in the Early USSR*, Ithaca: Cornell University Press.

Kikuta Haruka 2016. "Remittances, Rituals and Reconsidering Women's Norms in Mahallas: Emigrant Labour and Its Social Effects in Ferghana Valley", *Central Asian Survey* 35-1, pp. 91-104.

Liu, Morgan Y. 2012. *Under Solomon's Throne: Uzbek Visions of Renewal in Osh*, Pittsburgh: University of Pittsburgh Press.

Loring, Benjamin H. 2008. "Building Socialism in Kyrgyzstan: Nation-Making, Rural Development, and Social Change, 1921-1932", Ph.D.diss., Brandeis University.

Martin, Virginia 2001. *Law and Custom in the Steppe: The Kazakhs of the Middle Horde and Russian Colonialism in the Nineteenth Century*, Richmond: Curzon.

Morrison, Alexander 2008. *Russian Rule in Samarkand 1868-1910: A Comparison with British India*, Oxford: Oxford University Press.

――― 2014. "'Nechto eroticheskoe,' 'Courir après l'ombre'? ― Logistical Imperatives and the Fall of Tashkent, 1859-1865", *Central Asian Survey* 33-2, pp. 153-169.

Muminov, Ashirbek 2007. "Fundamentalist Challenges to Local Islamic Traditions in Soviet and Post-Soviet Central Asia", in Uyama Tomohiko, ed., *Empire, Islam, and Politics in Central Eurasia*, Sapporo: Slavic Research Center, pp. 249-262.

Papas, Alexandre et al., eds. 2012. *Central Asian Pilgrims: Hajj Routes and Pious Visits between Central Asia and the Hijaz*, Berlin: Klaus Schwarz.

Peck, Anne E. 2004. *Economic Development in Kazakhstan: The Role of Large Enterprises and Foreign Investment*, London: RoutledgeCurzon.

Penati, Beatrice 2012. "Adapting Russian Technologies of Power: Land-and-Water Reform in the Uzbek SSR (1924-1928)", *Revolutionary Russia* 25-2, pp. 187-217.

Pianciola, Niccolò 2004. "Famine in the Steppe: The Collectivisation of Agriculture and the Kazak Herdsmen 1928-1934", *Cahiers du Monde russe* 45-1/2, pp. 137-192.

Pianciola, Niccolò and Paolo Sartori 2007. "*Waqf* in Turkestan: The Colonial Legacy and the Fate of an Islamic Institution in Early Soviet Central Asia, 1917-1924", *Central Asian Survey* 26-4, pp. 475-498.

Pierce, Richard A. 1960. *Russian Central Asia, 1867-1917: A Study in Colonial Rule*, Berkeley: University of California Press.

Radnitz, Scott 2010. *Weapons of the Wealthy: Predatory Regimes and Elite-Led Protests in Central Asia*, Ithaca: Cornell University Press.

Ro'i, Yaacov 2000. *Islam in the Soviet Union: From the Second World War to Gorbachev*, London: Hurst.

Sahadeo, Jeff 2007. *Russian Colonial Society in Tashkent, 1865-1923*, Bloomington: Indiana University Press.

Sartori, Paolo 2009. "Behind a Petition: Why Muslims' Appeals Increased in Turkestan under Russian Rule", *Asiatische Studien/Études Asiatiques* 63-2.

Sergeev, Evgeny 2013. *The Great Game, 1856-1907: Russo-British Relations in Central and East Asia*, Washington, D.C.: Woodrow Wilson Center Press.

Uyama Tomohiko 2001. "Two Attempts at Building a Qazaq State: The Revolt of 1916 and the Alash Movement", in Stéphane A. Dudoignon and Komatsu Hisao, eds., *Islam in Politics in Russia and Central Asia (Early Eighteenth to Late Twentieth Centuries)*, London: Kegan Paul, pp. 77-98.

――― 2012. "The Alash Orda's Relations with Siberia, the Urals and Turkestan: The Kazakh National Movement and the Russian Imperial Legacy", in Uyama, ed., *Asiatic Russia: Imperial Power in Regional and International Contexts*, London: Routledge, pp. 271-287.

――― 2013. "The Changing Religious Orientation of Qazaq Intellectuals in the Tsarist Period: *Sharī'a*, Secularism, and Ethics", in Niccolò Pianciola and Paolo Sartori, eds., *Islam, Society and States across the Qazaq Steppe (18th-Early 20th Centuries)*, Wien: VÖAW, pp. 95-118.

Zhou Jiayi 2012. "The Muslim Battalions: Soviet Central Asians in the Soviet-Afghan War", *The Journal of Slavic Military Studies* 25-3, pp. 302-328.

Абашин, С. Н. 2007. *Национализмы в Средней Азии: в поисках идентичности*, СПб.: Алетейя.

Бартольд, В. В. 1963-77. *Сочинения*, Т. 1-9, Москва: Изд-во восточной лит-ры.

Бекмаханов, Е. 1992. *Казахстан в 20-40 годы XIX века*, Алма-Ата: Қазақ университеті. 〔原著 1947〕

Буттино, М. 2007. *Революция наоборот: Средняя Азия между падением царской империи и образованием СССР*, Москва: Звенья. 〔原著 2003〕

Валиханов, Ч. Ч. 1984-85. *Собрание сочинений в пяти томах*, Т. 1-5, Алма-Ата: Глав. ред.

Каз. сов. энциклопедии.
Гиленсен, В. М. 1999. Туркестанское бюро Коминтерна (осень 1920–осень 1921 г.), *Восток*. № 1, pp. 59–77.
Ерофеева, И. В. 2007. *Хан Абулхаир: полководец, правитель, политик*, Изд. 3-е. Алматы: Дайк-Пресс.
Левшин, А. И. 1996. *Описание киргиз-казачьих, или киргиз-кайсацких, орд и степей*, Алматы: Санат.〔原著 1832〕
Масанов, Н. Э. 1995. *Кочевая цивилизация казахов: основы жизнедеятельности номадного общества*, Алматы: Социнвест.
Наливкин, В. П. 2015. *Полвека в Туркестане: биография, документы, труды*, Москва: Марджани.
Правилова, Е. 2006. *Финансы империи: Деньги и власть в политике России на национальных окраинах, 1801–1917*, Москва: Новое изд-во.
Турсунов, Х. 1962. *Восстание 1916 года в Средней Азии и Казахстане*, Ташкент: Гос. изд-во УзССР.

コラム20 「ソ連時代」という歴史的経験

アンダーソン，ベネディクト（白石さや・白石隆訳）1997.『増補 想像の共同体——ナショナリズムの起源と流行』NTT出版
岩﨑一郎・宇山智彦・小松久男編 2004.『現代中央アジア論——変貌する政治・経済の深層』日本評論社
カー，E・H（塩川伸明訳）2000.『ロシア革命』（岩波現代文庫）岩波書店
川端香男里ほか編『新版・ロシアを知る事典』2007. 平凡社（第3刷）
小松久男ほか編『中央ユーラシアを知る事典』2007. 平凡社（第2刷）
塩川伸明 1999.『現存した社会主義——リヴァイアサンの素顔』勁草書房
――― 2004.『《20世紀史》を考える』勁草書房
――― 2010.『冷戦終焉20年——何が，どのようにして終わったのか』勁草書房
塩川伸明ほか編 2012.『ユーラシア世界』全5巻，東京大学出版会
ダダバエフ，ティムール 2010.『記憶の中のソ連』筑波大学出版会
ホブズボーム，エリック（河合秀和訳）1996.『20世紀の歴史——極端な時代』上・下，三省堂
マーチン，テリー（半谷史郎監修／荒井幸康・渋谷謙次郎・地田徹朗・吉村貴之訳）2011.『アファーマティヴ・アクションの帝国』明石書店
松戸清裕 2011.『ソ連史』（ちくま新書）筑摩書房
横手慎二 2014.『スターリン——独裁者の肖像』（中公新書）中央公論新社
Haugen, Arne 2003. *The Establishment of National Republics in Soviet Central Asia*, Basingstoke/ New York: Palgrave Macmillan.
Olcott, Martha Brill 1995. *The Kazakhs*, 2nd ed., Stanford/California: Hoover Institution.
Suny, Ronald Grigory, ed. 1996. *Transcaucasia, Nationalism, and Social Change: Essays in the*

History of Armenia, Azerbaijan, and Georgia, rev. ed., Ann Arbor: The University of Michigan Press.

Yurchak, Alexei 2006. *Everything Was Forever, Until It Was No More*, Princeton: Princeton University Press.〔アレクセイ・ユルチャク（半谷史郎訳）2017.『最後のソ連世代——ブレジネフからペレストロイカまで』みすず書房〕

第4節 コーカサス

伊藤順二 2001.「グルジアの義賊現象と農民運動」『ロシア史研究』68, 141-156頁

北川誠一 2011.「南コーカサスにおける言語政策・言語政治・言語外交」岡洋樹編『歴史の再定義——旧ソ連圏アジア諸国における歴史認識と学術・教育』（東北アジア研究センター叢書45），東北大学東北アジア研究センター，177-225頁

北川誠一・前田弘毅・廣瀬陽子・吉村貴之編 2006.『コーカサスを知るための60章』明石書店

木村崇・鈴木董・篠野志郎・早坂眞理編 2006.『カフカース——二つの文明が交差する境界』彩流社

黒田卓 2011.「イランソヴィエト社会主義共和国（「ギーラーン共和国」）におけるコムニスト政変——その歴史の再構成と歴史認識の変遷（アゼルバイジャンの事例）」前掲, 岡洋樹編『歴史の再定義』133-168頁

坂本勉 2015.『イスタンブル交易圏とイラン 世界経済における近代中東の交易ネットワーク』慶應義塾大学出版会

佐原徹哉 2014.『中東民族問題の起源——オスマン帝国とアルメニア人』白水社

塩川伸明 2004-2007.『多民族国家ソ連の興亡 Ⅰ～Ⅲ』岩波書店

塩野崎信也 2017.『〈アゼルバイジャン人〉の創出——民族意識の形成とその基層』京都大学学術出版会

高田和夫 2015.『帝政ロシアの国家構想——1877・78年露土戦争とカフカース統合』山川出版社

高橋清治 1990.『民族の問題とペレストロイカ』平凡社

—— 1996.「ロシア帝国とカフカス総督府」『ロシア史研究』59, 36-53頁

竹村寧乃 2013.「ザカフカス連邦ヴェセンハは必要か？——一九二〇年代のソ連における経済機関と民族問題」『ロシア史研究』92, 24-42頁

富樫耕介 2015.『チェチェン——平和定着の挫折と紛争再発の複合的メカニズム』明石書店

徳増克己 1998.「イランとソ連の狭間で——アゼルバイジャン国民政府の一年」『岩波講座世界歴史24 解放の光と影——1930年代から40年代』岩波書店, 207-228頁

野坂潤子 2005.「帝政ロシア統治政策におけるカフカースのムスリム法（シャリーアと慣習法）」『ロシア史研究』76, 28-37頁

花田智之 2006.「M. S. ヴォロンツォフ研究の視覚と展望（1）（2・完）」『北大法学論集』57-2, 117-149頁; 57-3, 259-275頁

久岡加枝 2015.「ヴァレリアン・マグラゼ（1923-1988）によるメスヘティ民謡の復元」『スラブ研究』62, 219-236頁

廣瀬陽子 2005.『旧ソ連地域と紛争——石油・民族・テロをめぐる地政学』慶應義塾大学出版会

藤井守男 1987.「アーホンドザーデに見る「イラン・ナショナリズム」の諸相」『オリエント』29-2, 85-101頁

前田弘毅 2008.「歴史の中のコーカサス「中域圏」——革新される自己意識と閉ざされる自己意識」家田修編『講座スラブ・ユーラシア学の構築』講談社, 169-193頁

―――編 2009a.『多様性と可能性のコーカサス——民族紛争を超えて』北海道大学出版会

――― 2009b.「コーカサス史の読み方——歴史における「辺境」と「中心」」前田編 2009a, 1-27頁

――― 2011.「グルジア紛争への道——バラ革命以降のグルジア政治の特徴について」『ロシア・ユーラシアの経済と社会』947, 2-13頁

――― 2012.「ツァーリとシャーに仕えたアルメニア人——「言葉の箱」と呼ばれた一族の活動から」塩川伸明・小松久男・沼野充義・宇山智彦編『ユーラシア世界1〈東〉と〈西〉』東京大学出版会, 127-152頁

松本奈穂子 2009.「舞踊とアイデンティティの多面性・流動性——コーカサス系トルコ国民を中心に」前田編 2009a, 185-218頁

黛秋津 2006.「帝国のフロンティアとしてのカフカース——一八世紀の帝政ロシアのカフカース進出とオスマン帝国」木村ほか編 2006, 17-56頁

宮澤栄司 2008.「アナトリアのチェルケスに見る記憶の政治と記憶の実践——旧貴族層出身者と奴隷子孫の対抗的記憶」『日本中東学会年報』23-2, 145-169頁

山内昌之 2013.『中東国際関係史研究——トルコ革命とソビエト・ロシア1918-1923』岩波書店

吉村貴之 2005.「アルメニア民族政党とソヴィエト・アルメニア（1920-1923年）」『日本中東学会年報』21-1, 173-190頁

Allen, W. E. D. 1932. *A History of the Georgian People from the Beginning Down to the Russian Conquest in the Nineteenth Century*, London: Kegan Paul, Trench, Trubner and Co.

Alstadt, Audrey L. 1992. *The Azerbaijani Turks: Power and Identity under Russian Rule*, Stanford: Hoover Institution Press.

Barrett, Thomas M. 1999. *At The Edge Of Empire: The Terek Cossacks And The North Caucasus Frontier, 1700–1860*, Boulder: Westview Press.

Bobrovnikov, V. O. and I. L. Babich 2007. *Severnyi Kavkaz v Sastave Rossiiskoi Imperii*, Moscow: Novoe Literaturnoe Obozrenie.

Bournoutian, George A. 2002. *A concise history of the Armenian people: from ancient times to the present*, 2nd ed., Costa Mesa: Mazda Publishers.〔ジョージ・ブルヌティアン（小牧昌平監修・訳／渡辺大作訳）2016.『アルメニア人の歴史——古代から現代まで』藤原書店〕

Breyfogle, Nicholas B. 2005. *Heretics and Colonizers: Forging Russia's Empire in the South Caucasus*, Ithaca/London: Cornell University Press.

Derluguian, Georgi M. 2005. *Bourdieu's Secret Admirer in the Caucasus: A Wolrd-System Biography*, Chicago/London: The University of Chicago Press.

Forsyth, James 2013. *The Caucasus: A History*, Cambridge: Cambridge University Press.

Gammer, Moshe 1994. *Muslim Resistance to the Tsar: Shamil and the Conquest of Chechnia and Daghestan*, London: Frank Cass.

Grant, Bruce and Lale Yalçin-Heckmann eds., 2007. *Caucasus Paradigms Anthropologies, Histories and the Making of a World Area*, New Brunswick/London: Transaction Publishers.

Hovannisian, Richard G. 1996a. *The Republic of Armenia: Between Crescent and Sickle: Partition and Sovietization*, Berkeley: University of California Press.

——— ed. 1996b. *The Armenian People from Ancient to Modern Times*, 2 vols., New York: St. Martin's Press.

Jersild, Austin 2003. *Orientalism and Empire: North Caucasus Mountain Peoples and the Georgian Frontier, 1845-1917*, Montreal: McGill-Queen's University Press.

Jones, Stephen F., ed. 2014. *The Making of Modern Georgia 1918-2012: The First Georgian Republic and its Successors*, London/New York: Routledge.

Kemper, Michael 2006. "Daghestani Shaykhs and Scholars in Russian Exile: Networks of Sufism, Fatwas and Poetry", in Moshe Gammer and David J. Wasserstein, eds., *Daghestan and the World of Islam*, Helsinki: Finnish Academy of Science and Letters, pp. 95-107.

Khodarkovsky, Michael 2011. *Bitter Choices: Loyalty and Betrayal in the Russian Conquest of the North Caucasus*, Ithaca/London: Cornell University Press.

King, Charles 2008. *The Ghost of Freedom: A History of the Caucasus*, Oxford: Oxford University Press.

Libaridian, Gerard J. 2004. *Modern Armenia: People, Nation, State*, New Brunswick/London: Transaction Publishers.

Maeda, Hirotake 2016. "Transcending Boundaries: When the Mamluk Legacy Meets a Family of Armeno-Georgian Interpreters", in Michael A. Reynolds ed., *Constellations of the Caucasus: Empires, Peoples, and Faiths*, Princeton: Markus Wiener Publishing, pp. 63-85.

Manning, Paul 2012. *Strangers in a Strange Land: Occidentalist Publics and Orientalist Geographies in Nineteenth Century Georgian Imaginaries*, Brighton: Academic Studies Press.

Meyer, James H. 2014. *Turks Across Empires Marketing Muslim Identity in the Russian-Ottoman Borderlands, 1856-1914*, Oxford: Oxford University Press.

Mostashari, Firouzeh 2006. *On The Religious Frontier: Tsarist Russia and Islam in The Caucasus*, London: I.B.Tauris.

Pelkmans, Mathijs 2006. *Defending the Border: Identity, Religion, and Modernity in the Republic of Georgia*, Ithaca/London: Cornell University Press.

Pollack, Sean 2012. "'Thus We Shall Have Their Loyalty and They Our Favor': Diplomatic Hostage-Taking (amanatstvo) and Russian Empire in Caucasia", in Brian J. Boeck et al., eds., *Dubitando: Studies in History and Culture in Honor of Donald Ostrowski*, Bloomington: Slavic Publishers, pp. 139-163.

Ram, Harsha 2004. "Modernism on the Periphery: Literary Life in Postrevolutionary Tbilisi", *Kritika: Exploration in Russian and Eurasian History* 5-2, pp. 367-382.

Rayfield, Donald 2012. *Edge of Empires: A History of Georgia*, London: Reaktion Books.

Reynolds, Michael 2005. "Myths and Mysticism: A Longitudinal Perspective on Islam and Conflict in the North Caucasus", *Middle Eastern Studies* 41-1, pp. 31-54.

——— 2011. *Shattering Empires: The Clash and Collapse of the Ottoman and Russian Empires 1908-1918*, Cambridge: Cambridge University Press.

——— ed. 2016. *Constellations of the Caucasus: Empires, Peoples, and Faiths*, Princeton: Markus Wiener Publishing.

Rhinelander, Anthony Laurens Hamilton 1990. *Prince Michael Vorontsov: Viceroy to the Tsar*, Montreal: McGill-Queen's University Press.

Rieber, Alfred J. 2001. "Stalin, Man of the Borderlands", *American Historical Review* 106-5, pp. 1651-91.

——— 2014. *The Struggle for the Eurasian Borderlands: From the Rise of Early Modern Empires to the End of the First World War*, Cambridge: Cambridge University Press.

Shnirelman, Victor A. 2001. *The Value of the Past: Myths, Identity and Politics in Transcaucasia*, Osaka: National Museum of Ethnology.

Suny, Ronald Grigor 1994, *The Making of the Georgian Nation*, 2nd ed., Bloomington: Indiana University Press.

——— ed. 1996. *Transcaucasia, Nationalism, and Social Change: Essays in the History of Armenia, Azerbaijan, and Georgia*, rev. ed., Ann Arbor : University of Michigan Press.

Suny, Ronavld Grigor, et al. 2011. *A Question of Genocide: Armenians and Turks at the End of the Ottoman Empire*, Oxford: Oxford University Press.

Tolz, Vera 2011. *Russia's Own Orient: The Politics of Identity and Oriental Studies in the Late Imperial and Early Soviet Periods*, Oxford/New York: Oxford University Press.

付　録

◆ 年　表

[略号]　Tu：トルキスタン（東西トルキスタンを含む）　　Ti：チベット　　M：モンゴル
　　　　C：コーカサス　　RT：ロシア領トルキスタン　　R：ロシア　　CA：中央アジア
　　　　Si：シベリア　　Xin：新疆

年代	略号	事　項
前7600～前6600頃		西アジアでヒツジとヤギの家畜化始まる
前4000～前3500		ウクライナ中部のデレイフカ遺跡（馬の家畜化と騎乗の開始説の根拠を提供）
～前3千年紀末頃		プロト・インド人，マルギアナ，バクトリアに南下し，ガンダーラにまで到達
前2千年紀		アーリア人，インドへ移動
		中央アジア西部，青銅器時代にはいる
前16C頃		ウラル地方・カザフスタンで馬の牽く軽車両，使用される
前9～前8C		先スキタイ時代。黒海北岸のチェルノゴロフカ型文化と北コーカサスのノヴォチェルカッスク型文化
前8末～前7C		キンメリオイとスキタイ，西アジアへ侵入
前6C半ば		アケメネス朝ペルシアのキュロス2世，バクトリアと北方のサカ人を従える
前329		アレクサンドロス，中央アジア南部に遠征（～前327）
前312		セレウコス朝の中央アジア支配，始まる（～前250頃）
前250頃		バクトリアのサトラップ，ギリシア人のディオドトス1世が独立し，グレコ・バクトリア王国成立
前3C末		匈奴の冒頓単于，東胡・月氏を撃破
前200		冒頓単于，漢の高祖の軍を破る
前2C～		北方遊牧民サカの系統の人びと，西北インドを支配
前145頃		グレコ・バクトリア王国の危機。ギリシア人植民都市アイ・ハヌム，焼打ちにあって廃棄される
前141		漢の武帝，即位
		張騫，大月氏のもとへ派遣される
前136頃		大月氏，ソグディアナからバクトリア地方を制する（～前129頃）
前119		漢の将軍霍去病，河西の地を匈奴から奪取する
前99		匈奴，李陵を捕える
前56頃		匈奴に五単于，争立する
前51		呼韓邪単于の率いる東匈奴，漢に臣属
前36		西匈奴，漢軍に敗れる
前33		呼韓邪単于，漢の皇室から王昭君を迎える
紀元前後		インド仏教，中央アジア西部に広がりながら，とくに東方，中国にも伝わる

23		王莽死去
1C中頃〜後半		貴霜(クシャーン), バクトリアから領土を拡大
48		匈奴, 再分裂
1C末		鮮卑, 西進して北匈奴の余衆を吸収し, モンゴル高原に覇を唱える
2C中頃		鮮卑に檀石槐, あらわれる
304		五胡十六国時代の始まり(〜439)
4C前半		バクトリアとソグディアナで, ササン朝王子を中心とする副王がクシャーン王として支配(クシャノ・ササン朝)
		アルメニア・グルジアがキリスト教化
375頃		バランベルが率いるフン軍, 東ゴート王国に侵入
		柔然の社崙, 丘豆伐可汗と称す(〜422)
398		北魏の拓跋珪(宣武帝)が平城に遷都し即位
5C半ば		エフタル, ヒオンやキダーラを吸収して広大な領域を占める(〜6C半ば)
490		高車の阿伏至羅, 北魏にソグド人商人を使者として派遣
493		北魏の孝文帝が洛陽に遷都
500頃		麹氏高昌国, 成立(〜640)
534〜535		北魏が東魏(のち北斉)と西魏(のち北周)に分裂
552		土門, 柔然を攻め, 伊利可汗と称す(〜552)。突厥, 柔然を破る
558		突厥, ササン朝ペルシアと共同して, エフタルを撃滅
583頃		突厥, 東西に分離
6C末頃		突厥のブグト碑文, モンゴル高原中央部に建てられる
7C前半	Ti	ソンツェンガムポ, チベット高原全域を統一
		西突厥, 草原を越えてタリム盆地一帯も影響下におく
627頃		玄奘, インドに向けて出発
630		頡利可汗が唐に降伏し, 東突厥は滅亡
640		唐, トゥルファン盆地の高昌に西州をおき安西都護府を設置, 東部天山山麓に庭州(702年に北庭都護府)をおき西突厥に対抗
658		唐, 西突厥を滅ぼす
674	Tu	アラブのホラーサーン総督ウバイドゥッラー, アム川を渡河しブハラ・オアシスに侵入
682		突厥のクトゥルグ(骨咄禄), 唐から独立し, イルテリシュ可汗と名乗る(〜691)
696		突厥のカプガン可汗, 唐の則天武后に単于都護府の返還を迫る
709	Tu	アラブのホラーサーン総督クタイバ, 激戦の末にブハラを征服
716		ビルゲ(毘伽)可汗, 即位
719		突騎施, 西突厥の主権を握る
734		ビルゲ可汗死去
744		ウイグルの首長クトゥルグ・ボイラ(骨力裴羅), キョル・ビルゲ可汗となる(〜747)
747		クトゥルグ・ボイラの子モユン・チョル(磨延啜), 葛勒可汗となる(〜759)
751	Tu	ズィヤード・イブン・サーリフ率いるアラブ軍, タラス河畔で

		高仙芝麾下の唐軍を撃破
755		安史の乱, 起こる(〜763)
757		ウイグルの葛勒可汗, セレンゲ河畔にバイ・バリクを建設(〜758頃)
759		ウイグルのブグ(牟羽)可汗, 即位(〜779)
819頃	Tu	サーマーン・フダーの一族, アッバース朝からマー・ワラー・アンナフル方面の統治を委託される
840		ウイグル国内に内紛起こり, キルギスの攻撃により滅亡
9C前半頃		ハザルの上層部, ユダヤ教を受容
9C末	Tu	カラハン朝, カシュガルを占領し, イスラームを受容
900	Tu	サーマーン朝のイスマーイール, マー・ワラー・アンナフルとホラーサーンの支配権を得る
916		契丹の耶律阿保機, 大契丹国皇帝と称し, 神冊と建元
960		アルプ・テギン, ガズナ朝の基礎を築く
999	Tu	カラハン朝のアリーの息子ナスル, 最終的にブハラを攻略し, サーマーン朝を滅亡させる
1004		契丹, 宋と澶淵の盟を結ぶ
1020年代	Tu	セルジューク集団, ガズナ朝下のホラーサーン北部に侵入開始
1036頃		タングートの李元昊, 河西の「瓜沙粛三州」を取る
1069/70	Tu	ユースフ・ハース・ハージブ, 『クタドゥグ・ビリグ』をカシュガルの支配者タブガチ・ボグラ・ハンに献呈
1077頃	Tu	アヌシュ・テギン, ホラズム総督に任命される(ホラズム・シャー朝の起源)。カシュガリー, バグダードで『テュルク諸語集成』を完成させる
1115		女直の阿骨打, 帝位に就き, 国号を金と称する
1121	C	ディドゴリの戦いでグルジア軍が勝利, グルジア王国の威勢強まる
1125		金, 遼の天祚帝を捕らえる。遼の滅亡
1125〜27		靖康の変。金が北宋を滅ぼす
1132	Tu	カラキタイ建国
1203	M	テムジン, ケレイト王国のオン・カンを奇襲
1206	M	テムジン, チンギス・カンとして即位。モンゴル帝国, 誕生
1215	Tu	チンギス・カン, 中都を征服。ホラズム・シャー朝, ガズナ朝に代わったゴール朝を破り, アフガニスタンまで領土を拡大
1227		モンゴル(チンギス・カン)により西夏が滅亡
1229	M	オゴデイ, 帝位に就く(〜41)
1231		ホラズム・シャー朝, 名実ともに滅亡
1234		モンゴルにより金が滅亡
1251	M	トルイの長男モンケ, 帝位に就く(〜59)
1258		モンゴル軍の攻撃によりバグダード陥落。アッバース朝滅亡
1259	M	高麗, 服属表明のために王太子をモンゴル帝国へ派遣
1260	M	クビライ, 大カアンに即位(〜94)。即位と同時にチベットの高僧パクパを国師に任命。アリク・ブケもカラコルムで即位
		マムルーク朝, アイン・ジャールートでモンゴル軍を破る
1269		バラク, カイドゥ, モンケ・テムル, タラスで会盟。マー・ワラー・

		アンナフルの分割を決定
1276	M	モンケの子シリギ,アリク・ブケの子ヨブルクとメリク・テムルらの反乱。臨安開城,南宋朝廷がモンゴル軍に無条件降伏
1284	M	オッチギン家の当主ナヤン,拳兵。クビライ,これを撃破
1301	M	カイドゥ死去
1340年代	Tu	チャガタイ・ウルス,東西に分裂
1346	Tu	トグルク・テムル,モグーリスタンのハンに即位
1368		トゴン・テムル(順帝),大都を去る。大都は明軍により破壊
1370	Tu	ティムール,西トルキスタンを統一し,ティムール帝国を建てる
1388	M	北元のトグス・テムル,イェスデルに殺害される。クビライの王統,絶える
1402		ティムール,アンカラの戦いに勝利してオスマン朝のスルタン,バヤズィトを捕らえる
1405	Tu	ティムール,オトラルで死去。ハリール・スルターン,サマルカンドに入城
1409	Tu	シャー・ルフ,サマルカンドを占領。ティムール朝の君主に即位(〜47)
1428	Tu	ウズベクのアブルハイル・ハン,即位(〜68)
1447	Tu	ウルグ・ベグ,ティムール朝の王位を継承
1451	Tu	ティムール朝のアブー・サイード,アブルハイル・ハンの援助を得てマー・ワラー・アンナフルを掌握
1469	Tu	ティムール朝のスルターン・フサイン,ヘラートを占領し,ヘラート政権(1469-1507)を樹立
1500	Tu	シャイバーニー・ハン,サマルカンドを征服し,マー・ワラー・アンナフルを奪取。シャイバーン朝の成立
1547	R	イヴァン4世,ツァーリとして即位
1552	R	イヴァン4世,ヴォルガ中流域の要地カザンを攻略しカザン・ハン国を滅ぼす
1555	C	オスマン帝国・サファヴィー帝国間でアマスヤ条約締結
1556	R	アストラハン・ハン国,ロシアの軍門に下る
1578	M,Ti	アルタン・ハーン,ゲルク派の化身僧ソナムギャムツォと青海において会合(ダライラマ号の誕生)
1582	Si	コサックのイェルマーク,シビル・ハン国の首都シビルを占領
1603	M	リンデン・ハーン,即位(〜34)
1613	R	ロシアにロマノフ朝,成立
1616		ヌルハチ,ジュシェン(女真,女直)人を統一し,後金国と称す
1629	R	トルグート部(カルムイク),ロシアの支配下にはいる
1635	M	チャハル部,後金に降伏し,元朝,名実ともに滅亡
1636		ホンタイジ,皇帝として即位。大清国の成立
1637	M,Ti	ホショート部のグシ・ハーン,ダライラマ5世からハーン号を授かる
1640	M	ハルハとホショートの会盟
1642	Ti	グシ・ハーンが中央チベットを統一,ダライラマに布施
1644		明の滅亡。清軍,北京入城
1656		ロシアのバイコフ大使,北京を訪問

1658		ロシア軍, 松花江口会戦で清軍に敗れる
1662		ガルダン, ジュンガルの当主となる
1676		ロシアのスパファーリ大使, 北京を訪問
1688	M	ガルダン, ハルハに侵入。ハルハは清朝領内に避難
1689		ロシア・清朝間でネルチンスク条約締結
1691	M	ドローンノール会盟によりハルハは清朝に服属
1712-15		清朝, トルグートに遣使
1720	Ti	清朝と青海ホショートの連合軍, ダライラマ7世を擁してチベットへ侵攻
1723	Tu	ジュンガル, カザフ草原・シル河畔に大規模な侵攻(アクタバン・シュブルンドゥ)
1724	Ti	清朝, ロブサンダンジンの蜂起を制圧して, 青海ホショートを併合
1727		ロシア・清朝間でキャフタ条約, 締結される
1729-33		清朝, ロシアに遣使
1730	Tu	カザフの小ジュズのアブルハイル・ハン, 使者を送ってロシア帝国への服属を申請
1740	Tu	イランのナーディル・シャー, 西トルキスタンに侵攻
1743	R	ロシア, カザフ草原の西にオレンブルグ要塞を建設(1735年, 建設に着手)
1755		乾隆帝, ジュンガルを征服
1756	Tu	ムハンマド・ラヒーム, ブハラにマンギト朝を開く
1757		清軍, 再度ジュンガルに侵攻
1759	Tu	コーカンド・ハン国のエルデニ・ベク, 清朝に朝貢
	Xin	清朝, 東トルキスタンを征服し, 新しい征服地を新疆と命名
1771	M,Tu	トルグート4集団, ヴォルガ沿岸からイリ地方に帰還して, 清朝に服属
	Tu	カザフのアブライ・スルタン, ハンに即位し, 清朝とロシアに二重朝貢
1773	R	エカチェリーナ2世, 宗教寛容令を発布
	R	ヴォルガ・ウラル地方一帯にプガチョフの反乱(〜75)
1780	Ti	乾隆帝, パンチェンラマを熱河に招請。ハルハ四部の牧地界, 清朝により画定される
1783	R	ロシア, クリミア・ハン国を併合
	C	ギオルギエフスク条約により, 東グルジアのカルトリ・カヘティ王国はロシアの保護国に
1789	R	オレンブルグ・ムスリム宗務協議会, ウラル山麓のウファーに開設される
1790	Ti	グルカ王朝, チベットに侵入
1791/92	Ti	グルカ戦役
1804	Tu	コングラト部族のエルトゥゼル, ハンを宣言して, ヒヴァ・ハン国に新しい王朝を開く
1809	Tu	コーカンド・ハン国, タシュケントを占領
1813	C	ゴレスターン条約により, ロシアはグルジア, アゼルバイジャンを併合
1822/24	RT	ロシア, カザフの小ジュズと中ジュズに直接統治を導入
1826	Xin	ジャハーンギール, コーカンドの援助を受けてカシュガルを占領し,

1830	Xin	ホージャ政権を再興 コーカンド・ハン国，カシュガルを一時的に占領。カシュガル・ホージャ家の故土復旧の聖戦開始
1837	RT	カザフ草原でケネサルの反乱(～47)
1847	RT	カザフの大ジュズ，ロシアに併合される
1851	Xin	ロシア・清朝間でイリ通商条約締結
1853	R	クリミア戦争(～56)
1854	RT	ロシア軍，カザフ草原の南端にヴェルノエ要塞を築く
	Si	ムラヴィヨフ，ロシア軍を率いてシルカ川より黒龍江を下航
1858		ロシア・清朝間で愛琿条約締結
1859	C	シャミールが降伏し，コーカサス戦争は終結へ
1860		ロシア・清朝間で北京条約締結
1863	R	バシキールのカントン制，廃止
1864	Xin	クチャでムスリムの反乱が起こり，ラーシディーン・ホージャ，即位
	RT	ロシア軍，アウリエ・アタ，トルキスタン，チムケント等を占領。ロシア・清朝間でタルバガタイ国境条約締結
1865	RT	ロシア軍，タシュケントを占領
	Xin	コーカンドのヤークーブ・ベグ，新疆にイスラーム政権を樹立
1867	RT	ロシア，植民地統治のためにタシュケントにトルキスタン総督府をおく
1868	RT	ブハラ・アミール国，ロシアの保護国となる
1871	Xin	ロシア軍，イリを占領
1873	RT	ロシア軍，ヒヴァを占領，ヒヴァ・ハン国はロシアの保護国となる
1876	RT	コーカンド・ハン国は滅亡，ロシア領となる
1878	Xin	清朝，イリ地方を除く全新疆をロシアから回復
1881	RT	ロシア軍，ギョクデペの戦いで遊牧トルクメンの抵抗を粉砕
	Xin	ロシア・清朝間でイリ条約締結
1884	Xin	新疆省成立
	R	ガスプリンスキー，クリミアのバフチサライに「新方式学校」創立
1890年代～	RT	ロシア・ウクライナ人農民のカザフ草原への入植の本格化
1890	Ti	英清間のシッキム条約締結
1898	RT	ドゥクチ・イシャーンの指揮するムスリム集団，アンディジャンのロシア軍兵営に夜襲を敢行(アンディジャン蜂起)
1902	Xin	大谷探検隊，新疆・インドへ(第1次探検～1904)
1904	Ti	ダライラマ13世，外モンゴルへ逃れる。ヤングハズバンドの指揮するイギリス代表団，ラサに至り，ラサ条約を締結
1905	R	ロシア1905年革命，日露戦争終結
1909	Ti	ダライラマ13世，北京よりラサに帰るが，清軍の接近によりインドへ脱出
1910	RT	ブハラでスンナ派とシーア派の衝突事件
1911	M	ハルハ地方のモンゴル王侯が独立を宣言，ボグド・ハーン政権を樹立。活仏ジェブツンダムバ・ホトクトを皇帝に推戴
1912	Xin	イリで革命派の蜂起。楊増新，新疆都督(省主席)となる(～28)
	M	ロシア，ボグド・ハーン政権とのあいだに露蒙協定締結

1913	Ti	ダライラマ13世，ラサに帰る。チベット・モンゴル条約締結。シムラ会議始まる(～14)
	M	ロシア，露中宣言により外モンゴルが中国の宗主権下にあることを承認。中国，外モンゴルの自治を承認
1914	Ti	イギリス・チベット間のシムラ条約締結
1915	M	キャフタ(中露蒙)協定調印
1916	RT	帝政の臨時動員令に対してトルキスタンとカザフ草原で民衆反乱(1916年反乱)
1917	R	ロシア二月革命。全ロシア・ムスリム大会，モスクワで開催。ロシア十月革命
	RT	シューラーイ・イスラーミーヤ，タシュケントで結成。カザフ人の自治をめざすアラシュ党，全カザフ大会の決議によって結成。タシュケントにソヴィエト政権成立。バシキリア自治政府成立
1918	RT	タシュケントのソヴィエト政権，コーカンドのトルキスタン自治政府を打倒。バスマチ運動開始(～24)。トルキスタン自治ソヴィエト社会主義共和国成立
	C	外コーカサス民主連邦共和国成立
1919	M	外モンゴルの自治撤廃を宣言する中国大総統令，発布される
1921	M	ウンゲルン，フレーに入城し，ボグド・ハーン政権を復興させる
		モンゴル人民政府，設立される
	C	グルジア民主共和国，打倒される
1923-33頃		ソ連におけるコレニザーツィヤ(現地化)政策
1924	CA	民族・共和国境界画定により，現代中央アジア諸国の原型が成立
	M	モンゴル人民共和国成立
1927	CA	ソヴィエト政権，中央アジアでムスリム女性の解放運動(フジュム)を開始(～29)
1928	Xin	楊増新，暗殺される
	M	モンゴルにおける極左政策(～32)
1929	CA	コルホーズ(集団農場)の形成を一気に進める全面的農業集団化，打ち出される
1930年代初	CA	性急で強制的な遊牧民の定住化と牧畜の集団化政策，カザフスタンに極度の飢餓をもたらす
1931	Xin	甘粛・新疆に回民軍閥馬仲英の反乱起こる(～34)。ハミで回土帰流問題発生
1932	Xin	トゥルファンでムスリムの反乱開始。ホタンでムハンマド・エミン・ボグラ，秘密組織を結成して翌年に蜂起
	M	モンゴル，牧民の集団化を中止し，緩和政策に転換
1933	Xin	ウルムチでクーデタ発生。盛世才，新疆省の臨時辺防督辦となる
		東トルキスタン・イスラーム共和国成立
1934	Xin	東トルキスタン・イスラーム共和国，馬仲英軍の攻撃を受けて壊滅
1935	Xin	「ウイグル」(維吾爾)の民族名称，盛世才政府に採用される
1937	M	蒙古連盟自治政府，樹立される
	Xin	盛世才，コミンテルン要員を逮捕，追放
1937-38	CA	スターリン政権下の大粛清，中央アジアにおいても猛威をふるう

1938-40	CA	諸民族語, ラテン文字からキリル文字に変更
1939	M	満洲国とモンゴル人民共和国の境界ノモンハンで武力衝突
	M	徳王を主席とする蒙古連合自治政府, 張家口で樹立される
1941		独ソ戦(ソ連の「大祖国戦争」)開始
1943	CA	タシュケントで第1回ムスリム大会が開催され,「中央アジア・カザフスタン・ムスリム宗務局」が創設される
1944	Xin	盛世才, 国民党政府から解任され, 重慶へ去る。東トルキスタン共和国成立
	C	チェチェン人ら北コーカサス諸民族など中央アジアへ強制移住
1946	Xin	ウルムチとイリの新疆省連合政府発足
1947	M	内モンゴル自治区人民政府, オラーンフーを主席として成立
1949	Xin	東トルキスタン共和国のアフメトジャンらの搭乗機, 北京へ向かう途中バイカル湖付近で墜落。新疆省政府, 人民政府に従うことを表明
1952	Xin	新疆で土地制度改革開始, ワクフの没収
1953		スターリンの死去
1954	Xin	新疆軍区生産建設兵団の設置
1955	Xin	新疆ウイグル自治区成立
1959	Ti	チベット動乱。中国軍ラサを占領し, ダライラマ14世はインドに亡命
1962	Xin	新疆のカザフ族やウイグル族, ソ連領へ大量越境(イリ事件)
1966		中国で文化大革命(～76)
1979		ソ連軍, アフガニスタンに侵攻
1982		中国共産党第12期全国代表大会で「改革開放」政策採択
1985		ゴルバチョフ, ソ連共産党書記長に就任
1986	CA	アルマトゥ事件
1988	C	ナゴルノ・カラバフ紛争本格化
1989	CA	ウズベキスタンのフェルガナ州で, ウズベク人とメスヘティア・トルコ人との衝突
		天安門事件起こる
1990	CA	クルグズスタンのオシュでクルグズ人とウズベク人の衝突
1991		ソ連邦の解体と中央アジア諸国の独立。CIS(独立国家共同体)成立
1992	CA	タジキスタン, 内戦状態に陥る(～97)
1994	C	第一次チェチェン紛争(第二次紛争1999年)
1999	CA	「イスラーム武装勢力」, クルグズスタン南部で日本人鉱山技師らを人質とする
2000	CA	「イスラーム武装勢力」再びウズベキスタン, クルグズスタン領内に侵入し, 銃撃戦を展開
2000以降	Xin	中国, 新疆ウイグル自治区やチベット自治区等を含む「西部大開発」政策を展開
2001		米国で同時多発テロ事件。米英軍, アフガニスタンを空爆。ターリバーン政権崩壊。中国・ロシア・ウズベキスタン・カザフスタン・クルグズスタン・タジキスタン, 上海協力機構を設立
2008	C	南オセチアで武力衝突
2014		ロシアによるクリミア併合

◆ 系　図

モンゴル帝国・元朝(大元ウルス)

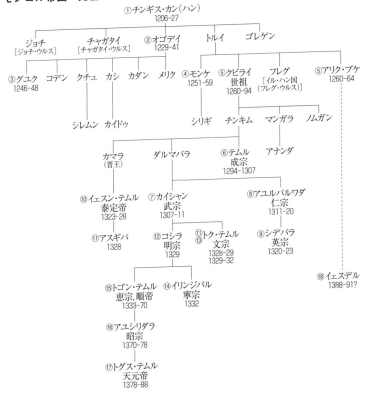

ジョチ・ウルス，チャガタイ・ウルス

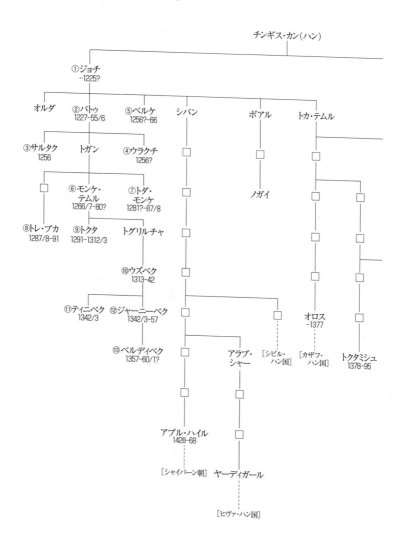

系　図　393

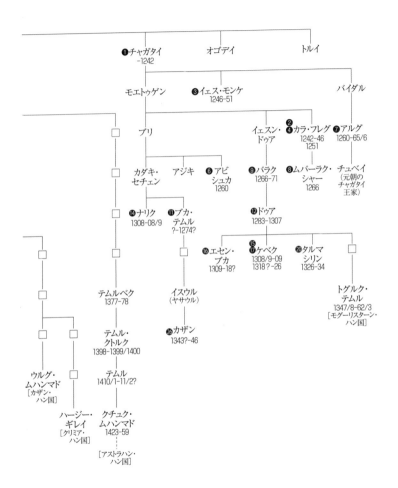

イル・ハン国

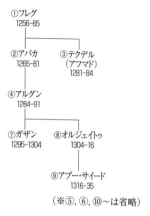

(※⑤,⑥,⑩~は省略)

ティムール朝

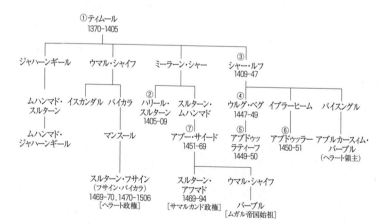

◆ 文法書と辞書

　中央ユーラシア史を研究するには，史料を読み解くうえでも，現地での研究成果を参照するうえでも，多様な言語の習得が不可欠である。そのなかには，現在では使われていない言語も含まれている。ここでは主要な言語について，有用な文法書と辞書を紹介する。

■アゼルバイジャン語
文法書

松長昭 1999.『アゼルバイジャン語文法入門』大学書林

辞書

O'Sullivan, Patrick A. et al., eds. 1994. *Azerbaijani-English Dictionary*, Kensington: Dunwoody Press.

■アラビア語
文法書

八木久美子／青山弘之／イハーブ・アハマド・エベード 2013.『大学のアラビア語詳解文法』東京外国語大学出版会

辞書

本田孝一・石黒忠昭編 1997.『パスポート初級アラビア語辞典』白水社

Wehr, Hans (ed. by J. Milton Cowan) 1994. *A Dictionary of Modern Written Arabic*, 4th ed., Ithaca/New York: Spoken Language Services.

■アルメニア語
　アルメニア語の辞書・文法書については，岸田泰浩「アルメニア語」(石井米雄編 2008.『世界のことば・辞書の辞典』〈ヨーロッパ編〉三省堂，72-89頁)に詳しい。

文法書

　古典アルメニア語文法については，以下の3書がある。

佐藤信夫 1995.『古典アルメニア語文法』泰流社（再版：国際語学社 2003）

千種眞一 2001.『古典アルメニア語文法』大学書林

Meillet, A. 1913. *Altarmenisches Elementarbuch*, Heidelberg: C.Winter [rept. by Delmar, NY: Caravan, 1981].

辞書・語彙集

Awetikean, G. 1836-37. *Xač'atur Siwrmēlean, & Mkrič 'Awgerean, Nor baṙgirk'haykazean lezui*（『アルメニア語新辞典』）, 2 vols., Venice: San Lazzaro.（古典アルメニア語史料の研究に必須の辞書）

Bedrossian, M. 1875-79. *New Dictionary: Armenian-English*, Venice: S. Lazarus Armenian Academy, rept. by Beirut: Librairie du Liban, 1985.（古典アルメニア語史料の翻訳に有効な辞書）

NAYRI: http://www.nayiri.com/search?l=en&query=&dt=HY_EN（オンライン辞書として英語

やフランス語に対応)

Bararanonline: https://bararanonline.com/（アルメニア語−アルメニア語のオンライン辞書で，用例が豊富）

現代語については，初学者用として，以下のものがある。

吉村貴之編 2016.『アルメニア語基礎1500語』大学書林

■ウイグル語（現代）

文法書

竹内和夫 1991.『現代ウイグル語四週間』大学書林（現代ウイグル語を包括的に記述した文法中心の入門書）

菅原純／アイスィマ・ミルスルタン 2007.『Éling!, Éling!』東京外国語大学アジア・アフリカ言語文化研究所（言語研修用に作成された，会話表現を中心に基本文法を解説する現代ウイグル語のテクスト。後半では文学作品や歴史書からの講読用テクストも採用されている）

辞書

小嶋正男 2009.『ウイグル語−日本語辞典』新疆人民出版社（見出し語をアラビア文字綴りの現代ウイグル文字から引く。用例を収録しており，また動植物名や化学用語等の語彙も豊富である）

新疆維吾爾自治区語言文字工作委員会編 2006.『維漢大詞典 Uyghurchä-Khänzuchä Lughät』民族出版社（ウイグル語−漢語辞典としては最新のもので，収録語彙は7万語を超える）

菅原純 2009.『現代ウイグル語小辞典』東京外国語大学アジア・アフリカ言語文化研究所（見出し語をラテン文字転写した現代ウイグル語から引く。巻末に「日本語−ウイグル語索引」を収録。オンライン版 http://www.uighur.jp/resource/dic/index-japanese/main.htm もある）

Yulghun Tor Bäkiti, *Lughät*, http://dict.yulghun.com/（オンラインのウイグル語−漢語−英語辞書。収録語彙数が多く，各言語別の語釈辞書にもなる）

■ウズベク語

文法書

Bodrogligeti, A. J. E. 2003. *An Academic Reference Grammar of Modern Literary Uzbek*, vol. I–II, LINCOM Studies in Asian Linguistics 50–51, Muenchen: LINCOM EUROPA.（現代ウズベク語文法を包括的に記述した専門書。チャガタイ・トルコ語から現代ウズベク語への移行期に属する文献を研究する際も参考になる。ウズベク語はキリル文字で表記）

中嶋善輝 2015.『簡明ウズベク語文法』大阪大学出版会（現代ウズベク語の基本文法をわかりやすく記述した初級・中級者向け文法書。ウズベク語はラテン文字で表記）

辞書

Боровков, А. К.（Главный редактор） 1959. *Узбекско-русский словарь*, Москва: Государственное издательство иностранных и национальных словарей.（見出し語総数4万語超のウズ

ベク語 - ロシア語辞典。巻末には見出し語のアラビア・キリル両文字対照表があり，原語表記からの検索に便利）

Мадвалиев, А. ed. 2006-08. *Ўзбек тилининг изоҳли луғати*, 5 жилдли, Тошкент: "Ўзбекистон миллий энциклопедияси" Давлат илмий нашриёти.（8万語余りを収載する『ウズベク語詳解辞典』。全編キリル文字表記だが，アラビア語／ペルシア語起源の見出し語にはアラビア文字も併記）

■オスマン語

オスマン語とは，オスマン帝国で用いられたテュルク語の文章語である。オスマン帝国は中央ユーラシアのイスラーム圏と長期にわたって外交・文化的な関係をもち，20世紀初頭の中央ユーラシアの新聞・雑誌等ではオスマン語に近い文章語も用いられたので，研究テーマによってはその習得が必要となる。事前に現代トルコ語とペルシア語の基礎文法を学んでおくとよい。

文法書

勝田茂 2002.『オスマン語文法読本』大学書林

辞書

Redhouse, Sir James W. 1890. *A Turkish and English Lexicon*, Constantinople: A. H. Boyajian.（オスマン語 - 英語辞典としてもっとも定評のある辞書。ベイルートとイスタンブルでリプリント版が刊行されている）

Redhouse Yeni Türkçe İngilizce Sözlük/New Redhouse Turkish-English Dictionary 1968. İstanbul: Redhouse Yayınevi.（上記に基づいて編集された現代トルコ語 - 英語辞書。見出しと説明は現代トルコ語のラテン文字だが，見出しの横にアラビア文字によるオスマン語表記が付されている。多くの版を重ねている）

■カザフ語

文法書

中嶋善輝 2013.『カザフ語文法読本』大学書林

Ермекова, К. 2009. *Танымгер: изучаем казахский легко!*, Алматы: Мектеп.

Валяева, Т. 2012. *Встречи с казахской грамматикой*, Москва: Говорун.

阿力肯・阿吾哈力編 2006.『哈萨克斯坦哈萨克語教程』北京：民族出版社

辞書

飯沼英三 1995.『カザフ語辞典』ベスト社

Сыздыкова, Р. Ғ. and К. Ш. Хұсайын (eds.) 2001. *Қазақша- орысша сөздік*, Алматы: Дайк-пресс.

Krippes, K. A. 1994. *Kazakh (Qazaq)-English Dictionary*, Maryland: Dunwoody Press.

■漢語（漢文）

漢語は東アジアとりわけ中国の言語体系であり，おもに漢字を用いた古典的文語体による文章のことを漢文という。中央アジアや北アジアの歴史情報も漢文史料から得られるものが多いので，修得は重要である。とくに中央ユーラシア東部の歴史の場合は，大半を漢

文史料に依拠している分野・時代もある。漢文を学ぶにあたっては，二畳庵主人（加地伸行）『漢文法基礎——本当にわかる漢文入門』（講談社学術文庫 2018）講談社，2010年が有用である。そのほか詳細については，中国史や漢籍関係の入門書などを参照するとよい。

■クルグズ（キルギス）語
文法書

ユーラシアセンター編 2001.『キルギス語入門』ベスト社

飯沼英三 2014.『キルギス語会話』ベスト社

Орузбаева, Б. О. and Р. П. Хван 1993. *Самоучитель кыргызского языка*, Бишкек: Глав. редакция Кыргызской Энциклопедии.

Hu Zhen-hua and G. Imart 1989. *A Kirghiz Reader*, Bloomington: Research Institute for Inner Asian Studies, Indiana University.

辞書

Юдахин, К. К. 1965. *Киргизско-русский словарь*, Москва: Изд-во "Советская энциклопедия".

Krippes, K. A. 1998. *Kyrgyz-English Dictionary*, Kensington: Dunwoody Press.

■元代文書史料（『元典章』等）を読むために
文法書

田中謙二 2000.「元典章文書の研究」『田中謙二著作集』第2巻，汲古書院(モンゴル語直訳体の読解方法，文書構成の分析方法や専門用語を解説する)

亦隣真 1982.「元代硬訳公牘文体」『元史論叢』1（再録：亦隣真『亦隣真蒙古学文集』内蒙古人民出版社 2001〔日本語訳：イリンチン（加藤雄三訳）2001.「元代直訳公文書の文体」『内陸アジア言語の研究』16〕。モンゴル語直訳体の文法・語彙がモンゴル語に即して簡潔かつ適切にまとめられている)

吉川幸次郎 1954.「元典章に見えた漢文吏牘の文体」『東方学報』京都24(再録：吉川幸次郎・田中謙二『元典章の文体』京都大学人文科学研究所 1964／吉川幸次郎『吉川幸次郎全集第15巻　元篇下・明篇』筑摩書房 1964。元典章文書にみえる吏牘体，いわゆる胥吏による公文書の文体とその特徴についてまとめられている)

李崇興・祖生利・丁勇 2009.『元代漢語語法研究』上海教育出版社(元代漢語の語法に関する専門研究書。第七章「元代白話碑文的直訳体特徴」にモンゴル語直訳体の特徴が整理されている)

辞書

漢語大詞典編輯委員会漢語大詞典編纂処 1990-94.『漢語大詞典』全13冊，漢語大詞典出版社(新装版：全22冊，2001. 中国で刊行された漢語の大型辞典。『多功能漢語大詞典索引』『漢語大詞典詞目音序索引』『《漢語大詞典》論稿』『《漢語大詞典》商補』『漢語大詞典訂補』等語彙索引・補編の類や縮印本〈全3冊，1997年〉も出ており，CD-ROM版もある)

白維国主編 2015.『近代漢語詞典』全4冊，上海教育出版社(唐代中期から19世紀中葉に至るいわゆる近代漢語の大型辞典)

大東文化大学中国語大辞典編纂室編 1994.『中国語大辞典』全2冊，角川書店(時代・地域の両面に配慮した中国語 - 日本語辞典。旧白話語彙を宋代以降の文学言語から採録しており，文書史料にみえる口語語彙の理解にも有用である)

方齢貴 2001.『古典戯曲外来語考釈詞典』漢語大詞典出版社・雲南大学出版社(『元明戯曲中的蒙古語』を基礎に増補・修訂したもので，漢語文献にみえるモンゴル語・ペルシア語・アラビア語・満洲語からの借用語を調べることができる)

■古代テュルク語

文法書

日本語による文法書はないので，現代トルコ語・ウズベク語・現代ウイグル語のいずれかを習得したうえで，以下の2つの文法書と辞典等を参照するとよい。

Tekin, T. 1968. *A Grammar of Orkhon Turkic*. Bloomington: Indiana University; The Hague: Mouton and Co. (同著者による現代トルコ語版 *Orhon Türkçesi Grameri*, Ankara: Türk Dili Kurumu, 2017)

Gabain, A. von 1974. *Alttürkische Grammatik* (3. ed.). Wiesbaden: Harrassowitz. (M. Akalın による現代トルコ語訳 *Eski Türkçenin Grameri*, Ankara: Türk Tarih Kurumu Basımevi, 1988)

庄垣内正弘 1988.「ウイグル語」亀井孝ほか編『言語学大辞典1 世界言語編(上)』三省堂，738-741頁

上記2つの文法書に示されている文法・音韻に関する記述は，刊行後のウイグル語仏典やソグド語・トカラ語等中央アジア諸言語の研究成果により修正されている点も多いことに留意。学問的な記述のためには以下の Erdal の著に示された解釈も参照する必要がある。

Erdal, M. 1991. *Old Turkic Word Formation*, 2 vols., Wiesbaden: Harrassowitz.

Erdal, M. 2004. *A Grammar of Old Turkic*, Leiden: Brill.

辞書

前記の Gabain 1974 の語彙集がよく使われ，より浩瀚なものとして次の2書が双璧。

Наделяев В. М. 1969. *Древнетюркский словарь*, Ленинград: Наука.

Clauson, G. 1972. *An Etymological Dictionary of Pre-thirteenth-century Turkish*, Oxford: Clarendon Press.

突厥・漠北ウイグル碑文については Tekin 1968 の語彙集に加え，次のものが一覧性に優れ有用である。

Şirin User, H. 2009. *Köktürk ve Ötüken Uygur kağanlığı yazıtları*. Konya: Kömen.

古代ウイグル語文献については，Наделяев 1969・Clauson 1972 以降の研究の進展で，さらに膨大な数の未収語彙が確認されている。特に長大な文量をもつ仏典の校訂研究の語彙索引は辞典として代用できる。代表例として以下の3著を掲げておく。

庄垣内正弘 2008.『ウイグル文アビダルマ論書の文献学的研究』松香堂

Wilkens, J. 2007. *Das Buch von der Sündentilgung*, 2 vols. Turnhout: Brepols.

Wilkens, J. 2016. *Buddhistische Erzählungen aus dem alten Zentralasien*, 3 vols. Turnhout: Brepols.

また，古代ウイグル語世俗文書辞典を謳った Ayazlı の次の書もあるが，網羅的とはい

いがたく，以下の山田信夫や Berliner Turfantexte といった校訂資料集の語彙集を確認することが不可欠となる。

Ayazlı, Ö. 2016. *Eski Uygurca din dışı metinlerin karşılaştırmalı söz varlığı*, Ankara: Türk Dili Kurumu.

山田信夫 1993.『ウイグル文契約文書集成』（小田壽典／P・ツィーメ／梅村坦／森安孝夫編），全3巻，大阪大学出版会

■コータン語

日本語で読むことができる言語の解説でまとまったものは，『言語学大辞典　世界言語編』中巻(三省堂)の「サカ語」の項目である。文字は『同　世界文字編』の「インドの文字」の項目参照。独習するには，語彙と翻訳が添えられたテクストを読むことになる。

文法書

Degener, A. 1989. *Khotanische Suffixe*, Stuttgart: F. Steiner.

Emmerick, R. E. 1968. *Saka Grammatical Studies*, London: Oxford University Press.

Emmerick, R. E. 2009. "Khotanese and Tumushuqese", in G. Windfuhr, ed., *The Iranian languages*, London/New York: Routledge, pp. 377–415.

辞書・語彙

Bailey, H. W. 1979. *Dictionary of Khotan Saka*, Cambridge: Cambridge University Press.

Emmerick, R. E. and P. O. Skjaervo 1982–97. *Studies in the Vocabulary of Khotanese*, I–III, Vienna: Verlag der Österreichischen Akademie der Wissenschaften.

■シリア語

文法書(入門書)

Robinson, Theodore H. and J. F. Coakley 2013. *Robinson's Paradigms and Exercises in Syriac Grammar*, 6th ed., revised by J. F. Coakley, Oxford: Oxford University Press.

Thackston, Wheeler M. 1999. *Introduction to Syriac: An Elementary Grammar with Readings from Syriac Literature*, Bethesda, MD: Ibex Publishers.

辞書

Smith, J. Payne [Mrs. Margoliouth] 1900. *A Compendious Syriac Dictionary*, Oxford: Clarendon Press.(シリア語－英語辞典．復刻版として，Winona Lake: Eisenbrauns, 1998〈ハードバック〉；Eugene: Wipf and Stock, 1999〈ソフトカバー〉等があり，インターネット上で閲覧できる。www.tyndalearchive.com/TABS/PayneSmith/ 詳しくは，『東京大学教養学部報』〈辞典案内〉に毎年掲載のシリア語辞典の解説を参照)

Sokoloff, Michael 2009. *A Syriac Lexicon. A Translation from the Latin, Correction, Expansion, and Update of C. Brockelmann's Lexicon Syriacum*, Winona Lake: Eisenbrauns/Piscataway: Gorgias Press.

■西夏語

西夏語は西夏文字（表意文字で，総数約6000字）で表記されていた。西夏語の話者は絶

滅しており，解読が本格化したのは20世紀後半以降である。近年でも日本・中国・台湾・ロシアの研究者が語彙や文法等の論著を多数発表しており，なお研究途上の段階である。以下には，日本・中国の研究者がよく用いている工具書を列挙するが，西夏語の文献を読むにはこれらだけでは不充分である。各研究者が発表している論著，およびそれら論著に収録されている訳注や語彙集もあわせて参照する必要がある。

文法書

西田龍雄 1989.「西夏語」『言語学大辞典2：世界言語編（中）』三省堂（西夏語の言語体系を概説。ただし西夏語の表記には西夏文字ではなく国際音声記号が用いられている）

史金波 2013.『西夏文教程』北京，社会科学文献出版社

辞書

李範文 2008.『夏漢字典（増訂本）』北京，中国社会科学出版社（個々の文字の推定音や字義，用例を掲げた最も包括的な字典。仏典や西夏時代に出版された字書にある用例を収録）

Е.И. Кычанов, С. Аракава, 2006. *Словарь тангутского (Си Ся) языка*, Kyoto, Kyoto University（西夏語の法令集で使用されているものを中心に，個々の文字の字義や熟語の語義を収録）

■ソグド語

日本語で読むことができる言語の解説でまとまったものは，『言語学大辞典　世界言語編』中巻(三省堂)の「ソグド語」の項目である。文字は『同　世界文字編』の「ソグド文字」の項目を参照。独習するには，語彙と翻訳が添えられたテクストを読むことになる。

文法書

Gershevitch, I. 1954. *A Grammar of Manichean Sogdian*, Oxford: Bazil Blackwell.

Yoshida, Y. 2009. "Sogdian", in G. Windfuhr, ed., *The Iranian languages*, London/New York: Routledge, pp. 279–335.

辞書・語彙集

Gharib, B. 1995. *Sogdian Dictionary*, Tehran: Farhangan Publications.

Sims-Williams, N. and D. Durkin-Meisterernst 2012. *Dictionary of Manichaean Sogdian and Bactrian* (Corpus Fontium Manichaeorum, Subsidi, *Dictionary of Manichaean Texts*, Vol. III: *Texts from Central Asia and China*, Part 2), Turnhout: Brepols.

Sims-Williams, N. 2016. *A Dictionary: Christian Sogdian, Syriac and English*, Wiesbaden: Reichert Verlag.

■タジク語

文法書

タジク語の文語文法は，ペルシア語のそれを習得することでかなりの程度身につけられる。ただし，とくに近代以降の中央アジアのペルシア語文語にみられるいくつかの独特の方言的特徴を理解するには，現代タジク語文法にもある程度通じておく必要がある。

Baizoyev, Azim and John Hayward 2004. *A Beginner's Guide to Tajiki*, London/New York:

RoutledgeCurzon.(現代タジク語文法の英語による初学者向け入門書。タジク語はキリル文字で表記)

ユーラシアセンター編 2011.『タジク語入門』ベスト社(現代タジク語文法の日本語による初学者向け入門書。タジク語はキリル文字で表記)

辞書

Бертельс, Е. Э.（Главный редактор）1954. *Таджикско-русский словарь*, с приложением грамматического очерка, составленного В. С. Расторгуевой, Москва: Государственное издательство иностранных и национальных словарей.(見出し語総数4万語のタジク語－ロシア語辞典。巻末には見出し語のアラビア・キリル両文字対照表があり，原語表記からの検索に便利。付録として，優れたタジク語文法概説も収載。これには以下の英訳本がある。Rastorgueva, V. S. 1992. *A Short Sketch of Tajik Grammar*, trans. and ed. by H. H. Paper, Ann Arbor: Research Institute for Inner Asian Studies, Indiana University)

Назарзода, С. et al. eds. 2010. *Фарҳанги тафсири забони тоҷикӣ*, иборат аз 2 ҷилд, нашри дувум, Душанбе: Пажӯҳишгоҳи забон ва адабиёти Рӯдакӣ.(8万語余りを収載する『タジク語詳解辞典』。全編キリル文字表記だが，見出し語にはアラビア文字表記も併記)

■チベット語

文法書

Jäschke, H. A. 1883. *Tibetan grammar*, 2nd ed., London: Trübner.

Hahn, M. 1974. *Lehrbuch der klassischen Tibetischen Schriftsprache*, Bonn: Indica et Tibetica Verlag.

Bacot, J. 1981. *Grammaire du tibétain littéraire*, Paris: Libraire d'Amérique et d'Orient.

日本語で読めるもの。

稲葉正就 1954.『チベット語古典文法學』法藏館

ツルティム・ケサン／小谷信千代編 1987.『実践チベット語文法――用例を中心として』文栄堂

山口瑞鳳 1998.『チベット語文語文法』春秋社

星泉 2016.『古典チベット語文法 『王統明鏡史』(14世紀)に基づいて』東京外国語大学アジア・アフリカ言語文化研究所

辞書

Jäschke, H. A. 1881. *A Tibetan-English dictionary: with special reference to the prevailing dialects: to which is added an English-tibetan vocabulary*, London: The charge of the secretary of State for India in Council.(日本では臨川書店から複製版出版)

Chandra Das, S. 1902. *A Tibetan-English dictionary with Sanskrit synonyms*, Calcutta: Bengal Secretariat Book Depôt.

張怡蓀主編 1985.『蔵漢大辞典』全3冊，北京：民族出版社

Goldstein, M. C. ed. 2001. T. N. Shelling and J. T. Surkhang, assistant editors, with the help of Pierre Robillard, *The new Tibetan-English dictionary of modern Tibetan*, Berkeley: University of California Press.

星泉 2003.『現代チベット語動詞辞典（ラサ方言）』東京外国語大学アジア・アフリカ言語文化研究所

■チャガタイ語
アラビア語・ペルシア語語彙を多量に含む中央アジアのテュルク語文章語
文法書
Eckman, János 1966. *Chagatay Manual*, Bloomington/The Hague: Indiana University; rept. by Richmond: Curzon, 1997.（20世紀初頭に至るまでのチャガタイ・トルコ語の実践的読解に役立つ必携の文法書。巻末の接辞・語彙集は有用。すべてラテン文字表記）

Bodrogligeti, András J. E. 2001. *A Grammar of Chagatay*, Languages of the World/Materials 155, Muenchen: LINCOM EUROPA.（同じくチャガタイ・トルコ語の良質な文法書。上掲 Eckmann との補完的利用が推奨される。体系的な記述に特徴があり、動詞の活用規則等の説明も充実。すべてラテン文字表記）

辞書
Jarring, Gunner 1964. *An Eastern Turki-English Dialect Dictionary*, Lund: GWK Gleerup.（1930年頃の新疆で採集された語彙を中心に編まれた東トルコ語の辞書。漢語起源の語彙も収録されており、19世紀～20世紀前半の当地域の文献を読むうえで有用である）

Mīrzā Mahdī-ḫān Astarābādī, 1394 HŠ. *Farhang-i turkī ba-fārsī-'i Sanglāḫ (dar muškilāt-i lugāt-i āṣār-i turkī-'i Amīr 'Alīšīr-i Navā'ī)*, muqaddama, muqābala, taṣḥīḥ va taḥšiya-'i Ḥusayn Muḥammadzāda Ṣiddīq, jild-i 1-2, Tabrīz: Našr-i Aḫtar.（『岩場 Sanglāḫ』〈テュルク語の難しさの隠喩〉と題されるテュルク語-ペルシア語辞典〈18世紀半ば編纂〉の校訂本。全編アラビア文字表記だが、テュルク語部分にはラテン文字転写も併記。原文の語彙構成と語釈のあり方は批判的吟味を要するが、辞典および史料として利用価値が高い）

Shaw, Robert Barkley 1880. "A Sketch of the Turki Language as Spoken in Eastern Turkistan (Káshghar and Yarkand)", *The Journal of the Asiatic Society of Bengal*, Extra Number to Part I for 1878, Calcutta.（19世紀後半の新疆〈東トルキスタン〉で使用されていた東トルコ語の語彙集で、辞典としても活用できる。1878年刊行の Part I は文法解説となっている）

Zenker, Julius Theodor 1979. *Türkisch-Arabisch-Persisches Handwörterbuch*, Hildesheim/New York: Georg Olms Verlag.（古くから定評のあるテュルク語-アラビア語-ペルシア語辞典。見出し語はアラビア文字表記で、これにフランス語とドイツ語の説明が付されている。初版は1866年）

■テュルク語
広義のトルコ語で、テュルク系諸語の総称。
辞書
Будагов, Л. 1869-71. *Сравнительный словарь турецко-татарских наречий*, том I-II, Санктпетербург: Типография Императорской Академии наук.（テュルク語-ロシア語辞典。原題は『トルコ・タタール諸語比較辞典』。ロシア帝国領下とその周辺のテュルク諸語の実用語彙を豊富に収載。見出し語はアラビア文字で表記。複数言語にわたっ

て異形と用例が示される)

Радлов, В. В. 1893-1911. *Опыт словаря тюркских наречий/Versuch eines Wörterbuches der Türkdialekte*, Санкт-Петербург, rept. by The Hague: Mouton & Co, 1960.(テュルク学の確立者ラドロフによるテュルク語辞典の金字塔『テュルク諸方言辞典』。独自の配列に慣れる必要があるが，一般の辞書にはない単語を調べるときに，最後の頼りとなる)

■トカラ語
文法書

Krause, W. and W. Thomas 1960. *Tocharisches Elementarbuch*, Band I: *Grammatik*, Heidelberg: Winter.

　日本語による文法書はないので，上記書籍を参照するとよい。ただし，トカラ語A・Bを対照的に扱っている点には留意が必要である。また，トカラ語Bの統語論については，下記を参照されたい。

Adams, Douglas Q. 2015. *Tocharian B: A grammar of syntax and word-formation*, Innsbruck: Institut für Sprachen und Literaturen der Universität Innsbruck.

辞書・語彙集
(1) Tocharian A(トカラ語A)

Poucha, Pavel 1955. *Thesaurus linguae tocharicae dialecti A*, Praha: Státní Pedagogické Nakladatelství.(語義がラテン語で与えられている点は難点だが，下記Thomas 1964には収録されていない語彙を含んでいるだけでなく，索引としての利用価値も高い)

Thomas, W. 1964. *Tocharisches Elementarbuch*, Band II: *Texte und Glossar*, Heidelberg: Winter.
(上記Krause and Thomas 1960の2冊目として編纂された読本に対応する語彙集である同書の後半は，トカラ語Aの語彙全体に対する辞書が完成していないことから，現在でも参照されうる。なお，上記両書出版後に発見された資料に含まれる語彙については，下記を参照)

Ji Xianlin 1998. *Fragments of the Tocharian A Maitreyasamiti-Nāṭaka of the Xinjiang Museum, China transliterated, translated and annotated by Ji Xianlin, in collaboration with Werner Winter, Georges-Jean Pinault*, Berlin/New York: Mouton de Gruyter.

　下記書籍は，これまでの研究成果に基づいたうえで，未出版の断片にあらわれる語彙も含めた辞書・索引として企画され，文献学的にも信頼できる唯一の辞書ではあるが，未完である。

Carling, Gerd 2009. *Dictionary and thesaurus of Tocharian A*, Vol. 1: A-J. in collaboration with Georges-Jean Pinault and Werner Winter, Wiesbaden: Harrassowitz.

(2) Tocharian B(トカラ語B)

Thomas, W. 1964. *Tocharisches Elementarbuch*, Band II: *Texte und Glossar*, Heidelberg: Winter.

　下記書籍は，現時点で利用可能な唯一の辞書であるが，元々語源辞書として企画されたこともあり，著者の写本の読み誤りによって認定されたghost wordだけでなく，文献学的に不正確な情報も含まれている点には留意が必要である。

Adams, Douglas Q. 2013. *A dictionary of Tocharian B, revised and greatly enlarged*, 2 vols.,

Amsterdam: Rodopi.

　トカラ語 A・B の代表的テクストに語彙が付された上記 Thomas 1964 は，従来トカラ語習得のために利用されてきたが，テクストの翻訳は含まれていない。これを補うものとして，トカラ語 A・B の代表的テクスト（一部は上記 Thomas のものと重なる）に翻訳と解説を付した下記書籍の前半は，独習用として利用しうる。なお，同書後半は文法となっているが，この部分は印欧祖語からトカラ語に至る言語変化を説明した歴史文法であり，この書籍だけでトカラ語文献の解読に必要な文法知識を体系的に習得することはできない。

Pinault, G.-J. 2008. *Chrestomathie tokharienne: textes et grammaire*, Leuven: Peeters.

■トルコ語
　現代トルコ語については多くの学習書が刊行されており，その知識は中央ユーラシアのテュルク系諸語を学ぶうえでも参考になる。また，ソ連の解体後トルコでも中央ユーラシア史研究は進展をみせている。

文法書

勝田茂 1986.『トルコ語文法読本』大学書林

林徹 2013.『トルコ語文法ハンドブック』白水社

辞書

竹内和夫 1987.『トルコ語辞典』大学書林（改訂増補版 1996年，ポケット版 1989年もある）

Türkçe-İngilizce Redhouse Sözlüğü/The Redhouse Turkish-English Dictionary 2007. 7th edn., İstanbul: Redhouse.

■ペルシア語
文法書

黒柳恒男 1982.『ペルシア語四週間』大学書林（基本文法の解説のみならず，古典ないし歴史文献の読解に有用な補足説明も盛り込まれた優れた文法書）

吉江聡子 2011.『ペルシア語文法ハンドブック』白水社（体系的な記述を旨とする文法書。ペルシア語文語の特徴を理解するためのポイントが手際よくまとめられている）

辞書

黒柳恒男 2002.『新ペルシア語大辞典』大学書林（見出し語総数 8 万語余りの大巻。歴史文献の読解にも有用。発音は現代ペルシア語〈イランの公用語・国語〉の規則に準じて表記。中央アジアで使用されるペルシア語〈タジク語〉の発音とその表記法とは必ずしも一致しない）

'Alī Akbar Dihḫudā, 1377 HŠ. *Luġatnāma-'i Dihḫudā*, Muqaddama va jild-i 1–15, čāp-i duvvum az davra-'i jadīd, Tihrān: Mu'assasa-'i intišārāt va čāp-i Dānišgāh-i Tihrān.（『デフホダーのロガトナーメ』として名高い浩瀚なペルシア語詳解辞典。語彙が極めて豊富であり，語義の説明と用例〈古典詩の引用多数〉も充実。CD 版も発売されている）

Steingass, F. 1892. *A Comprehensive Persian-English Dictionary*, London, rept. by Beirut: Librairie du Liban, 1998; New Delhi: Manohar, 2006.（中央ユーラシア史研究に最適のペ

ルシア語 - 英語辞典。発音はインドや中央アジアのペルシア語のそれに近い形〈いわゆるマジュフール母音も弁別〉で表記)

■満洲(マンジュ)語
文法書

Möllendorff, P. G. von 1892. *A Manchu Grammar, with analysed texts*, Shanghai: The American Presbyterian Mission Press.(古典的な基本文法書で,ローマ字転写法はメレンドルフ式として知られる)

河内良弘・清瀬義三郎則府編著 2002.『満洲語文語入門』京都大学学術出版会(満洲文字と文法について網羅的に解説した,満洲語の入門書。読本や小辞典も付されていて便利である)

津曲敏郎 2002.『満洲語入門20講』大学書林(満洲文字と基礎文法を学ぶのに適した文法書。コンパクトだが解説や文例・読本も充実している)

辞書

羽田亨編著 1937.『満和辞典』京大満蒙調査会(もっとも基本的な満洲語辞典。清代の満漢辞典『御製増訂清文鑑』を基に編纂されており,歴史史料を読むのに適している)

福田昆之編 1987/2008.『補訂 満洲語文語辞典』FLL(用例が豊富な満洲語辞典。文学作品からも多く採録しており,動詞・形容詞・副詞の用法や文章表現を調べるのにとりわけ有用)

胡増益主編 1994.『新満漢大詞典』烏魯木斉:新疆人民出版社(中国で多数出ている満洲語辞典のなかで,もっとも優れたもの。見出し語が多く,用例が豊富で,檔案からも採録している。ただし,転写法が一般的な Möllendorff 方式と異なるので,慣れる必要がある)

■モンゴル語
文法書

塩谷茂樹・中嶋善輝 2011.『大阪大学世界言語研究センター モンゴル語』(世界の言語シリーズ3),大阪大学出版会

山越康裕 2012.『詳しくわかるモンゴル語文法』白水社

書写語のモンゴル文語については,現代モンゴル語の文法を習得したあと,以下の文法書等を参照するとよい。

Poppe, N. 1954. *Grammar of Written Mongolian*, Wiesbaden: Harrassowitz [rept., Harrassowitz 1991].

小澤重男 1997.『蒙古語文語文法講義』大学書林

小澤重男 1993-2005.『元朝秘史蒙古語文法講義』[本講][続講][終講(上)] 風間書房

またモンゴル文字については,次の解説が役に立つ。

服部四郎 1987.「蒙古字入門」『アルタイ諸言語の研究』第2巻,228-270頁

辞書・語彙集

Lessing, Ferdinand D. ed. 1995. *Mongolian-English Dictionary*, 3rd rept., Bloomington: Mongolia

Society [rept. by London: Routledge, 2015].

小澤重男 1994.『現代モンゴル語辞典　改訂増補版』大学書林

Цэвэл, Я. ed. 1966. *Монгол хэлний товч тайлбар толь: 30000 орчим үг*, Улаанбаатар: Улсын Хэвлэлийн Хэрэг Эрхлэх Хороо.

内蒙古大学蒙古学研究院蒙古語文研究所編 1999.『蒙漢詞典(増訂本)』呼和浩特：内蒙古大学出版社(後述の東北大学東北アジア研究センター言語資料検索システムにてオンライン化されている)

Kowalewski, Joseph Étienne. 1844–1849. *Dictionnaire mongol-russe-français*, 3 vols. Kasan: Imprimerie de l'Université.(古いが浩瀚な辞書)

前近代のモンゴル語については，各種の対訳資料研究の成果も参照する必要がある。

栗林均・确精扎布編 2001.『『元朝秘史』モンゴル語全単語・語尾索引』(東北アジア研究センター叢書第4号)，東北大学東北アジア研究センター

栗林均 2009.『『元朝秘史』モンゴル語漢字音訳・傍訳単語対照語彙』(東北アジア研究センター叢書第33号)，東北大学東北アジア研究センター

栗林均 2003.『『華夷譯語』(甲種本)モンゴル語全単語・語尾索引』(東北アジア研究センター叢書第10号)，東北大学東北アジア研究センター

Mostaert, A. and I. de Rachwiltz. 1977–1995. *Le matériel mongol du Houa i i iu* 華夷譯語 *de Houng-ou (1389)*. 2 vols. Bruxelles: Institut Belge des Hautes Études Chinoises.

■ラテン語

文法書

国原吉之助 2007.『中世ラテン語入門　改訂版』大学書林(日本語で書かれた唯一の中世ラテン語文法の解説書。古典ラテン語と中世ラテン語の違いについて解説しており，古典ラテン語の文法を習得したあとの利用に適している)

松平千秋・国原吉之助 1990.『新ラテン語文法』東洋出版(古典ラテン語の文法書として解説が詳しい。中級者が文献を読む際の文法の習得・確認に適している。初級者の学習用としてはもう少し簡潔な文法書がよいかもしれない)

Mantello, F. A. et al. eds. 1996. *Medieval Latin: An Introduction and Bibliographical Guide*, Washington, D.C.: Catholic University of American Press.(文法書ではないが，中世ラテン語に関する優れた解説書)

辞書

国原吉之助 2017.『古典ラテン語　改訂増補版』大学書林(古典ラテン語の羅和辞典。見出し語は約1万6500語と多くはないが，和訳を付した例文が充実している)

水谷智洋編 2009.『羅和辞典　改訂版』研究社(田中英央『羅和辞典　増訂新版』研究社，1965年を大幅に改訂した，入手しやすく使いやすい羅和辞典。見出し語約4万5000語。古典ラテン語を中心に，中世ラテン語も収録)

Glare, P. G. W. 2012. *Oxford Latin Dictionary*, Oxford: Oxford University Press.(最新のもっとも優れた古典ラテン語－英語辞典)

Latham, R. E. ed. 1965. *Revised Medieval Latin Word-List from British and Irish Sources*, Oxford:

Oxford University Press.(イギリスとアイルランドのラテン語文献をもとに編纂された中世ラテン語 - 英語辞典。入手しやすく，例文はないが語義と使用時期が示されており役に立つ)

■ロシア語
文法書
沼野恭子ほか編 2013.『大学のロシア語Ⅰ　基礎力養成テキスト』東京外国語大学出版会(独習にも使用できる現代ロシア語の初級教科書。CD 付き。東京外国語大学言語モジュールのロシア語 http://www.coelang.tufs.ac.jp/mt/ru/ を並行して使えば，独習でも発音や会話の訓練がスムーズに進む)

木村彰一 2003.『古代教会スラブ語入門』白水社(新装版，なお初版は1985年)

中沢敦夫 2011.『ロシア古文鑑賞ハンドブック』群像社(モスクワ時代のロシア語史料は，現代ロシア語とは異なる古文で記されている。本書はロシア語古文の文法入門書。時代・地域によるヴァリアントの記載や巻末に付された古語学習辞典が便利)

辞書
東郷正延ほか編 1989.『研究社露和辞典』研究社(現代ロシア語辞典。初学者向きではないが，語彙が多いので，1冊だけ露和辞典を入手するとすればこの辞書が最適)

Словарь русского языка XI–XVII вв, Москва: "Hayka". 1975– .(モスクワ時代のロシア語を読む際に大変便利な辞書。現在第30巻 У の項まで刊行されている。第28巻 С の項までは http://etymolog.ruslang.ru/index.php?act=xi-xvii で PDF ファイル版を入手できる)

Словарь русского языка XVIII века, Ленинград: "Hayka", Ленинградское отделение. 1984– . (18世紀のロシア語の辞書だが，19世紀の史料を読む際に役立つこともある。現在第21巻 П の項まで刊行されている。第4巻までは http://www.klex.ru/ から PDF ファイル版を入手できる)

Срезневский И. И. 1898–1903. *Материалы для словаря древнерусского языка по письменным памятникам*, T. 1–3, Graz: Akademische Druck-u. verlagsanstalt.(初版は1世紀以上も前だが，現在まで幾度となく再版されている，ロシア語の古文を読む際にまずそろえるべき基本的な辞書。ただし，見出しが古代教会スラヴ語に近い形で記されているため，初学者の利用には困難がともなう。http://etymolog.ruslang.ru/index.php?act=sreznevskij で PDF ファイル版を入手できる)

　以上4つの URL は，2018年2月現在で確認されている。

◆ 史資料の閲覧・検索に有益なサイト

　近年，中央ユーラシア史研究の領域でも研究に有益な情報がオンライン上で公開されており，ここではその主なものを紹介する。なお，以下のURLは，2018年2月現在で確認されている。

■イスラーム学
Encyclopaedia of Islam Online（『イスラーム学百科事典』）　http://www.brill.com/publications/online-resources/encyclopaedia-islam-online
　　イスラーム学に関するもっとも包括的な百科事典のウェブサイト。*The Encyclopaedia of Islam* の第2版（1960～2008）や現在刊行中の第3版などの諸項目を閲覧することができる。導入している機関での閲覧をすすめる。

■イラン学
Encyclopædia Iranica（『イラン学百科事典』ウェブサイト）　http://www.iranicaonline.org/
　　『イラン学百科事典』の公式ウェブサイト。イラン学の諸分野にかかわる事典項目をオンラインで検索・閲覧できる。同事典 Encyclopædia Iranica ［electronic resource］, ed. by E. Yarshater, New York: Center for Iranian Studies, Columbia University, 1996- . では1996年以来，執筆済み項目を電子情報源としてウェブ上に随時公開している。

■ウズベキスタンの書誌情報
ズィヤー・ウズ.com（ウズベキスタンの知的遺産の保存・普及を目的として個人が運営するポータルサイト）　http://n.ziyouz.com/
　　ウズベキスタンの歴史，文学，言語，宗教，その他学術全般にかかわる諸文献（同国内で出版された論文，研究書，史料，文学作品等）の再録版が掲載。このサイト内にはナヴァーイーやバーブルの著作をはじめ，既公刊史料のPDFファイル（原書の割付・組版が改変されている場合もある）が多数配置され，ダウンロード可能な状態となっている。利用にあたっては，「サイト内に提供された電子資料は個人の閲覧目的に限って利用可能である。商業目的での利用（販売，印刷，増刷，頒布）は法律で禁じられる」というサイト運営者の注意書きを銘記されたい。

■学界情報
北海道大学スラブ・ユーラシア研究センター　http://src-h.slav.hokudai.ac.jp/
　　シンポジウム・研究会・セミナーの開催，各種データベース，センター出版物，リンク集等，中央ユーラシア史研究に有用な情報が多数公開されている。
Central Eurasian Studies Society　http://www.centraleurasia.org/
　　「中央ユーラシア学会」（Central Eurasian Studies Society）のウェブサイト。中央ユー

ラシアを対象とする歴史学，人類学，社会学，政治学，経済学等多様なディシプリンの研究者同士のグローバルなネットワークと活動について情報を得ることができる。

■コーカサス史

アゼルバイジャン大統領府図書館　http://www.ebooks.az/
  アゼルバイジャンに関する図書の電子版を多く公開。
History Workshop　http://rbedrosian.com (http://www.attalus.org/armenian/historyw.html)
マテナダラン　http://www.matenadaran.am
イェレヴァン国立大学アルメニア学研究所　http://www.armeniaculture.am/en/home
アルメニア百科事典「ハイアズグ」(Армянская энциклопедия фонда «Хайазг»)　http://ru.hayazg.info
  以上4点はアルメニア語史料やその翻訳等に関するサイト
Bumberazi: Exploration in medieval Georgia and Caucasia　http://bumberazi.com/
  コーカサス史に関するサム・ヒューストン州立大学 Steve Rapp Jr. 教授のサイト
Shorena Kurtsikidze and Vakhtang Chikovani　https://www.ocf.berkeley.edu/~shorena/index.html
  グルジア史と言語・文化に関するカリフォルニア大学バークレー校クルツィキゼ・チコヴァニ夫妻のサイト
グルジア写本センター　http://manuscript.ge/
グルジア国立文書館　http://www.archives.gov.ge/en/

■新疆(東トルキスタン・河西地域の出土文物)

The International Dunhuang Project: The Silk Road Online　http://idp.bl.uk/
  敦煌を中心に甘粛・新疆地域の考古遺跡から発見された各種資料(古文書・簡牘・絵画・織物・工芸品)や研究情報を集積するデータベース。オーレル・スタイン Aurel Stein 将来資料を収蔵する大英図書館のプロジェクトであるが，独・仏・露・中国などの研究機関所蔵資料のデータにもリンクされ，龍谷大学所蔵の大谷探検隊将来資料なども画像データを閲覧できる。古文書には，漢語以外にサンスクリット語・ソグド語・チベット語・古代トルコ語・モンゴル語・ペルシア語・カルムイク語文献などを含む。また，19世紀末〜20世紀初頭の中央アジア調査の写真なども閲覧可能。国際学会や新刊書の情報も載せており，いわゆる敦煌・トゥルファン学では利用不可欠のデータベースである。

Turfanforschung Digitales Turfan-Archiv　http://turfan.bbaw.de/dta/
  20世紀初頭にグリュンヴェーデルやル・コックらドイツ探検隊がトゥルファンやクチャなど西域北道の遺址から発見した，漢語・ウイグル語・ソグド語・チベット語・モンゴル語など各種言語で記された文書資料の画像データベース。この資料の一部は上述の IDP サイトでも閲覧可。このデータベースを管理する Berlin-Brandenburgische Akademie der Wissenschaften のサイト (http://turfan.bbaw.de/) には，ドイツ探検隊やトゥルファン出土品を詳しく解説したパンフレット Turfan Studies の PDF があり，これも初学者には有用であろう。

Gallica　http://gallica.bnf.fr/
　　フランス国立図書館の運営する電子図書館。20世紀初頭にポール・ペリオが敦煌・クチャで収集した古文書・木簡の高解像度画像がオンラインで閲覧できる（敦煌文献については上記IDPサイトでも閲覧可）。また，フランス東洋学者の著作・論考にもこのサイトでアクセスできるため，極めて有用である。

文化遺産のデジタルアーカイブ　ディジタル・シルクロード　http://dsr.nii.ac.jp/
　　国立情報学研究所が運営する，シルクロード遺跡に関するデジタル・アーカイブ。東洋文庫が所蔵するシルクロード関連の基本文献（19〜20世紀の各国探検隊の報告書，歴史・美術・考古の研究書など）や，敦煌莫高窟・ベゼクリク・キジルといった主要石窟のデータベース（一部の石窟は石窟写真の閲覧可能）もあり有用である。

ルンド大学図書館ヤーリング・コレクション　http://www.ub.lu.se/en/the-jarring-collection
　　著名な東トルコ語文献・言語学者にして外交官であったグンナー・ヤーリングGunnar Jarring (1907-2002) により新疆（東トルキスタン）から将来された写本コレクション。560を数える写本は16〜20世紀に作成されたもので，当該地域の歴史・社会・文化を研究するうえで一級の史料群を構成している。その一部はウェブ上で閲覧可能である。

■中央ユーラシア史全般

ハーヴァード大学図書館オンライン・カタログ（HOLLIS＋）
　　http://hollis.harvard.edu/primo_library/libweb/action/search.do?vid=HVD
　　ハーヴァード大学の各種図書館の統合オンライン検索システム。中央ユーラシア史研究に関連する写本・版本史料のコレクションはデジタル化され，ほとんどがウェブ上で閲覧可能である。また，Harvard-Yenching Library Mongolian rare books digitization projectと入力して検索するとハーヴァード・イェンチン（燕京）研究所のモンゴル語コレクションのすべてが，Harvard-Yenching Library Manchu rare books digitization projectであれば同研究所の満洲語コレクションのすべてが一括検索できる。

■中東研究文献データベース

日本における中東研究文献データベース（日本中東学会の運用・公開）
　　http://www.james1985.org/database/database.html
　　中東のみならず中央ユーラシアのとくにイスラーム圏にかかわる研究文献もカバーするデータベース。1989年以降に発刊された文献を検索できる。データベースは随時更新。

■東洋文庫

東洋文庫研究部イスラーム地域研究資料室（公益財団法人東洋文庫研究部の運用・公開）
　　http://tbias.jp/
　　イスラーム地域研究に関係する活動の紹介や，史料および研究法にかかわる情報の公開をおこなっている。具体的には，「収集資料の検索（OPAC）」（東洋文庫所蔵資

料が対象),「日本における中東・イスラーム研究文献データベース」(日本において1868年以降に刊行された中東地域かつイスラームに関する研究文献を収録),「文書館・研究機関ガイド」,「世界のイスラーム写本収集状況」,「活動報告」(各種研究行事に関連),「オスマン帝国史料解題」,「アラビア文字資料の整理のための手引き」,「イスラーム地域研究資料参考」等,個々の研究活動に裨益しうる多様な情報にアクセスできる。

■モンゴル語・満洲語資料

東北大学東北アジア研究センター言語資料検索システム

http://hkuri.cneas.tohoku.ac.jp/project1/

モンゴル文語・満洲語文語資料やモンゴル諸語・満洲語の辞書の検索システム。漢字音写資料として『元朝秘史』『華夷訳語』もあり,モンゴル語だけでなく傍訳漢語も検索できる。

■ロシア・中央ユーラシア関係

15世紀末〜18世紀初頭の外務庁使節台帳(Посольские книги конца XV-начала XVIII вв.)

http://www.vostlit.info/Texts/Dokumenty/Russ/XVI/Posolbook/PosolBook.html#about

モスクワ時代のロシアと中央ユーラシア諸国との関係を研究する際の基本史料の1つがモスクワ大公国外務庁の使節台帳である。この史料に関する2007年までの研究成果をまとめたサイト。このサイト上で使節台帳自体を閲覧できるわけではないが,使節台帳の全容がわかるほか,2007年までに出版された使節台帳の書誌情報が得られる。2007年以降も使節台帳の出版は続いているため,今では完全なリストではなくなっているという点には注意が必要。

■ロシア領トルキスタン

「トルキスタン・アルバム(Turkestan Album)」(アメリカ議会図書館 Library of Congress の印刷物・写真部門 Prints and Photographs Division が設けた収蔵資料閲覧用ウェブサイト)

https://www.loc.gov/rr/print/coll/287_turkestan.html

ロシア帝国が中央アジアのオアシス地域に侵攻し,同地を統治下に組み入れる過程で撮影された多数の写真と作成された若干数の図表をもとに,1871〜72年に総督カウフマンの命令で考古,民族誌,生業,歴史の4部からなる『トルキスタン・アルバム』(*Туркестанский альбом*)が編纂された。このウェブサイトでは,アメリカ議会図書館所蔵の同アルバムの画像データを閲覧できる。これらの写真はロシア統治初期の現地社会の様子を伝える貴重な史料といえる。

「トルキスタン集成」データベース(京都大学東南アジア地域研究研究所の運用・公開)

http://app.cias.kyoto-u.ac.jp/turkestan/

ロシア帝国がトルキスタン統治にあたって編纂した,全594巻におよぶ中央アジア関係資料集成。オンラインで巻別索引を閲覧できるほか,所収文献の検索ができる。ただし『トルキスタン集成』所収文献の現物(CD 版およびオンライン PDF)の閲覧は

東南アジア地域研究研究所図書室に直接赴いておこなう必要がある。

RIFIAS Library Catalog（インディアナ大学内陸アジア研究所図書館オンライン・カタログ）
http://www.letrs.indiana.edu/web/r/rifiasbib/

とくに中央アジア関係の史資料を豊富に所蔵するインディアナ大学内陸アジア研究所図書館のオンライン・カタログ。同館の蔵書中にはロシア帝政期に発刊された稀覯本に属する書籍も少なくないが，その一部については現物から複製された画像データをオンラインで閲覧できる。革命前の書籍を検索する際は，ロシア語の旧正書法に則り，かつ LC 方式の転写に従って検索語をラテン文字入力する必要がある。

執筆者紹介(執筆順)

小松久男　こまつ ひさお〔編者〕
1951年生まれ。東京大学名誉教授
主要著書:『革命の中央アジア——あるジャディードの肖像』(東京大学出版会, 1996),『中央ユーラシア史』(世界各国史4, 編著, 山川出版社, 2000),『激動の中のイスラーム——中央アジア近現代史』(イスラームを知る18, 山川出版社, 2014)

荒川正晴　あらかわ まさはる〔編者〕
1955年生まれ。大阪大学大学院文学研究科教授
主要著書:『オアシス国家とキャラヴァン交易』(世界史リブレット62, 山川出版社, 2003)『ユーラシアの交通・交易と唐帝国』(名古屋大学出版会, 2010)

岡　洋樹　おか ひろき〔編者〕
1959年生まれ。東北大学東北アジア研究センター教授
主要著書:『清代モンゴル盟旗制度の研究』(東方書店, 2007),『モンゴルの環境と変容する社会』(編著, 東北大学東北アジア研究叢書第27号, 2007),『清朝史研究の新たなる地平線』(共著, 山川出版社, 2008)

林　俊雄　はやし としお
1949年生まれ。創価大学文学部教授
主要著書:『ユーラシアの石人』(雄山閣, 2005),『グリフィンの飛翔——聖獣からみた文化交流』(雄山閣, 2006),『スキタイと匈奴　遊牧の文明』(興亡の世界史, 講談社学術文庫, 2017),『遊牧国家の誕生』(世界史リブレット98, 山川出版社, 2009)

稲葉　穣　いなば みのる
1961年生まれ。京都大学人文科学研究所教授
主要著書・訳書:ニザーム・アルムルク『統治の書』(共訳, 岩波書店, 2015), 伝ウマル・ハイヤーム『ノウルーズの書』(共訳, 京都大学人文科学研究所附属東アジア人文情報学研究センター, 2011), *Coins, Art and Chronology II: The First Millennium C.E. in the Indo-Iranian Borderlands* 120263978 (共編著, Vienna: Austrian Academy of Science, 2010)

武田和哉　たけだ かずや
1965年生まれ。大谷大学文学部准教授
主要著書:『草原の王朝　契丹国(遼朝)の遺跡と文物』(主編共著, 勉誠出版, 2006),『北東アジアの歴史と文化』(共著, 北海道大学出版会, 2010),『都城——古代日本のシンボリズム』(共著, 青木書店, 2007)

宇野伸浩　うの のぶひろ
1958年生まれ。広島修道大学国際コミュニティ学部教授
主要著書:『ユーラシア草原からのメッセージ』(共著, 平凡社, 2005),『モンゴル史研究——現状と展望』(共著, 明石書店, 2011),『「世界史」の世界史』(共著, ミネルヴァ書房, 2016)

松田孝一 まつだ こういち
1948年生まれ。大阪国際大学名誉教授
主要著書:『東アジア経済史の諸問題』(編者, 阿吽社, 2000),『チンギス・カンとその時代』(共著, 勉誠出版, 2015)

久保一之 くぼ かずゆき
1961年生まれ。元京都大学大学院文学研究科准教授
主要著書・論文:「ティムール朝とその後――ティムール朝の政府・宮廷と中央アジアの輝き」『岩波講座世界歴史11 中央ユーラシアの統合』(岩波書店, 1997),「いわゆるティムール朝ルネサンス期のペルシア語文化圏における都市と韻文学――15世紀末ヘラートのシャフル・アーシューブを中心に」『西南アジア研究』(第54号, 2001),「ミール・アリーシールの家系について――ティムール朝における近臣・乳兄弟・譜代の隷臣・アミール」『京都大学文学部研究紀要』(第53号, 2014),『ティムール――草原とオアシスの覇者』(世界史リブレット人, 山川出版社, 2014)

木村 暁 きむら さとる
1975年生まれ。東京外国語大学世界言語社会教育センター特任講師
主要論文:「中央アジアとイラン――史料に見る地域認識」(『地域認識論――多民族空間の構造と表象』講談社, 2008),「マンギト朝政権の対シーア派聖戦とメルヴ住民の強制移住」(『移動と交流の近世アジア史』北海道大学出版会, 2016)

井上 治 いのうえ おさむ
1963年生まれ。島根県立大学総合政策学部教授
主要著書・論文:『韓国・済州島と遊牧騎馬文化――モンゴルを抱く済州』(監訳, 明石書店, 2015),『北・東北アジア地域交流史』(共著, 有斐閣, 2012)

石濱裕美子 いしはま ゆみこ
1962年生まれ。早稲田大学教育・総合科学学術院教授
主要著書:『チベット仏教世界の歴史的研究』(東方書店, 2001),『清朝とチベット仏教――菩薩王となった乾隆帝』(早稲田大学学術叢書, 2011),『ダライ・ラマと転生』(扶桑社新書, 2016)

柳澤 明 やなぎさわ あきら
1961年生まれ。早稲田大学文学学術院教授
主要著書・論文:『モンゴル史研究――現状と展望』(共著, 明石書店, 2011),「ロシアの東漸と東アジア――19世紀後半における露清関係の転換」『岩波講座 東アジア近現代通史 1 東アジア世界の近代 19世紀』(岩波書店, 2010)

杉山清彦 すぎやま きよひこ
1972年生まれ。東京大学大学院総合文化研究科・教養学部准教授
主要著書・論文:『大清帝国の形成と八旗制』(名古屋大学出版会, 2015),『清朝とは何か』(共著, 藤原書店, 2009),『中央ユーラシア環境史2 国境の誕生』(共著, 臨川書店, 2012)

小沼孝博 おぬま たかひろ
1977年生まれ。東北学院大学文学部教授
主要著書・論文：*250 Years History of Turkic-Muslim Camp in Beijing*（Central Eurasian Research Series, 2）University of Tokyo, 2009, *A Collection of Documents from the Kazakh Sultans to the Qing Dynasty*（共著, Central Eurasian Research Series Special Issue 1）University of Tokyo, 2010），『清と中央アジア草原──遊牧民の世界から帝国の辺境へ』（東京大学出版会，2014）

濱本真実 はまもと まみ
1972年生まれ。東洋文庫客員研究員
主要著書・論文：『聖なるロシアのイスラーム：17～18世紀タタール人の正教改宗』（東京大学出版会，2009），Sviazuiushchaia rol' tatarskikh kuptsov Volgo-Ural'skiogo regiona v tsentral'noi Evrazii: zveno "Shelkovogo puti novogo vremeni" (vtoraia polovina XVIII–XIX vv.)［中央ユーラシアにおける沿ヴォルガ・ウラル地方のタタール商人の役割：「近代のシルクロード」の環］, M. Hamamoto, N. Naganawa, D. Usmanova (eds.), *Volgo-Ural'skii region v imperskom prostranstve. XVIII–XX vv.*［『18-20世紀の帝国的空間における沿ヴォルガ・ウラル地方』］, Moscow: Vostochnaia Literatura,『共生のイスラーム──ロシアの正教徒とムスリム』（イスラームを知る5，山川出版社，2011）

長縄宣博 ながなわ のりひろ
1977年生まれ。北海道大学スラブ・ユーラシア研究センター教授
主要著書：『越境者たちのユーラシア』（共編著，シリーズ・ユーラシア地域大国論5，ミネルヴァ書房，2015），『北西ユーラシアの歴史空間』（共編著，スラブ・ユーラシア叢書12，北海道大学出版会，2016），『イスラームのロシア──帝国・宗教・公共圏 1905-1917』（名古屋大学出版会，2017）

宇山智彦 うやま ともひこ
1967年生まれ。北海道大学スラブ・ユーラシア研究センター教授
主要著書：『中央アジアの歴史と現在』（ユーラシア・ブックレット，東洋書店，2000），『ユーラシア近代帝国と現代世界』（シリーズ・ユーラシア地域大国論，ミネルヴァ書房，2016），『越境する革命と民族』（ロシア革命とその世紀，岩波書店，2017）

前田弘毅 まえだ ひろたけ
1971年生まれ。首都大学東京人文社会学部教授
主要著書：『イスラーム世界における奴隷軍人とその実像──17世紀サファヴィー朝イランとコーカサス』（明石書店，2009），『グルジア現代史』（東洋書店，2009），『多様性と可能性のコーカサス──民族紛争を超えて』（北海道大学出版会，2009），『黒海の歴史』（監訳，明石書店，2017）

コラム執筆者

鈴木宏節(青山学院女子短期大学現代教養学科助教)
吉田順一(早稲田大学名誉教授)
梅村　坦(中央大学名誉教授)
堀　　直(甲南大学名誉教授)
吉田　豊(京都大学文学研究科教授，英国学士院会員)
濱田正美(京都大学名誉教授)
影山悦子(奈良文化財研究所)
佐藤貴保(盛岡大学文学部准教授)
向　正樹(同志社大学グローバル地域文化学部准教授)
赤坂恒明(東海大学文学部非常勤講師)
堀川　徹(京都外国語大学国際言語平和研究所特別研究員)
森川哲雄(九州大学名誉教授)
岩尾一史(龍谷大学文学部准教授)
野田　仁(東京外国語大学アジア・アフリカ言語文化研究所准教授)
白須淨眞(広島大学敦煌学プロジェクト研究センター研究員)
二木博史(東京外国語大学名誉教授)
中見立夫(東京外国語大学名誉教授)
澤田　稔(富山大学人文学部教授)
塩川伸明(東京大学名誉教授)

中央ユーラシア史研究入門

2018年4月20日　1版1刷　印刷
2018年4月25日　1版1刷　発行

編　者　小松久男・荒川正晴・岡洋樹

発行者　野澤伸平

発行所　株式会社　山川出版社
　　　　〒101-0047　東京都千代田区内神田1-13-13
　　　　電話　03(3293)8131(営業)　8134(編集)
　　　　https://www.yamakawa.co.jp/
　　　　振替　00120-9-43993

印刷所　明和印刷株式会社

製本所　株式会社ブロケード

装　幀　菊地信義

©Hisao Komatsu, Masaharu Arakawa, Hiroki Oka
2018 Printed in Japan ISBN 978-4-634-64087-0

造本には十分注意しておりますが，万一，落丁・乱丁などがございましたら，小社営業部宛にお送り下さい。送料小社負担にてお取り替えいたします。
定価はカバーに表示してあります。